Ästhetische und politische Schriften

Friedrich Schlegel: Ästhetische und politische Schriften

Berliner Ausgabe, 2014, 3. Auflage
Vollständiger, durchgesehener Neusatz mit einer Biographie des Autors
bearbeitet und eingerichtet von Michael Holzinger

Über das Studium der griechischen Poesie:
Erstdruck: Neustrelitz (Michaelis) 1797.
Georg Forster:
Erstdruck in: Lyceum der schönen Künste (Berlin), 1. Bd., 1. Teil,
1797.
Über Lessing:
Erstdruck in: Lyceum der schönen Künste (Berlin), 1. Bd., 2. Teil,
1797.
Über Goethes Meister:
Erstdruck in: Athenäum (Berlin), 1. Bd., 2. Stück, 1798.
Gespräch über die Poesie:
Erstdruck in: Athenäum (Berlin), 3. Bd., 1.-2. Stück, 1800.
Über die Unverständlichkeit:
Erstdruck in: Athenäum (Berlin), 3. Bd, 2. Stück, 1800.
Versuch über den Begriff des Republikanismus:
Erstdruck in: Deutschland (Berlin), 3. Bd., 7. Stück, 1796.

Textgrundlage sind die Ausgaben:
Kritische Friedrich-Schlegel-Ausgabe. Herausgegeben von Ernst Behler
unter Mitwirkung von Jean-Jacques Anstett und Hans Eichner. Erste
Abteilung: Kritische Neuausgabe, Band 1, München, Paderborn, Wien:
Schöningh; Zürich: Thomas, 1979.
Kritische Friedrich-Schlegel-Ausgabe. Herausgegeben von Ernst Behler
unter Mitwirkung von Jean-Jacques Anstett und Hans Eichner. Erste
Abteilung: Kritische Neuausgabe, Band 2, München, Paderborn, Wien:
Schöningh; Zürich: Thomas, 1967.
Kritische Friedrich-Schlegel-Ausgabe. Herausgegeben von Ernst Behler
unter Mitwirkung von Jean-Jacques Anstett und Hans Eichner. Erste
Abteilung: Kritische Neuausgabe, Band 7, München, Paderborn, Wien:
Schöningh; Zürich: Thomas, 1966.

Herausgeber der Reihe: Michael Holzinger
Reihengestaltung: Viktor Harvion
Umschlaggestaltung unter Verwendung des Bildes:
Friedrich Schlegel (Gemälde von Franz Gareis, 1801)

Gesetzt aus Minion Pro, 10 pt

ISBN 978-1482712698

Inhalt

Über das Studium der griechischen Poesie

Vorrede

Eine Geschichte der Griechischen Poesie in ihrem ganzen Umfange umfaßt auch die der Beredsamkeit und der historischen Kunst. Die wahrhafte Geschichte des Thucydides ist nach dem richtigen Urteil eines Griechischen Kenners zugleich ein schönes Gedicht; und in den Demosthenischen Reden, wie in den Sokratischen Gesprächen ist die dichtende Einbildungskraft zwar durch einen bestimmten Zweck des Verstandes beschränkt, aber doch nicht aller Freiheit beraubt, und also auch der Pflicht, schön zu spielen, nicht entbunden: denn das Schöne soll sein, und jede Rede, deren Hauptzweck oder Nebenzweck das Schöne ist, ist ganz oder zum Teil Poesie. – Sie umfaßt ferner die Geschichte der Römischen Poesie, deren Nachbildungen uns nur zu oft für den Verlust der ursprünglichen Werke schadlos halten müssen. – Die Geschichte der Griechischen Kritik und die Bruchstücke, welche sich etwa zu einer Geschichte der Griechischen Musik und Mimik finden möchten, sind ihr so unentbehrlich als die Kenntnisse der ganzen Griechischen Göttersage und Sprache in allen ihren Zweigen, und nach allen ihren Umbildungen. – In den verborgensten Tiefen der Sitten und Staatengeschichte muß dasjenige oft erst entdeckt werden, wodurch allein ein Widerspruch, eine Lücke der Kunstgeschichte aufgelöst, ergänzt, die zerstreuten Bruchstücke geordnet, die scheinbaren Rätsel erklärt werden können: denn Kunst Sitten, und Staaten der Griechen sind so innigst verflochten, daß ihre Kenntnis sich nicht trennen läßt. Und überhaupt ist die Griechische Bildung ein Ganzes, in welchem es unmöglich ist, einen einzelnen Teil stückweise vollkommen richtig zu erkennen.

Wie unermeßlich die Schwierigkeiten einzelner vielleicht sehr kleiner Teile dieses großen Ganzen sind, darf ich mit Stillschweigen übergehn. Alle Kenner wissen, wie viel Zeit und Anstrengung es oft kostet, nur eine falsche Zeitangabe zu berichtigen, einen Nebenzweig der Göttersage prüfend zu reinigen, die vollständig gesammelten Bruchstücke auch nur eines einzigen Dichters bis zur Reife zu verarbeiten.

Eine vollendete Geschichte der Griechischen Poesie aber würde auch nicht etwa dem Gelehrten allein Gewinn bringen, und nur dem Geschichtsforscher allein eine bedeutende Lücke in der Geschichte der Menschheit ausfüllen. Sie scheint mir zugleich eine *wesentliche Bedingung der Vervollkommnung des Deutschen Geschmacks und Kunst,* welche in unserm Anteil an der Europäischen Bildung nicht die unbedeutendste Stelle einnimmt.

Vielleicht redet die erste Abhandlung mehr vom Modernen, als die Aufschrift dieser Sammlung erwarten läßt, oder zu erlauben scheint. Indessen war es doch nur nach einer nicht ganz unvollständigen Charakteristik der modernen Poesie möglich, *das Verhältnis der antiken*

Poesie zur modernen, und den Zweck des Studiums der klassischen Poesie überhaupt und für unser Zeitalter insbesondre zu bestimmen.

Diese Abhandlung *über das Studium der Griechischen Poesie ist* nur eine Einladung, die alte Dichtkunst noch ernstlicher als bisher zu untersuchen; ein *Versuch* (die Mängel desselben kann niemand lebhafter empfinden als ich) den langen Streit der einseitigen Freunde der alten und der neuen Dichter zu schlichten, und im Gebiet des Schönen durch eine scharfe Gränzbestimmung die Eintracht zwischen der natürlichen und der künstlichen Bildung wieder herzustellen; ein Versuch, zu beweisen, daß das Studium der Griechischen Poesie nicht bloß eine verzeihliche Liebhaberei, sondern eine *notwendige Pflicht* aller Liebhaber, welche das Schöne mit ächter Liebe umfassen, aller Kenner, die allgemeingültig urteilen wollen, aller Denker, welche die reinen Gesetze der Schönheit, und die ewige Natur der Kunst vollständig zu bestimmen, versuchen, sei und immer bleiben werde.

Die kurze Charakteristik der Griechischen Poesie, in diesem Aufsatze bitte ich nicht zu prüfen, ohne den *Grundriß einer Geschichte der Griechischen Poesie*, welcher den zweiten Band dieser Sammlung ausmachen wird, damit zu vergleichen. Er enthält die Belege, die nähere Bestimmung, und die weitere Ausführung der hier gefällten Urteile.

Die Freunde der modernen Poesie werden die Einleitung der Abhandlung über das Studium der Gr. P. nicht als mein Endurteil über die moderne Poesie mißdeuten, und sich mit der Entscheidung, daß mein Geschmack einseitig sei, wenigstens nicht übereilen. Ich meine es ehrlich mit der modernen Poesie, ich habe mehrere moderne Dichter von Jugend auf geliebt, viele studiert und ich glaube einige zu kennen. – Geübte Denker werden leicht erraten, warum ich diesen Standpunkt wählen mußte. – Gibt es reine Gesetze der Schönheit und der Kunst, so müssen sie ohne Ausnahme gelten. Nimmt man aber diese reinen Gesetze, *ohne nähere Bestimmung und Richtschnur der Anwendung* zum Maßstab der Würdigung der modernen Poesie: so kann das Urteil nicht anders ausfallen, als daß die moderne Poesie, die jenen reinen Gesetzen fast durchgängig widerspricht, durchaus gar keinen Wert hat. Sie macht nicht einmal Ansprüche auf Objektivität, welches doch die erste Bedingung des reinen und unbedingten ästhetischen Werts ist, und ihr Ideal ist das *Interessante* d.h. subjektive ästhetische Kraft. – Ein Urteil, dem das Gefühl laut widerspricht! Man hat schon viel gewonnen, wenn man sich diesen Widerspruch nicht läugnet. Dies ist der kürzeste Weg, den eigentlichen Charakter der modernen Poesie zu entdecken das Bedürfnis einer klassischen Poesie zu erklären, und endlich durch eine sehr glänzende Rechtfertigung der Modernen überrascht und belohnt zu werden.

Wenn irgend etwas die Unvollkommenheit dieses Versuchs entschuldigen kann, so ist es die *innige Wechselwirkung* der Geschichte der Menschheit und der praktischen Philosophie, im Ganzen sowohl als in einzelnen Teilen. In beiden Wissenschaften sind noch unermeßliche

Strecken Land *urbar* zu machen. Man mag ausgehn von welcher Seite man will, so müssen Lücken bleiben, welche nur von der andern Seite her ergänzt werden können. Auch ist die Sphäre der antiken und modernen Poesie zusammengenommen so groß, daß man schwerlich in jedem Felde derselben gleich einheimisch sein kann, man müßte denn etwa nirgends recht zu Hause sein. Sind die ersten Grundlinien und äußersten Umrisse nur richtig angelegt: so kann jeder Kunstkenner, der zur Übersicht des großen Ganzen nicht unfähig, und auch nur in einem kleinen Teile des ganzen Bezirks recht bekannt ist, von seiner Seite zur näheren Bestimmung und zur weiteren Ausführung beitragen.

Schillers Abhandlung über die sentimentalen Dichter[1] hat außer, daß sie meine Einsicht in den Charakter der interessanten Poesie erweiterte, mir selbst über die Gränzen des Gebiets der klassischen Poesie ein neues Licht gegeben. Hätte ich sie eher gelesen, als diese Schrift dem Druck übergeben war, so würde besonders der Abschnitt von dem *Ursprunge,* und der ursprünglichen Künstlichkeit *der modernen Poesie* ungleich weniger unvollkommen geworden sein. – Man urteilt einseitig und ungerecht, wenn man die letzten Dichter der alten Kunst bisher nur nach den Grundsätzen der objektiven Poesie würdigt. Die natürliche und die künstliche ästhetische Bildung greifen ineinander, und die Spätlinge der antiken Poesie sind zugleich die Vorläufer der modernen. – So treu auch die *bukolischen Dichter der Sizilischen Schule* die rohe Natur nachahmen, so ist doch die Rückkehr von verderbter Kunst zur verlornen Natur der erste Keim der sentimentalen Poesie. Auch wird in den Griechischen Idyllen nicht immer das Natürliche, sondern oft schon das *Naive* d.h. das Natürliche im Kontrast mit dem Künstlichen dargestellt, welches nur der sentimentale Dichter darstellt. Je mehr sich die *idyllischen Dichter der Römer* von der treuen Nachahmung roher Natur entfernen, und der Darstellung eines goldnen Zeitalters der Unschuld nähern, um so weniger sind sie antik, um so mehr sind sie modern. Die *Satiren des Horaz* sind zwar noch, was die des Lucilius: poetische Ansichten, und poetische Äußerungen Römischer Urbanität; wie die Dorischen Mimen und die Sokratischen Dialogen, der Dorischen und der Sokratischen Urbanität. Aber einige ursprünglich *Römische Oden* und *Epoden des Horaz* (und nicht die schlechtesten!) sind *sentimentale Satiren*, welche den Kontrast der Wirklichkeit und des Ideals darstellen. Der sentimentale Ton der spätern, von ihrem ursprünglichen Charakter ausgearteten Römischen Satire, wie auch nach Schillers treffender Bemerkung des *Tacitus* und *Luzian* ist unverkennbar. *Die Elegien der Römischen Triumvirn* aber

---

1   Im 12ten Stück der Horen 95. Auch Einiges aus der Abhandlung im IIten Stück, und im ersten St. 96. Die Einteilung der Poesie in die naive und sentimentale, die Anwendung derselben auf die antike und moderne Poesie, und die Objektivität der interessanten Kunsturteile des Verfassers zu prüfen, ist hier der Ort nicht.

sind lyrisch und nicht sentimental. Selbst in denjenigen hinreißenden Gedichten des *Properz,* wo Stoff und Geist ursprünglich Römisch ist, findet sich keine Spur von einer Beziehung auf das Verhältnis des Realen und des Idealen, welche das charakteristische Merkmal der sentimentalen Poesie ist. Doch findet sich in allen, vorzüglich im *Tibull,* wie in den Griechischen Idyllen eine Sehnsucht nach einfacher ländlicher Natur aus Überdruß an der ausgearteten städtischen Bildung. – Äußerst überraschend ist es, daß die *Griechischen Erotiker* in der Anordnung des Ganzen, im Kolorit der Darstellung, in der Manier der Gleichnisse, und selbst im Periodenbau durchaus modern sind. Ihr Prinzip ist nicht Streben nach unbestimmtem Stoff und bloßem Leben überhaupt, sondern wie auch im *Oppian* und noch viel früher in den *Sotadischen Gedichten,* ein subjektives Interesse an einer bestimmten Art von Leben, an einem individuellen Stoff. Man vergleiche den *Achilles Tatius* zum Beispiel mit einer äußerst mittelmäßigen Italiänischen oder Spanischen Novelle. Nach Absonderung des Nationalen und Zufälligen wird man durch die vollkommenste Gleichheit überrascht werden.

Merkwürdig und bestätigend war es mir, daß in Schillers treffender Charakteristik der drei sentimentalen Dichtarten das Merkmal eines *Interesse* an der *Realität* des Idealen in dem Begriff einer jeden derselben stillschweigends vorausgesetzt, oder sichtbar angedeutet wird. Die objektive Poesie aber weiß von keinem Interesse, und macht keine Ansprüche auf Realität. Sie strebt nur nach einem *Spiel,* das so würdig sei, als der heiligste Ernst, nach einem *Schein,* der so allgemeingültig und gesetzgebend sei, als die unbedingteste Wahrheit. Eben daher ist auch die Täuschung, deren die interessante Poesie bedarf, und die technische Wahrheit, die ein Gesetz der schönen Poesie ist, so durchaus verschieden. Du mußt an das goldne Zeitalter, an den Himmel auf Erden wenigstens vorübergehend *ernstlich glauben,* wenn die sentimentale Idylle dich entzücken soll. Sobald du wahrnimmst, daß der sentimentale Satiriker nur finster träume, oder verläumde: mag er noch so viel poetischen Schwung haben, er kann dich nur unterhalten, aber nicht mehr fassen, und begeistern.

Es ist äußerst wichtig, dieses charakteristische Merkmal der interessanten Poesie nicht zu übersehen, weil man sonst in Gefahr gerät, das Sentimentale mit dem *Lyrischen* zu verwechseln. Nicht jede poetische Äußerung des Strebens nach dem Unendlichen ist *sentimental:* sondern nur eine solche, die mit einer Reflexion über das Verhältnis des Idealen und des Realen verknüpft ist. Wenn das reine, unbestimmte, an keinen einzelnen Gegenstand gefesselte Streben nach dem Unendlichen nicht unter allem Wechsel der Gefühle herrschende Stimmung des Gemüts bleibt, wie in den *Bruchstücken* der *Sappho,* des *Alcäus, Bacchylides* und *Simonides,* den *Pindarischen Gedichten,* und dem größten Teil der nach dem Griechischen gebildeten *Horazischen* Oden, die nicht sentimental, sondern lyrisch sind: so ist keine vollendete lyrische Schönheit möglich. Das allgemeine Streben nach innrer und äußrer Begränzung, welches das Zeitalter des Ursprungs des Griechischen Republikanismus und der lyrischen Poesie der Griechen so charakteristisch unterscheidet, war die erste Äußerung des erwachten Vermögens des Unendlichen. Nur dadurch ward lyrische Anlage zur lyrischen Kunst, die man dem *Kallinus, Tyrtäus, Archilochus, Mimnermus*, und *Solon* nicht absprechen kann, wenn sich gleich jene erhabene Stimmung und hohe Schönheit in ihren Bruchstücken nicht findet. – Nicht jede poetische Darstellung des Absoluten ist sentimental. Im ganzen Gebiet der Klassischen Poesie ist die Darstellung des einzigen *Sophokles* absolut. Das Absolute wird aber auch z.B. im *Äschylus* und *Aristophanes* dargestellt. Jener, wiewohl er sein Ideal nicht erreicht, gewährt eine lebendige Erscheinung unendlicher Einheit; dieser eine lebendige Erscheinung unendlicher Fülle. Die charakteristischen Merkmale der sentimentalen Poesie sind das Interesse an der Realität des Ideals, die Reflexion über das Verhältnis des Idealen und Realen, und die Beziehung auf ein individuelles Objekt der idealisierenden Einbildungskraft des dichtenden Subjekts. Nur durch das *Charakteristische* d.h. die Darstellung des Individuellen wird die sentimentale Stimmung zur Poesie. Die *Sphäre der interessanten Poesie* wird durch die drei Arten der sentimentalen bei weitem nicht erschöpft; und nach dem Verhältnis des Sentimentalen und Charakteristischen dürfte wohl auch in der interessanten Poesie ein *Analogon von Stil* stattfinden.

Nun ist es aber selbst nach der Meinung der Majorität der Philosophen ein charakteristisches Merkmal des *Schönen*, daß das Wohlgefallen an demselben *uninteressiert* sei; und wer nur zugibt, daß der Begriff des Schönen praktisch, und spezifisch verschieden sei, wenn er ihn auch nur problematisch aufstellt, und seine Gültigkeit und Anwendbarkeit unentschieden läßt, der kann dies nicht läugnen. Das Schöne ist also nicht das Ideal der modernen Poesie und von dem Interessanten wesentlich verschieden.

Im ganzen Gebiet der ästhetischen Wissenschaften ist die *Deduktion des Interessanten* vielleicht die schwerste und verwickeltste Aufgabe. Der Rechtfertigung des Interessanten muß die Erklärung der Entstehung und Veranlassung vorangehen. Nachdem die vollendete natürliche Bildung der Alten entschieden gesunken, und ohne Rettung ausgeartet war, ward durch den Verlust der endlichen Realität, und die Zerrüttung vollendeter Form ein *Streben nach unendlicher Realität* veranlaßt, welches bald allgemeiner Ton des Zeitalters wurde. Ein und dasselbe Prinzip erzeugte die kolossalen Ausschweifungen der Römer, und nachdem es in der Sinnenwelt seine Hoffnung getäuscht sah, das seltsame Phänomen der Neuplatonischen Philosophie, und die allgemeine Tendenz jener merkwürdigen Periode, wo der menschliche Geist zu schwindeln schien, nach einer universellen und metaphysischen Religion. Der entscheidende Moment der Römischen Sittengeschichte, da der Sinn für schönen Schein und sittliche Spiele ganz verloren ging, und das menschliche Geschlecht zur nackten Realität herabsank, ist scharfsinnigen Geschichtsforschern nicht unbemerkt geblieben. Läßt sich nun erweisen, daß auch durch die glücklichste natürliche Bildung, welche der Vervollkommnungsfähigkeit wie der Dauer nach notwendig *beschränkt* sein muß, der *ästhetische Imperativ* nicht vollkommen befriedigt werden kann; und daß die künstliche ästhetische Bildung, welche nur auf die völlig aufgelöste natürliche Bildung folgen kann, und da anfangen muß, wo jene aufgehört hat, nämlich mit dem Interessanten, manche Stufen durchgehn müsse, ehe sie nach den Gesetzen einer objektiven Theorie und dem Beispiel der klassischen Poesie zum Objektiven und Schönen gelangen könne: so ist eben damit auch bewiesen, daß das Interessante, als die notwendige Vorbereitung zur *unendlichen Perfektibilität* der ästhetischen Anlage, *ästhetisch erlaubt sei.* Denn der ästhetische Imperativ ist *absolut,* und da er nie vollkommen erfüllt werden kann, so muß er wenigstens durch die endlose Annäherung der künstlichen Bildung immer mehr erreicht werden. Nach dieser Deduktion, welche eine eigne Wissenschaft, die *angewandte Poetik* begründet, ist das *Interessante* dasjenige, was provisorischen ästhetischen Wert hat. Zwar hat das Interessante notwendig auch intellektuellen oder moralischen *Gehalt:* ob aber auch *Wert,* daran zweifle ich. Das Gute, das Wahre soll getan, erkannt, nicht dargestellt und empfunden werden. Für eine Menschenkenntnis, die aus dem Shakespeare, für eine Tugend, die aus der Heloise geschöpft sein soll, gebe ich nicht viel; so viel Rühmens auch diejenigen davon machen, welche gern recht viel Empfehlungsgründe für die Poesie anhäufen. – Immer aber hat das Interessante in der Poesie nur eine *provisorische Gültigkeit,* wie die despotische Regierung.

So gefährlich es ist, neue Kunstwörter zu prägen, so schien es mir doch, und scheint mir auch noch jetzt durchaus notwendig, die Tragödie des Sophokles und des Shakespeare, Dichtarten, welche sich fast durch alle Merkmale entgegengesetzt sind, durch ein bedeutendes Beiwort zu unterscheiden. Doch scheint mir die Benennung einer philosophischen Tragödie selbst nicht mehr die schicklichste zu sein. Besser wäre es vielleicht, die Tragödie, deren Begriff in der reinen Poetik (nach Anleitung der Kategorien) *a priori* deduziert wird, und deren Beispiel die Griechische Dichtart liefert, die *objektive;* die Shakespearsche Dichtart hingegen, welche aus sentimentalen und charakteristischen Bestandteilen ein absolutes interessantes Ganzes organisiert, die *interessante* Tragödie zu nennen. Will man fernerhin auch die Dichtart des Corneille, Racine und Voltaire, aus übertriebner Schonung selbst gegen den Eigensinn des Sprachgebrauchs, Tragödie nennen: so könnte man sie durch das Beiwort der *französischen* unterscheiden, um gleich daran zu erinnern, daß dies nur eine nationelle Anmaßung sei.

Auf den Grundriß einer Geschichte der Griechischen Poesie soll, sobald als möglich eine Geschichte der *Attischen Tragödie* folgen. Sie

wird nicht allein den *höchsten Gipfel,* welchen die klassische Poesie
erreicht hat, genau bestimmen müssen, sondern auch die *Bildungsstufen*
ihrer Geschichte am deutlichsten erklären können. Denn wie nach der
Meinung des Platonischen Sokrates, was sittliche Vollkommenheit eigentlich sei, in der größern Masse des Staats sichtbarer ist, als im einzelnen Menschen: so sind die Bildungsgesetze der Griechischen
Kunstgeschichte in der Attischen Tragödie, wenn ich mich so ausdrücken darf, mit größerer Schrift ausgeprägt.

Sind die Verhältnisse der Griechischen Poesie zur modernen und
zur Griechischen Bildung überhaupt, ihre Bildungsstufen und Arten,
ihre Gränzen und Bildungsgesetze bestimmt: so sind die Umrisse und
der Entwurf des Ganzen vollständig verzeichnet.

Diese Sammlung wird in der Folge auch die *politische Bildung* der
klassischen Völker umfassen.

I. Über das Studium der griechischen Poesie

Es springt in die Augen, daß *die moderne Poesie das Ziel, nach welchem
sie strebt,* entweder *noch nicht erreicht hat;* oder daß ihr Streben
überhaupt kein festes Ziel, ihre Bildung keine bestimmte Richtung,
die Masse ihrer Geschichte keinen gesetzmäßigen Zusammenhang, das
Ganze keine Einheit hat. Sie ist zwar nicht arm an Werken, in deren
unerschöpflichem Gehalt die forschende Bewunderung sich verliert,
vor deren Riesenhöhe das erstaunte Auge zurücksinkt; an Werken
deren übermächtige Gewalt alle Herzen hinreißt und besiegt. Aber die
stärkste Erschütterung, die reichhaltigste Tätigkeit sind oft am wenigsten
befriedigend. Eben die trefflichsten Gedichte der Modernen, deren
hohe Kraft und Kunst Ehrfurcht fordert, vereinigen nicht selten das
Gemüt nur um es schmerzlicher wieder zu zerreißen. Sie lassen einen
verwundenden Stachel in der Seele zurück, und nehmen mehr als sie
geben. *Befriedigung* findet sich nur in dem vollständigen Genuß, wo
jede erregte Erwartung erfüllt, auch die kleinste Unruhe aufgelös't
wird; wo alle Sehnsucht schweigt. Dies ist es, was der Poesie unsres
Zeitalters fehlt! Nicht eine Fülle einzelner, trefflicher Schönheiten, aber
Übereinstimmung und *Vollendung,* und die Ruhe und Befriedigung,
welche nur aus diesen entspringen können; eine *vollständige Schönheit,*
die *ganz* und *beharrlich* wäre; eine Juno, welche nicht im Augenblick
der feurigsten Umarmung zur Wolke würde. Die Kunst ist nicht deshalb verloren, weil der große Haufe aller derer, die nicht sowohl roh
als verkehrt, die mehr mißgebildet als ungebildet sind, ihre Einbildungskraft mit allem, was nur seltsam, oder neu ist, willig anfüllen lassen,
um nur die unendliche Leerheit ihres Gemüts mit irgend etwas anzu-
füllen; um der unleidlichen Länge ihres Daseins doch einige Augenblicke zu entfliehn. Der Name der Kunst wird entweiht, wenn man
das Poesie nennt: mit abenteuerlichen oder kindischen Bildern spielen,
um schlaffe Begierden zu stacheln, stumpfe Sinne zu kitzeln, und rohen

Lüsten zu schmeicheln. Aber überall, wo echte Bildung nicht die ganze Volksmasse durchdringt, wird es eine *gemeinere* Kunst geben, die keine andere Reize kennt, als niedrige Üppigkeit und widerliche Heftigkeit. Bei stetem Wechsel des Stoffs bleibt ihr Geist immer derselbe: verworrne Dürftigkeit. Bei uns hingegen gibt es auch eine *bessere* Kunst, deren Werke unter denen der gemeinen, wie hohe Felsen aus der unbestimmten Nebelmasse einer entfernten Gegend hervortreten. Wir treffen in der neuen Kunstgeschichte hie und da auf Dichter, welche in der Mitte eines versunknen Zeitalters Fremdlinge aus einer höhern Welt zu sein scheinen. Mit der ganzen Kraft ihres Gemüts wollen sie das *Ewige,* und wenn sie in ihren Werken Übereinstimmung und Befriedigung noch nicht völlig erreichen: so streben sie doch so mächtig nach denselben, daß sie die gerechteste Hoffnung erregen, das Ziel der Poesie werde nicht ewig unerreichbar bleiben, wenn es anders durch Kraft und Kunst, durch Bildung und Wissenschaft erreicht werden kann. Allein in dieser bessern Kunst selbst offenbaren sich die Mängel der modernen Poesie am sichtbarsten. Eben hier, wenn das Gefühl den hohen Wert eines Gedichts anerkannt, und das Urteil den Ausspruch des Gefühls geprüft und bestätigt hat, gerät der Verstand in nicht geringe Verlegenheit. In den meisten Fällen scheint das, worauf die Kunst am ersten stolz sein dürfte, gar nicht ihr Eigentum zu sein. Es ist ein schönes Verdienst der modernen Poesie, daß so vieles Gute und Große, was in den Verfassungen, der Gesellschaft, der Schulweisheit verkannt, verdrängt und verscheucht worden war, bei ihr bald Schutz und Zuflucht, bald Pflege und eine Heimat fand. Hier, gleichsam an die einzige reine Stätte in dem unheiligen Jahrhundert legten die wenigen Edlern die Blüte ihres höhern Lebens, das Beste von allem, was sie taten, dachten, genossen und strebten, wie auf einen Altar der Menschheit nieder. Aber ist nicht eben so oft und öfter Wahrheit und Sittlichkeit der Zweck dieser Dichter als Schönheit? Analysiert die Absicht des Künstlers, er mag sie nun deutlich zu erkennen geben, oder ohne klares Bewußtsein seinem Triebe folgen; analysiert die Urteile der Kenner und die Entscheidungen des Publikums! Beinahe überall werdet Ihr eher jedes andre Prinzip als höchstes Ziel und erstes Gesetz der Kunst, als letzten Maßstab für den Wert ihrer Werke stillschweigend vorausgesetzt oder ausdrücklich aufgestellt finden; nur nicht das *Schöne.* Dies ist so wenig das herrschende Prinzip der modernen Poesie, daß viele ihrer trefflichsten Werke ganz offenbar Darstellungen des *Häßlichen* sind, und man wird es wohl endlich, wenngleich ungern, eingestehen müssen, daß es eine Darstellung der Verwirrung in höchster Fülle, der Verzweiflung im Überfluß aller Kräfte gibt, welche eine gleiche wo nicht eine höhere Schöpferkraft und künstlerische Weisheit erfordert, wie die Darstellung der Fülle und Kraft in vollständiger Übereinstimmung. Die gepriesensten modernen Gedichte scheinen mehr dem Grade als der Art nach von dieser Gattung verschieden zu sein, und findet sich ja eine leise Ahndung vollkommner Schönheit, so ist es nicht sowohl im ruhigen Genuß, als in *unbefriedigter Sehnsucht.* Ja nicht selten entfernte man sich von dem Schönen um so weiter, je heftiger man nach demselben strebte. So verwirrt sind *die Gränzen* der Wissenschaft und der Kunst, des Wahren und des Schönen, daß sogar die Überzeugung von der Unwandelbarkeit jener ewigen Grenzen fast allgemein wankend geworden ist. Die Philosophie poetisiert und die Poesie philosophiert: die Geschichte wird als Dichtung, diese aber als Geschichte behandelt. Selbst die Dichtarten verwechseln gegenseitig ihre Bestimmung; eine lyrische Stimmung wird der Gegenstand eines Drama, und ein dramatischer Stoff wird in lyrische Form gezwängt. Diese *Anarchie* bleibt nicht an den äußern Gränzen stehn, sondern erstreckt sich über das ganze Gebiet des Geschmacks und der Kunst. Die hervorbringende Kraft ist rastlos und unstät; die einzelne wie die öffentliche Empfänglichkeit ist immer gleich unersättlich und gleich unbefriedigt. Die Theorie selbst scheint an einem *festen Punkt* in dem endlosen Wechsel völlig zu verzweifeln. Der öffentliche Geschmack – doch wie wäre da ein öffentlicher Geschmack möglich, wo es keine öffentliche Sitten gibt? – die Karikatur des öffentlichen Geschmacks, die *Mode,* huldigt mit jedem Augenblicke einem andern Abgotte. Jede neue glänzende Erscheinung erregt den zuversichtlichen Glauben, jetzt sei das Ziel, das höchste Schöne, erreicht, das Grundgesetz des Geschmacks, der äußerste Maßstab alles Kunstwertes sei gefunden. Nur daß der nächste Augenblick den Taumel endigt; daß dann die Nüchterngewordenen das Bildnis des sterblichen Abgottes zerschlagen, und in neuem erkünstelten Rausch einen andern an seiner Stelle einweihen, dessen Gottheit wiederum nicht länger dauern wird, als die Laune seiner Anbeter! – Dieser Künstler strebt allein nach den üppigen Reizen eines wollüstigen Stoffs, dem blühenden Schmuck, dem schmeichelnden Wohllaut einer bezaubernden Sprache, wenn auch seine abenteuerliche Dichtung Wahrheit und Schicklichkeit beleidigt und die Seele leer läßt. Jener täuscht sich wegen einer gewissen Rundung und Feinheit in der Anordnung und Ausführung mit dem voreiligen Wahne der Vollendung. Ein andrer, um Reiz und Rundung unbekümmert, hält ergreifende Treue der Darstellung, das tiefste Auffassen der verborgensten Eigentümlichkeit für das höchste Ziel der Kunst. Diese Einseitigkeit des Italiänischen, Französischen und Engländischen Geschmacks findet sich in ihrer schneidenden Härte in Deutschland beisammen wieder. – Die metaphysischen Untersuchungen einiger wenigen Denker über das Schöne hatten nicht den mindesten Einfluß auf die Bildung des Geschmacks und der Kunst. Die praktische Theorie der Poesie aber war bis auf wenige Ausnahmen bis jetzt nicht viel mehr als der *Sinn* dessen, was man verkehrt genug ausübte; gleichsam der abgezogne Begriff des falschen Geschmacks, der Geist der unglücklichen Geschichte. Sie folgte daher natürlicher Weise jenen drei Hauptrichtungen, und suchte den Zweck der Kunst bald im *Reiz,* bald in der *Korrektheit,* bald in der *Wahrheit.* Hier empfahl sie durch den Stempel ihrer Auktorität, sanktionierte Werke als ewige *Muster der Nachahmung:* dort stellte sie *absolute Originalität* als den höchsten Maßstab alles Kunstwerts auf, und bedeckte den entferntesten Verdacht der Nachahmung mit unendlicher Schmach. Strenge forderte sie in scholastischer Rüstung unbedingte Unterwerfung auch unter ihre willkürlichsten offenbar törichten Gesetze; oder sie vergötterte in mystischen Orakelsprüchen das Genie, machte eine künstliche Gesetzlosigkeit zum ersten Grundsatz, und verehrte mit stolzem Aberglauben Offenbarungen, die nicht selten sehr zweideutig waren. Die Hoffnung, durch Grundsätze lebendige Werke zu erfinden, nach Begriffen schöne Spiele auszuarbeiten, wurde so oft getäuscht, daß an die Stelle des Glaubens endlich eine äußerste Gleichgültigkeit trat. Die Theorie mag es sich selbst zuschreiben, wenn sie bei dem genievollen Künstler wie bei dem Publikum allen Kredit verloren hat! Wie kann sie Achtung für ihre Aussprüche erwarten, Gehorsam gegen ihre Gesetze fordern, da es ihr noch nicht einmal gelungen ist, eine richtige Erklärung von der Natur der Dichtkunst, und eine befriedigende Einteilung ihrer Arten zu geben? Da sie sogar über die Bestimmung der Kunst überhaupt mit sich noch nicht hat einig werden können? Ja wenn es auch irgendeine Behauptung gibt, in welcher die Anhänger der verschiedenen ästhetischen Systeme einigermaßen miteinander übereinzustimmen scheinen, so ist es allein die: daß es kein allgemeingültiges Gesetz der Kunst, kein beharrliches Ziel des Geschmacks gebe, oder daß es, falls es ein solches gebe, doch nicht anwendbar sei; daß die Richtigkeit des Geschmacks und die Schönheit der Kunst allein vom Zufall abhänge. Und wirklich scheint der *Zufall* hier allein sein Spiel zu treiben, und als unumschränkter Despot in diesem seltsamen Reiche der Verwirrung zu herrschen. Die Anarchie, welche in der ästhetischen Theorie, wie in der Praxis der Künstler so sichtbar ist, erstreckt sich sogar auf die *Geschichte* der modernen Poesie. Kaum läßt sich in ihrer Masse beim ersten Blick etwas Gemeinsames entdecken; geschweige denn in ihrem Fortgange Gesetzmäßigkeit, in ihrer Bildung bestimmte Stufen, zwischen ihren Teilen entschiedne Gränzen, und in ihrem Ganzen eine befriedigende Einheit. In einer aufeinanderfolgenden Reihe von Dichtern findet sich keine beharrliche Eigentümlichkeit, und in dem Geiste gleichzeitiger Werke gibt es keine gemeinschaftlichen Verhältnisse. Bei den Modernen ist es nur ein frommer Wunsch, daß der Geist eines großen Meisters, eines glücklichen Zeitalters, seine wohltätigen Wirkungen weit um sich her verbreiten möchte, ohne daß deshalb der Gemeingeist die Eigentümlichkeit des Einzelnen verwische, seine Rechte kränke, oder seine Erfindungskraft lähme. Jedem großen Originalkünstler pflegt hier, so lange ihn noch die Flut der Mode emporträgt, ein zahlloser Schwarm der armseligsten Kopisten zu folgen, bis durch ihre ewigen Wiederhohlungen und Entstellungen das große Urbild selbst so alltäglich und ekelhaft geworden ist, daß nun an die Stelle der Vergötterung Abscheu oder ewige Vergessenheit tritt. *Charakterlo-*

sigkeit scheint der einzige Charakter der modernen Poesie, *Verwirrung* das Gemeinsame ihrer Masse, *Gesetzlosigkeit* der Geist ihrer Geschichte, und *Skeptizismus* das Resultat ihrer Theorie. Nicht einmal die Eigentümlichkeit hat bestimmte und feste Gränzen. Die Französische und Engländische, die Italiänische und Spanische Poesie scheint häufig, wie auf einer Maskerade, ihren Nationalcharakter gegenseitig zu vertauschen. Die Deutsche Poesie aber stellt ein beinahe vollständiges geographisches Naturalienkabinett aller Nationalcharaktere jedes Zeitalters und jeder Weltgegend dar: nur der Deutsche, sagt man, fehle. Im Grunde völlig gleichgültig gegen alle Form, und nur voll unersättlichen Durstes nach *Stoff,* verlangt auch das feinere Publikum von dem Künstler nichts als *interessante Individualität.* Wenn nur *gewirkt* wird, wenn die Wirkung nur *stark* und *neu* ist, so ist die Art, wie, und der Stoff, worin es geschieht, dem Publikum so gleichgültig, als die Übereinstimmung der einzelnen Wirkungen zu einem vollendeten Ganzen. Die Kunst tut das ihrige, um diesem Verlangen ein Genüge zu leisten. Wie in einem ästhetischen Kramladen steht hier Volkspoesie und Bontonpoesie beisammen, und selbst der Metaphysiker sucht sein eignes Sortiment nicht vergebens; Nordische oder Christliche Epopöen für die Freunde des Nordens und des Christentums; Geistergeschichten für die Liebhaber mystischer Gräßlichkeiten, und Irokesische oder Kannibalische Oden für die Liebhaber der Menschenfresserei; Griechisches Kostüm für antike Seelen, und Rittergedichte für heroische Zungen; ja sogar Nationalpoesie für die Dilettanten der Deutschheit! Aber umsonst führt ihr aus allen Zonen den reichsten Überfluß interessanter Individualität zusammen! Das Faß der Danaiden bleibt ewig leer. Durch jeden Genuß werden die Begierden nur heftiger; mit jeder Gewährung steigen die Forderungen immer höher, und die Hoffnung einer endlichen Befriedigung entfernt sich immer weiter. Das Neue wird alt, das Seltene gemein, und die Stachel des Reizenden werden stumpf. Bei schwächerer Selbstkraft und bei geringerm Kunsttriebe sinkt die schlaffe Empfänglichkeit in eine empörende Ohnmacht; der geschwächte Geschmack will endlich keine andre Speise mehr annehmen als ekelhafte Kruditäten, bis er ganz abstirbt und mit einer entschiednen Nullität endigt. Wenn aber auch die Kraft nicht unterliegt, so bringt es wenig Gewinn. Wie ein Mann von großem Gemüte, dem es aber an Übereinstimmung fehlt, bei dem Dichter von sich selbst sagt:

»So tauml' ich von Begierde zu Genuß,
    Und im Genuß verschmacht' ich nach Begierde;«

so strebt und schmachtet die kraftvollere ästhetische Anlage rastlos in unbefriedigter Sehnsucht, und die Pein der vergeblichen Anstrengung steigt nicht selten bis zu einer trostlosen Verzweiflung.

Wenn man diese Zwecklosigkeit und Gesetzlosigkeit des Ganzen der modernen Poesie, und die hohe Trefflichkeit der einzelnen Teile gleich aufmerksam beobachtet: so erscheint ihre Masse wie ein Meer streitender Kräfte, wo die Teilchen der aufgelösten Schönheit, die Bruchstücke der zerschmetterten Kunst, in trüber Mischung sich verworren durcheinander regen. Man könnte sie ein *Chaos* alles Erhabnen, Schönen und Reizenden nennen, welches gleich dem alten Chaos, aus dem sich, wie die Sage lehrt, die Welt ordnete, eine *Liebe* und einen *Haß* erwartet, um die verschiedenartigen Bestandteile zu scheiden, die gleichartigen aber zu vereinigen.

Sollte sich nicht ein *Leitfaden* entdecken lassen, um diese rätselhafte Verwirrung zu lösen, den Ausweg aus diesem Labyrinthe zu finden? Der Ursprung, Zusammenhang und Grund so vieler seltsamen Eigenheiten der modernen Poesie muß doch auf irgendeine Weise erklärbar sein. Vielleicht gelingt es uns, aus dem Geist ihrer bisherigen Geschichte zugleich auch den *Sinn* ihres jetzigen Strebens, die *Richtung* ihrer fernern Laufbahn, und ihr künftiges Ziel aufzufinden. Wären wir erst über *das Prinzipium ihrer Bildung* aufs Reine, so würde es vielleicht nicht schwer sein, daraus die *vollständige Aufgabe* derselben zu entwickeln. – Schon oft erzeugte ein dringendes Bedürfnis seinen Gegenstand; aus der Verzweiflung ging eine neue Ruhe hervor, und die Anarchie ward die Mutter einer wohltätigen *Revolution*. Sollte die ästhetische Anarchie unsres Zeitalters nicht eine ähnliche *glückliche Katastrophe* erwarten dürfen? Vielleicht ist der *entscheidende Augenblick* gekommen, wo dem Geschmack entweder eine gänzliche Verbesserung bevorsteht, nach welcher er nie wieder zurücksinken kann, sondern notwendig fortschreiten muß; oder die Kunst wird auf immer fallen, und unser Zeitalter muß allen Hoffnungen auf Schönheit und Wiederherstellung echter Kunst ganz entsagen. Wenn wir also zuvor den *Charakter* der modernen Poesie bestimmter gefaßt, das Prinzipium ihrer Bildung aufgefunden, und die *originellsten Züge* ihrer Individualität *erklärt* haben werden, so werden sich uns folgende Fragen aufdringen:

Welches ist die Aufgabe der modernen Poesie? –
Kann sie erreicht werden? –
Welches sind die Mittel dazu? –

* * *

Es ist einleuchtend, daß es in strengster und buchstäblicher Bedeutung keine Charakterlosigkeit geben kann. Was man so zu nennen pflegt, wird entweder ein sehr verwischter, gleichsam unleserlich gewordner, oder ein äußerst zusammengesetzter, verwickelter und rätselhafter Charakter sein. Schon jene durchgängige Anarchie in der Masse der modernen Poesie ist doch etwas *Gemeinsames;* ein *charakteristischer*

Zug, der nicht ohne *gemeinschaftlichen innern Grund* sein kann. – Wir sind gewohnt, mehr nach einem dunkeln Gefühl als nach deutlich entwickelten Gründen, die moderne Poesie als ein zusammenhängendes Ganzes zu betrachten. Aber mit welchem Recht dürfen wir dies stillschweigend voraussetzen? – Es ist wahr, bei aller Eigentümlichkeit und Verschiedenheit der einzelnen Nationen verrät das Europäische Völkersystem dennoch durch einen auffallend ähnlichen Geist der Sprache, der Verfassungen, Gebräuche und Einrichtungen, in vielen übrig gebliebenen Spuren der frühern Zeit, den gleichartigen und gemeinschaftlichen Ursprung ihrer Kultur. Dazu kommt noch eine gemeinschaftliche von allen übrigen sehr abweichende Religion. Außerdem ist die Bildung dieser äußerst merkwürdigen Völkermasse so innig verknüpft, so durchgängig zusammenhängend, so beständig in gegenseitigem Einflusse aller einzelnen Teile; sie hat bei aller Verschiedenheit so viele gemeinschaftliche Eigenschaften, strebt so sichtbar nach einem gemeinschaftlichen Ziele, daß sie nicht wohl anders als wie ein *Ganzes* betrachtet werden kann. Was vom Ganzen wahr ist, gilt auch vom einzelnen Teil: wie die moderne Bildung überhaupt, so ist auch die moderne Poesie ein zusammenhängendes Ganzes. So einleuchtend und entschieden jene Bemerkung aber auch für viele sein mag, so fehlt es doch gewiß nicht an Zweiflern, die diesen Zusammenhang teils leugnen, teils aus zufälligen Umständen und nicht aus einem gemeinschaftlichen Prinzip erklären. Es ist hier nicht der Ort dies auszumitteln. Genug, es verlohnt sich doch wohl der Mühe, dieser Spur zu folgen, und den Versuch zu wagen, ob jene allgemeine Voraussetzung die Prüfung bestehe! – Schon der durchgängige *gegenseitige Einfluß* der modernen Poesie deutet auf innern Zusammenhang. Seit der Wiederherstellung der Wissenschaften fand unter den verschiedenen Nationalpoesien der größten und kultiviertesten Europäischen Völker eine stete *Wechselnachahmung* statt. Sowohl die Italiänische als die Französische und Englische Manier hatte ihre goldne Zeit, wo sie den Geschmack des ganzen übrigen gebildeten Europa despotisch beherrschte. Nur Deutschland hat bis jetzt den vielseitigsten fremden Einfluß ohne Rückwirkung erfahren. Durch diese Gemeinschaft wird die grelle Härte des ursprünglichen Nationalcharakters immer mehr verwischt, und endlich fast gar vertilgt. An seine Stelle tritt ein allgemeiner Europäischer Charakter, und die Geschichte jeder nationellen Poesie der Modernen enthält nichts andres, als den allmählichen Übergang von ihrem ursprünglichen Charakter zu dem spätern Charakter künstlicher Bildung. Aber schon in den frühesten Zeiten haben die verschiedenen ursprünglichen Eigentümlichkeiten so viel *Gemeinsames,* daß sie als Zweige eines Stamms erscheinen. Ähnlichkeit der Sprachen, der Versarten, ganz eigentümlicher Dichtarten! So lange die Fabel der Ritterzeit und die christliche Legende die Mythologie der Romantischen Poesie waren, ist die Ähnlichkeit des Stoffes und des Geistes der Darstellungen so groß, daß die nationelle Verschiedenheit sich beinahe in die Gleichheit der ganzen Masse verliert. Der Charakter jener Zeit selbst war einfacher und einförmiger.

Aber auch nachdem durch eine totale Revolution die Form der Europäischen Welt ganz verändert ward, und mit dem Emporkommen des dritten Standes die verschiedenen Nationalcharaktere mannigfaltiger wurden, und weiter auseinander wichen, blieb dennoch ungemein viel Ähnlichkeit übrig. Diese äußerte ihren Einfluß auch auf die Poesie; nicht nur in dem Charakter derjenigen Dichtarten, deren Stoff das bürgerliche Leben ist, und in dem Geiste aller Darstellungen, sondern sogar in *gemeinschaftlichen Sonderbarkeiten.*

Doch diese Züge würden sich allenfalls aus der gemeinschaftlichen Abstammung und der äußren Berührung, kurz aus der Lage erklären lassen. Es gibt aber noch andre merkwürdige Züge der modernen Poesie, wodurch sie sich von allen übrigen Poesien, welche uns die Geschichte kennen lehrt, aufs bestimmteste unterscheidet, deren Grund und Zweck nur aus einem gemeinschaftlichen *innern Prinzip* befriedigend deduziert werden kann. Dahin gehört die äußerst charakteristische Standhaftigkeit, mit der alle Europäische Nationen bei der *Nachahmung der alten Kunst* geblieben, und durch kein Mißlingen ganz abgeschreckt, oft auf neue Weise zu ihr zurückgekehrt sind. Jenes sonderbare *Verhältnis der Theorie zur Praxis,* da der Geschmack selbst in der Person des Künstlers, wie des Publikums von der Wissenschaft nicht bloß Erklärung seiner Aussprüche, Erläuterung seiner Gesetze, sondern *Zurechtweisung* verlangte, von ihr Ziel, Richtung und Gesetz der Kunst bestimmt haben wollte. In sich selbst uneins und ohne innern Widerhalt nimmt, so scheint es, der kranke Geschmack zu den Rezepten eines Arztes oder eines Quacksalbers seine Zuflucht, wenn dieser nur durch diktatorische Anmaßung die leichtgläubige Treuherzigkeit zu täuschen weiß. Ferner der *schneidende Kontrast der höhern und niedern Kunst.* Ganz dicht nebeneinander existieren besonders jetzt zwei verschiedene Poesien nebeneinander, deren jede ihr eignes Publikum hat, und unbekümmert um die andre ihren Gang für sich geht. Sie nehmen nicht die geringste Notiz voneinander, außer, wenn sie zufällig aufeinander treffen, durch gegenseitige Verachtung und Spott; oft nicht ohne heimlichen Neid über die Popularität der einen oder die Vornehmigkeit der andern. Das Publikum, welches sich mit der gröbern Kost begnügt, ist naiv genug, jede Poesie, welche höhere Ansprüche macht, als für Gelehrte allein bestimmt, nur außerordentlichen Individuen oder doch nur seltnen festlichen Augenblicken angemessen, von der Hand zu weisen. Ferner das *totale Übergewicht des Charakteristischen, Individuellen und Interessanten* in der ganzen Masse der modernen Poesie, vorzüglich aber in den spätern Zeitaltern. Endlich das *rastlose unersättliche Streben nach dem Neuen, Piquanten und Frappanten,* bei dem dennoch die Sehnsucht unbefriedigt bleibt.

Wenn die nationellen Teile der modernen Poesie, aus ihrem Zusammenhang gerissen, und als einzelne für sich bestehende Ganze betrachtet werden, so sind sie unerklärlich. Sie bekommen erst durcheinander Haltung und Bedeutung. Je aufmerksamer man aber die ganze Masse der modernen Poesie selbst betrachtet, je mehr erscheint auch sie als das bloße *Stück eines Ganzen.* Die *Einheit,* welche so viele gemeinsame Eigenschaften zu einem Ganzen verknüpft, ist in der Masse ihrer Geschichte nicht sogleich sichtbar. Wir müssen ihre Einheit also sogar jenseits ihrer Gränzen aufsuchen, und sie selbst gibt uns einen Wink, wohin wir unsern Weg richten sollen. Die gemeinsamen Züge, welche Spuren innern Zusammenhanges zu sein schienen, sind seltner Eigenschaften, als Bestrebungen und Verhältnisse. Die Gleichheit einiger vermehrt sich, je mehr wir uns von dem jetzigen Zeitalter rückwärts entfernen; die einiger andern, je mehr wir uns demselben nähern. Wir müssen also nach einer *doppelten* Richtung nach ihrer Einheit forschen; rückwärts nach dem ersten *Ursprunge* ihrer Entstehung und Entwicklung; vorwärts nach dem letzten *Ziele* ihrer Fortschreitung. Vielleicht gelingt es uns auf diesem Wege, ihre Geschichte vollständig zu erklären und nicht nur den *Grund,* sondern auch den *Zweck* ihres Charakters befriedigend zu deduzieren.

* * *

Nichts widerspricht dem Charakter und selbst dem Begriffe des Menschen so sehr, als die Idee einer völlig isolierten Kraft, welche durch sich und in sich allein wirken könnte. Niemand wird wohl leugnen, daß derjenige Mensch wenigstens, den wir kennen, nur in einer Welt existieren könne. Schon der unbestimmte Begriff, welchen der gewöhnliche Sprachgebrauch mit den Worten »Kultur, Entwicklung, Bildung« verbindet, setzt *zwei verschiedene Naturen* voraus; eine, welche gebildet wird, und eine andre, welche durch Umstände und äußre Lage die Bildung veranlaßt und modifiziert, befördert und hemmt. Der Mensch kann nicht tätig sein, ohne sich zu bilden. Bildung ist der eigentliche Inhalt jedes menschlichen Lebens, und der wahre Gegenstand der höhern Geschichte, welche in dem Veränderlichen das Notwendige aufsucht. So wie der Mensch ins Dasein tritt, wird er mit dem Schicksal gleichsam handgemein, und sein ganzes Leben ist ein steter *Kampf* auf Leben und Tod mit der furchtbaren Macht, deren Armen er nie entfliehen kann. Innig umschließt sie ihn von allen Seiten und läßt keinen Augenblick von ihm ab. Man könnte die Geschichte der Menschheit, welche die notwendige Genesis und Progression der menschlichen Bildung charakterisiert, mit militärischen Annalen vergleichen. Sie ist der treue Bericht von dem Kriege der Menschheit und des Schicksals. Der Mensch bedarf aber nicht nur einer Welt außer sich, welche bald Veranlassung, bald Element, bald Organ seiner Tätigkeit werde; sondern sogar im Mittelpunkte seines eignen Wesens hat sein Feind – die ihm entgegengesetzte Natur – noch Wurzel gefaßt. Es ist schon oft bemerkt worden: die Menschheit sei eine zwitterhafte Spielart, eine zweideutige

Mischung der Gottheit und der Tierheit. Man hat es richtig gefühlt, daß es ihr ewiger, notwendiger Charakter sei, die unauflöslichen Widersprüche, die unbegreiflichen Rätsel in sich zu vereinigen, welche aus der Zusammensetzung des unendlich Entgegengesetzten entspringen. Der Mensch ist eine aus seinem reinen Selbst und einem fremdartigen Wesen gemischte Natur. Er kann mit dem Schicksal nie reine Abrechnung halten, und bestimmt sagen: jenes ist dein, dies ist mein. Nur das Gemüt, welches von dem Schicksal hinlänglich durchgearbeitet worden ist, erreicht das seltne Glück, selbständig sein zu können. Die Grundlage seiner stolzesten Werke ist oft ein bloßes Geschenk der Natur, und auch seine besten Taten sind nicht selten kaum zur Hälfte sein. Ohne alle Freiheit wäre es keine Tat: ohne alle fremde Hülfe keine menschliche. Die zu bildende Kraft aber muß notwendig das Vermögen haben, sich die Gabe der bildenden zuzueignen, das Vermögen, auf die Veranlassung jener sich selbst zu bestimmen. Sie muß *frei* sein. *Bildung* oder Entwicklung der Freiheit ist die notwendige Folge alles menschlichen Tuns und Leidens, das endliche Resultat jeder Wechselwirkung der Freiheit und der Natur. In dem gegenseitigen Einfluß, der steten Wechselbestimmung, welche zwischen beiden stattfindet, muß nun notwendiger Weise eine von den beiden Kräften die wirkende, die andre die rückwirkende sein. Entweder die Freiheit oder die Natur muß der menschlichen Bildung den ersten bestimmenden Anstoß geben, und dadurch die Richtung des Weges, das Gesetz der Progression, und das endliche Ziel der ganzen Laufbahn determinieren; es mag nun von der Entwicklung der gesamten Menschheit oder eines einzelnen wesentlichen Bestandteils derselben die Rede sein. Im ersten Fall kann die Bildung eine *natürliche,* im letztern eine *künstliche* heißen; In jener ist der erste ursprüngliche Quell der Tätigkeit ein unbestimmtes Verlangen; in dieser ein bestimmter Zweck. Dort ist der Verstand auch bei der größten Ausbildung höchstens nur der Handlanger und Dolmetscher der Neigung; der gesamte zusammengesetzte Trieb aber der unumschränkte Gesetzgeber und Führer der Bildung. Hier ist die bewegende, ausübende Macht zwar auch der Trieb; die lenkende, *gesetzgebende Macht* hingegen der Verstand: gleichsam ein oberstes *lenkendes Prinzipium,* welches die blinde Kraft leitet und führt, ihre Richtung determiniert, die Anordnung der ganzen Masse bestimmt und nach Willkür die einzelnen Teile trennt und verknüpft.

Die Erfahrung belehrt uns, daß unter allen Zonen, in jedem Zeitalter, bei allen Nationen, und in jedem Teile der menschlichen Bildung, die Praxis der Theorie voranging, daß ihre Bildung von Natur den Anfang nahm. Und auch schon vor aller Erfahrung kann die Vernunft sicher im voraus bestimmen, daß die Veranlassung dem Veranlaßten, die Wirkung der Rückwirkung, der Anstoß der Natur der Selbstbestimmung des Menschen vorangehn müsse. – Nur auf Natur kann Kunst, nur auf eine natürliche Bildung kann die künstliche folgen. Und zwar auf eine *verunglückte* natürliche Bildung: denn wenn der Mensch auf dem leichten Wege der Natur ohne Hindernis immer weiter zum Ziele fortschreiten könnte, so wäre ja die Hülfe der Kunst ganz überflüssig, und es ließe sich in der Tat gar nicht einsehen, was ihn bewegen sollte, einen neuen Weg einzuschlagen. Die bewegende Kraft wird sich in der einmal genommenen Richtung fortbewegen, wenn sie sich selbst überlassen bleibt, und ein Umschwung von außen ihr nicht eine neue Direktion erteilt. Die Natur wird das lenkende Prinzipium der Bildung bleiben, bis sie dies Recht *verloren* hat, und wahrscheinlich wird nur ein unglücklicher Mißbrauch ihrer Macht den Menschen dahin vermögen, sie *ihres Amtes zu entsetzen.* Daß der Versuch der natürlichen Bildung mißglücken könne, ist aber gar keine unwahrscheinliche Voraussetzung: der Trieb ist zwar ein mächtiger Beweger, aber ein blinder Führer. Überdem ist hier in die Gesetzgebung selbst etwas Fremdartiges aufgenommen: denn der gesamte Trieb ist ja nicht rein, sondern aus Menschheit und Tierheit zusammengesetzt. Die künstliche Bildung hingegen *kann* wenigstens zu einer richtigen Gesetzgebung, dauerhafter Vervollkommnung, und endlichen, vollständigen Befriedigung führen: weil dieselbe Kraft, welche das Ziel des Ganzen bestimmt, hier zugleich auch die Richtung der Laufbahn bestimmt, die einzelnen Teile lenkt und ordnet.

Schon in den frühesten Zeitaltern der Europäischen Bildung finden sich unverkennbare Spuren des *künstlichen Ursprungs* der modernen Poesie. Die Kraft, der Stoff war zwar durch Natur gegeben: das lenkende Prinzip der ästhetischen Bildung war aber nicht der Trieb, sondern gewisse *dirigierende Begriffe*[2]. Selbst der individuelle Charakter dieser Begriffe war durch Umstände veranlaßt, und durch die äußre Lage notwendig bestimmt. Daß aber der Mensch nach diesen Begriffen sich selbst bestimmte, den gegebnen Stoff ordnete, und die Richtung seiner Kraft determinierte; das war ein freier Aktus des Gemüts. Dieser Aktus ist aber eben der ursprüngliche Quell, der erste bestimmende Anstoß der künstlichen Bildung, welcher also mit vollem Recht der Freiheit zugeschrieben wird. Die *Phantasterei* der Romantischen Poesie, hat nicht etwa wie Orientalischer Bombast eine abweichende Naturanlage

---

2   Mögen diese herrschenden Begriffe noch so dunkel und verworren sein, so können und dürfen sie doch mit dem Triebe, als dirigierendem Prinzip der Bildung, nicht verwechselt werden. Beide sind nicht durch Grade, sondern der Art nach voneinander unterschieden. Zwar veranlassen herrschende Begriffe ähnliche Neigungen, und umgekehrt. Dennoch ist die dirigierende Kraft unverkennbar, weil beider Richtung ganz entgegengesetzt ist. Die Tendenz des gesamten Triebes geht auf ein unbestimmtes Ziel; die Tendenz des isolierenden Verstandes geht auf einen bestimmten Zweck. Der entscheidende Punkt ist, ob die Anordnung der ganzen Masse, die Richtung aller Kräfte durch das Streben des gesamten noch ungetrennten Bestrebungs- und Gefühlsvermögen, oder durch einen einzelnen Begriff und Absicht bestimmt ist.

zum Grunde. Es sind vielmehr abenteuerliche Begriffe, durch welche eine an sich glückliche, dem Schönen nicht ungünstige Phantasie eine verkehrte Richtung genommen hatte. Sie stand also unter der Herrschaft von Begriffen; und so dürftig und dunkel diese auch sein mochten, so war doch der Verstand das lenkende Prinzip der ästhetischen Bildung. – Das kolossalische Werk des *Dante,* dieses erhabne Phänomen in der trüben Nacht jenes eisernen Zeitalters, ist ein neues Dokument für den künstlichen Charakter der ältesten modernen Poesie. Im einzelnen wird niemand die großen überall verbreiteten Züge verkennen, die nur aus jener ursprünglichen Kraft gequollen sein können, welche weder gelehrt noch gelernt werden kann. Die eigensinnige Anordnung der Masse aber, den höchst seltsamen Gliederbau des ganzen Riesenwerks, verdanken wir weder dem göttlichen Barden, noch dem weisen Künstler, sondern den gotischen Begriffen des Barbaren. – Der *Reim* selbst scheint ein Kennzeichen dieser ursprünglichen Künstlichkeit unsrer ästhetischen Bildung. Zwar kann vielleicht das Vergnügen an der gesetzmäßigen Wiederkehr eines ähnlichen Geräusches in der Natur des menschlichen Gefühlsvermögens selbst gegründet sein. Jeder Laut eines lebenden Wesens hat seinen eigentümlichen Sinn, und auch die Gleichartigkeit mehrerer Laute ist nicht bedeutungslos. Wie der einzelne Laut den vorübergehenden Zustand, so bezeichnet sie die beharrliche Eigentümlichkeit. Sie ist die tönende Charakteristik, das musikalische Portrait einer individuellen Organisation. So wiederholen viele Tierarten stets dasselbe Geräusch, gleichsam um der Welt ihre Identität bekannt zu machen – – sie reimen.

Es ließe sich auch wohl denken, daß bei einer ungünstigen oder sehr abweichenden Naturanlage ein Volk auch ohne Künstelei an der Ähnlichkeit des Geräusches ein ganz unmäßiges Wohlgefallen fände. Aber nur wo verkehrte Begriffe die Direktion der poetischen Bildung bestimmten, konnte man eine fremde gotische Zierrat zum notwendigen Gesetz, und das kindische Behagen an einer eigensinnigen Spielerei beinahe zum letzten Zweck der Kunst erheben. Eben wegen dieser ursprünglichen Barbarei des Reims ist seine weise Behandlung eine so äußerst seltne und schwere Kunst, daß die bewundernswürdige Geschicklichkeit der größten Meister kaum hinreicht, ihn nur unschädlich zu machen. In der schönen Kunst wird der Reim immer eine fremdartige Störung bleiben. Sie verlangt Rhythmus und Melodie: denn nur die gesetzmäßige Gleichartigkeit in der zwiefachen Quantität aufeinander folgender Töne kann das Allgemeine ausdrücken. Die regelmäßige Ähnlichkeit in der physischen Qualität mehrerer Klänge kann nur das *Einzelne* ausdrücken. Unstreitig kann sie in der Hand eines großen Meisters ungemein viel Sinn bekommen und ein wichtiges Organ der *charakteristischen* Poesie werden. Auch von dieser Seite bestätigt sich also das Resultat, daß der Reim (nebst der Herrschaft des Charakteristischen selbst) in der künstlichen Bildung der Poesie seine eigentliche Stelle findet.

Es darf uns nicht irre machen, daß dieser Spuren der Künstlichkeit im Anfange der modernen Poesie, im Vergleich gegen die spätere Zeit doch nur wenige sind. Das große barbarische Intermezzo, welches den Zwischenraum zwischen der antiken und der modernen Bildung anfüllt, mußte erst beendigt sein, ehe der Charakter der letztern recht laut werden konnte. Es blieben zwar Fragmente der alten Eigentümlichkeit genug übrig; aber durch die nationale Individualität der Nordischen Sieger wurde dennoch gleichsam ein frischer Zweig auf den schadhaften Stamm gepfropft. Nun mußte freilich die neue Natur erst Zeit haben, zu werden, zu wachsen, und sich zu entwickeln, ehe die Kunst sie nach Willkür lenken und ihre Unerfahrenheit an ihr versuchen konnte. Der *Keim* der künstlichen Bildung war schon lange vorhanden: in einer künstlichen universellen Religion, in dem unaussprechlichen Elende selbst, welches das endliche Resultat der notwendigen Entartung der natürlichen Bildung war; in den vielen Fertigkeiten, Erfindungen und Kenntnissen, welche nicht verloren gingen. Was von der Ernte der ganzen Vorwelt noch vorhanden war, ward den barbarischen Ankömmlingen zu Teil. Eine große und reiche Erbschaft, welche sie aber dadurch teuer genug erkaufen, daß ihnen die äußerste Unsittlichkeit der in sich selbst versunknen Natur zugleich mit überliefert ward! Das Erdreich mußte erst urbar gemacht werden und kultiviert sein, ehe dieser Keim sich allmählich entwickeln, und aus dem Schoße der Barbarei die neue Form langsam ans Licht treten konnte. Überdem hatte der moderne Geist mit den notwendigen Bedürfnissen der Religion und Politik so viel zu schaffen, daß er erst spät an den Luxus des Schönen denken konnte. Daher blieb auch die Europäische Poesie so geraume Zeit beinahe ganz national. Es sind neben ihrem Naturcharakter nur einige, zwar unverkennbare, aber doch wenige Spuren des künstlichen Charakters sichtbar.

Zwar äußern dirigierende Begriffe ihren Einfluß auf die ästhetische Praxis: diese sind aber selbst so dürftig, daß sie höchstens für frühe Spuren der künftigen Theorie gelten können. Es existiert noch gar keine eigentliche Theorie, welche von der Praxis abgesondert, und notdürftig zusammenhängend wäre. Späterhin tritt aber die *Theorie* mit ihrem zahlreichen Gefolge desto herrschsüchtiger hervor, greift immer weiter um sich, kündigt sich selbst als gesetzgebendes Prinzip der modernen Poesie an, und wird als solches auch vom Publikum, wie vom Künstler und Kenner anerkannt. Es wäre eigentlich ihre große Bestimmung, dem verderbten Geschmack seine verlorne Gesetzmäßigkeit, und der verirrten Kunst ihre echte Richtung wiederzugeben. Aber nur wenn sie allgemeingültig wäre, könnte sie allgemeingeltend werden, und von einer kraftlosen Anmaßung sich zum Range einer wirklichen öffentlichen Macht erheben. Wie wenig sie aber bis jetzt gewesen sei, was sie sein sollte, ist schon daraus offenbar, daß sie nie mit sich selbst einig werden konnte. Bis dahin müssen die Gränzen des Verstandes und des Gefühls im Gebiete der Kunst von beiden Seiten beständig überschritten werden. Die einseitige Theorie wird sich leicht noch größere Rechte anmaßen, als selbst der allgemeingültigen zukommen würden. Der entartete Geschmack hingegen wird der Wissenschaft seine eigne verkehrte Richtung mitteilen, statt daß er von ihr eine bessere empfangen sollte. Stumpfe oder niedrige Gefühle, verworrne oder schiefe Urteile, lückenhafte oder gemeine Anschauungen werden nicht nur eine Menge einzelner unrichtiger Begriffe und Grundsätze erzeugen, sondern auch grundschiefe Richtungen der Untersuchung, ganz verkehrte Grundgesetze veranlassen. Daher der zwiefache Charakter der modernen Theorie, welcher das unläugbare Resultat ihrer ganzen Geschichte ist. Sie ist nämlich teils ein treuer Abdruck des modernen Geschmacks, der abgezogene Begriff der verkehrten Praxis, die Regel der Barbarei; teils das verdienstvolle stete Streben nach einer allgemeingültigen Wissenschaft.

Aus dieser Herrschaft des Verstandes, aus dieser Künstlichkeit unsrer ästhetischen Bildung erklären sich alle, auch die seltsamsten Eigenheiten der modernen Poesie völlig.

Während der Periode der Kindheit des dirigierenden Verstandes, wenn der theoretisierende Instinkt ein selbständiges Produkt aus sich zu erzeugen noch nicht im Stande ist; pflegt er sich gern an eine *gegebne Anschauung* anzuschließen, wo er Allgemeingültigkeit – das Objekt seines ganzen Strebens – ahndet. Daher die auffallende *Nachahmung des Antiken,* auf welche alle Europäische Nationen schon so frühe fielen, bei welcher sie mit der standhaftesten Ausdauer beharrten, und zu der sie immer nach einer kurzen Pause nur auf neue Weise zurückkehrten. Denn der theoretisierende Instinkt hoffte vorzüglich hier sein Streben zu befriedigen, die gesuchte Objektivität zu finden. Der kindische Verstand erhebt das einzelne Beispiel zur allgemeinen Regel, adelt das Herkommen, und sanktioniert das Vorurteil. Die *Auktorität der Alten* (so schlecht man sie verstand, so verkehrt man sie auch nachahmte) ist das erste Grundgesetz in der Konstitution des ältesten ästhetischen Dogmatismus, welcher nur die Vorübung der eigentlich philosophischen Theorie der Poesie war.

Die Willkür der lenkenden Bildungskunst ist unumschränkt; die gefährlichen Werkzeuge der unerfahrnen sind *Scheidung* und *Mischung* aller gegebnen Stoffe und vorhandnen Kräfte. Ohne auch nur zu ahnden, was sie tut, eröffnet sie ihre Laufbahn mit einer zerstörenden Ungerechtigkeit; ihr erster Versuch ist ein Fehler, welcher zahllose andre nach sich zieht, welchen die Anstrengung vieler Jahrhunderte kaum wieder gut machen kann. Der widersinnige Zwang ihrer törichten Gesetze, ihrer gewaltsamen Trennungen und Verknüpfungen hemmt, verwirrt, verwischt, und vernichtet endlich die Natur. Den Werken, welche sie produziert, fehlt es an einem innern Lebensprinzip; es sind nur einzelne durch äußre Gewalt aneinander gefesselte Stücke, ohne eigentlichen Zusammenhang, ohne ein Ganzes. Nach vielfältigen Anstrengungen ist die endliche Frucht ihres langen Fleißes oft keine andre als eine durchgängige Anarchie, eine vollendete Charakterlosigkeit. Die allgemeine Vermischung der Nationalcharaktere, die stete Wechselnachahmung im ganzen Gebiete der modernen Poesie würde zwar schon durch den politischen und religiösen Zusammenhang eines Völkersystems, welches sich durch seine äußre Lage vielfach berührt und aus einem gemeinschaftlichen Stamm entsprungen ist, begreiflich werden können: gleichwohl bekommt sie durch die Künstlichkeit der Bildung einen ganz eigentümlichen Anstrich. Bei einer natürlichen Bildung würden wenigstens gewisse Gränzen der Absonderung, wie der Vereinigung entschieden und bestimmt sein. Die Willkür der Absicht allein konnte eine so gränzenlose Verwirrung erzeugen, und endlich jede Spur von Gesetzmäßigkeit vertilgen! Zwar gibt es noch immer so viele Hauptmassen der Eigentümlichkeit, als große kultivierte Nationen. Doch sind die wenigen gemeinsamen Züge sehr schwankend, und eigentlich existiert jeder Künstler für sich, ein *isolierter Egoist* in der Mitte seines Zeitalters und seines Volks. Es gibt so viele individuelle Manieren als originelle Künstler. Zu manierierter Einseitigkeit gesellt sich die reichste Vielseitigkeit, von der Zeit an, da die rege gewordne Kraft der Natur anfing ihrer Fülle unter dem Druck des künstlichen Zwanges Luft zu machen. Denn je weiter man von der reinen Wahrheit entfernt ist, je mehr einseitige Ansichten derselben gibt es. Je größer die schon vorhandene Masse des Originellen ist, desto seltner wird neue echte Originalität. Daher die zahllose Legion der nachahmenden Echokünstler; daher genialische Originalität das höchste Ziel des Künstlers, der oberste Maßstab des Kenners.

Der Verstand kann durch zahllose Irrtümer doch endlich eine späte bessere Einsicht teuer erkaufen und sich dann sicher einer dauernden Vervollkommnung nähern. Es ist alsdann unstreitig möglich, daß er den ursprünglichen Nationalcharakter auch rechtmäßig und zu einem höhern Zweck verändern, verwischen und selbst vertilgen könne. Weit unglücklicher noch sind aber diese seine chymischen Versuche in der willkürlichen Scheidung und Mischung der ursprünglichen Künste und reinen Kunstarten. Unvermeidlich wird sein unglücklicher Scharfsinn die Natur gewaltsam zerrütten, ihre Einfachheit verfälschen, und ihre schöne Organisation gleichsam in elementarische Masse auflösen und zerstören. Ob sich aber durch diese künstliche Zusammensetzungen wirkliche neue Verbindungen und Arten entdecken lassen, ist wenigstens äußerst ungewiß. Wie werden nicht die Gränzen der einzelnen Künste in der Vereinigung mehrerer verwirrt? In einem und demselben Kunstwerke ist die Poesie oft zugleich Despotin und Sklavin der Musik. Der Dichter will darstellen, was nur der Schauspieler vermag; und er läßt Lücken für jenen, die nur er selbst ausfüllen könnte. Die dramatische Gattung allein könnte uns eine reiche Beispielsammlung von unnatürlichen Vermischungen der reinen Dichtarten darbieten. Ich wähle nur ein einziges aber ein glänzendes Beispiel: durch die Trefflichkeit der Ausführung wird die Monstrosität der

Gattung selbst nur desto sichtbarer. Es gibt eine Art moderner Dramen, welche man *lyrische* nennen könnte. Nicht wegen einzelner lyrischer Teile: denn jedes schöne dramatische Ganze ist aus lauter lyrischen Elementen zusammengesetzt; sondern ein Gedicht in dramatischer Form, dessen Einheit aber eine musikalische Stimmung oder lyrische Gleichartigkeit ist – die dramatische Äußerung einer lyrischen Begeistrung. Keine Gattung wird von schlechten Kennern so häufig und so sehr verkannt als diese: weil die Einheit der Stimmung nicht durch den Verstand eingesehen, sondern nur durch ein zarteres Gefühl wahrgenommen werden kann. Eins der trefflichsten Gedichte dieser Art, der »Romeo« des Shakespeare ist gleichsam nur ein romantischer Seufzer über die flüchtige Kürze der jugendlichen Freude; ein schöner Klagegesang, daß diese frischesten Blüten im Frühling des Lebens unter dem lieblosen Hauch des rauhen Schicksals so schnell dahinwelken. Es ist eine hinreißende *Elegie*, wo die süße Pein, der schmerzliche Genuß der zartesten Liebe unauflöslich verwebt ist. Diese bezaubernde Mischung unauflöslich verwebter Anmut und Schmerzen ist aber eben der eigentliche Charakter der Elegie.

Nichts kann die Künstlichkeit der modernen ästhetischen Bildung besser erläutern und bestätigen, als das große *Übergewicht des Individuellen, Charakteristischen und Philosophischen* in der ganzen Masse der modernen Poesie. Die vielen und trefflichen Kunstwerke, deren Zweck ein philosophisches Interesse ist, bilden nicht etwa bloß eine unbedeutende Nebenart der schönen Poesie, sondern eine ganz eigne große Hauptgattung, welche sich wieder in zwei Unterarten spaltet. Es gibt eine selbsttätige Darstellung einzelner und allgemeiner, bedingter und unbedingter Erkenntnisse, welche von schöner Kunst ebenso verschieden ist, als von Wissenschaft und Geschichte. Das Häßliche ist ihr oft in ihrer Vollendung unentbehrlich, und auch das Schöne gebraucht sie eigentlich nur als Mittel zu ihrem bestimmten philosophischen Zweck. Überhaupt hat man bisher das Gebiet der darstellenden Kunst zu eng beschränkt, das der schönen Kunst hingegen zu weit ausgedehnt. Der *spezifische Charakter* der schönen Kunst ist freies Spiel ohne bestimmten Zweck; der der darstellenden Kunst überhaupt die Idealität der Darstellung. *Idealisch* aber ist eine Darstellung (mag ihr Organ nun Bezeichnung oder Nachahmung sein) in welcher der dargestellte Stoff nach den Gesetzen des darstellenden Geistes gewählt und geordnet, wo möglich auch gebildet wird. Wenn es vergönnt ist, alle diejenigen *Künstler* zu nennen, deren Medium idealische Darstellung, deren Ziel aber unbedingt ist: so gibt es drei spezifisch verschiedene Klassen von Künstlern, je nachdem ihr Ziel das Gute, das Schöne, oder das Wahre ist. Es gibt Erkenntnisse, welche durch historische Nachahmung wie durch intellektuelle Bezeichnung durchaus nicht mitgeteilt, welche nur dargestellt werden können; individuelle idealische Anschauungen, als Beispiele und Belege zu Begriffen und Ideen. Auf der andern Seite gibt es auch Kunstwerke, idealische Darstellungen, welche offenbar keinen andern Zweck haben, als Erkenntnis. Ich nenne die idealische Poesie, deren Ziel das philosophisch Interessante ist, *didaktische Poesie.* Werke, deren Stoff didaktisch, deren Zweck aber ästhetisch, oder Werke, deren Stoff und Zweck didaktisch, deren äußre Form aber poetisch ist, sollte man durchaus nicht so benennen: denn nie kann die individuelle Beschaffenheit des Stoffs ein hinreichendes Prinzip zu einer gültigen ästhetischen Klassifikation sein[3]. Die

3   Man redet auch wohl von der *angenehmen Kunst* als von einer Nebenart der schönen, von der sie doch durch eine unendliche Kluft geschieden ist. Angenehme Redekunst ist mit der schönen Poesie nicht näher verwandt als jede andre sinnliche Geschicklichkeit, welche Plato Kunst zu nennen verbietet und mit der Kochkunst in eine Klasse ordnet. Im allgemeinsten Sinne ist *Kunst* jede ursprüngliche oder erworbne Geschicklichkeit, irgendeinen Zweck des Menschen in der Natur wirklich auszuführen; die Fertigkeit irgendeine Theorie praktisch zu machen. Die Zwecke des Menschen sind teils unendlich und notwendig, teils beschränkt und zufällig. Die Kunst ist daher entweder eine *freie Ideenkunst* oder eine *mechanische Kunst* des Bedürfnisses, deren Arten die *nützliche* und die *angenehme* Kunst sind. – Der Stoff, in welchem das Gesetz des Gemüts ausgeprägt wird, ist entweder die Welt im Menschen selbst, oder die Welt außer ihm, die unmittelbar oder die mittelbar mit ihm verknüpfte Natur. Die freie Ideenkunst zerfällt daher in die *Lebenskunst* (deren Arten die *Sittenkunst* und die *Staatskunst* sind) und in die *darstellende Kunst,* deren Definition schon oben gegeben ist. Die wissenschaftliche Darstellung – ihr Werkzeug mag nun willkürliche Bezeichnung oder bildliche Nachahmung sein – unterscheidet sich dadurch von der Darstellung der Kunst, daß sie den Stoff, wiewohl sie das Gegebne gleichfalls nach den Gesetzen des darstellenden Geistes ordnet, selten wählt, nie bildet, und erfindet. Sie ist mit einem Worte nicht idealisch. Die darstellende Kunst teilt sich in *drei Klassen,* je nachdem ihr Ziel das Wahre, das Schöne oder das Gute ist. Von den beiden ersten Klassen wird im Text geredet. Mir scheint aber auch die Existenz und spezifische Verschiedenheit der dritten Klasse unläugbar. Es gibt, dünkt mich, idealische Darstellungen in der Poesie, deren Ziel und Tendenz weder ästhetische noch philosophisch, sondern *moralisch* ist. Es wäre nicht unbegreiflich, daß die Mitteilung sittlicher Güte – ehedem ein integranter Teil der Sokratischen Philosophie – von der Scholastik verscheucht, ihre Zuflucht zur Poesie genommen hätte. Das Medium, durch welches bei den Griechen die Tugend verbreitet, und durch innige Wechselberührung erhöht und vervielfältigt ward, – die Freundschaft oder männliche Liebe ist so gut als nicht mehr vorhanden. Der sittliche Künstler findet nur noch die idealische Darstellung vor, um den angebornen, jedem großen Meister eignen, Künstlertrieb, seine Gabe mitzuteilen, seinen Geist im Gemüt seiner Schüler fortzupflanzen, befriedigen zu können. – In einzelnen Fällen sind die Gränzen oft sehr schwer zu bestimmen. Der entscheidene Punkt ist die *Anordnung des Ganzen.* Der bestimmte Gliederbau eines didaktischen Werks läßt sich am wenigsten verkennen. Ist es die gesetzlichfreie Ordnung eines schönen Spiels, so ist das Werk ästhetisch. Der freie Erguß des sittlichen Gefühls, ohne gefällige Rundung und ohne Streben nach gesetzmäßiger Einheit würde in der *moralischen Poesie*

Tendenz der meisten, trefflichsten und berühmtesten modernen Gedichte ist philosophisch. Ja die moderne Poesie scheint hier eine gewisse Vollendung, ein Höchstes in ihrer Art erreicht zu haben. Die didaktische Klasse ist ihr Stolz und ihre Zierde; sie ist ihr originellstes Produkt, weder aus verkehrter Nachahmung noch aus irriger Lehre erkünstelt; sondern aus den verborgnen Tiefen ihrer ursprünglichen Kraft erzeugt.

Der große Umfang des Charakteristischen in der ganzen ästhetischen Bildung der Modernen offenbart sich auch in andern Künsten. Gibt es nicht eine charakteristische *Malerei*, deren Interesse weder ästhetisch, noch historisch, sondern rein *physiognomisch*, also philosophisch; deren Behandlung aber nicht historisch, sondern idealisch ist? Sie übertrifft sogar an Bestimmtheit der Individualität die Poesie so unendlich weit, wie sie ihr an Umfang, Zusammenhang und Vollständigkeit nachsteht. Selbst in der *Musik* hat die Charakteristik individueller Objekte ganz wider die Natur dieser Kunst überhand genommen. Auch in der *Schauspielkunst* herrscht das Charakteristische unumschränkt. Ein mimischer virtuose muß an Organisation und Geist gleichsam ein physischer und intellektueller Proteus sein, um sich selbst in jede Manier und jeden Charakter, bis auf die individuellsten Züge metamorphosieren zu können. Darüber wird die Schönheit vernachlässigt, der Anstand oft beleidigt, und der mimische Rhythmus vollends ganz vergessen.

Was war natürlicher, als daß das lenkende Prinzipium auch das gesetzgebende? daß das philosophisch Interessante letzter Zweck der Poesie ward? Der isolierende Verstand fängt damit an, daß er das Ganze der Natur trennt und vereinzelt. Unter seiner Leitung geht daher die durchgängige Richtung der Kunst auf treue Nachahmung des Einzelnen. Bei höherer intellektueller Bildung wurde also natürlich das Ziel der modernen Poesie *originelle und interessante Individualität*. Die nackte Nachahmung des Einzelnen ist aber eine bloße Kopistengeschicklichkeit, und keine freie Kunst. Nur durch eine *idealische Stellung* wird die Charakteristik eines Individuums zum philosophischen Kunstwerk. Durch diese Anordnung muß das Gesetz des Ganzen aus der Masse klar hervortreten, und sich dem Auge leicht darbieten; der Sinn, Geist, innre Zusammenhang des dargestellten Wesens muß aus ihm selbst hervorleuchten. Auch die charakteristische Poesie kann und soll daher im Einzelnen das Allgemeine darstellen; nur ist dieses Allge-

stattfinden zu welcher ich einige berühmte Deutsche Werke lieber zählen möchte, als zur philosophischen Klasse. Hemsterhuys redet von einer Philosophie, die dem *Dithyrambus* ähnlich sei. Was versteht er darunter wohl andres, als den freiesten Erguß des sittlichen Gefühls, eine Mitteilung großer und guter Gesinnungen? Den *Simon* dieses Philosophen möchte ich eine *Sokratische Poesie* nennen. Mir wenigstens scheint die Anordnung des Ganzen weder didaktisch, noch dramatisch, sondern *dithyrambisch* zu sein.

meine (das Ziel des Ganzen und das Prinzip der Anordnung der Masse) nicht ästhetisch, sondern didaktisch. Aber selbst die reichhaltigste philosophische Charakteristik ist doch nur eine einzelne Merkwürdigkeit für den Verstand, eine bedingte Erkenntnis, das Stück eines Ganzen, welches die strebende Vernunft nicht befriedigt. Der Instinkt der Vernunft strebt stets nach in sich selbst vollendeter Vollständigkeit, und schreitet unaufhörlich vom Bedingten zum Unbedingten fort. Das Bedürfnis des Unbedingten und der Vollständigkeit ist der Ursprung und Grund der zweiten Art der didaktischen Gattung. Dies ist die eigentliche *philosophische Poesie*, welche nicht nur den Verstand, sondern auch die Vernunft interessiert. Ihre eigne natürliche Entwicklung und Fortschreitung führt die charakteristische Poesie zur *philosophischen Tragödie*, dem vollkommnen Gegensatze der ästhetischen Tragödie. Diese ist die Vollendung der schönen Poesie, besteht aus lauter lyrischen Elementen, und ihr endliches Resultat ist die höchste Harmonie. Jene ist das höchste Kunstwerk der didaktischen Poesie, besteht aus lauter charakteristischen Elementen, und ihr endliches Resultat ist die höchste Disharmonie. Ihre Katastrophe ist tragisch; nicht so ihre ganze Masse: denn die durchgängige Reinheit des Tragischen (eine notwendige Bedingung der ästhetischen Tragödie) würde der Wahrheit der charakteristischen und philosophischen Kunst Abbruch tun.

Es ist hier nicht der Ort, die noch völlig unbekannte Theorie der philosophischen Tragödie umständlich zu entwickeln. Doch sei es vergönnt, den aufgestellten Begriff dieser Dichtart, welche an sich ein so interessantes Phänomen, und außerdem eins der wichtigsten Dokumente für die Charakteristik der modernen Poesie ist, durch ein einziges Beispiel zu erläutern, welches an Gehalt und vollendetem Zusammenhang des Ganzen bis jetzt das trefflichste seiner Art ist. – Man verkennt den »Hamlet« oft so sehr, daß man ihn stückweise lobt. Eine ziemlich inkonsequente Toleranz, wenn das Ganze wirklich so unzusammenhängend, so sinnlos ist, als man stillschweigend voraussetzt! Überhaupt ist in Shakespeares Dramen der Zusammenhang selbst zwar so einfach und klar, daß er offnen und unbefangnen Sinnen sichtbar und von selbst einleuchtet. Der Grund des Zusammenhanges aber liegt oft so tief verborgen, die unsichtbaren Bande, die Beziehungen sind so fein, daß auch die scharfsinnigste kritische Analyse mißglücken muß, wenn es an Takt fehlt, wenn man falsche Erwartungen mitbringt, oder von irrigen Grundsätzen ausgeht. Im »Hamlet« entwickeln sich alle einzelnen Teile notwendig aus einem gemeinschaftlichen Mittelpunkt, und wirken wiederum auf ihn zurück. Nichts ist fremd, überflüssig, oder zufällig in diesem Meisterstück künstlerischer Weisheit.[4] Der Mittel-

4   Es war mir eine angenehme Überraschung, diesen vollkommnen Zusammenhang durch das Urteil eines großen Dichters anerkannt zu sehn. Äußerst treffend scheint mir alles, was Wilhelm in Goethens »Meister« darüber und über den Charakter der Ophelia sagt, wahrhaft göttlich

punkt des Ganzen liegt im Charakter des Helden. Durch eine wunderbare Situation wird alle Stärke seiner edeln Natur in den Verstand zusammengedrängt, die tätige Kraft aber ganz vernichtet. Sein Gemüt trennt sich, wie auf der Folterbank nach entgegengesetzten Richtungen auseinander gerissen; es zerfällt und geht unter im Überfluß von müßigem Verstand, der ihn selbst noch peinlicher drückt, als alle die ihm nahen. Es gibt vielleicht keine vollkommnere Darstellung der unauflöslichen Disharmonie, welche der eigentliche Gegenstand der philosophischen Tragödie[5] ist, als ein so gränzenloses Mißverhältnis der denkenden und der tätigen Kraft, wie in Hamlets Charakter. Der Totaleindruck dieser Tragödie ist ein *Maximum der Verzweiflung*. Alle Eindrücke, welche einzeln groß und wichtig schienen, verschwinden als trivial vor dem, was hier als das letzte, einzige Resultat alles Seins und Denkens erscheint; vor der ewigen *Kolossalen Dissonanz*, welche die Menschheit und das Schicksal unendlich trennt.

Im ganzen Gebiete der modernen Poesie ist dieses Drama für den ästhetischen Geschichtsforscher eins der wichtigsten Dokumente. In ihm ist der Geist seines Urhebers am sichtbarsten; hier ist, was über die andern Werke des Dichters nur einzeln zerstreut ist, gleichsam ganz beisammen. *Shakespeare* aber ist unter allen Künstlern derjenige, welcher den Geist der modernen Poesie überhaupt am vollständigsten und am treffendsten charakterisiert. In ihm vereinigen sich die reizendsten Blüten der Romantischen Phantasie, die gigantische Größe der gotischen Heldenzeit, mit den feinsten Zügen moderner Geselligkeit, mit der tiefsten und reichhaltigsten poetischen Philosophie. In den beiden letzten Rücksichten könnte es zu Zeiten scheinen, er hätte die Bildung unsers Zeitalters antizipiert. Wer übertraf ihn je an unerschöpflicher Fülle des Interessanten? An Energie aller Leidenschaften? An unnachahmlicher Wahrheit des Charakteristischen? An einziger Origi-

seine Erklärung, wie Hamlet *wurde*. Nur vergesse man auch nicht, was er *war*.

5   Der Gegenstand des Drama überhaupt ist eine aus Menschheit und Schicksal gemischte Erscheinung, welche den größten Gehalt mit der größten Einheit verbindet. Der Zusammenhang des Einzelnen kann auf eine doppelte Weise zu einem unbedingten Ganzen vollendet werden. Entweder wird die Menschheit und das Schicksal in vollkommner Eintracht oder *in vollkommnem Streit* dargestellt. Das letzte ist der Fall in der philosophischen Tragödie. *Begebenheit* heißt jene gemischte Erscheinung, wenn das Schicksal überwiegt. Das *Objekt der philosophischen Tragödie* ist daher eine tragische Begebenheit, deren Masse und äußre Form ästhetisch, deren Inhalt und Geist aber philosophisch interessant ist. Das Bewußtsein jenes Streites erregt das Gefühl der *Verzweiflung*. Man sollte diesen sittlichen Schmerz über unendlichen Mangel, und unauflöslichen Streit nie mit *tierischer Angst* verwechseln: wiewohl die letztre im Menschen, wo das Geistige mit dem Sinnlichen so innigst verwebt ist, sich oft zu jener geselt.

nalität? Er umfaßt die eigentümlichsten ästhetischen Vorzüge der Modernen jeder Art im weitesten Umfange, höchster Trefflichkeit und in ihrer ganzen Eigentümlichkeit, sogar bis auf die exzentrischen Sonderbarkeiten und Fehler, welche sie mit sich führen. Man darf ihn ohne Übertreibung den *Gipfel der modernen Poesie* nennen. Wie reich ist er an einzelnen Schönheiten jeder Art! Wie oft berührt er ganz nahe das höchste Erreichbare! In der ganzen Masse der modernen Poesie entspricht vielleicht nichts dem vollkommenen Schönen so sehr als die liebenswürdige Größe, die bis zur Anmut vollendete Tugend des *Brutus* im »Cäsar«.

Dennoch wußten viele gelehrte und scharfsinnige Denker nie recht, was sie mit Shakespeare machen sollten. Der inkorrekte Mensch wollte ihren konventionellen Theorien gar nicht recht zusagen. Eine unwiderstehliche Sympathie befreundet nämlich den Kenner ohne Takt und treffenden Blick mit den ordentlichen Dichtern, die zu schwach sind, um ausschweifen zu können. Es ist daher wenig mehr als die Mittelmäßigkeit derjenigen Künstler, die weder warm noch kalt sind, welche unter dem Namen der *Korrektheit* gestempelt und geheiligt worden ist. Das gewöhnliche Urteil, Shakespeares Inkorrektheit sündige wider die Regeln der Kunst, ist, um wenig zu sagen, sehr voreilig, so lange noch gar keine objektive Theorie existiert. Überdem hat ja noch kaum irgendein Theoretiker auch nur versucht, die Gesetze der charakteristischen Poesie und der philosophischen Kunst überhaupt etwas vollständiger zu entwickeln. Es ist wahr, Shakespeare hat, ungeachtet der beständigen Protestationen der Regelmäßigkeit, die Menge immer unwiderstehlich gefesselt. Dennoch zweifle ich, daß sein philosophischer Geist der Menge eigentlich faßlich sein könne. Durch seine sinnliche Stärke fortgerissen, von seiner täuschenden Wahrheit ergriffen, und höchstens durch seine unerschöpfliche Fülle bezaubert, war es vielleicht nur seine *körperliche Masse,* bei der sie stehenblieben.

Man hat, so scheint es, den richtigen Gesichtspunkt ganz verfehlt. Wer seine Poesie als *schöne* Kunst beurteilt, der gerät nur in tiefere Widersprüche, je mehr Scharfsinn er besitzt, je besser er den Dichter kennt. Wie die Natur Schönes und Häßliches durcheinander mit gleich üppigem Reichtum erzeugt, so auch Shakespeare. Keins seiner Dramen ist *in Masse* schön; nie bestimmt Schönheit die Anordnung des Ganzen. Auch die einzelnen Schönheiten sind wie in der Natur nur selten von *häßlichen Zusätzen* rein, und sie sind nur *Mittel* eines andern Zwecks; sie dienen dem charakteristischen oder philosophischen Interesse. Er ist oft auch da eckig und ungeschliffen, wo die feinere Rundung am nächsten lag; nämlich um dieses höhern Interesse willen. Nicht selten ist seine Fülle eine unauflösliche Verwirrung und das Resultat des Ganzen ein unendlicher Streit. Selbst mitten unter den heitern Gestalten unbefangner Kindheit oder fröhlicher Jugend verwundet uns eine bittre Erinnerung an die völlige Zwecklosigkeit des Lebens, an die vollkommne Leerheit alles Daseins. Nichts ist so widerlich, bitter, empörend, ekelhaft, platt und gräßlich, dem seine Darstellung sich entzöge, sobald es ihr Zweck dessen bedarf. Nicht selten *entfleischt* er seine Gegenstände, und wühlt wie mit anatomischem Messer in der ekelhaften Verwesung moralischer Kadaver. »Daß er den Menschen mit seinem Schicksale auf die freundlichste Weise bekannt mache;« ist daher wohl eine zu weit getriebne Milderung. Ja eigentlich kann man nicht einmal sagen, daß er uns zu der *reinen* Wahrheit führe. Er gibt uns nur eine *einseitige* Ansicht derselben, wenngleich die reichhaltigste und umfassendste. Seine Darstellung ist nie objektiv, sondern durchgängig *maniriert*: wiewohl ich der erste bin, der eingesteht, daß seine Manier die größte, seine Individualität die interessanteste sei, welche wir bis jetzt kennen. Man hat es schon oft bemerkt, daß das originelle Gepräge seiner individuellen Manier unverkennbar und unnachahmlich sei. Vielleicht kann überhaupt das Individuelle nur individuell aufgefaßt und dargestellt werden. Wenigstens scheinen charakteristische Kunst und Manier unzertrennliche Gefährten, notwendige Korrelaten. Unter Manier verstehe ich in der Kunst eine individuelle Richtung des Geistes und eine individuelle Stimmung der Sinnlichkeit, welche sich in Darstellungen, die idealisch sein sollen, äußern.

Aus diesem Mangel der Allgemeingültigkeit, aus dieser Herrschaft des Manirierten, Charakteristischen und Individuellen, erklärt sich von selbst die durchgängige Richtung der Poesie, ja der ganzen ästhetischen Bildung der Modernen aufs Interessante[6]. *Interessant* nämlich ist jedes originelle Individuum, welches ein größeres Quantum von intellektuellem Gehalt oder ästhetischer Energie enthält. Ich sagte mit Bedacht: ein *größeres*. Ein größeres nämlich als das empfangende Individuum bereits besitzt: denn das Interessante verlangt eine individuelle Empfänglichkeit, ja nicht selten eine momentane Stimmung derselben. Da alle Größen ins Unendliche vermehrt werden können, so ist klar, warum auf diesem Wege nie eine vollständige Befriedigung erreicht werden kann; warum es kein *höchstes Interessantes* gibt. Unter den verschiedensten Formen und Richtungen, in allen Graden der Kraft äußert sich in der ganzen Masse der modernen Poesie durchgängig dasselbe *Bedürfnis nach einer vollständigen Befriedigung,* ein gleiches Streben nach einem *absoluten Maximum der Kunst.* – Was die Theorie versprach, was man in der Natur suchte, in jedem einzelnen Idol zu finden hoffte; was war es anders als ein *ästhetisches Höchstes?* Je öfter

---

6   Auch wo das Schöne am lautesten genannt wird, findet man bei genauer
     Analyse im Hintergrunde gemeiniglich nur das Interessante. So lange
     man den Künstler nicht nach dem Ideale der Schönheit, sondern nach
     dem Begriff der *Virtuosität* würdigt, sind *Kraft* und *Kunst* nur zwei
     verschiedene Ansichten eines und desselben Prinzips der ästhetischen
     Würdigung, und die Anhänger der *Korrektheit* und der *genialischen
     Originalität* sind nicht durch das Prinzip, sondern nur durch die Direk-
     tion ihrer Kritik aufs Positive oder aufs Negative verschieden.

das in der menschlichen Natur gegründete Verlangen nach vollständiger Befriedigung durch das Einzelne und Veränderliche (auf deren Darstellung die Kunst bisher ausschließend gerichtet war) getäuscht wurde, je heftiger und rastloser ward es. Nur das Allgemeingültige, Beharrliche und Notwendige – das *Objektive* kann diese große Lücke ausfüllen; nur das Schöne kann diese heiße Sehnsucht stillen. Das *Schöne* (ich stelle dessen Begriff hier nur problematisch auf, und lasse dessen wirkliche Gültigkeit und Anwendbarkeit für jetzt unentschieden) ist der allgemeingültige Gegenstand eines uninteressierten Wohlgefallens, welches von dem Zwange des Bedürfnisses und des Gesetzes gleich unabhängig, frei und dennoch notwendig, ganz zwecklos und dennoch unbedingt zweckmäßig ist. Das Übermaß des Individuellen führt also von selbst zum Objektiven, das Interessante ist die Vorbereitung des Schönen, und das letzte Ziel der modernen Poesie kann kein andres sein als das *höchste Schöne,* ein Maximum von objektiver ästhetischer Vollkommenheit.

In diesem zweiten Berührungspunkte treffen von neuem die verschiedenen Ströme, in die sich die moderne Poesie seit ihrem Ursprunge spaltete, alle zusammen. Die Künstlichkeit ihrer Bildung enthielt den Grund ihrer Eigenschaften, und wenn die Richtung und das Ziel ihrer Laufbahn den *Zweck ihrer Bestrebungen* begreiflich macht, so wird der Sinn ihrer ganzen Masse vollständig erklärt, und unsre Frage beantwortet sein.

Die Herrschaft des Interessanten ist durchaus nur eine *vorübergehende Krise* des Geschmacks: denn sie muß sich endlich selbst vernichten. Doch sind die zwei Katastrophen, unter denen sie zu wählen hat, von sehr verschiedner Art. Geht die Richtung mehr auf ästhetische Energie, so wird der Geschmack, der alten Reize je mehr und mehr gewohnt, nur immer heftigere und schärfere begehren. Er wird schnell genug zum Piquanten und Frappanten übergehn. Das *Piquante* ist, was eine stumpfgewordne Empfindung krampfhaft reizt; das *Frappante* ist ein ähnlicher Stachel für die Einbildungskraft. Dies sind die Vorboten des nahen Todes. Das *Fade* ist die dünne Nahrung des ohnmächtigen, und das *Choquante,* sei es abenteuerlich, ekelhaft oder gräßlich, die letzte Konvulsion des sterbenden Geschmacks.[7] – Wenn hingegen philosophischer Gehalt in der Tendenz des Geschmacks das Übergewicht hat, und die Natur stark genug ist, auch den heftigsten Erschütterungen nicht zu unterliegen: so wird die strebende Kraft, nachdem sie sich in Erzeugung einer übermäßigen Fülle des Interessanten erschöpft hat, sich gewaltsam ermannen, und zu Versuchen des Objektiven übergehn.

7 Das Choquante hat drei Unterarten: was die Einbildungskraft revoltiert – das *Abenteuerliche;* was die Sinne empört – das *Ekelhafte;* und was das Gefühl peinigt und martert – das *Gräßliche.* Diese natürliche Entwicklung des Interessanten erklärt sehr befriedigend den verschiedenen Gang der bessern und gemeinen Kunst.

Daher ist der echte Geschmack in unserm Zeitalter weder ein Geschenk der Natur noch eine Frucht der Bildung allein, sondern nur unter der Bedingung großer sittlicher Kraft und fester Selbständigkeit möglich.

* * *

Die erhabne Bestimmung der modernen Poesie ist also nichts geringeres als das höchste Ziel jeder möglichen Poesie, das Größte was von der Kunst gefordert werden, und wonach sie streben kann. Das unbedingt *Höchste* kann aber nie ganz erreicht werden. Das äußerste, was die strebende Kraft vermag, ist: sich diesem unerreichbaren Ziele immer mehr und mehr zu nähern. Und auch diese *endlose Annäherung* scheint nicht ohne innere Widersprüche zu sein, die ihre Möglichkeit zweifelhaft machen. Die Rückkehr von entarteter Kunst zur echten, vom verderbten Geschmack zum richtigen scheint nur ein *plötzlicher Sprung* sein zu können, der sich mit dem *steten Fortschreiten,* durch welches sich jede Fertigkeit zu entwickeln pflegt, nicht wohl vereinigen läßt. Denn das Objektive ist unveränderlich und beharrlich: sollte also die Kunst und der Geschmack je Objektivität erreichen, so müßte die ästhetische Bildung gleichsam *fixiert* werden. Ein *absoluter Stillstand* der ästhetischen Bildung läßt sich gar nicht denken. Die moderne Poesie wird sich also immer verändern. Kann sie sich aber nicht ebensowohl wiederum *rückwärts* von dem Ziele entfernen? Kann sie dies nicht auch dann noch, wenn sie schon eine bessere Richtung genommen hatte? Sind also nicht alle menschlichen Bemühungen fruchtlos? –

Schon im Einzelnen ist das Schöne eine Gunst der Natur. Wie viel mehr wird es in der Masse immer von einem einzigen Zusammenfluß seltner Umstände abhängen, welchen der Mensch nicht einmal zu lenken, geschweige denn hervorzubringen vermag? Überhaupt können die Ansprüche an die Selbsttätigkeit der Masse, so scheint es, nie mäßig genug sein. Ihre Bildung, ihre Fortschritte und ihr endliches Gelingen bleiben – trauriges Los! – dem *Zufall* überlassen.

Alle bessere Menschen hassen den Zufall und sein Gefolge in jeder Gestalt. Jene große Aufgabe des Schicksals muß gleichsam ein mächtiges Aufgebot der Aufmerksamkeit und Tätigkeit für alle die sein, welche die Poesie interessiert. Mag die Hoffnung noch so gering, die Auflösung noch so schwer sein: *der Versuch ist notwendig!* Wer hier gleichgültig und faul bleibt, dem liegt nichts an der Würde der Kunst und der Menschheit. Was hilft die Höhe der Bildung ohne eine feste Grundlage? Was Kraft ohne eine sichre Richtung, ohne Ebenmaß und Gleichgewicht? Was ein Chaos einzelner schöner Elemente ohne eine vollständige, reine Schönheit? Nur die gewisse Aussicht auf eine günstige Katastrophe der Zukunft könnte uns über den jetzigen Zustand der ästhetischen Bildung befriedigen und beruhigen.

Wahr ists, der Gang der modernen Bildung, der Geist unsers Zeitalters und der Deutsche Nationalcharakter insbesondre scheinen der

Poesie nicht sehr günstig! – »Wie geschmacklos sind doch, könnte vielleicht mancher denken, alle Einrichtungen und Verfassungen; wie unpoetisch alle Gebräuche, die ganze Lebensart der Modernen! Überall herrscht schwerfällige Formalität ohne Leben und Geist, leidenschaftliche Verwirrung und häßlicher Streit. Umsonst sucht mein Blick hier eine freie Fülle, eine leichte Einheit. – Heißt es, die edle Kraft der Deutschen Vorväter verkennen, wenn man Zweifel hegt, ob die Goten geborne Dichter waren? Oder war auch das barbarische Christentum der Mönche eine schöne Religion? Tausend Beweise rufen euch einstimmig zu: *Prosa* ist die eigentliche Natur der Modernen. Früherhin ist in der modernen Poesie doch wenigstens gigantische Kraft und phantastisches Leben. Bald aber wurde die Kunst das gelehrte Spielwerk eitler Virtuosen. Die Lebenskraft jener heroischen Zeit war nun verloschen, der Geist entflohn; nur der Nachhall des ehemaligen Sinns blieb zurück. Was ist die Poesie der spätern Zeit, als ein Chaos aus dürftigen Fragmenten der Romantischen Poesie, ohnmächtigen Versuchen höchster Vollkommenheit, welche sich mit wächsernen Flügeln in grader Richtung gen Himmel schwingen, und aus verunglückten Nachahmungen mißverstandner Muster? So flickten Barbaren aus schönen Fragmenten einer bessern Welt Gotische Gebäude zusammen. So fertigt der Nordische Schüler mit eisernem Fleiß mühsam nach der Antike steinerne Gemälde – Die Menschheit blühte nur einmal und nicht wieder. Diese Blüte war die schöne Kunst. Im herben Winter läßt sich ja kein künstlicher Frühling erzwingen. Der allgemeine Geist des Zeitalters ist überdem aufgelöste Erschlaffung und Sittenlosigkeit. Ihr seid schlecht, und wollt schön scheinen? Euer Innres ist wurmstichig und euer Äußres soll rein sein? Widersinniges Beginnen! Wo der Charakter entmannt ist, wo es keine eigentliche sittliche Bildung gibt, da sinkt die Kunst natürlich zu einem niedrigen Kitzel zerflossener Üppigkeit herab. – Am hoffnungslosesten ist das Los der Deutschen Poesie! Unter den Engländern und Franzosen haben doch wenigstens die Darstellungen des geselligen Lebens ursprüngliche Wahrheit, eigne Bestandheit, lebendigen Sinn und echte Bedeutung. Der Deutsche hingegen kann nicht darstellen, was er gar nicht hat; wenn er es versucht, fällt er in überspannte Träumereien oder in Frost. Zwar entfernt auch den Engländer die eckige Ungeschliffenheit, der stumpfe Trübsinn, die eiserne Hartnäckigkeit; den Franzosen die flache Heftigkeit, der seichte Ungestüm, die abgeschliffne Leerheit ihres einseitigen Nationalcharakters weit genug vom vollkommnen Schönen. Den charakterlosen Deutschen macht aber die kleinliche Umständlichkeit, die verworrne Schwerfälligkeit, die uralte bedächtliche Langsamkeit seines Geistes zu den leichten Spielen der freien Kunst vollends ganz unfähig. Einzelne Ausnahmen beweisen nichts fürs Ganze. Gibt es auch in Deutschland hie und da Geschmack, so gab es auch noch unter dem Nero Römer.«

In solchen und noch schwärzern historischen Rembrandts schildert man mit Farben der Hölle – zwar nicht ohne feierliches Pathos im

Vortrag, aber eigentlich leichtsinnig genug – den Geist großer Völker, eines merkwürdigen Zeitalters. Jeder einzelne Zug dieser Darstellung kann wahr sein, oder doch etwas Wahres enthalten, wenn aber die Züge nicht vollständig sind, wenn der Zusammenhang fehlt, so ist das Ganze dennoch falsch. – So ist die höchste ästhetische Erschlaffung in dem Zusammenhange unsres Zeitalters ein offenbar *günstiges Symptom* der vorübergehenden wohltätigen Krise des Interessanten, welcher nur die schwache Natur unterliegt. Diese Erschlaffung entspringt aus dem gewaltsamsten oft überspannten Streben; daher steht so oft die größte Kraft dicht neben ihr. Der Fall ist natürlich der Höhe, die Erschlaffung der Anspannung gleich. Die Sittenlosigkeit mag von der Masse wahr sein, doch würde sie die Fortschritte des Geschmacks schwerlich hemmen, welche der sittlichen Bildung leicht zuvoreilen könnten. Der Geschmack ist ungleich freier von äußrer Gewalt und von verderblicher Ansteckung. Die sittliche Bildung auch der Einzelnen wird durch die verführerische Gewalt der Masse viel leichter fortgerissen, durch allgemeinherrschende Vorurteile erstickt, durch äußre Einrichtungen jeder Art gefesselt. Es kann auch nicht von einem glücklichen Nationalcharakter allein abhängen, ob die Poesie der Modernen ihre hohe Bestimmung erreichen werde oder nicht: denn ihre Bildung ist künstlich. Der bessre Geschmack der Modernen soll nicht ein Geschenk der Natur, sondern das selbständige Werk ihrer Freiheit sein. Wenn nur Kraft da ist, so wird es der Kunst endlich gelingen können, die Einseitigkeit derselben zu berichtigen und die höchste Gunst der Natur zu ersetzen. An *ästhetischer Kraft* fehlt es aber den Modernen nicht, wenn ihr gleich noch eine weise Führung fehlt. Gewiß ihre poetische Anlage ließe sich wohl in Schutz nehmen. Oder ist die Natur auch gegen die Italiäner karg gewesen? Es sind bei den Deutschen noch Erinnerungen übrig, daß der Deutsche Geschmack später gebildet wurde. So weit sie die andern kultivierten Nationen Europas im Einzelnen übertreffen, so weit stehn sie in Masse zurück. Anspruchslose Erfindsamkeit und bescheidne Kraft aber sind ursprüngliche charakteristische Züge dieser Nation, die sich oft selbst verkennt. Die berüchtigte Deutsche *Nachahmungssucht* mag hie und da wirklich den Spott verdienen, mit dem man sie zu brandmarken pflegt. Im Ganzen aber ist Vielseitigkeit ein echter Fortschritt der ästhetischen Bildung, und ein naher Vorbote der Allgemeingültigkeit. Die sogenannte Charakterlosigkeit der Deutschen ist also dem manirierten Charakter andrer Nationen weit vorzuziehen, und erst, wenn die nationale Einseitigkeit ihrer ästhetischen Bildung mehr verwischt, und berichtigt sein wird, können sie sich zu der höhern Stufe jener Vielseitigkeit erheben.

Der Charakter der ästhetischen Bildung unsres Zeitalters und unsrer Nation verrät sich selbst durch ein merkwürdiges und großes Symptom. *Goethens* Poesie ist die Morgenröte echter Kunst und reiner Schönheit. – Die sinnliche Stärke, welche ein Zeitalter, ein Volk mit sich fortreißt, war der kleinste Vorzug, mit dem schon der Jüngling auftrat.

Der philosophische Gehalt, die charakteristische Wahrheit seiner spätern Werke durfte mit dem unerschöpflichen Reichtum des Shakespeare verglichen werden. Ja wenn der »Faust« vollendet wäre, so würde er wahrscheinlich den »Hamlet«, das Meisterstück des Engländers, mit welchem er gleichen Zweck zu haben scheint, weit übertreffen. Was dort nur Schicksal, Begebenheit – Schwäche ist, das ist hier Gemüt, Handlung – Kraft. Hamlets Stimmung und Richtung nämlich ist ein Resultat seiner äußern Lage; Fausts ähnliche Richtung ist ursprünglicher Charakter. – Die Vielseitigkeit des darstellenden Vermögens dieses Dichters ist so gränzenlos, daß man ihn den *Proteus* unter den Künstlern nennen, und diesem Meergotte gleichstellen könnte, von dem es heißt:

»Erstlich ward er ein Leu mit fürchterlich wallender Mähne.

Floß dann als Wasser dahin, und rauscht' als Baum in den Wolken;«

Man kann daher den mystischen Ausdruck der richtigen Wahrnehmung allenfalls verzeihen, wenn einige Liebhaber ihm eine gewisse *poetische Allmacht* beilegen, welcher nichts unmöglich sei; und sich in scharfsinnigen Abhandlungen über seine *Einzigkeit* erschöpfen.

Mir scheint es, daß dieser raffinierte Mystizismus den richtigen Gesichtspunkt verfehle; daß man Goethen sehr Unrecht tue, wenn man ihn auf diese Weise in einen Deutschen Shakespeare metamorphosiert. In der charakteristischen Poesie würde der manirierte Engländer vielleicht doch den Vorzug behaupten. Das Ziel des Deutschen ist aber das Objektive. Das Schöne ist der wahre Maßstab, seine liebenswürdige Dichtung zu würdigen. – Was kann reizender sein als die leichte Fröhlichkeit, die ruhige Heiterkeit seiner Stimmung? Die reine Bestimmtheit, die zarte Weichheit seiner Umrisse? Hier ist nicht bloß Kraft, sondern auch Ebenmaß und Gleichgewicht! Die Grazien selbst verrieten ihrem Lieblinge das Geheimnis einer *schönen Stellung.* Durch einen wohltätigen Wechsel von Ruhe und Bewegung weiß er das reizendste Leben über das Ganze gleichmäßig zu verbreiten, und in einfachen Massen ordnet sich die freie Fülle von selbst zu einer leichten Einheit.

Er steht in der Mitte zwischen dem Interessanten und dem Schönen, zwischen dem Manirierten und dem Objektiven. Es darf uns daher nicht befremden, daß in einigen wenigen Werken seine eigne Individualität noch zu laut wird, daß er in vielen andern sich nach Laune metamorphosiert, und fremde Manier annimmt. Dies sind gleichsam übriggebliebene Erinnerungen an die Epoche des Charakteristischen und Individuellen. Und doch weiß er, so weit dies möglich ist, selbst in die Manier eine Art von Objektivität zu bringen. So gefällt er sich auch zu Zeiten in geringfügigem Stoff, der hie und da so dünne und gleichgültig wird, als ginge er ernstlich damit um – wie es ein leeres Denken ohne Inhalt gibt – ganz reine Gedichte ohne allen Stoff hervorzubringen. In diesen Werken ist der Trieb des Schönen gleichsam müßig; sie sind ein reines Produkt des Darstellungstriebes allein. Fast könnte es scheinen, als sei die Objektivität seiner Kunst nicht angeborne Gabe allein, sondern auch Frucht der Bildung; die Schönheit seiner Werke hingegen eine unwillkürliche Zugabe seiner ursprünglichen Natur. Er ist im Fröhlichen wie im Rührenden immer reizend; so oft er will, schön; seltner erhaben. Seine rührende Kraft streift hie und da, aus ungestümer Heftigkeit ans Bittre und Empörende, oder aus mildernder Schwächung ans Matte. Gewöhnlich aber ist hinreißende Kraft mit weiser Schonung aufs glücklichste vereinigt. – Wo er ganz frei von Manier ist, da ist seine Darstellung wie die ruhige und heitre Ansicht eines höhern Geistes, der keine Schwäche teilt, und durch kein Leiden gestört wird, sondern die reine Kraft allein ergreift und für die Ewigkeit hinstellt. Wo er ganz er selbst ist, da ist der Geist seiner reizenden Dichtung *liebliche Fülle* und *hinreißende Anmut*.

Dieser große Künstler eröffnet die Aussicht auf eine ganz *neue Stufe der ästhetischen Bildung*. Seine Werke sind eine unwiderlegliche Beglaubigung, daß das Objektive möglich, und die Hoffnung des Schönen kein leerer Wahn der Vernunft sei. Das *Objektive* ist hier wirklich schon erreicht, und da die notwendige Gewalt des Instinkts jede stärkere ästhetische Kraft (die sich nicht selbst aufreibt) aus der Krise des Interessanten dahin führen muß: so wird das Objektive auch bald allgemeiner, es wird öffentlich anerkannt, und *durchgängig herrschend* werden. Dann hat die ästhetische Bildung den *entscheidenden Punkt erreicht*, wo sie sich selbst überlassen nicht mehr sinken, sondern nur durch äußre Gewalt in ihren Fortschritten aufgehalten, oder (etwa durch eine physische Revolution) völlig zerstört werden kann. Ich meine die große, moralische Revolution, durch welche die Freiheit in ihrem Kampfe mit dem Schicksal (in der Bildung) endlich ein entschiedenes Übergewicht über die Natur bekommt. Dies geschieht in dem wichtigen Moment, wenn auch im bewegenden Prinzip, in der Kraft der Masse die Selbsttätigkeit herrschend wird; denn das lenkende Prinzip der künstlichen Bildung ist ohnehin selbsttätig. Nach jener Revolution wird nicht nur der Gang der Bildung, die Richtung der ästhetischen Kraft, die Anordnung der ganzen Masse des gemeinschaftlichen Produkts nach dem Zweck und Gesetz der Menschheit sich bestimmen; sondern auch in der vorhandnen Kraft und Masse der Bildung selbst wird das Menschliche das Übergewicht haben. Wenn die Natur nicht etwa *Verstärkung* bekommt, wie durch eine physische Revolution, die freilich alle Kultur mit einem Streich vernichten könnte: so kann die Menschheit in ihrer Entwicklung ungestört fortschreiten. Die künstliche Bildung kann dann wenigstens nicht wie die natürliche *in sich selbst* zurücksinken. – Es ist auch kein Wunder, daß die Freiheit in jenem harten Kampf endlich den Sieg davonträgt, wenngleich die Überlegenheit der Natur im Anfange der Bildung noch so groß sein mag. Denn die Kraft des Menschen wächst mit verdoppelter Progression, indem jeder Fortschritt nicht nur größere Kräfte gewährt, sondern auch neue Mittel zu fernern Fortschritten an die Hand gibt. Der lenkende Verstand mag sich, so lange er unerfahren ist, noch so oft selbst schaden: es muß eine Zeit kommen, wo er alle seine Fehler reichlich ersetzen wird. Die blinde Übermacht muß endlich dem verständigen Gegner unterliegen. – Nichts ist überhaupt so einleuchtend als die Theorie der Perfektibilität. Der reine Satz der Vernunft von der notwendigen unendlichen Vervollkommnung der Menschheit ist ohne alle Schwierigkeit. Nur die Anwendung auf die Geschichte kann die schlimmsten Mißverständnisse veranlassen, wenn der *Blick* fehlt, den eigentlichen Punkt zu treffen, den rechten Moment wahrzunehmen, das Ganze zu übersehn. Es ist immer schwer, oft unmöglich, das verworrne Gewebe der Erfahrung in seine einfachen Fäden aufzulösen, die gegenwärtige Stufe der Bildung richtig zu würdigen, die nächstkommende glücklich zu erraten.

Den Gang und die Richtung der modernen Bildung bestimmen *herrschende Begriffe*. Ihr Einfluß ist also unendlich wichtig, ja entscheidend. Wie es in der modernen Masse nur wenige Bruchstücke echter sittlicher Bildung gibt, moralische Vorurteile aber statt großer und guter Gesinnungen allgemein herrschen: so gibt es auch *ästhetische Vorurteile,* welche weit tiefer gewurzelt, allgemeiner verbreitet, und ungleich schädlicher sind, als es dem ersten flüchtigen Blick scheinen möchte. Der allmähliche und langsame Stufengang der Entwicklung des Verstandes führt notwendigerweise einseitige Meinungen mit sich. Diese enthalten zwar einzelne Züge der Wahrheit; aber die Züge sind unvollständig und aus ihrem eigentlichen Zusammenhang gerissen, und dadurch der Gesichtspunkt verrückt, das Ganze zerstört. Solche Vorurteile sind zuweilen zu ihrer Zeit gewissermaßen nützlich, und haben eine lokale Zweckmäßigkeit. So wurde durch den orthodoxen Glauben, daß es eine Wissenschaft gebe, die allein zureichend sei, schöne Werke zu verfertigen, doch das Streben nach dem Objektiven aufrecht, und standhaft erhalten; und das System der ästhetischen Anarchie diente wenigstens dazu, den Despotismus der einseitigen Theorie zu desorganisieren. Gefährlicher und schlechthin verwerflich sind aber andre ästhetische Vorurteile, welche die fernere Entwicklung selbst hemmen. Es ist die heiligste Pflicht aller Freunde der Kunst, solche Irrtümer, welche der natürlichen Freiheit schmeicheln, und die Selbstkraft lähmen, indem sie die Hoffnungen der Kunst als unmöglich, die Bestrebungen derselben als fruchtlos darstellen, ohne Schonung zu bekämpfen, ja wo möglich ganz zu vertilgen.

So denken viele: »Schöne Kunst sei gar nicht Eigentum der ganzen Menschheit; am wenigsten eine Frucht künstlicher Bildung. Sie sei die unwillkürliche Ergießung einer günstigen Natur; die *lokale* Frucht des glücklichsten Klima; eine *momentane Epoche,* eine vorübergehende Blüte, gleichsam der kurze Frühling der Menschheit. Da sei schon die Wirklichkeit selbst edel, schön und reizend, und die gemeinste Volkssage ohne alle künstliche Zubereitung bezaubernde Poesie. Jene frische Blüte der jugendlichen Phantasie, jene mächtige und schnelle

Elastizität, jene höhere Gesundheit des Gefühls könne nicht erkünstelt, und einmal zerrüttet nie wieder geheilt werden. Am wenigsten unter der Nordischen Härte eines trüben Himmels, der Barbarei gotischer Verfassungen, dem Herzensfrost gelehrter Vielwisserei.«

Vielleicht kann dies unter manchen Einschränkungen, wenigstens für einen Teil der bildenden Kunst gelten. Es scheint in der Tat daß für schöne Plastik der Mangel einer glücklichen Organisation, und eines günstigen Klimas weder durch einen gewaltsamen Schwung der Freiheit, noch durch die höchste Bildung ersetzt werden könne. Mit Unrecht und wider alle Erfahrung dehnt man dies aber auch auf die Poesie aus. Wie viel große Barden und glückliche Dichter gab es nicht unter allen Zonen, deren ursprüngliche Feuerkraft durch die ausgesuchteste Unterdrückung nicht erstickt werden konnte? Die Poesie ist eine *universelle* Kunst: denn ihr Organ, die *Phantasie* ist schon ungleich näher mit der Freiheit verwandt, und unabhängiger von äußerm Einfluß. Poesie und poetischer Geschmack ist daher weit korruptibler wie der plastische, aber auch *unendlich perfektibler*. Allerdings ist die frische Blüte der jugendlichen Phantasie ein köstliches Geschenk der Natur und zugleich das flüchtigste. Schon durch einen einzigen giftigen Hauch entfärbt sich das Kolorit der Unschuld, und welkend senkt die schöne Blume ihr Haupt. Aber auch dann, wenn die Phantasie schon lange durch Vielwisserei erdrückt und abgestumpft, durch Wollust erschlafft und zerrüttet worden ist, kann sie sich durch einen Schwung der Freiheit und durch echte Bildung von neuem emporschwingen, und allmählich vervollkommnen[8]. Stärke, Feuer, Elastizität kann sie völlig wieder erreichen; nur das frische Kolorit, der romantische Duft jenes Frühlings kehrt im Herbst nicht leicht zurück.

Sehr allgemein verbreitet ist ein andres Vorurteil, welches der schönen Kunst sogar alle selbständige Existenz, alle eigentümliche Bestandheit völlig abspricht; ihre spezifische Verschiedenheit ganz leugnet. Ich fürchte, wenn gewisse Leute laut dächten, es würden sich viele Stimmen erheben: »Die Poesie sei nichts andres als die sinnbildliche Kindersprache der jugendlichen Menschheit: nur *Vorübung der Wissenschaft, Hülle der Erkenntnis,* eine überflüssige Zugabe des wesentlich Guten und Nützlichen. Je höher die Kultur steige, desto unermeßlicher verbreite sich das Gebiet der deutlichen Erkenntnis; das eigentliche Gebiet der Darstellung – die Dämmerung schrumpfe vor dem einbrechenden Licht immer enger zusammen. Der helle Mittag der Aufklärung sei nun da. Poesie – diese artige Kinderei sei für das letzte Jahrzehnt unsres philosophischen Jahrhunderts nicht mehr anständig. Es sei endlich einmal Zeit, damit aufzuhören.«

8   Überhaupt ist die *moralische Heilkraft* der menschlichen Natur wunderbar stark, und dem sonderbaren organischen Vermögen einiger Tierarten nicht ganz unähnlich, deren zähe Lebenskraft auch entrißne Glieder weder ersetzt und nachtreibt.

So hat man einen einzelnen Bestandteil der schönen Kunst, einen vorübergehenden Zustand derselben in einer frühern Stufe der Bildung mit ihrem Wesen selbst verwechselt. So lange die menschliche Natur existiert, wird der Trieb zur Darstellung sich regen, und die Forderung des Schönen bestehen. Die notwendige Anlage des Menschen, welche, sobald sie sich frei entwickeln darf, schöne Kunst erzeugen muß, ist *ewig*. Die Kunst ist eine ganz eigentümliche Tätigkeit des menschlichen Gemüts, welche durch *ewige Gränzen* von jeder andern geschieden ist. – Alles menschliche Tun und Leiden ist ein gemeinschaftliches Wechselwirken des Gemüts und der Natur. Nun muß entweder die Natur oder das Gemüt den letzten Grund des Daseins eines gemeinschaftlichen einzelnen Produkts enthalten, oder den ersten bestimmenden Stoß zu dessen Hervorbringung geben. Im ersten Fall ist das Resultat *Erkenntnis*. Der Charakter des rohen Stoffs bestimmt den Charakter der aufgefaßten Mannigfaltigkeit, und veranlaßt das Gemüt, diese Mannigfaltigkeit zu einer bestimmten Einheit zu verknüpfen, und in einer bestimmten Richtung die Verknüpfung fortzusetzen, und zur Vollständigkeit zu ergänzen. Erkenntnis ist eine Wirkung der Natur im Gemüt. – Im zweiten Fall hingegen muß das freie Vermögen sich selbst eine bestimmte Richtung geben, und der Charakter der gewählten Einheit bestimmt den Charakter der zu wählenden Mannigfaltigkeit, die jenem Zwecke gemäß gewählt, geordnet und womöglich gebildet wird. Das Produkt ist ein *Kunstwerk* und eine Wirkung des Gemüts in der Natur. Zur *darstellenden* Kunst gehört jede Ausführung eines ewigen menschlichen Zwecks im Stoff der äußern mit dem Menschen nur mittelbar verbundenen Natur. Es ist nicht zu besorgen, daß dieser Stoff je ausgehn, oder daß die ewigen Zwecke je aufhören werden, Zwecke des Menschen zu sein. – Nicht weniger ist die Schönheit durch ewige Gränzen von allen übrigen Teilen der menschlichen Bestimmung geschieden. Die reine Menschheit (ich verstehe darunter hier die vollständige Bestimmung der menschlichen Gattung) ist nur eine und dieselbe, ohne alle Teile. In ihrer Anwendung auf die Wirklichkeit aber teilt sie sich nach der ewigen Verschiedenheit der ursprünglichen Vermögen und Zustände, und nach den besondern Organen, welche diese erfordern, in mehrere Richtungen. Wenn ich hier voraussetzen darf, daß das *Gefühlsvermögen* vom Vorstellungsvermögen und Begehrungsvermögen spezifisch verschieden sei; daß ein mittlerer Zustand zwischen dem Zwang des Gesetzes und des Bedürfnisses, ein Zustand des *freien Spiels,* und der bestimmungslosen Bestimmbarkeit in der menschlichen Natur ebenso notwendig sei, wie der Zustand gehorsamer Arbeit, und beschränkter Bestimmtheit: so ist auch die Schönheit eine dieser Richtungen und von ihrer Gattung – der ganzen Menschheit, wie von ihren Nebenarten – den übrigen ursprünglichen Bestandteilen der menschlichen Aufgabe, *spezifisch verschieden*.

Aber nicht bloß die Anlage zur Kunst und das Gebot der Schönheit sind physisch und moralisch notwendig; auch die *Organe* der schönen

Kunst versprechen Dauer. Es muß doch wohl nicht erst erwiesen werden, daß der *Schein* ein unzertrennlicher Gefährte des Menschen sei? Den Schein der Schwäche, des Irrtums, des Bedürfnisses mag das Licht der Aufklärung immerhin zerstören: der *freie* Schein der spielenden Einbildungskraft kann darunter nicht leiden. Nur muß man der generelle Forderung der Darstellung und Erscheinung nicht eine spezielle Art der *Bildlichkeit* unterschieben; oder die gewaltsamen Ausbrüche der furchtbaren Leidenschaften wilder Naturmenschen mit dem Wesen der Poesie verwechseln. Allerdings ist es sehr natürlich und begreiflich, daß auf einer gewissen *mittlern Höhe* der künstlichen Bildung Grübelei und Vielwisserei, jene leichten Spiele der Einbildungskraft, lähme und erdrücke, Verfeinerung und Verzärtelung das Gefühl abschleife und schwäche. Durch den Zwang unvollkommner Kunst wird die Kraft des Triebes abgestumpft, seine Regsamkeit gefesselt, seine einfache Bewegung zerstreut und verwirrt. Die Sinnlichkeit und Geistigkeit ist aber im Menschen so innig verwebt, daß ihre Entwicklung zwar wohl in vorübergehenden Stufen, aber auch nur in diesen divergieren kann. *In Masse* werden sie gleichen Schritt halten, und der vernachlässigte Teil wird über kurz oder lang das versäumte nachholen. Es hat in der Tat den größten Anschein, daß der Mensch mit der wachsenden Höhe wahrer Geistesbildung auch an Stärke und Reizbarkeit des Gefühls, also an *echter ästhetischer Lebenskraft* (Leidenschaft und Reiz) eher gewinne als verliere.

Unbegreiflich scheint es, wie man sich habe überreden können, die Italiänische und Französische Poesie, und wohl gar auch die Engländische und Deutsche habe ihr *goldnes Zeitalter* schon gehabt. Man mißbrauchte diesen Namen so sehr, daß eine fürstliche Protektion, eine Zahl berühmter Namen, ein gewisser Eifer des Publikums, und allenfalls ein höchster Gipfel in einer Nebensache hinlängliche Ansprüche dazu schienen. Nur war dabei schlimm, daß für das unglückliche silberne eiserne, und bleierne Jahrhundert nichts übrig blieb, als das traurige Los, jenen ewigen Mustern aus allen Kräften vergeblich nachzustreben. Wie kann vom *vollkommnen Stil* da auch nur die Frage sein, wo es eigentlich *gar keinen Stil,* sondern nur Manier gibt? Im strengsten Sinne des Worts hat auch nicht ein einziges modernes Kunstwerk, geschweige denn ein ganzes Zeitalter der Poesie den Gipfel ästhetischer *Vollendung* erreicht. Die stillschweigende Voraussetzung, welche dabei zum Grunde lag: daß es die Bestimmung der ästhetischen Bildung sei, wie eine Pflanze oder ein Tier zu entstehen, allmählich sich zu entwickeln, dann zu reifen, wieder zu sinken, und endlich unterzugehen, – im ewigen Kreislauf immer endlich dahin zurückzukehren, von wo ihr Weg zuerst ausging; diese Voraussetzung beruht auf einem bloßen Mißverständnisse, auf dessen tiefliegenden Quell wir in der Folge stoßen werden.

Bei der Entwicklung einer so kolossalischen und künstlich organisierten Masse, wie das Europäische Völkersystem, darf ein partialer Stillstand, oder hie und da ein scheinbarer Rückgang der Bildung nicht außerordentlich scheinen. Doch ist wahrscheinlich auch da, wo man gewiß glaubt, die Katastrophe sei vorüber, und die ästhetische Kraft auf immer erloschen, das Drama bei weitem noch nicht geendigt. Vielmehr scheint die Kraft da wie ein Feuer unter der Asche zu glimmen, und nur den günstigen Augenblick zu erwarten, um in eine helle Flamme aufzulodern. Es ist wahrhaft wunderbar, wie in unserm Zeitalter das Bedürfnis des Objektiven sich allenthalben regt; wie auch der Glaube an das Schöne wieder erwacht, und unzweideutige Symptome den herannahenden bessern Geschmack verkündigen. Der Augenblick scheint in der Tat für eine *ästhetische Revolution* reif zu sein, durch welche das Objektive in der ästhetischen Bildung der Modernen herrschend werden könnte. Nur geschieht freilich nichts Großes von selbst, ohne Kraft und Entschluß! Es würde ein sich selbst bestrafender Irrtum sein, wenn wir die Hände in den Schoß legen und uns überreden wollten, der Geschmack des Zeitalters bedürfe gar keiner durchgängigen Verbesserung mehr. So lange das Objektive nicht allgemein herrschend ist, leuchtet dies Bedürfnis von selbst ein. Die Herrschaft des Interessanten, Charakteristischen und Manirierten ist eine wahre *ästhetische Heteronomie* in der schönen Poesie. So wie in der chaotischen Anarchie der Masse der modernen Poesie alle Elemente der schönen Kunst vorhanden sind, so finden sich in ihr auch alle selbst die entgegengesetzten Arten des ästhetischen Verderbens, Rohigkeit neben Künstelei, kraftlose Dürftigkeit neben gesetzlosem Frevel. Ich habe mich schon wider die Behauptung eines gänzlichen Unvermögens, einer rettungslosen Entartung ausdrücklich erklärt, und die Höhe der ästhetischen Bildung, die Stärke der ästhetischen Kraft unsers Zeitalters anerkannt. Nur die echte Richtung, die richtige Stimmung fehlt; und nur durch sie und mit ihnen wird jede einzelne Trefflichkeit, welche außer ihrem wahren Zusammenhange sehr leicht äußerst schädlich werden kann, ihren vollen Wert, und gleichsam ihre eigentliche Bedeutung erhalten. Dazu bedarf es einer völligen Umgestaltung, eines totalen Umschwunges einer Revolution.

Die ästhetische Bildung nämlich ist von einer doppelten Art. Entweder die *progressive Entwicklung einer Fertigkeit.* Diese erweitert, schärft, verfeinert; ja sie belebt, stärkt und erhöht sogar die ursprüngliche Anlage. Oder sie ist eine *absolute Gesetzgebung,* welche die Kraft ordnet. Sie hebt den Streit einzelner Schönheiten, und fordert Übereinstimmung aller nach dem Bedürfnis des Ganzen; sie gebietet strenge Richtigkeit, Ebenmaß und Vollständigkeit; sie verbietet die Verwirrung der ursprünglichen ästhetischen Gränzen, und verbannt das Manirierte, wie jede ästhetische Heteronomie. Mit einem Worte: ihr Werk ist die *Objektivität.*

Die ästhetische Revolution setzt zwei notwendige Postulate als vorläufige Bedingungen ihrer Möglichkeit voraus. Das erste derselben ist *ästhetische Kraft*. Nicht das Genie des Künstlers allein, oder die originelle Kraft idealischer Darstellung und ästhetischer Energie läßt sich weder erwerben noch ersetzen. Es gibt auch eine ursprüngliche Naturgabe des echten *Kenners,* welche zwar, wenn sie schon vorhanden ist, vielfach gebildet werden, wenn sie aber mangelt, durch keine Bildung ersetzt werden kann. Der treffende Blick, der sichre Takt; jene höhere Reizbarkeit des Gefühls, jede höhere Empfänglichkeit der Einbildungskraft lassen sich weder lernen noch lehren. Aber auch die glücklichste Anlage ist weder zu einem großen Künstler noch zu einem großen Kenner zureichend. Ohne Stärke und Umfang des sittlichen Vermögens, ohne Harmonie des ganzen Gemüts, oder wenigstens eine durchgängige Tendenz zu derselben, wird niemand in das Allerheiligste des Musentempels gelangen können. Daher ist das zweite notwendige Postulat für den einzelnen Künstler und Kenner wie für die Masse des Publikums – *Moralität*. Der richtige Geschmack, könnte man sagen, ist das gebildete Gefühl eines sittlich guten Gemüts. Unmöglich kann hingegen der Geschmack eines schlechten Menschen richtig und mit sich selbst einig sein. Die Stoiker hatten in dieser Rücksicht nicht Unrecht zu behaupten, daß nur der Weise ein vollkommner Dichter und Kenner sein könne. Gewiß hat der Mensch das Vermögen, durch bloße Freiheit die mannigfaltigen Kräfte seines Gemüts zu lenken und zu ordnen. Er wird also auch seiner ästhetischen Kraft eine bessere Richtung und richtige Stimmung erteilen können. Nur muß er es *wollen;* und die Kraft, es zu wollen, die Selbstständigkeit bei dem Entschluß zu beharren, kann ihm niemand mitteilen, wenn er sie nicht in sich selbst findet.

Freilich ist aber der bloße gute Wille nicht zureichend, so wenig wie die nackte Grundlage zur vollständigen Ausführung eines Gebäudes. Eine entartete und mit sich selbst uneinige Kraft bedarf einer Kritik, einer Zensur, und diese setzt eine *Gesetzgebung* voraus. Eine vollkommne ästhetische Gesetzgebung würde das erste *Organ* der ästhetischen Revolution sein. Ihre Bestimmung wäre es, die blinde Kraft zu lenken, das Streitende in Gleichgewicht zu setzen, das Gesetzlose zur Harmonie zu ordnen; der ästhetischen Bildung eine feste Grundlage, eine sichre Richtung und eine gesetzmäßige Stimmung zu erteilen. Die *gesetzgebende Macht* der ästhetischen Bildung der Modernen dürfen wir aber nicht erst lange suchen. Sie ist schon konstituiert. Es ist die Theorie: denn der Verstand war ja von Anfang an das lenkende Prinzip dieser Bildung. – *Verkehrte* Begriffe haben lange die Kunst beherrscht, und sie auf Abwege verleitet; *richtige* Begriffe müssen sie auch wieder auf die rechte Bahn zurückführen. Von jeher haben auch sowohl die Künstler als das Publikum der Modernen von der Theorie *Zurechtweisung* und befriedigende Gesetze erwartet und gefordert. Eine *vollendete* ästhetische Theorie würde aber nicht nur ein zuverlässiger Wegweiser der Bildung sein, sondern auch durch die Vertilgung schädlicher

Vorurteile die Kraft von manchen Fesseln befreien, und ihren Weg von Dornen reinigen. Die Gesetze der ästhetischen Theorie haben aber nur insofern wahre *Auktorität*, als sie von der Majorität der öffentlichen Meinung anerkannt und sanktioniert worden sind. Wenn das Bedürfnis allgemeingültiger Wahrheit Charakter des Zeitalters ist, so ist ein durch rhetorische Künste erschlichnes Ansehn von kurzer Dauer; einseitige Unwahrheiten zerstören sich gegenseitig, und verjährte Vorurteile zerfallen von selbst. Dann kann die Theorie nur durch vollkommne und freie Übereinstimmung mit sich selbst ihren Gesetzen das vollgültigste Ansehn verschaffen, und sich zu einer wirklichen *öffentlichen Macht* erheben. Nur durch *Objektivität* kann sie ihrer Bestimmung entsprechen.

Gesetzt aber auch, es gäbe eine objektive ästhetische Theorie, welches mehr ist, als wir bis jetzt rühmen können. *Reine* Wissenschaft bestimmt nur die Ordnung der Erfahrung, die Fächer für den Inhalt der Anschauung. Sie allein würde *leer* sein – wie Erfahrung allein verworren, ohne Sinn und Zweck – und nur in Verbindung mit einer *vollkommnen Geschichte* würde sie die Natur der Kunst und ihrer Arten vollständig kennen lehren. Die Wissenschaft bedarf also der Erfahrung von einer Kunst, welche ein durchaus vollkommnes Beispiel ihrer Art, die *Kunst kat'exochän*, deren besondre Geschichte die *allgemeine Naturgeschichte der Kunst* wäre. Überdem kommt der Denker nicht frisch und unversehrt zur wissenschaftlichen Untersuchung. Er ist durch die Einflüsse einer verkehrten Erfahrung angesteckt; er bringt Vorurteile mit, welche seiner Untersuchung auch im Gebiete der reinen Abstraktion eine durchaus falsche Richtung erteilen können. Auch bei dem aufrichtigsten Eifer steht es gar nicht in seiner Gewalt, diesen mächtigen Vorurteilen mit einemmale zu entsagen: denn er müßte die reine Wahrheit schon ergriffen haben, um den Ungrund des Irrtums einzusehen, und inne zu werden, wie falsch der Gang seiner Methode sei[9]. Er bedarf daher aus einem doppelten Grunde einer *vollkommnen Anschauung*. Teils als Beispiel und Beleg zu seinem Begriff; teils als Tatsache und Urkunde seiner Untersuchung.

Aber auch die Lücke zwischen Theorie und Praxis, zwischen dem Gesetz und der einzelnen Tat ist unendlich groß. Es wäre wohlfeil, wenn der Künstler durch den bloßen Begriff vom richtigen Geschmack und vollkommnen Stil das höchste Schöne in seinen Werken wirklich hervorzubringen vermöchte. Das Gesetz muß *Neigung* werden. Leben kommt nur von Leben; Kraft erregt Kraft. Das reine Gesetz ist leer. Damit es *ausgefüllt*, und seine wirkliche Anwendung möglich werde, bedarf es einer Anschauung, in welcher es in gleichmäßiger Vollständigkeit gleichsam sichtbar erscheine – eines höchsten *ästhetischen Urbildes*.

---

9   »Verum est index sui et falsi;« sagt Spinosa.

Schon der Name der »Nachahmung« ist schimpflich und gebrandmarkt bei allen denen, die sich Originalgenies zu sein dünken. Man versteht darunter nämlich die Gewalttätigkeit, welche die starke und große Natur an dem Ohnmächtigen ausübt. Doch weiß ich kein andres Wort als *Nachahmung* für die Handlung desjenigen – sei er Künstler oder Kenner – der sich die Gesetzmäßigkeit jenes Urbildes zueignet, ohne sich durch die Eigentümlichkeit, welche die äußre Gestalt, die Hülle des allgemeingültigen Geistes, immer noch mit sich führen mag, beschränken zu lassen. Es versteht sich von selbst, daß diese Nachahmung ohne die höchste Selbständigkeit durchaus unmöglich ist. Ich rede von jener *Mitteilung des Schönen,* durch welche der Kenner den Künstler, der Künstler die Gottheit berührt, wie der Magnet das Eisen nicht bloß anzieht, sondern durch seine Berührung ihm auch die magnetische Kraft mitteilt.

Wandelt die Gottheit auch in irdischer Gestalt? Kann das Beschränkte je vollständig, das Endliche vollendet, das Einzelne allgemeingültig sein? Gibt es unter Menschen eine Kunst, welche die Kunst schlechthin genannt zu werden verdiente? Gibt es sterbliche Werke, in denen das Gesetz der Ewigkeit sichtbar wird?

Mit richterlicher Majestät überschaut die Muse das Buch der Zeiten, die Versammlung der Völker. Überall findet ihr strenger Blick nur Rohigkeit und Künstelei, Dürftigkeit und Ausschweifung in stetem Wechsel. Kaum erheitert dann und wann ein schonendes Lächeln über die liebenswürdigen Spiele der kindlichen Unschuld ihren unwilligen Ernst.

Nur bei einem Volke entsprach die schöne Kunst der hohen Würde ihrer Bestimmung.

Bei den *Griechen* allein war die Kunst von dem Zwange des Bedürfnisses und der Herrschaft des Verstandes immer gleich frei; und vom ersten Anfange Griechischer Bildung bis zum letzten Augenblick, wo noch ein Hauch von echtem Griechensinn lebte, waren den Griechen schöne Spiele heilig.

Diese *Heiligkeit schöner Spiele* und diese *Freiheit der darstellenden Kunst* sind die eigentlichen *Kennzeichen echter Griechheit. Allen Barbaren* hingegen ist *die Schönheit an sich selbst nicht gut genug.* Ohne Sinn für die unbedingte Zweckmäßigkeit ihres zwecklosen Spiels bedarf sie bei ihnen einer fremden Hülfe, einer äußern Empfehlung. Bei rohen wie bei verfeinerten Nichtgriechen ist die Kunst nur eine Sklavin der Sinnlichkeit oder der Vernunft. Nur durch merkwürdigen, reichen, neuen und sonderbaren Inhalt; nur durch wollüstigen Stoff kann eine Darstellung ihnen wichtig und interessant werden.

Schon auf der ersten Stufe der Bildung und noch unter der Vormundschaft der Natur umfaßte die *Griechische Poesie* in gleichmäßiger Vollständigkeit, im glücklichsten Gleichgewicht und ohne einseitige Richtung oder übertriebne Abweichung das Ganze der menschlichen Natur. Ihr kräftiges Wachstum entwickelte sich bald zur Selbständigkeit, und erreichte die Stufe, wo das Gemüt in seinem Kampfe mit der Natur ein entschiedenes Übergewicht erlangt; und ihr goldnes Zeitalter erreichte den höchsten Gipfel der Idealität (vollständiger Selbstbestimmung der Kunst) und der Schönheit, welcher in irgendeiner natürlichen Bildung möglich ist. Ihre Eigentümlichkeit ist der kräftigste, reinste, bestimmteste, einfachste und vollständigste Abdruck der allgemeinen Menschennatur. Die Geschichte der Griechischen Dichtkunst ist eine allgemeine Naturgeschichte der Dichtkunst; eine vollkommne und gesetzgebende Anschauung.

In Griechenland wuchs die Schönheit ohne künstliche Pflege und gleichsam *wild.* Unter diesem glücklichen Himmel war die darstellende Kunst nicht erlernte Fertigkeit, sondern *ursprüngliche Natur.* Ihre Bildung war keine andre als *die freieste Entwicklung der glücklichsten Anlage.* Die Griechische Poesie nahm von der rohesten Einfalt ihren Anfang: aber dieser geringe Ursprung schändet sie nicht. Ihr ältester Charakter ist einfach und prunklos, aber unverdorben. Hier findet ihr weder abgeschmackte Fantasterei, noch verkehrte Nachahmung eines fremden Nationalcharakters noch ekzentrische und unübersteiglich fixierte Einseitigkeit. Hier konnte die Willkür verkehrter Begriffe den freien Wuchs der Natur nicht fesseln, ihre Eintracht zerreißen und zerstören, ihre Einfalt verfälschen, den Gang und die Richtung der Bildung verschrauben. Schon frühe unterscheidet sich die Griechische Poesie durch ein gewisses Etwas von allen übrigen Nationalpoesien auf einer ähnlichen Stufe der kindlichen Kultur. Gleich weit entfernt von Orientalischem Schwulst und von Nordischen Trübsinn, voll Kraft aber ohne Härte, und voll Anmut aber ohne Weichlichkeit ist sie eben dadurch abweichend, daß sie mehr als jede andre reinmenschlich und dem allgemeinen Gesetze aus eigner freier Neigung getreu ist. Schon in der Kindheit meldet sich ihr hoher Beruf, nicht das Zufällige sondern das Wesentliche und Notwendige darzustellen, nicht nach dem Einzelnen sondern nach dem Allgemeinen zu streben. Auch sie hatte ihren *mythischen Ursprung,* wie jede freie Entwicklung des Dichtungsvermögens. Während des ersten Zeitalters ihrer Entwicklung schwankte die Griechische Poesie zwischen schöner Kunst und Sage. Sie war eine unbestimmte Mischung von Überlieferung und Erfindung, von bildlicher Lehre, Geschichte und freiem Spiel. Aber welch' eine Sage? Nie gab es eine geistreichere oder sittlichere. Der *Griechische Mythus* ist – wie der treuste Abdruck im hellsten Spiegel – die bestimmteste und zarteste Bildersprache für alle ewigen Wünsche des menschlichen Gemüts mit allen seinen so wunderbaren als notwendigen Widersprüchen; eine kleine vollendete Welt der schönsten Ahndungen der kindlich dichtenden Vernunft. Dichtung, Gesang, Tanz und Geselligkeit – *festliche Freude* war das holde Band der Gemeinschaft, welches Menschen und Götter verknüpfte. Und in der Tat war auch der Sinn ihrer Sage, Gebräuche und besonders ihrer Feste, der Gegenstand ihrer Verehrung das echte Göttliche: die *reinste Menschheit.* In lieblichen Bildern haben die Griechen freie Fülle, selbständige Kraft, und gesetzmäßige Eintracht angebetet.

Durch einen in seiner Art einzigen Zusammenfluß der glücklichsten Umstände hatte die Natur in ihrer Begünstigung für diese Lieblingskinder gleichsam ein *Äußerstes* getan. Oft wird die menschliche Bildung gleich nach ihrer ersten Veranlassung, während sie noch zu schwach ist, um den harten Kampf mit dem Schicksal glücklich zu bestehen, ohne fernere gütige Pflege wiederum ihrer eignen Schwäche und jedem ungünstigen Zufalle Preis gegeben. Ja ein Volk hat noch von Glück zu sagen, wenn es nur durch die Gunst seiner Lage mit Mühe zu einer bedeutenden Höhe einer *einseitigen* Bildung gelangen kann. Bei den Griechen vereinigte und umfaßte schon die erste Stufe der Bildung dasjenige vollständig, was sonst auch auf der höchsten Stufe nur getrennt und einzeln vorhanden zu sein pflegt. Wie im Gemüte des Homerischen Diomedes alle Kräfte gleichmäßig und in der schönsten Eintracht zu einem vollendeten Gleichgewicht zusammenstimmen: so entwickelte sich hier die ganze Menschheit gleichmäßig und vollständig. Schon im heroischen Zeitalter der mythischen Kunst vereinigt die griechische Naturpoesie die schönsten Blüten der edelsten Nordischen und der zartesten Südlichen Naturpoesie, und ist die vollkommenste ihrer Art.

Vielen gefällt *Homerus,* von wenigen aber wird seine Schönheit eigentlich ganz gefaßt. So wie viele Reisende in weiter Ferne suchen, was sie in ihrer Heimat ebenso gut und näher finden könnten: so bewundert man nicht selten im Homer allein das, worin der erste der beste Nordische oder Südliche Barbar, wofern er nur ein großer Dichter ist, ihm gleich kommt. Worin er einzig ist, das wird selten bemerkt, gewöhnlich ganz aus der Acht gelassen. Die treue Wahrheit, die ursprüngliche Kraft, die einfache Anmut, die reizende Natürlichkeit sind Vorzüge, welche der Griechische Barde vielleicht mit einem oder dem andern seiner Indischen oder Keltischen Brüder teilt. Es gibt aber andre charakteristische Züge der Homerischen Poesie, welche dem *Griechen* allein eigen sind.

Ein solcher Griechischer Zug ist die *Vollständigkeit* seiner Ansicht der ganzen menschlichen Natur, welche im glücklichsten *Ebenmaß,* im vollkommnen *Gleichgewicht* von der einseitigen Beschränkung einer abweichenden Anlage, und von der Verkehrtheit künstlicher Mißbildung so weit entfernt ist. – Der *Umfang* seiner Dichtung ist so unbeschränkt, wie der Umfang der ganzen menschlichen Natur selbst. Die äußersten Enden der verschiedensten Richtungen, deren ursprüngliche Keime schon in der allgemeinen Menschennatur verborgen liegen, gesellen sich hier freundlich zueinander, wie im unbefangnen, kindlichen Spiel. Seine heitre und reine Darstellung vereinigt hinreißende Gewalt mit inniger Ruhe, die schärfste Bestimmtheit mit der weichsten Zartheit der Umrisse.

In den Sitten seiner Helden sind Kraft und Anmut im Gleichgewicht. Sie sind stark aber nicht roh, milde, ohne schlaff zu sein, und geistreich ohne Kälte. *Achilles*, obgleich im Zorn furchtbarer wie ein kämpfender Löwe, kennt dennoch die Tränen des zärtlichen Schmerzens am treuen Busen einer liebenden Mutter; er zerstreut seine Einsamkeit durch die milde Lust süßer Gesänge. Mit einem rührenden Seufzer blickt er auf seinen eignen Fehler zurück, auf das ungeheure Unheil, welches die starrsinnige Anmaßung eines stolzen Königs und der rasche Zorn eines jungen Helden veranlaßt haben. Mit hinreißender Wehmut weiht er die Locke an dem Grabe des geliebten Freundes. Im Arm eines ehrwürdigen Alten, des durch ihn unglücklichen Vaters seines verhaßten Feindes, kann er in Tränen der Rührung zerfließen. Der allgemeine Umriß eines Charakters, wie Achilles hätte vielleicht auch in der Fantasie eines Nord- oder Süd-Homerus entstehen können: diese feineren Züge der Ausbildung waren nur dem Griechen möglich. Nur der Grieche konnte diese brennbare Reizbarkeit, diese furchtbare Schnellkraft wie eines jungen Löwen mit so viel Geist, Sitten, Gemüt vereinigen und verschmelzen. Selbst in der Schlacht, in dem Augenblicke, wo ihn der Zorn so sehr fortreißt, daß er ungerührt durch das Flehen des Jünglings, dem überwundnen Feinde die Brust durchbohrt bleibt er menschlich, ja sogar liebenswürdig und versöhnt uns durch eine entzückend rührende Betrachtung[10]. Der Charakter des *Diomedes* ist aber schon in seiner ursprünglichen Zusammensetzung ganz Griechisch. In seiner stillen Größe, seiner bescheidnen Vollendung, spiegelt sich der ruhige Geist des Dichters selbst am hellsten und am reinsten.

Die Homerischen Helden, wie den Dichter selbst unterscheidet eine *freiere Menschlichkeit* von allen nicht-Griechischen Heroen und Barden. In jeder bestimmten Lage, jeder einzelnen Gemütsart strebt der Dichter, so viel nur der Zusammenhang verstattet, nach derjenigen *sittlichen Schönheit,* deren das kindliche Zeitalter unverdorbener Sinnlichkeit fähig ist. Sittliche Kraft und Fülle haben in Homers Dichtung das Übergewicht; sittliche Einheit und Beharrlichkeit sind, wo sie sich finden, kein selbständiges Werk des Gemüts, sondern nur ein glückliches Erzeugnis der bildenden Natur. Aber nicht gewaltige Stärke und sinnlicher Genuß allein weckte und fesselte sein Gemüt. Der bescheidne Reiz stiller *Häuslichkeit* vorzüglich in der »Odyssee«; die Anfänge des *Bürgersinns,* und die ersten Regungen *schöner Geselligkeit* sind nicht die kleinsten Vorzüge des Griechen.

Vergleicht damit die geistlose Monotonie der barbarischen Chevalerie! Im modernen Ritter der Romantischen Poesie ist der Heroismus durch die abenteuerlichsten Begriffe in die seltsamsten Gestalten und Bewegungen so sehr verrenkt, daß selbst von dem ursprünglichen Zauber des freien Heldenlebens nur wenige Spuren übrig geblieben sind. Statt Sitten und Empfindungen findet ihr hier dürre Begriffe und

10   »Ilias«, XXI. 99 seqq.

stumpfe Vorurteile; statt freier Fülle verworrene Dürftigkeit, statt reger Kraft tote Masse. Vergleicht sie mit jenen Darstellungen, in denen auch der kleinste Atom von *höherm Leben* glüht, mit den Homerischen Helden deren Bildung so *echt menschlich ist,* wie eine heroische Bildung nur sein kann. In ihrem Gemüte ist die rege Masse nicht getrennt, sondern durchgängig zusammenhängend: Vorstellungen und Bestrebungen sind hier innigst ineinander verschmolzen; alle Teile stimmen im vollkommensten Einklang zusammen, und die reiche Fülle ursprünglicher Kraft ordnet sich mit leichter Ordnung zu einem befriedigenden Ganzen.

Man nennt das oft »Schonung«, die Sinne verzärteln, und die Würde der Menschheit dadurch entweihen, daß man keine andere Bestimmung der Kunst anerkennt, als die, der Tierheit zu schmeicheln. Es gibt aber eine andre Eigenschaft gleiches Namens, welche sich scheut, das Gemüt zu verletzen: *sittliche Schonung.* In nicht-Griechischen Poesien wird auch da, wo die zartesten Blüten der feinsten Sinnlichkeit am frischesten duften; auch da, wo die Verfeinerung des Geistes aufs höchste gestiegen ist, dennoch unser Gefühl nicht selten durch ein gewisses Etwas sehr beleidigt. Ja es ist eigentlich wohl kein barbarisches Werk ganz rein von allem, was einen echten Griechischen Sinn empören würde. Diese Menschen scheinen gar nicht zu ahnden, daß mit dem *Unwillen* der Genuß des Schönen sogleich zerstört wird; daß *unnütze Schlechtheit* der größte Fehler sei, dessen ein Dichter sich schuldig machen kann. Den Musiker, der ohne Grund mit einer unaufgelösten Dissonanz endigte, würde man tadeln, und dem Dichter, welcher ohne Gefühl für den Einklang des Ganzen das zarte Ohr des Gemüts durch die schreiendsten Mißtöne verletzt; verzeiht man, oder bewundert ihn wohl gar. Im Homer hingegen wird jeder Übelstand *vorbereitet* und *aufgelöst.* Durch einen Augenblick von jugendlichem Übermut versöhnt uns Patroklus mit seinem Tode, und was sonst bittrer Unwillen gewesen sein würde, wird nun sanfte Rührung. Der Übermut des Hektors ist eine Vorbereitung seines Falles. Hätte ausschweifender Zorn den Achilles nicht bis zu Augenblicken von Wildheit und Ungerechtigkeit verlockt, so würde seine Kränkung, der Verlust seines Freundes, sein Schmerz, die unwandelbar bestimmte Kürze seines herrlichen Lebens unser Gemüt tief verwunden und mit Bitterkeit anfüllen. Der ruhigen Kraft, der weisen Gleichmütigkeit des Diomedes entspricht die ungemischte und nie getrübte Reinheit seines Glücks und seines unbeneideten Ruhms. Wie der Vater der Götter das Schicksal der Kämpfer auf der entscheidenden Wagschale gedankenvoll abmißt, so läßt Homerus mit künstlerischer Weisheit seine Helden sinken und steigen, nicht nach Laune und Zufall, sondern nach den heiligen Entscheidungen der reinsten Menschlichkeit.

Nur hüte man sich zu denken, das Nachahmungswürdige in der Griechischen Poesie sei das Privilegium weniger auserwählter Genies, wie jede trefflichere Originalität bei den Modernen. Das bloß Individuelle würde dann weder nachahmungwürdig, noch dessen völlige Zueignung möglich sein: denn nur das *Allgemeine* ist Gesetz und Urbild für alle Zeiten und Völker. Die Griechische Schönheit war ein Gemeingut des öffentlichen Geschmacks, *der Geist der ganzen Masse*. Auch solche Gedichte, welche wenig künstlerische Weisheit und geringe Erfindungskraft verraten, sind in demselben Geiste gedacht, entworfen und ausgeführt, dessen Züge wir im Homer und andern Dichtern vom ersten Range nur bestimmter und klarer lesen. Sie unterscheiden sich durch dieselben Eigenheiten, wie die besten, von allen nicht-Griechischen Gedichten.

Die Griechische Poesie hat ihre Sonderbarkeiten, welche oft ekzentrisch genug sind: denn obgleich die Griechische Bildung reinmenschlich ist, so kann dennoch die äußre Form sehr abweichend sein; es vielleicht eben darum sein, weil der Geist dem allgemeingültigen Gesetz so getreu ist. Die meisten dieser *ästhetischen Paradoxien* sind nur scheinbar und enthalten einen großen Sinn. So das Satyrische Drama, der Dithyrambus, der lyrische Chor der Dorier, und der dramatische Chor der Athener. Nur aus völliger Unkunde mit der eigentlichen Natur der Kunst und ihrer Arten hat man solche Eigenheiten für bloß individuell gehalten, und sich mit einer historischen Genesis derselben begnügt. Überdem waren die Tatsachen lückenhaft, und solange man die notwendigen Bildungsgesetze der Kunst nicht kennt, wird man in der Geschichte der Kunst im dunkeln tappen, und keinen Leitfaden haben, vom Bekannten aufs Unbekannte zu schließen. Man analysiere nur den Charakter dieser Anomalien nach Anleitung sicher Grundsätze und Begriffe vollständig, und man wird durch das Resultat einer *philosophischen Deduktion* überrascht, die durchgängige Objektivität der Griechischen Poesie auch hier wiederfinden. Selbst in dem Zeitalter, wo ihre ganze Masse sich in mehrere genau bestimmte Richtungen – gleichsam ebenso viele Äste eines gemeinschaftlichen Stammes – spaltete, und ihr Umfang dadurch so sehr beschränkt als ihre Kraft erhöht ward: selbst in der lyrischen Gattung, deren eigentlicher Gegenstand *schöne Eigentümlichkeit* ist, bewährt sie dennoch ihre beständige Tendenz zum Objektiven durch die Art und den Geist der Darstellung welche soweit es die besondern Schranken ihrer eigentümlichen Richtung und ihres Stoffs nur immer erlauben, sich dem rein Menschlichen nähert, das Einzelne selbst zum Allgemeinen erhebt, und im Eigentümlichen eigentlich nur das Allgemeingültige darstellt.

Die Griechische Poesie ist gesunken, tief, sehr tief gesunken, und endlich völlig entartet. Aber *auch im äußersten Verfall* blieben ihr noch Spuren jener Allgemeingültigkeit, bis sie überhaupt aufhörte einen bestimmten Charakter zu haben. So sehr ist die *Griechheit* nichts andres als eine höhere, reinere Menschheit! Im Zeitalter der gelehrten Dichtkunst gab es weder öffentliche Sitten, noch öffentlichen Geschmack. Die Gedichte der *Alexandriner* sind ohne eigentliche Sitten, ohne Geist und Leben; kalt, tot, arm und schwerfällig. Statt einer vollkommnen

Organisation und lebendiger Einheit des Ganzen sind diese Machwerke nur aus abgerißnen Bruchstücken zusammengeflickt. Sie enthalten nur einzelne schöne Züge, keine vollständige und ganze Schönheit. Aber dennoch enthält ihre fleißige Darstellung in ihrer durchgearbeiteten feinen Bestimmtheit, in ihrer völligen Freiheit von den unreinen Zusätzen der Subjektivität, von den technischen Fehlern monströser Mischung, und poetischer Unwahrheit eine *höchste Naturvollkommenheit in ihrer* wenngleich an sich tadelhaften *Art,* ein *gewisses klassisches Etwas,* welches demjenigen nicht unähnlich ist, was Kenner der Griechischen Plastik an Überbleibseln der bildenden Kunst auch aus der schlechtesten Zeit, oder von der Hand des mittelmäßigsten Künstlers wahrnehmen. Der schwülstige, überladne Schmuck gehört dem allgemeinen schlechten Geschmack des Zeitalters an. Die Fehler der Ausführung kommen auf die Rechnung des Stümpers. Allein der *Geist* in welchem das Werk gedacht, entworfen und ausgebildet wurde, enthält wenigstens Spuren von dem vollkommnen Ideal, welches für alle Zeiten und Völker ein gültiges Gesetz und allgemeines Urbild ist. So findet ihr im *Apollonius* sehr oft wahrhaft klassische Details, und hie und da trefft ihr auf Erinnerungen an die ehemalige Göttlichkeit der Griechischen Dichtkunst. Solche Züge sind die Bescheidenheit des heroischen Jason und seine nachsinnende Stille bei der großen Ausfahrt der Heldenschar, und bei dem Verlust des Herkules; die feine Charakteristik des Telamon, Herkules, Idas und Idmon; das liebliche Spiel des Amor und Ganymedes; die Anmut, welche über die ganze Episode von der Hypsipyle und Medea verbreitet ist. Die schärfere Bestimmtheit, die feinere Zartheit, das noch mehr Durchgearbeitete seines fleißigen Werks; Eigenschaften, welche er vor dem gelehrtesten aller Römischen Dichter voraus hat, sind so viele übrig gebliebene Spuren echt Griechischer Bildung.

Das Schicksal bildete den Griechen nicht nur zu dem Höchsten, was der Sohn der Natur sein kann; sondern es entzog ihm auch seine mütterliche Pflege nicht eher, als bis die Griechische Bildung selbständig und mündig geworden, fremder Hülfe und Führung nicht weiter bedurfte. Mit diesem entscheidenden Schritt, durch den die Freiheit das Übergewicht über die Natur bekam, trat der Mensch in eine ganz neue Ordnung der Dinge; es begann eine neue Stufe der Entwicklung. Er bestimmt, lenkt und ordnet nun seine Kräfte selbst, bildet seine Anlagen nach den innern Gesetzen seines Gemüts. Die Schönheit der Kunst ist nun nicht mehr Geschenk einer gütigen Natur, sondern sein eignes Werk, Eigentum seines Gemüts. Das Geistige bekommt das Übergewicht über das Sinnliche, selbständig bestimmt er die Richtung seines Geschmacks, und ordnet die Darstellung. Er eignet sich nicht mehr bloß das Gegebne zu, sondern er bringt das Schöne selbsttätig hervor. Und wenn der erste Gebrauch der Mündigkeit, den Umfang der Kunst durch eine genau bestimmte Richtung beschränkt, so wird dieser Verlust durch die innre Stärke und Hoheit der zusammengedrängten Kraft wieder ersetzt. Das epische Zeitalter der Griechischen Poesie läßt sich noch mit andern Nationalpoesien vergleichen. Im lyrischen Zeitalter steht sie allein. Nur sie hat *in Masse* die Bildungsstufe der *Selbständigkeit* erreicht; nur in ihr ist das idealische Schöne *öffentlich* gewesen. So häufig und so glänzend auch in der modernen Poesie die Beispiele sein mögen, so sind es doch nur einzelne Ausnahmen, und die Masse ist weit hinter jener Stufe zurückgeblieben, und verfälscht sogar jene Ausnahmen. Bei dem herrschenden Unglauben an göttlichere Schönheit, verliert die Verkannte ihre unbefangene Zuversicht, und der Kampf, welcher sie geltend machen soll, entweiht sie nicht weniger, wie der menschenfeindliche Stolz, der den Genuß der Mitteilung ersetzen muß. – Von jeher haben viele Völker die Griechen an Fertigkeiten übertroffen, und desfalls die Griechische Höhe der eigentlichen Bildung nicht eingesehen. Aber Fertigkeiten sind nur notwendige Zugaben der Bildung, Werkzeuge der Freiheit. Nur Entwicklung der reinen Menschheit ist *wahre Bildung.* Wo hat freie Menschheit in der Masse des Volks ein so durchgängiges Übergewicht erhalten als bei den Griechen? Wo war die Bildung so echt, und echte Bildung so öffentlich? – In der Tat kaum gibt es im ganzen Lauf der Menschengeschichte ein erhabneres Schauspiel, als der große Augenblick darbietet, da mit einemmale und gleichsam von selbst, durch bloße Entwicklung der innern Lebenskraft, in den Griechischen Verfassungen Republikanismus, in den Sitten Enthusiasmus und Weisheit, in den Wissenschaften, statt der mythischen Anordnung der Fantasie logischer und systematisierender Zusammenhang, und in den Griechischen Künsten das *Ideal* hervortrat.

Wenn die Freiheit einmal das Übergewicht über die Natur hat, so muß die freie, sich selbst überlaßne Bildung sich in der einmal genommenen Richtung fortbewegen, und immer höher steigen, bis ihr Lauf durch äußre Gewalt gehemmt wird, oder bis sich durch bloße innre Entwicklung das Verhältnis der Freiheit und der Natur von neuem ändert. Wenn der *gesammte* zusammengesetzte menschliche *Trieb* nicht allein das bewegende sondern auch *lenkende Prinzip der Bildung,* wenn die Bildung *natürlich* und nicht künstlich, wenn die ursprüngliche Anlage die glücklichste, und die äußre Begünstigung vollendet ist: so entwickeln, wachsen, und vollenden sich alle Bestandteile der strebenden Kraft, der sich bildenden Menschheit *gleichmäßig,* bis die Fortschreitung den Augenblick erreicht hat, wo die Fülle nicht mehr steigen kann, ohne die *Harmonie des Ganzen* zu trennen und zu zerstören.

Trifft nun die höchste Stufe der Bildung der vollkommensten Gattung der trefflichsten Kunst mit dem günstigsten Augenblick im Strome des öffentlichen Geschmacks glücklich zusammen; verdient ein großer Künstler die Kunst des Schicksals, und weiß die unbestimmten Umrisse, welche die Notwendigkeit vorzeichnete, würdig auszufüllen; so wird das äußerste Ziel schöner Kunst erreicht, welches durch die freieste Entwicklung der glücklichsten Anlage erreichbar ist.

Diese *letzte Gränze der natürlichen Bildung* der Kunst und des Geschmacks, *diesen höchsten Gipfel freier Schönheit* hat die Griechische Poesie wirklich erreicht. Vollendung heißt der Zustand der Bildung wenn die innre strebende Kraft sich völlig ausgewickelt hat, wenn die Absicht ganz erreicht ist, und in gleichmäßiger Vollständigkeit des Ganzen keine Erwartung unbefriedigt bleibt. *Goldnes Zeitalter* heißt dieser Zustand, wenn er einer ganzen gleichzeitigen Masse zukommt. Der Genuß, welchen die Werke des goldnen Zeitalters der Griechischen Kunst gewähren, ist zwar eines Zusatzes fähig, aber dennoch ohne Störung und Bedürfnis – *vollständig* und *selbstgenugsam*. Ich weiß für diese Höhe keinen schicklicheren Namen als das *höchste Schöne*. Nicht etwa ein Schönes, über welches sich nichts schöneres denken ließe; sondern das vollständige Beispiel der unerreichbaren Idee, die hier gleichsam ganz sichtbar wird: *das Urbild der Kunst und des Geschmacks*.

Der einzige Maßstab, nach dem wir den höchsten Gipfel der Griechischen Poesie würdigen können, sind die *Schranken aller Kunst.* »Aber wie, wird man fragen, ist die Kunst nicht einer schlechthin unendlichen Vervollkommnung fähig? Gibt es Gränzen ihrer fortschreitenden Bildung?«

Die Kunst ist unendlich perfektibel und ein absolutes Maximum ist in ihrer steten Entwicklung nicht möglich: aber doch ein bedingtes *relatives Maximum,* ein unübersteigliches *fixes Proximum.* Die Aufgabe der Kunst besteht nämlich aus zweierlei ganz verschiedenartigen Bestandteilen: teils aus bestimmten *Gesetzen,* welche nur ganz erfüllt oder ganz übertreten werden können, und teils aus unersättlichen, unbestimmten *Forderungen,* wo auch die höchste Gewährung noch einen Zusatz leidet. Jede wirklich gegebne *Kraft* ist einer Vergrößerung und jede endliche reale Vollkommenheit eines unendlichen Zuwachses fähig. In *Verhältnissen* aber findet kein Mehr oder Weniger statt; die *Gesetzmäßigkeit* eines Gegenstandes kann weder vermehrt noch vermindert werden. So sind auch alle wirklichen Bestandteile der schönen Kunst einzeln eines unendlichen Zuwachses fähig, aber in der Zusammensetzung dieser verschiedenen Bestandteile gibt es unbedingte Gesetze für die gegenseitigen Verhältnisse.

Das *Schöne im weitesten Sinne* (in welchem es das Erhabne, das Schöne im engern Sinne, und das Reizende umfaßt) ist die *angenehme Erscheinung des Guten.* Es scheint zwar für jede einzelne Reizbarkeit eine feste Gränze bestimmt zu sein, welche weder der Schmerz noch die Freude überschreiten darf, wenn nicht alle Besonnenheit aufhören, und mit dieser selbst der Zweck der Leidenschaft und der Lust verloren gehn soll. Im allgemeinen aber, und ohne besondre Rücksicht läßt sich über jedes gegebne Maß von Energie ein höheres denken. Unter *Energie* verstehe ich alles, was den gemischten Trieb sinnlich weckt und erregt, um ihm dann den Genuß des reinen Geistigen zu gewähren; die bewegende Triebfeder mag nun Schmerz oder Freude sein. Die Energie ist aber nur Mittel und Organ der idealischen Kunst, gleichsam die *physische Lebenskraft* der reinen Schönheit, welche die sinnliche Erscheinung des Geistigen veranlaßt und trägt, so wie das freie Gemüt nur im Element einer tierischen Organisation empirisch existieren kann. – Auf gleiche Weise gibt es für jede besondre Empfänglichkeit eine *bestimmte Sphäre der Sichtbarkeit,* wenn ich so sagen darf, in der Mitte zwischen zu großer Nähe und zu weiter Entfernung. An und für sich aber kann die Erscheinung des Geistigen immer lebhafter, bestimmter und klarer werden. So lange sie Erscheinung bleibt, ist sie einer endlosen Vervollkommnung fähig, ohne je ihr Ziel ganz erreichen zu können: denn sonst müßte das Allgemeine, welches im Einzelnen erscheinen soll, sich in das Einzelne selbst verwandeln. Dies ist unmöglich, weil beide durch eine unendliche Kluft getrennt sind. Auf der andern Seite kann aber auch die Nachahmung des Wirklichen an Vollkommenheit unendlich zunehmen: denn die Fülle jedes Einzelnen ist unerschöpflich, und kein Abbild kann jemals ganz in sein Urbild übergehen. – Daß das *Gute* oder dasjenige, was schlechthin sein soll, der reine Gegenstand des freien Triebes, das reine Ich nicht als theoretisches Vermögen, sondern als praktisches Gebot; die Gattung, deren Arten Erkenntnis Sittlichkeit und Schönheit ist; das Ganze, dessen Bestandteile Vielheit Einheit und Allheit sind[11]; in der Wirklichkeit nur beschränkt vorhanden sein kann, darf ich als evident voraussetzen: denn der zusammengesetzte Mensch kann im gemischten Leben sich seiner reinen Natur nur ins Unendliche nähern, ohne sie je völlig zu erreichen.

Alle diese Bestandteile des Schönen – der Reiz, der Schein, das Gute – sind also einer gränzenlosen Vervollkommnung fähig. Für die gegenseitigen Verhältnisse dieser Bestandteile aber gibt es unwandelbare Gesetze. Das Sinnliche soll nur Mittel des Schönen nicht Zweck der Kunst sein. Hat aber unverdorbne Sinnlichkeit in einer frühen Stufe der Bildung das Übergewicht, so wird *Fülle* der Zweck des Dichters sein. Es darf der Selbsttätigkeit eigentlich nicht zum Vorwurf gereichen, daß sie sich allmählich entwickeln muß, und nur unter der Vormundschaft der Natur die Stufe selbständiger Selbstbestimmung erreichen kann. Durch die Sinnlichkeit eines Homerus wird das Gesetz nicht übertreten, sondern das Gesetz ist eigentlich noch gar nicht vorhanden. Ist die Kunst aber schon gesetzmäßig gewesen, und hört auf es ferner zu sein, so herrscht dann auch wieder die Fülle, aber auf eine ganz andre Weise. Es ist nicht mehr unverdorbne Sinnlichkeit, sondern üppige Ausschweifung, *gesetzlose Schwelgerei.* – Jene drei Bestandteile der Schönheit – Mannigfaltigkeit, Einheit und Allheit – sind nichts andres, als ebenso viele Arten, wie der reine Mensch in der Welt zum

---

11   Ich muß um die Erlaubnis bitten, diese und einige andre Grundsätze und Begriffe um des Zusammenhanges willen, hier nur problematisch voranschicken zu dürfen, deren Beweis ich in der Folge nicht schuldig bleiben werde.

wirklichen Dasein gelangen kann, verschiedene Berührungspunkte des Gemüts und der Natur. Einzeln betrachtet, haben sie alle drei gleichen Wert; eine wie die andre nämlich hat unbedingten, unendlichen Wert. *Auch die Fülle ist heilig*, und darf in der Vereinigung aller Bestandteile dem Gesetz der Ordnung nicht anders als *frei* gehorchen: denn die *Mannigfaltigkeit* ist schon die erste Form des Lebens, nicht roher Stoff, mit dem sie oft verwechselt wird. Die *Gesetzesgleichheit* soll durch die Ordnung nicht aufgehoben werden, aber doch ist das *Gesetz des Verhältnisses der vereinigten Bestandteile der Schönheit* unwandelbar bestimmt, und nicht die Mannigfaltigkeit, sondern die *Allheit* soll der erste bestimmende Grund und das letzte Ziel jeder vollkommnen Schönheit sein. Das Gemüt soll den Stoff und die Leidenschaft, der Geist soll den Reiz überwiegen, und nicht umgekehrt der Geist *gebraucht* werden, um das Leben zu wecken und den Sinn zu kitzeln. Ein Zweck, den man wohlfeiler erreichen könnte! – Stil bedeutet beharrliche Verhältnisse der ursprünglichen und wesentlichen Bestandteile der Schönheit oder des Geschmacks. *Vollkommnen Stil* wird man also demjenigen Kunstwerke und demjenigen Zeitalter beilegen können, welches in diesen Verhältnissen das notwendige Gesetz aus freier Neigung ganz erfüllt.

Außer diesem absoluten ästhetischen Gesetz für jeden Geschmack gibt es auch zwei absolute *technische* Gesetze für alle darstellende Kunst. – Die Bestandteile der darstellenden Kunst, welche das Mögliche mit dem Wirklichen vermischt, sind Versinnlichung des Allgemeinen und Nachahmung des Einzelnen. Für die Vervollkommnung beider Bestandteile ist, wie schon oben erinnert wurde, keine Gränze abgemessen: für ihr Verhältnis aber ist ein unwandelbares Gesetz notwendig bestimmt. Das Ziel der freien darstellenden Kunst ist das Unbedingte; das Einzelne darf nicht selbst Zweck sein (Subjektivität). Widrigenfalls sinkt die freie Kunst zu einer nachahmenden Geschicklichkeit herunter, welche einem physischen Bedürfnisse oder einem individuellen Zweck des Verstandes dient. Doch ist das Mittel durchaus notwendig, und es muß wenigstens scheinen, frei zu dienen. *Objektivität* ist der angemessenste Ausdruck für dies gesetzmäßige Verhältnis des Allgemeinen und des Einzelnen in der freien Darstellung. – Überdem ist jedes einzelne Kunstwerk zwar keineswegs an die Gesetze der Wirklichkeit gefesselt, aber allerdings durch *Gesetze innrer Möglichkeit* beschränkt. Es darf sich selbst nicht widersprechen, muß durchgängig mit sich übereinstimmen. Diese *technische Richtigkeit* – so würde ich sie lieber nennen als »Wahrheit«[12], weil dieses Wort zu sehr an die Gesetze der Wirklichkeit erinnert, und so oft von der Kopistentreue sklavischer

---

12   In einzelnen Kunstarten kann die technische Richtigkeit selbst eine idealische Abweichung von dem was in der Wirklichkeit wahr und wahrscheinlich ist, erfordern, wie in der reinen Tragödie oder der reinen Komödie.

Künstler gemißbraucht wird, welche nur das Einzelne nachahmen – darf im Kollisionsfalle selbst die Schönheit zwar nicht beherrschen, aber doch beschränken: denn sie ist die erste Bedingung eines Kunstwerks. Ohne innre Übereinstimmung würde eine Darstellung sich selbst aufheben, und also auch ihren Zweck (die Schönheit) gar nicht erreichen können. Nur wenn das Ganze der vollständigen Schönheit schon getrennt und aufgelöst ist, und ausschweifende Fülle den Geschmack beherrscht, wird die Regelmäßigkeit der Proportion, und die Symmetrie dieser Fülle aufgeopfert.

Der Schwäche kostet es keine große Entsagung, nicht auszuschweifen, und wo es an Kraft fehlt, da ist Gesetzmäßigkeit kein sonderliches Verdienst. Ein Gedicht im vollkommnen Stil und von tadelloser Richtigkeit, aber ohne Geist und Leben würde nur eine Armseligkeit ohne allen Wert sein. Aber wenn ein Gedicht mit jener vollkommnen Gesetzmäßigkeit auch die höchste Kraft vereinigte, welche man nur immer von einem menschlichen Künstler erwarten kann, so darf es doch nicht hoffen, das äußerste Ziel erreicht zu haben, wenn der Umfang desselben nicht vollständig, sondern durch die genau bestimmte Richtung einer gewissen zwar schönen aber doch einseitigen Eigentümlichkeit beschränkt ist, wie die Dorische Lyrik. Der Dichter darf keine Ansprüche auf Vollendung machen, so lange er wie Äschylus selbst mehr Erwartungen erregt, als er befriedigt. Nur dasjenige *Kunstwerk, welches in der vollkommensten Gattung, und mit höchster Kraft und Weisheit die bestimmten ästhetischen und technischen Gesetze ganz erfüllt, den unbegränzten Forderungen aber gleichmäßig entspricht,* kann ein unübertreffliches Beispiel sein, in welchem die vollständige Aufgabe der schönen Kunst so sichtbar wird, als sie in einem wirklichen Kunstwerke werden kann.

Nur da ist das höchste Schöne möglich, wo alle Bestandteile der Kunst und des Geschmacks sich gleichmäßig entwickeln, ausbilden, und vollenden; in der *natürlichen* Bildung. In der künstlichen Bildung geht diese *Gleichmäßigkeit* durch die willkürlichen Scheidungen und Mischungen des lenkenden Verstandes unwiderbringlich verloren. An einzelnen Vollkommenheiten und Schönheiten kann sie vielleicht die freie Entwicklung sehr weit übertreffen: aber jenes höchste Schöne ist ein gewordnes *organisch gebildetes Ganzes,* welches durch die kleinste Trennung zerrissen, durch das geringste Übergewicht zerstört wird. Der künstliche Mechanismus des lenkenden Verstandes kann sich die Gesetzmäßigkeit des goldnen Zeitalters der Kunst der bildenden Natur zueignen, aber seine Gleichmäßigkeit kann er nie völlig wiederherstellen; die einmal aufgelöste elementarische Masse organisiert sich nie wieder. Der *Gipfel der natürlichen Bildung der schönen Kunst* bleibt daher für alle Zeiten das *hohe Urbild der künstlichen Fortschreitung.* –

Wir sind gewohnt, ich weiß nicht aus welchen Gründen, uns die *Schranken der Poesie* viel zu eng zu denken. Wenn die Darstellung nicht bezeichnet, wie die Dichtkunst, sondern wirklich nachahmt oder sich natürlich äußert, wie die sinnlichen Künste, so ist ihre Freiheit durch die Schranken des gegebnen Werkzeuges und des bestimmten Stoffs schon enger begränzt. Sollten in einer gewissen Kunstart die Schranken des Stoffs sehr eng, das Werkzeug sehr einfach sein, so läßt es sich wohl denken, daß ein begünstigtes Volk eine Höhe in derselben erreicht habe, welche nie übertroffen werden könnte. Vielleicht haben die Griechen in der Plastik diese Höhe wirklich erreicht. Die Malerei und die Musik haben schon freieres Feld; das Werkzeug ist zusammengesetzter, mannigfaltiger und umfassender. Es würde sehr gewagt sein, für sie eine äußerste Gränze der Vervollkommnung festsetzen zu wollen. Wie viel weniger läßt sich eine solche für die Poesie bestimmen, die durch keinen besondren Stoff weder im Umfang noch in der Kraft beschränkt ist? deren Werkzeug, die willkürliche Zeichensprache, Menschenwerk und also unendlich perfektibel und korruptibel ist? – *Unbeschränkter Umfang* ist der eine große Vorzug der Poesie, dessen sie vielleicht sehr notwendig bedarf, um die durchgängige Bestimmtheit des Beharrlichen, welche die Plastik, und die durchgängige Lebendigkeit des Wechselnden, welche die Musik vor ihr voraus hat, zu ersetzen. Beide geben der Sinnlichkeit unmittelbar Anschauungen und Empfindungen; zu dem Gemüte reden sie nur durch Umwege eine oft dunkle Sprache. Sie können Gedanken und Sitten nur mittelbar darstellen. Die Dichtkunst redet durch die Einbildungskraft unmittelbar zu Geist und Herz in einer oft matten und vieldeutig unbestimmten aber allumfassenden Sprache. Der Vorzug jener sinnlichen Künste, unendliche Bestimmtheit und unendliche Lebendigkeit – *Einzelnheit* ist nicht sowohl Verdienst der Kunst als entlehntes Eigentum der Natur. Sie sind Mischungen, welche zwischen reiner Natur und reiner Kunst in der Mitte stehen. Die einzige eigentliche *reine Kunst* ohne erborgte Kraft, und fremde Hülfe, ist Poesie.

Wenn man verschiedene Kunstarten miteinander vergleicht, so kann nicht von dem größern oder geringern Werte des Zwecks die Rede sein. Sonst wäre die ganze Untersuchung so widersinnig als etwa die Frage: »Ob Sokrates oder Timoleon tugendhafter gewesen sei?« Denn das Unendliche leidet gar keine Vergleichung, und der Genuß des Schönen hat unbedingten Wert. Aber in der Vollkommenheit der verschiedenen Mittel, denselben Zweck zu erreichen, finden Stufen, findet ein Mehr oder Weniger statt. Keine Kunst kann in einem Werke einen so großen Umfang umspannen, wie die Poesie. Aber keine hat auch solche Mittel, *Vieles zu Einem zu verknüpfen, und die Verknüpfung zu einem unbedingt vollständigen Ganzen zu vollenden.* Die Plastik, die Musik, und die Lyrik stehn in Rücksicht der Einheit eigentlich auf einer Stufe. Sie setzen ein gewisses höchst gleichartiges Mannigfaltiges neben oder nacheinander, und streben, aus diesem Gesetzten das übrige Mannigfaltige organisch zu entwickeln. – Der *Charakter,* oder das Beharrliche in Vorstellungen und Bestrebungen könnte allein in Gott schlechthin einfach, durch sich selbst bestimmt, und in sich vollendet sein. Im Gebiete der Erscheinung ist seine Einheit nur bedingt; er muß noch ein Mannigfaltiges enthalten, welches nicht durch ihn selbst bestimmt sein kann. Eine wirkliche einzelne Erscheinung wird durch den *Zusammenhang der ganzen Welt,* zu der sie gehört, vollständig bestimmt und erklärt. Nicht anders verhält es sich mit dem Bruchstück einer bloß möglichen Welt. Der dramatische Charakter wird durch seine Stelle im Ganzen, seinen Anteil an der Handlung vollständig bestimmt. Eine Handlung wird nur in der Zeit vollendet; daher kann der bildende Künstler keine vollständige Handlung darstellen. Wenngleich der plastische Charakter noch so bestimmt ist, so setzt er doch notwendig die *Welt,* in welcher er eigentlich zu Hause ist, und welche nicht mit dargestellt werden konnte, als schon bekannt voraus. Sollte diese Welt auch die Olympische, und die Deutung die leichteste sein: die vollkommenste Statue ist doch nur ein abgerißnes unvollständiges Bruchstück, kein in sich vollendetes Ganzes, und das höchste, was der Bildner, erreichen kann ist ein *Analogon von Einheit.* Die Einheit des Lyrikers und Musikers besteht in der *Gleichartigkeit* einiger aus der ganzen Reihe der zusammenhängenden Zustände herausgehobnen, die übrigen beherrschenden, und in der vollkommnen *Unterordnung* dieser übrigen unter jene herrschenden.

Die notwendige Mannigfaltigkeit und Freiheit setzen der Vollkommenheit dieses Zusammenhanges enge Gränzen, und an Vollständigkeit der Verknüpfung ist hier gar nicht zu denken. *Vollständigkeit der Verknüpfung* ist der zweite große Vorzug der Poesie. Nur der Tragiker, dessen eigentliches Ziel es ist, den größten Umfang und die stärkste Kraft mit der höchsten Einheit zu verbinden, kann seinem Werke eine *vollkommne Organisation* geben, dessen schöner Gliederbau auch nicht durch den kleinsten Mangel, den geringsten Überfluß gestört wird. Er allein kann eine *vollständige Handlung,* das einzige unbedingte Ganze im Gebiete der Erscheinung, darstellen. Eine ganz vollbrachte Tat, ein völlig ausgeführter Zweck gewähren die vollste Befriedigung. Eine vollendete poetische Handlung ist ein in sich abgeschloßnes Ganzes, eine *technische Welt.*

Die frühern Griechischen Dichtarten sind teils an sich unvollkommne Versuche einer noch unreifen Bildung, wie das Epos des mythischen Zeitalters; teils einseitig beschränkte Richtungen, welche die vollständige Schönheit zerspalten und unter sich gleichsam teilen, wie die verschiedenen Schulen des lyrischen Zeitalters. Die trefflichste unter den Griechischen Dichtarten, ist die *Attische Tragödie.* Alle einzelnen Vollkommenheiten der frühern Arten, Zeitalter und Schulen bestimmt, läutert, erhöht, vereinigt und ordnet sie zu einem neuen Ganzen.

Mit echter Schöpferkraft hatte Äschylus die Tragödie erfunden, ihre Umrisse entworfen, ihre Gränzen, ihre Richtung und ihr Ziel bestimmt. Was der Kühne entwarf führte *Sophokles* aus. Er bildete seine Erfindungen, milderte seine Härten, ergänzte seine Lücken, vollendete die tragische Kunst, und erreichte das äußerste Ziel der Griechischen Poesie. Glücklicherweise traf er mit dem höchsten Augenblick des öffentlichen Attischen Geschmacks zusammen. Er wußte aber auch die Gunst des Schicksals zu verdienen. Den Vorzug eines vollendeten Geschmacks, eines vollkommnen Stils teilt er mit seinem Zeitalter: die Art aber, wie er seine Stelle ausfüllte, seinem Beruf entsprach, ist ganz sein eigen. An genialischer Kraft weicht er weder dem Äschylus noch dem Aristophanes, an Vollendung und Ruhe kommt er dem Homerus und dem Pindarus gleich, und an Anmut übertrifft er alle seine Vorgänger und Nachfolger.

Die *technische Richtigkeit* seiner Darstellung ist vollkommen, und die *Eurythmie*, die regelmäßige Verknüpfung seiner bestimmt und reich gegliederten Werke ist so *kanonisch*, wie etwa die Proportion des berühmten Doryphorus vom Polyklet. Die reife und ausgewachsne Organisation eines jeden Ganzen ist bis zu einer *Vollständigkeit* vollendet, welche auch nicht durch die geringste Lücke, nicht durch einen überflüssigen Hauch gestört wird. *Notwendig* entwickelt sich alles aus Einem, und auch der kleinste Teil gehorcht unbedingt dem *großen Gesetz des Ganzen.*

Die Enthaltsamkeit, mit welcher er auch dem schönsten Auswuchs entsagt, auch der lockendsten Verführung, das Gleichgewicht des Ganzen zu verletzen, widerstanden haben würde, ist bei *diesem* Dichter ein Beweis seines Reichtums. Denn seine Gesetzmäßigkeit ist *frei*, seine Richtigkeit ist *leicht*, und die *reichste Fülle* ordnet sich gleichsam von selbst zu einer vollkommnen aber gefälligen Übereinstimmung. Die Einheit seiner Dramen ist nicht mechanisch erzwungen, sondern *organisch entstanden.* Auch der kleinste Nebenzweig genießt eignes Leben, und scheint nur aus freier Neigung sich an seiner Stelle in den gesetzmäßigen Zusammenhang der ganzen Bildung zu fügen. Mit Lust und ohne Anstoß folgen wir dem hinreißenden Strome, verbreiten uns über die bezaubernde Fläche seiner Dichtung: denn die *Schönheit* der richtigen aber einfachen und freien *Stellung* gibt ihr einen unaussprechlichen Reiz. Das größere Ganze, wie das Kleinere ist in die reichsten und einfachsten Massen bestimmt geschieden, und angenehm gruppiert. Und wie in der ganzen Handlung Kampf und Ruhe, Tat und Betrachtung, Menschheit und Schicksal gefällig wechseln, und sich frei vereinigen, wenn bald die einzelne Kraft ihren kühnen Lauf ungehemmt ergießt, bald zwei Kräfte in raschem Wechsel sich kämpfend umschlingen, bald alles Einzelne vor der majestätischen Masse des Chors schweigt: so ist auch noch in dem kleinsten Teil der Rede das Mannigfaltige in leichtem Wechsel, und freier Vereinigung.

Hier ist auch nicht die leiseste Erinnrung an Arbeit, Kunst und Bedürfnis. Wir werden das Medium nicht mehr gewahr, die Hülle schwindet, und unmittelbar genießen wir die reine Schönheit. Diese anspruchslose Vollkommenheit scheint ohne bei ihrer eignen Hoheit zu verweilen, oder für den äußern Eindruck zu sorgen, nur um ihrer selbst willen da zu sein. Diese Bildungen scheinen nicht gemacht oder geworden, sondern ewig vorhanden gewesen, oder von selbst entstanden zu sein, wie die Göttin der Liebe leicht und plötzlich vollendet aus dem Meere emporstieg.

Im Gemüte des Sophokles war die göttliche Trunkenheit des Dionysos, die tiefe Erfindsamkeit der Athene, und die leise Besonnenheit des Apollo gleichmäßig verschmolzen. Mit Zaubermacht entrückt seine Dichtung die Geister ihren Sitzen und versetzt sie in eine höhere Welt; mit süßer Gewalt lockt er die Herzen, und reißt sie unwiderstehlich fort. Aber ein großer Meister in der seltnen Kunst des *Schicklichen* weiß er auch durch den glücklichsten Gebrauch der größten tragischen Kraft die *höchste Schonung* zu erreichen; gewaltig im Rührenden, wie im Schrecklichen ist er dennoch nie bitter oder gräßlich. – In stetem Schrecken würden wir bis zur Bewußtlosigkeit erstarren; in steter Rührung zerschmelzen. Sophokles hingegen weiß Schrecken und Rührung im vollkommensten Gleichgewicht wohltätig zu mischen, an treffenden Stellen durch entzückende Freude und frische Anmut köstlich zu würzen, und dieses schöne Leben in gleichmäßiger Spannung über das Ganze zu verbreiten.

Wunderbar groß ist seine Überlegenheit über den *Stoff,* seine glückliche Auswahl desselben, seine weise Benutzung der gegebenen Umrisse. Unter so vielen vielleicht zahllosen möglichen Auflösungen immer sicher die beste zu treffen, nie von der zarten Gränze zu verirren und selbst unter den verwickeltsten Schranken, mit geschickter Fügung in das Notwendige, seine völlige Freiheit behaupten; das ist das Meisterstück der künstlerischen Weisheit. Auch wenn ein Vorgänger ihm die nächste und beste Auflösung vorweggenommen hatte, wußte er den entrissenen Stoff sich von neuem zuzueignen. Er vermochte nach dem Äschylus in der »elektra« neu zu sein, ohne unnatürlich zu werden. Auch den an einzelnen großen Umrissen und glücklichen Veranlassungen reichen, im Ganzen aber ungünstigen und lückenhaften Stoff des »Philoktetes« wußte er zu einer vollständigen Handlung zu bilden, zu runden, und zu ergänzen, welcher es weder an einer leichten Einheit noch an einer völligen Befriedigung fehlt.

Der *Attische Zauber seiner Sprache* vereinigt die rege Fülle des Homerus, und die sanfte Pracht des Pindarus mit durchgearbeiteter Bestimmtheit. Die kühnen und großen aber harten, eckichten und schneidenden Umrisse des Äschylus sind in der Diktion des Sophokles bis zu einer scharfen Richtigkeit, bis zu einer weichen Vollendung verfeinert, gemildert und ausgebildet. – Nur da, wo Erfindsamkeit, Geselligkeit, Beredsamkeit und Schonung gleichsam eingeboren waren; wo die vollständige Bildung die einseitigen Vorzüge der Dorischen und Jonischen Bildung umfaßte; wo bei der unbeschränktesten Freiheit und Gesetzesgleichheit alles Innre in kecker Gestalt ans Licht treten durfte, und durch den lebhaftesten Kampf, die vielseitigste Friktion von außen gewetzt, gereinigt, gerundet und geordnet wurde: nur in *Athen* war die *Vollendung* der Griechischen Sprache möglich.

Der *Rhythmus* des Sophokles vereinigt den starken Fluß, die gedrängte Kraft und die männliche Würde des Dorischen Stils, mit der reichen Fülle, der raschen Weichheit und der zarten Leichtigkeit Jonischer oder Aeolischer Rhythmen.

Das *Ideal der Schönheit,* welches in allen Werken des Sophokles, und deren einzelnen Teilen durchaus herrscht, ist ganz vollendet. Die Kraft der einzelnen wesentlichen Bestandteile der Schönheit ist gleichmäßig, und die Ordnung der vereinigten völlig gesetzmäßig. *Sein Stil ist vollkommen.* In jeder einzelnen Tragödie, und in jedem einzelnen Fall ist der Grad der Schönheit durch die Schranken des Stoffs, den Zusammenhang des Ganzen, und die Beschaffenheit der besondren Stelle näher bestimmt.

Die *sittliche* Schönheit aller einzelnen *Handelnden* ist so groß, als diese Bedingungen jedesmal nur immer verstatten. Alle Taten und Leidenschaften entspringen so weit als möglich aus *Sitten* oder Charakter, und die besondren Charaktere, die bestimmten Sitten nähern sich so sehr als möglich der reinen Menschheit. Unnütze Schlechtheit findet sich hier so wenig wie müßiger Schmerz und auch die leiseste Anwandlung des bittern Unwillens ist aufs strengste vermieden[13].

Der Begebenheiten, im Gegensatz der Handlungen, sind so wenig als möglich, und diese werden alle aus *Schicksal* hergeleitet. Der unaufhörliche notwendige Streit des Schicksals und der Menschheit aber wird durch eine andre Art von sittlicher Schönheit immer wieder in Eintracht aufgelöst, bis endlich die Menschheit, so weit es die Gesetze der technischen Richtigkeit verstatten, den vollständigsten Sieg davon trägt. Die *Betrachtung,* dieser notwendige innre Nachklang jeder großen äußern Tat oder Begebenheit *trägt* und erhält das Gleichgewicht des Ganzen. Die ruhige Würde einer schönen Gesinnung schlichtet den furchtbaren Kampf, und lenkt die kühne Übermacht, welche jeden Damm der Ordnung heftig durchbrach, wieder in das milde Gleis des ewig ruhigen Gesetzes. Der Schluß des ganzen Werks gewährt endlich jederzeit die *vollste Befriedigung:* denn wenngleich der äußern Ansicht nach die Menschheit zu sinken scheint, so siegt sie dennoch durch innre Gesinnung. Die tapfre Gegenwehr des Helden kann der blinden Wut des Schicksals zuletzt unterliegen: aber das selbständige Gemüt

---

13   Die Modernen tappen über die unbedingte Notwendigkeit, eigentliche Natur, und die bestimmten Gränzen der sittlicher Schönheit in Gedichten so sehr im dunkeln, daß sie lange über den Sinn der einfachen Vorschrift des Aristoteles: »Die Sitten im Gedichte sollen gut, d.h. schön sein;« gestritten haben. In der ganzen Masse der modernen Poesie ist der Charakter des Brutus im »Cäsar« des Shakespeare vielleicht das einzige Beispiel einer sittlichen Schönheit, welche des Sophokles nicht ganz unwürdig sein würde.

hält dennoch in allen Qualen standhaft zusammen, und schwingt sich endlich frei empor, wie der sterbende Herkules in den »Trachinerinnen«.

Alle diese skizzierten Vollkommenheiten der Sophokleischen Dichtung sind nicht getrennte und für sich bestehende Eigenschaften, sondern nur verschiedene Ansichten und Teile eines streng verknüpften und innigst verschmolzenen Ganzen. So lange das Gleichgewicht der Kraft und Gesetzmäßigkeit in der Bildung noch nicht verloren, so lange das Ganze der Schönheit noch nicht zerrissen ist, kann das Einzelne gar nicht auf Unkosten des Ganzen vollkommner sein. Alle einzelne Trefflichkeiten leihen sich gegenseitig in durchgängiger Wechselwirkung einen höhern Wert. Aus der Vereinigung aller dieser Eigenschaften, in denen ich nur die allgemeinsten Umrisse gleichsam die äußersten Gränzen seines unerschöpflich reichen Wesens entworfen habe, entspringt die *selbstgenugsame Vollendung,* die eigne *Süßigkeit,* welche den Griechen selbst vorzüglich charakteristische Züge dieses Dichters zu sein schienen.

In praktischer Rücksicht sind die Vorzüge der verschiedenen Zeitalter, Dichtarten und Richtungen sehr ungleich, und wiewohl das Nachahmungswürdige in der Griechischen Poesie überall verbreitet ist, so vereinigt es sich doch gleichsam in dem Mittelpunkte des goldnen Zeitalters. In *theoretischer* Rücksicht hingegen ist die *ganze Masse* ohngefähr gleich merkwürdig.

Sehr auffallend kontrastiert die *einfache Gleichartigkeit* der ganzen Masse der Griechischen Poesie mit dem bunten Kolorit, und der heterogenen Mischung der modernen Poesie.

Die Griechische Bildung überhaupt war durchaus originell und national, ein in sich vollendetes Ganzes, welches durch bloße innre Entwicklung einen höchsten Gipfel erreichte, und in einem völligen Kreislauf auch wieder in sich selbst zurücksank. Ebenso originell war auch die Griechische Poesie. Die Griechen bewahrten ihre Eigentümlichkeit rein und ihre Poesie war nicht nur im ersten Anfange, sondern auch im ganzen Fortgange beständig *national.* Sie war nicht nur in ihrem Ursprunge, sondern auch in ihrer ganzen Masse *mythisch:* denn im Zeitalter kindlicher Bildung, so lange die Freiheit nur durch Natur veranlaßt und nicht selbständig ist, sind die verschiedenen Zwecke der Menschheit nicht bestimmt, und ihre Teile vermischt. Die Sage oder der *Mythus* ist ja aber eben jene Mischung, wo sich Überlieferung und Dichtung gatten, wo die Ahndung der kindischen Vernunft und die Morgenröte der schönen Kunst ineinander verschmelzen. Die natürliche Bildung ist nur die stete Entwicklung eines und desselben Keims; die Grundzüge ihrer Kindheit werden sich daher über das Ganze verbreiten und durch überlieferte Gebräuche und geheiligte Einrichtungen befestigt bis auf die späteste Zeit erhalten werden. Die Griechische Poesie ist von ihrem Ursprunge an, während ihres Fortganges, und in ihrer ganzen Masse *musikalisch, rhythmisch* und *mimisch.* Nur die Willkür des künstelnden Verstandes kann gewaltsam scheiden, was durch die Natur ewig vereinigt ist. Ein wahrhaft menschlicher Zustand besteht nicht aus Vorstellungen oder aus Bestrebungen allein, sondern aus der Mischung beider. Er ergießt sich ganz, durch alle vorhandnen Öffnungen, nach allen möglichen Richtungen. Er äußert sich in willkürlichen und natürlichen Zeichen, in Rede, Stimme und Gebärde zugleich. In der natürlichen Bildung der Künste, ehe der Verstand seine Rechte verkennt, und durch gewaltsame Eingriffe die Gränzen der Natur verwirrt, ihre schöne Organisation zerstört, sind Poesie, Musik und Mimik (welche dann auch rhythmisch ist) fast immer unzertrennliche Schwestern.

Diese Gleichartigkeit nehmen wir nicht nur in der ganzen Masse, sondern auch in den größern und kleinern, koexistenten oder sukzessiven Klassen, in welche das Ganze sich spaltet, wahr. Bei der größten Verschiedenheit der ursprünglichen Dichterkraft, und der weisen Anwendung derselben, ja sogar des individuellen Nationalcharakters der verschiedenen Stämme, und der herrschenden Stimmung des Künstlers, sind dennoch in jeder größern Epoche der ästhetischen Bildung die allgemeinen Verhältnisse des Gemüts und der Natur unabänderlich und ohne Ausnahme bestimmt. In derjenigen dieser Epochen, wo der öffentliche Geschmacks auf der höchsten Stufe der Bildung stand, und bei der größten Vollkommenheit alle Organe der Kunst sich zugleich am vollständigsten und am freiesten äußern konnten, waren die allgemeinen Verhältnisse der ursprünglichen Bestandteile der Schönheit durch den Geist des Zeitalters entschieden determiniert, und weder der höchste noch der geringste Grad des originellen Genies, oder die eigentümliche Bildung und Stimmung des Dichters konnte eine einzige Ausnahme von dieser Notwendigkeit möglich machen. Während diese koexistenten Verhältnisse schnell wechselten, verbreitete der Geist eines großen Meisters seine wohltätigen Wirkungen durch viele Zeitalter, ohne daß dadurch die Erfindung gelähmt, oder die Originalität gefesselt worden wäre. Mit merkwürdiger Gleichheit erhielt sich oft durch eine lange Reihe von Künstlern eine vorzügliche eigentümlich bestimmte Richtung. Dennoch aber ging die durchgängige Tendenz des Individuellen auf das Objektive, so daß das erste den Spielraum des letzten wohl hie und da beschränkte, nie aber seiner gesetzmäßigen Herrschaft sich entzog.

Die verschiednen Stufen der sukzessiven Entwicklung, sondern sich zwar in Masse deutlich und entschieden voneinander ab, aber in dem stetigen Fluß der Geschichte verschmelzen die äußersten Gränzen wie Wellen des Stromes, ineinander. Desto unvermischter sind die Gränzen der koexistenten Richtungen des Geschmacks und Arten der Kunst. Ihre Zusammensetzung ist durchaus gleichartig, rein und einfach, wie der Organismus der plastischen Natur, nicht wie der Mechanismus des technischen Verstandes. Nach einem ewigen und einfachen Gesetz der Anziehung und der Rückstoßung koalisieren sich die homogenen Elemente, entledigen sich alles Fremdartigen, je mehr sie sich entwickeln, und bilden sich organisch.

Die ganze Masse der modernen Poesie ist ein unvollendeter Anfang, dessen Zusammenhang nur in Gedanken zur Vollständigkeit ergänzt werden kann. Die Einheit dieses teils wahrgenommenen, teils gedachten Ganzen ist der künstliche Mechanismus eines durch menschlichen Fleiß hervorgebrachten Produkts. Die gleichartige Masse der Griechischen Poesie hingegen ist ein selbständiges, in sich vollendetes, vollkommnes Ganzes, und die einfache Verknüpfung ihres durchgängigen Zusammenhanges ist die Einheit einer *schönen Organisation,* wo auch der kleinste Teil durch die Gesetze und den Zweck des Ganzen notwendig bestimmt, und doch für sich bestehend und frei ist. – *Die sichtbare Regelmäßigkeit ihrer progressiven Entwicklung* verrät mehr als Zufall. Der größte wie der kleinste Fortschritt entwickelt sich wie von selbst aus der vorhergehenden, und enthält den vollständigen Keim der folgenden Stufe. Die sonst auch in der Menschengeschichte oft so tief verhüllten *innern Prinzipien der lebendigen Bildung* liegen hier offenbar am Tage, und sind selbst der äußern Gestalt mit bestimmter und einfacher Schrift eingeprägt. Wie in der ganzen Masse die homogenen Elemente durch innre Stärke der strebenden Kraft zu einer gesunden Organisation sich freundlich koalisierten; wie der organische Keim durch stete Evolutionen des Bildungstriebes seinen Kreislauf vollendete, glücklich wuchs, üppig blühte, schnell reifte und plötzlich welkte: so auch jede Dichtart, jedes Zeitalter, jede Schule der Poesie.

Die Analogie erlaubt und nötigt uns vorauszusetzen, daß in der Griechischen Poesie gar nichts zufällig und bloß durch äußre Einwirkung gewalttätig bestimmt sei. Es scheint vielmehr auch das Geringste, Seltsamste und der ersten Ansicht nach Zufälligste sich aus innern Gründen notwendig entwickelt zu haben. – Der Punkt, von dem die Griechische Bildung ausging, war eine absolute Rohigkeit, und ihre kosmische Lage ein Maximum von Begünstigung in Anlagen und Veranlassungen welches in der ästhetischen Bildung wenigstens nie durch schädliche äußre Einflüsse gestört ward. Diese veranlassenden Ursachen erklären die Herkunft, die eigentümliche Beschaffenheit, und die äußern Schicksale der Griechischen Poesie. Die allgemeinen Verhältnisse ihrer Teile aber, die Umrisse ihres Ganzen, die bestimmten Gränzen ihrer Stufen und Arten, die notwendigen Gesetze ihrer Fortschreitung erklären sich nur aus innern Gründen, aus der *Natürlichkeit ihrer Bildung.* Diese Bildung war keine andre als die freieste Entwicklung der glücklichsten Anlage, deren allgemeiner und notwendiger Keim in der menschlichen Natur selbst gegründet ist. – Nie ist die ästhetische Bildung der Griechen weder zu Athen noch zu Alexandrien in dem Sinne künstlich gewesen, daß der Verstand die ganze Masse geordnet, alle Kräfte gelenkt, das Ziel und die Richtung ihres Ganges bestimmt hätte. Im Gegenteil war die Griechische Theorie eigentlich ohne die mindeste Gemeinschaft mit der Praxis des Künstlers und höchstens späterhin die Handlangerin derselben. Der *gesamte Trieb* war nicht nur das bewegende, sondern auch das *lenkende Prinzip* der Griechischen Bildung.

Die Griechische Poesie in Masse ist ein *Maximum und Kanon* der *natürlichen Poesie,* und auch jedes einzelne Erzeugnis derselben ist das vollkommenste in seiner Art. Mit kühner Bestimmtheit sind die Umrisse einfach entworfen, mit üppiger Kraft ausgefüllt und vollendet; jede Bildung ist die *vollständige Anschauung eines echten Begriffs.* Die Griechische Poesie enthält für alle ursprünglichen Geschmacks- und Kunstbegriffe eine vollständige Sammlung von Beispielen, welche so überraschend zweckmäßig für das theoretische System sind, als hätte sich die bildende Natur gleichsam herabgelassen, den Wünschen des nach Erkenntnis strebenden Verstandes zuvorzukommen. In ihr ist der *ganze Kreislauf der organischen Entwicklung der Kunst* abgeschlossen und vollendet, und das höchste Zeitalter der Kunst, wo das Vermögen des Schönen sich am freiesten und vollständigsten äußern konnte, enthält den *vollständigen Stufengang des Geschmacks.* Alle reinen Arten der verschiedenen möglichen Zusammensetzungen der Bestandteile der Schönheit sind erschöpft, und selbst die Ordnung der Aufeinanderfolge und die Beschaffenheit der Übergänge ist durch innre Gesetze notwendig bestimmt. Die *Gränzen ihrer Dichtarten* sind nicht durch willkürliche Scheidungen und Mischungen erkünstelt, sondern durch die bildende Natur selbst erzeugt und bestimmt. Das System aller möglichen reinen Dichtarten ist sogar bis auf die Spielarten, die unreifen Arten der unentwickelten Kindheit, und die einfachsten Bastardarten, welche sich im versunknen Zeitalter der Nachahmung aus dem Zusammenfluß aller echten vorhandnen erzeugten, vollständig erschöpft. Sie ist eine *ewige Naturgeschichte des Geschmacks und der Kunst.*

Sie enthält eigentlich die *reinen und einfachen Elemente,* in welche man die gemischten Produkte der modernen Poesie erst analysieren muß, um ihr labyrinthisches Chaos völlig zu enträtseln. Hier sind alle Verhältnisse so echt, ursprünglich und notwendig bestimmt, daß der Charakter auch jedes einzelnen Griechischen Dichters gleichsam eine reine und einfache *ästhetische Elementaranschauung* ist. Man kann zum Beispiel *Goethens Stil* nicht bestimmter, anschaulicher und kürzer erklären, als wenn man sagt, er sei aus dem Stil des Homerus, des Euripides und des Aristophanes gemischt.

* * *

»Aber die griechische Poesie beleidigt ja unsre Delikatesse so oft und so empfindlich! Weit entfernt von der höhern Sittlichkeit unsers verfeinerten Jahrhunderts bleibt sie selbst in ihrer höchsten Vollendung hinter der alten Romanze an Edelmut, Anstand, Scham und Zartheit

weit zurück. Wie arm und uninteressant ist nicht die gerühmte Simpli-
zität ihrer ernsthaften Produkte! Der Stoff ist dürftig, die Ausführung
monoton, die Gedanken trivial, die Gefühle und Leidenschaften ohne
Energie, und selbst die Form nach den strengen Forderungen unsrer
höhern Theorie nicht selten inkorrekt. Die Griechische Poesie sollte
unser Muster sein? Sie, welche den höchsten Gegenstand schöner
Kunst – eine edle geistige Liebe – gar nicht kennt?« So werden viele
Moderne denken. »Sehr viele lyrische Gedichte besingen die unnatür-
lichste Ausschweifung und fast in allen atmet der Geist zügelloser
Wollust aufgelöster Üppigkeit, zerflossener Unmännlichkeit. In der
plumpen Possenreißerei der pöbelhaften alten Komödie scheint alles
zusammengeflossen zu sein, was nur gute Sitten und gute Gesellschaft
empören kann. In dieser Schule aller Laster, wo selbst Sokrates komödiert ward, wird alles Heilige verlacht, und alles Große mutwillig ver-
spottet. Nicht nur die frevelhafteste Ausschweifung, sondern sogar
weibische Feigheit und besonnene Niederträchtigkeit[14] werden hier
mit fröhlichen Farben und in einem täuschend reizenden Lichte
leichtsinnig dargestellt. Die Immoralität der neuen Komödie scheint
nur weniger schlimm, weil sie schwächer und feiner ist. Allein die
Gaunereien lügenhafter Sklaven und intriganter Buhlerinnen, die
Ausschweifungen törichter Jünglinge sind bei häufig wechselnden
Mischungen die bleibenden und immer wiederkehrenden Grundzüge
der ganzen Handlung. Auch im Homer stimmt der unedle Eigennutz
seiner Helden, die nackte Art, wie der Dichter ungerechte Klugheit,
und unsittliche Stärke gleichsam preisend, oder doch gleichgültig darstellt, mit der hohen Würde der vollkommenen Epopöe so schlecht
überein, als die nicht ganz seltne Gemeinheit des Stoffs und des Ausdrucks, und der rhapsodische Zusammenhang des Ganzen. Der wüten-
den Tragödie ist nicht nur jedes gräßlichste Verbrechen das willkom-
menste, sondern in den Sophismen der Leidenschaft wird das Laster
auch nach Grundsätzen gelehrt. Wessen Herz empört sich nicht, den
Muttermord der Elektra im Sophokles mehr glänzend und verschö-
nernd, als verabscheuend dargestellt zu sehen? Um endlich der bessern
Seele jeden innern Widerhalt zu rauben, so schließt gewöhnlich das
schreckliche Gemälde im dunkeln Hintergrunde mit der niederdrücken-
den Ansicht eines allmächtigen und unverständigen, wohl gar neidischen und menschenfeindlichen Schicksals.«

Ehe ich diese interessante Komposition moderner Anmaßung raffi-
nierter Mißverständnisse und barbarischer Vorurteile in ihre ursprünglichen Elemente analysiere, muß ich einige Worte über die einzigen
gültigen *objektiven Prinzipien des ästhetischen Tadels* voranschicken.
Dann wird es nicht schwer sein, den subjektiven Ursprung der konventionellen Prinzipien dieser pathetischen Satire zu deduzieren.

14   Wie die Charaktere des Dionysos und des Demos in den »Fröschen«
     und »Rittern« des Aristophanes.

Jede lobende oder tadelnde Würdigung kann nur unter zwei Bedingungen gültig sein. Der Maßstab, nach welchem geurteilt und geschätzt wird, muß allgemeingültig, und die Anwendung auf den kritisierten Gegenstand muß so gewissenhaft treu, die Wahrnehmung so vollkommen richtig sein, daß sie jede Prüfung bestehn können. Außerdem ist das Urteil ein bloßer Machtspruch. Wie unvollständig und lückenhaft unsre Philosophie des Geschmacks und der Kunst noch sei, kann man schon daraus abnehmen, daß es noch nicht einmal einen namhaften Versuch einer *Theorie des Häßlichen* gibt. Und doch sind das Schöne und das Häßliche unzertrennliche Korrelaten.

Wie das Schöne die angenehme Erscheinung des Guten, so ist das *Häßliche* die unangenehme Erscheinung des Schlechten. Wie das Schöne durch eine süße Lockung der Sinnlichkeit das Gemüt anregt, sich dem geistigen Genusse hinzugeben: so ist hier ein feindseliger Angriff auf die Sinnlichkeit Veranlassung und Element des sittlichen Schmerzes. Dort erwärmt und erquickt uns reizendes Leben, und selbst Schrecken und Leiden ist mit Anmut verschmolzen; hier erfüllt uns das *Ekelhafte*, das *Quälende*, das *Gräßliche* mit Widerwillen und Abscheu. Statt freier Leichtigkeit drückt uns *schwerfällige Peinlichkeit,* statt reger Kraft *tote Masse.* Statt einer gleichmäßigen Spannung in einem wohltätigen Wechsel von Bewegung und Ruhe wird die Teilnahme durch ein *schmerzliches Zerren* in widersprechenden Richtungen hin und her gerissen. Wo das Gemüt sich nach Ruhe sehnt, wird es durch *zerrüttende Wut* gefoltert, wo es Bewegung verlangt, durch *schleppende Mattigkeit* ermüdet.

Der tierische Schmerz ist in der Darstellung des Häßlichen nur Element und Organ des *sittlich Schlechten.* Dem absoluten Guten ist aber gar nichts Positives, kein absolutes Schlechtes entgegengesetzt, sondern nur eine bloße *Negation* der reinen Menschheit der Allheit, Einheit und Vielheit. Das Häßliche ist also eigentlich ein leerer Schein im Element eines reellen physischen Übels, aber ohne moralische Realität. Nur in der Sphäre der Tierheit gibt es ein positives Übel – den *Schmerz.* In der reinen Geistigkeit würde nur Genuß und Beschränkung ohne Schmerz, und in der reinen Tierheit nur Schmerz und Stillung des *Bedürfnisses ohne Genuß* stattfinden[15]. In der gemischten

---

15 Auch das *tierische Spiel,* in welchem wir freieren Genuß menschlich ahnden, ist vielleicht nur Stillung eines Bedürfnisses – Entledigung der Überflüssigen Kraft. – Nur das *Vorgefühl des ihm Entgegengesetzten* kann dem Lebensvermögen den ersten Anstoß der Bewegung geben, seine Kraft zu regen und zu bestimmen, gleichartigen Lebensstoff zu lieben, und das Fremdartige zu hassen. Ohne Ahndung eines Feindes könnte ein Wesen gar nicht zum Bewußtsein, (welches Mannigfaltigkeit und also Verschiedenheit voraussetzt, bei vollkommner Gleichheit aber nicht möglich sein würde) gelangen, viel weniger begehren; es würde in träger Ruhe ewig beharren. Furcht vor der Vernichtung ist der eigentliche Quell des tierischen Daseins. Die tierische Furcht ist nur anders modifiziert,

Natur des Menschen sind die negative Beschränkung des Geistes und der positive Schmerz des Tiers innigst ineinander verschmolzen.

Der Gegensatz reicher Fülle ist *Leerheit;* Monotonie, Einförmigkeit, Geistlosigkeit. Der Harmonie steht Mißverhältnis und *Streit* gegenüber. *Dürftige Verwirrung* ist also dem eigentlichen Schönen im engern Sinne entgegengesetzt. Das *Schöne* im engern *Sinne* ist die Erscheinung einer endlichen Mannigfaltigkeit in einer bedingten Einheit. Das *Erhabne* hingegen ist die Erscheinung des Unendlichen; unendlicher Fülle oder unendlicher Harmonie. Es hat also einen doppelten Gegensatz: *unendlichen Mangel* und *unendliche Disharmonie.*

Die Stufe der Schlechtheit nämlich wird allein durch den *Grad der* Negation bestimmt. Die Stufe der Häßlichkeit hingegen hängt zugleich von der *intensiven Quantität des Triebes,* welchem widersprochen wird, ab. Die notwendige Bedingung des Häßlichen ist eine getäuschte Erwartung, ein erregtes und dann beleidigtes Verlangen. Das Gefühl der Leerheit und des Streits kann von bloßer Unbehaglichkeit bis zur wütendsten Verzweiflung wachsen, wenngleich der Grad der Negation derselbe bleibt, und die intensive Kraft des Triebes allein steigt.

Erhabne Schönheit gewährt einen vollständigen Genuß. Das Resultat *erhabner Häßlichkeit* (einer Täuschung, welche durch jene Spannung des Triebes möglich ist) hingegen ist *Verzweiflung,* gleichsam ein absoluter, vollständiger Schmerz. Ferner *Unwillen,* (eine Empfindung, welche im Reiche des Häßlichen eine sehr große Rolle spielt) oder der Schmerz, welcher die Wahrnehmung einzelner sittlicher Mißverhältnisse begleitet; denn alle sittlichen Mißverhältnisse veranlassen die Einbildungskraft den gegebnen Stoff zur Vorstellung einer unbedingten Disharmonie zu ergänzen.

In strengstem Sinne des Worts ist ein *höchstes Häßliches* offenbar so wenig möglich wie ein höchstes Schönes. Ein unbedingtes *Maximum der Negation,* oder das *absolute Nichts* kann so wenig wie ein unbedingtes Maximum der Position in irgendeiner Vorstellung gegeben werden; und in der höchsten Stufe der Häßlichkeit ist noch etwas Schönes enthalten. Ja sogar um das häßlich Erhabne darzustellen, und den Schein unendlicher Leerheit und unendlicher Disharmonie zu erregen, wird das größte Maß von Fülle und Kraft erfordert. Die Bestandteile des Häßlichen streiten also untereinander selbst, und es kann in demselben nicht einmal wie im Schönen, durch eine gleichmäßige, wenngleich beschränkte Kraft der einzelnen Bestandteile, und durch vollkommne Gesetzmäßigkeit der vollständig vereinigten ein bedingtes Maximum (ein objektives unübertreffliches Proximum) erreicht werden, sondern nur ein *subjektives:* denn es gibt für jede individuelle Empfänglichkeit eine bestimmte Gränze des Ekels, der Pein, der Verzweiflung, jenseits welcher die Besonnenheit aufhören würde.

wie die menschliche: der *Hoffnung* hingegen ist offenbar nur der Mensch allein fähig.

Der schöne Künstler aber soll nicht nur den Gesetzen der Schönheit, sondern auch den Regeln der Kunst gehorchen, nicht nur das Häßliche, sondern auch *technische Fehler* vermeiden. Jedes darstellende Werk freier Kunst kann auf vierfache Weise Tadel verdienen. Entweder fehlt es der Darstellung an darstellender Vollkommenheit; oder sie sündigt wider die Idealität und die Objektivität; oder auch wider die Bedingungen ihrer innern Möglichkeit.

Dem *Unvermögen* fehlt es an Werkzeugen und an Stoff, welche dem Zweck entsprechen würden. Die *Ungeschicklichkeit* Weiß die vorhandne Kraft und den gegebnen Stoff nicht glücklich zu benutzen. Die Darstellung ist dann stumpf, dunkel, verworren und lückenhaft. Die *Verkehrtheit* wird die ewigen Gränzen der Natur verwirren, und durch *monströse Mischungen der echten Dichtarten* ihren eignen Zweck selbst vernichten. Eine zwar *gesunde aber noch kindliche Bildung* wird in *echten aber unvollkommnen Dichtarten* ihre richtige Absicht nur anlegen und skizzieren, ohne sie vollständig auszuführen.

Die Darstellung kann im Einzelnen sehr trefflich sein, und doch im Ganzen durch *innre Widersprüche* sich selbst aufheben, die Bedingungen ihrer innern Möglichkeit vernichten, und die Gesetze der *technischen Richtigkeit* verletzen. *Unzusammenhang* könnte man es nennen, wenn es der unbestimmten Masse eines angeblichen Kunstwerks an eigner Bestandheit und Gesetzen innrer Möglichkeit überhaupt fehlte; wenn das Werk gleichsam gränzenlos, und von der übrigen Natur gar nicht, oder nicht gehörig abgesondert wäre, da es doch eigentlich eine kleine abgeschlossene Welt, ein in sich vollendetes Ganzes sein sollte.

Wider die *Idealität* der Kunst wird verstoßen, wenn der Künstler sein Werkzeug vergöttert, die Darstellung, welche nur Mittel sein sollte, an die Stelle des unbedingten Ziels unterschiebt, und nur nach *Virtuosität* strebt; durch *Künstelei.*

Wider die *Objektivität* der Kunst, wenn sich bei dem Geschäft allgemeingültiger Darstellung, die Eigentümlichkeit ins Spiel mischt, sich leise einschleicht, oder offenbar empört; durch *Subjektivität.*

Dieser allgemeine Umriß der reinen Arten aller möglichen technischen Fehler enthält die ersten *Grundlinien einer Theorie* der *Inkorrektheit,* welche mit der Theorie des Häßlichen zusammengenommen den vollständigen *ästhetischen Kriminalkodex* aus macht, den ich bei der folgenden skizzierten *Apologie der Griechischen Poesie zum* Grunde legen werde.

Die Griechische Poesie bedarf keiner rhetorischen Lobpreisungen; der Kunstgriff, ihre wirklichen Fehler zu beschönigen oder zu leugnen, ist ihrer ganz unwürdig. Sie verlangt strenge Gerechtigkeit: denn selbst harter Tadel wird ihrer Ehre weniger nachteilig sein, als blinder Enthusiasmus oder tolerante Gleichgültigkeit.

Jeder Verständige wird die Unvollkommenheit der ältesten, die Unechtheit der spätesten Griechischen Dichtarten; die kindliche Sinnlichkeit des epischen Zeitalters, die üppige Ausschweifung gegen

das Ende des lyrischen und besonders in der dritten Stufe des dramatischen Zeitalters, die nicht selten bittre und gräßliche Härte der ältern
Tragödie willig eingestehen. Auf die Schwelgerei, die das sinnlich Angenehme, welches nur Anregung und Element des geistigen Genusses
sein sollte, zum letzten Zweck erhob, folgte bald kraftlose Gärung,
dann ruhige Mattigkeit, und endlich im Zeitalter der Künstelei und
gelehrter Nachahmung die schwerfällige Trockenheit einer toten und
aus einzelnen Stücken zusammengeflickten Masse.

Die durchgängige Richtung der gesamten strebenden Kraft ging
zwar auf Schönheit von dem Augenblick an, da die Darstellung von
der rohen Äußerung eines Bedürfnisses sich zum freien Spiel erhob.

Aber *die natürliche Entwicklung konnte* keine notwendigen Stufen
der Bildung überspringen, und *nur allmählig fortschreiten.* Auch das
war *natürlich, ja notwendig,* daß die Griechische Poesie von dem
höchsten Gipfel der Vollendung *in die tiefste Entartung versank.* Der
Trieb nämlich, welcher die Griechische Bildung lenkte, ist ein mächtiger
Beweger, aber ein blinder Führer. Setzt eine Mannigfaltigkeit blinder
bewegender Kräfte in freie Gemeinschaft, ohne sie durch ein vollkommnes Gesetz zu vereinigen: sie werden sich endlich selbst zerstören. So
auch freie Bildung: denn hier ist in die Gesetzgebung selbst etwas
Fremdartiges aufgenommen, weil der zusammengesetzte Trieb eine
Mischung der Menschheit und der Tierheit ist. Da die letztere eher
zum Dasein gelangt, und die Entwicklung der ersten selbst erst veranlaßt, so hat sie in den frühern Stufen der Bildung das Übergewicht.
Sie behielt dieses in Griechenland auch bei der größern Masse der
ganz ungebildeten Bürger oder Bürgerinnen gebildeter Völker, und
der rohgebliebenen Völkerschaften; und zwar eine Masse, aber nur
die kleinere herrschende in der größern beherrschten wurde mündig
und selbständig. Diese größere Masse äußerte beständig eine starke
anziehende Kraft, die bessere zu sich herabzuziehn, welche durch den
ansteckenden Einfluß durchmischter Sklaven und umgebender Barbaren
noch ungemein verstärkt ward. Ohne äußre Gewalt, und sich selbst
überlassen, kann die strebende Kraft nie stillstehen. Wenn sie daher
in ihrer allmählichen Entwicklung das Zeitalter einer gleichmäßigen,
an Kraft beschränkten, aber im Umfang vollständigen und gesetzmäßigen Befriedigung erreicht, so wird sie notwendig größeren Gehalt
selbst auf Unkosten der Übereinstimmung begehren. Die Bildung wird
rettungslos in sich selbst versinken, und der Gipfel der höchsten
Vollendung wird ganz dicht an entschiedene Entartung gränzen. Die
lenkende Kunst eines durch vielfache Erfahrung gereiften Verstandes
allein hätte dem Gange der Bildung eine glücklichere Richtung geben
können. Der Mangel eines *weisen lenkenden Prinzips,* um das höchste
Schöne zu fixieren, und der Bildung eine stete Progression zum Bessern zu sichern, ist aber nicht das Vergehn eines einzelnen Zeitalters.
Wenn über das, was notwendig, und eigentlich *Schuld der Menschheit*

selbst ist, ein Tadel stattfinden kann, so trifft er die Masse der Griechischen Bildung.

Aber dieses allmähliche Entstehen, und dieses Versinken in sich selbst, der ganzen Griechischen Bildung, wie der Griechischen Poesie steht gar nicht im Widerspruch mit der Behauptung, daß die Griechische Poesie die *gesuchte Anschauung* sei, durch welche eine objektive Philosophie der Kunst sowohl in praktischer, als in theoretischer Rücksicht erst anwendbar und pragmatisch werden könnte. Denn eine vollständige Naturgeschichte der Kunst und des Geschmacks umfaßt im vollendeten Kreislaufe der allmählichen Entwicklung auch die Unvollkommenheit der frühern, und die Entartung der spätern Stufen, in deren steten und notwendigen Kette kein Glied übersprungen werden kann. Der Charakter der Masse ist dennoch Objektivität, und auch diejenigen Werke, deren Stil tadelhaft ist, sind durch die einfache Echtheit der Anlagen und Gränzen, durch die dreiste Bestimmtheit der reinen Umrisse, und die kräftige Vollendung der bildenden Natur *einzige,* für alle Zeitalter gültige, und *gesetzgebende Anschauungen.* Die kindliche Sinnlichkeit der frühern Griechischen Poesie hat mehr gleichmäßigen Umfang und schönes Ebenmaß, als die künstlichste Verfeinerung mißbildeter Barbaren, und selbst die Griechische Künstelei hat ihre klassische Objektivität.

Es gibt eine gewisse Art der Ungenügsamkeit, welche ein sichres Kennzeichen der Barbarei ist. So diejenigen, welche nicht zufrieden damit, daß die Griechische Poesie schön sei, ihr einen ganz fremdartigen Maßstab der Würdigung aufdringen, in ihren verworrnen Prätensionen alles Objektive und Subjektive durcheinander mischen, und fordern, daß sie *interessanter* sein sollte. Allerdings könnte auch das Interessanteste noch interessanter sein, und die Griechische Poesie macht von diesem allgemeinen Naturgesetz keine Ausnahme. Alle Quanta sind unendlich progressiv, und es wäre wunderbar, wenn unsere Poesie durch die Fortschritte aller vorigen Zeitalter bereichert an Gehalt die Griechische nicht überträfe.

Vielleicht ist das Verhältnis des männlichen und des weiblichen Geschlechts im Ganzen bei den Modernen wenigstens etwas glücklicher, die weibliche Erziehung ein klein wenig besser, wie bei den Griechen. Die *Liebe* war bei den Modernen lange Zeit, zum Teil noch jetzt der einzige Ausweg für jeden freieren Schwung höheren Gefühls, der sonst der Tugend und dem Vaterlande geweiht war. Auch die Dichtkunst der Modernen verdankt dieser günstigen Veranlassung sehr viel. Freilich aber wurde nur zu oft Fantasterei und Bombast der echten Empfindung untergeschoben, und durch häßliche falsche Scham die Einfalt der Natur entweiht. Gewiß ist die sublimierte Mystik und die ordentlich scholastische Pedanterei in der Metaphysik der Liebe vieler modernen Dichter von echter Grazie sehr weit entfernt. Die krampfhaften Erschütterungen des Kranken machen mehr Geräusch, als das ruhige aber starke Leben des Gesunden. – Die innige Glut des treuen

Properzius vereinigt wahre Kraft und Zartheit, und läßt viel Gutes vom Kallimachus und Philetas ahnden. Und doch war in seinem Zeitalter an vollkommne lyrische Schönheit schon gar nicht mehr zu denken. Es sind aber Spuren genug vorhanden, um sehr bestimmt vermuten zu können, was und wie viel wir an den Gesängen der Sappho des Mimnermus und einiger andrer erotischen Dichter aus der Blütezeit der lyrischen Kunst verloren haben. Die sanfte Wärme, die urbane Grazie, die liberale Humanität, welche in den erotischen Darstellungen der neuen Attischen Komödie atmete, lebt noch in vielen Dramen des Plautus und Terentius. Was hingegen die Tragödie betrifft, so hatten die Griechen vielleicht Recht, den Euripides zu tadeln. Was augenblickliche Ergießung des überschäumenden Gefühls, oder ruhiger Genuß voller Glückseligkeit sein sollte, kann nur durch häßliche, immoralische und fantastische Zusätze zu einer tragischen Leidenschaft auseinandergereckt werden. In vielen der trefflichsten modernen Tragödien spielt die Liebe nur eine untergeordnete Rolle.

Sollte aber auch wirklich die Griechische Poesie durch eine Eigentümlichkeit ihrer sonst so einzig günstigen Lage hier etwas zurückgeblieben sein: so wäre es kein unverzeihliches Verbrechen. Überhaupt verrät es einen kleinlichen Blick, nur am Zufälligen zu kleben, und das große Wesentliche nicht wahrzunehmen. Der Künstler braucht gar nicht *allen alles zu sein.* Wenn er nur den notwendigen Gesetzen der Schönheit und den objektiven Regeln der Kunst gehorcht, so hat er übrigens unbeschränkte Freiheit, so eigentümlich zu sein, als er nur immer will. Durch ein seltsames Mißverständnis verwechselt man sehr oft ästhetische *Allgemeinheit* mit der unbedingt gebotenen Allgemeingültigkeit. Die größte Allgemeinheit eines Kunstwerks würde nur durch *vollendete Flachheit* möglich sein. Das Einzelne ist in der idealischen Darstellung das unentbehrliche Element des Allgemeinen. Wird alle eigentümliche Kraft verwischt, so verliert selbst das Allgemeine seine Wirksamkeit. Die schöne Kunst ist gleichsam eine Sprache der Gottheit, welche nach Verschiedenheit der Kunstarten, der Werkzeuge und der Stoffe sich in ebensoviele abgesonderte Mundarten teilt. Wenn der Künstler nur seiner hohen Sendung würdig, wenn er nur *göttlich* redet; so bleibt ihm die Wahl der *Mundart,* in der er reden will, völlig frei. Es würde nicht nur unrechtmäßig, sondern auch sehr gefährlich sein, ihn hierin beschränken zu wollen: denn die Sprache ist ein Gewebe der feinsten Beziehungen. Sie muß sogar, so scheint es, ihre Eigenheiten haben, um bedeutend und trefflich, zu sein: wenigstens hat man noch keine allgemeine Allerweltsprache, die allen alles wäre, erfinden können. Auch darf der Künstler reden, *mit wem* er gut findet; mit seinem ganzen Volke, oder mit diesem und jenem, mit aller Welt, oder mit sich allein. Nur muß und *soll* er, in den menschlichen Individuen, welche sein Publikum sind, sich an die *höhere Menschheit* und nicht an die Tierheit wenden.

Auch der modernen Poesie würde ihre Individualität unbenommen bleiben, wenn sie nur das Griechische Geheimnis entdeckt hätte, im Individuellen objektiv zu sein. Statt dessen will sie ihre konventionellen Eigenheiten zum Naturgesetz der Menschheit erheben. Nicht zufrieden damit, selbst die Sklavin so vieler ästhetischen, moralischen, politischen und religiösen Vorurteile zu sein, will sie auch ihre Griechische Schwester in ähnliche Fesseln schlagen.

Wenn die konventionellen Regeln der modernen *Dezenz* gültige Gesetze der schönen Kunst sind, so ist die Griechische Poesie nicht zu retten, und wenn man konsequent sein will, muß man mit ihr verfahren, wie die Mönche mit den Nuditäten der Antike. Die Dezenz aber hat der Poesie gar nichts zu befehlen; sie steht gar nicht unter ihrer Gerichtsbarkeit. Die kecke Nacktheit im Leben und in der Kunst der Griechen und Römer ist nicht tierische Plumpheit, sondern unbefangne Natürlichkeit, liberale Menschlichkeit, und republikanische Offenheit. Das Gefühl *echter Scham* war bei keinem Volke so einheimisch, und gleichsam angeboren, wie bei den Griechen. Der Quell der echten Scham ist sittliche Scheu, und Bescheidenheit des Herzens. Falsche Scham hingegen entspringt aus tierischer Furcht, oder aus künstlichem Vorurteil. Sie gibt sich durch Stolz und Neid zu erkennen. Ihr verstecktes und heuchlerisches Wesen verrät ein tiefes Bewußtsein von innerm Schmutz. Ihre unechte Delikatesse ist die häßliche Schminke lasterhafter Sklaven, der weibliche Putz entnervter Barbaren.

Wichtiger scheinen die Einwürfe wider die *Moralität* der Griechischen Poesie. Wer wollte wohl das beschönigen oder für gleichgültig halten, was ein rein gestimmtes Gemüt wirklich verletzen muß? – Nur darf, wer hier mitreden will, nicht so übler Laune sein, daß er etwa an der köstlichen Naivität, mit der die Schelmereien des neugebornen Gottes in dem Hymnus auf den Merkur dargestellt werden, ein Ärgernis nähme! – Offenbar enthält die Anklage einzelne wahre Züge, nur der eigentliche Gesichtspunkt, der wahre Zusammenhang, auf den doch alles ankommt, scheint verfehlt zu sein. – Man unterscheide vor allen Dingen wesentliche und zufällige Sittlichkeit und Unsittlichkeit eines Kunstwerks. *Wesentlich ästhetisch unsittlich* ist nur das wirklich Schlechte, was *erscheint,* und dessen Eindruck jedes sittlich gute Gefühl notwendig beleidigen muß. Die Erscheinung des Schlechten ist häßlich, und wesentliche ästhetische Sittlichkeit (*Sittlichkeit* überhaupt ist das Übergewicht der reinen Menschheit über die Tierheit im Begehrungsvermögen) ist daher ein notwendiger Bestandteil der vollkommnen Schönheit. Die Sinnlichkeit der frühern, und die Ausschweifung der spätern Griechischen Poesie sind nicht nur moralische sondern auch ästhetische Mängel und Vergehen. – Es ist aber wahrhaft merkwürdig, wie tief das Attische Volk sein eignes Versinken fühlte, mit welcher Heftigkeit die Athener einzelne üppige Dichter – einen Euripides, einen Kinesias – deshalb beschuldigten und haßten; Dichter, die doch nur ihre eignen Wünsche errieten, oder dem starken reißenden Strome der ganzen Masse folgten.

Es gibt Griechische Fehler, vor denen die modernen Dichter sehr sicher sind. Eine zahme Kraft durch den gewaltsamsten Zwang in guter Zucht und Ordnung halten, ist eben kein großes Kunststück. Wo aber die Neigungen nicht unbeschränkt frei sind, da kann es eigentlich weder gute noch schlechte Sitten geben. – Wem der mutwillige Frevel des Aristophanes bloß Unwillen erregt, der verrät nicht allein die Beschränktheit seines Verstandes, sondern auch die Unvollständigkeit seiner sittlichen Anlage und Bildung. Denn die gesetzlose Ausschweifung dieses Dichters ist nicht bloß durch schwelgerische Fülle des üppigsten Lebens verführerisch reizend, sondern auch durch einen Überfluß von sprudelndem Witz, überschäumenden Geist, und sittlicher Kraft in freiester Regsamkeit, hinreißend schön und erhaben. *Zufällig ästhetisch unsittlich* ist dasjenige, dessen Schlechtheit nicht erscheint, was aber seiner Natur nach, unter gewissen subjektiven Bedingungen des Temperaments, und der Ideenassoziation Veranlassung zu einer bestimmten unsittlichen Denkart oder Handlung werden kann. – Welches noch so Treffliche könnte nicht durch zufällige Umstände verderblich werden? Nur der absoluten Nullität geben wir das zweideutige Lob völliger Unschädlichkeit. – Das Kunstwerk ist gar nicht mehr vorhanden, wenn seine Organisation zerstört, oder nicht wahrgenommen wird, und die Wirkung des aufgelösten Stoffs geht den Künstler nichts mehr an. Überdem sind wir gar nicht berechtigt, wissenschaftliche Wahrheit von dem Dichter zu erwarten. Der Tragiker kann es oft gar nicht vermeiden, Verbrechen zu beschönigen. Er bedarf starker Leidenschaften und schrecklicher Begebenheiten, und er soll doch schlechthin die Sitten seiner Handelnden so erhaben und schön darstellen, als das Gesetz des Ganzen nur immer erlauben will. Wer aber durch das Beispiel eines Orestes, einer Phädra, zu Verbrechen verleitet wird, der hat wahrlich sich selbst allein so gut die Schuld beizumessen, als wer sich eine üppige Buhlerin, einen geistreichen Betrüger, einen witzigen Schmarotzer der Komödie zum Muster nehmen wollte! Ja der Dichter selbst kann eine unsittliche Absicht haben, und sein Werk dennoch nicht unsittlich sein.

Unstreitig hat die Leidenschaftlichkeit der entarteten Tragödie, der Leichtsinn der Komödie, die Üppigkeit der spätern Lyrik den Fall der Griechischen Sitten *beschleunigt.* Durch die bloße Rückwirkung der darstellenden Kunst wurde die ohnehin schon entschiedene sittliche Entartung der Masse dennoch *verstärkt,* und sank mit *verdoppelter* Geschwindigkeit. Dies gehört aber nur für die Gerichtsbarkeit der *politischen Würdigung,* welche das vollständige Ganze der menschlichen Bildung umfaßt. Die *ästhetische Beurteilung* hingegen isoliert die Bildung des Geschmacks und der Kunst aus ihrem Kosmischen Zusammenhange, und in diesem Reiche der Schönheit und der Darstellung gelten nur ästhetische und technische Gesetze. Die politische Beurteilung ist der höchste aller Gesichtspunkte: die untergeordneten Gesichtspunkte der moralischen, ästhetischen und intellektuellen Beurteilung sind *unter sich gleich.* Die Schönheit ist ein ebenso ursprünglicher und wesentlicher Bestandteil der menschlichen Bestimmung als die Sittlichkeit. Alle diese Bestandteile sollen unter sich im Verhältnisse der *Gesetzesgleichheit* (Isonomie) stehn, und die schöne Kunst hat ein unveräußerliches Recht auf *gesetzliche Selbständigkeit (Autonomie).* Diesem Fundamentalgesetze muß auch die herrschende Kraft, welche das Ganze der menschlichen Bildung lenkt und ordnet, getreu bleiben: sonst vernichtet sie selbst den Grund, worauf sich das Recht ihrer Herrschaft allein stützt. Es ist die Bestimmung des *politischen Vermögens,* die einzelnen Kräfte des ganzen Gemüts, und die Individuen der ganzen Gattung zur Einheit zu ordnen. Die *politische Kunst* darf zu diesem Zwecke die Freiheit der Einzelnen beschränken, ohne jedoch jenes konstitutionelle Grundgesetz zu verletzen; aber nur unter der Bedingung, daß sie die fortschreitende Entwicklung nicht hemmt, und eine künftige vollendete Freiheit nicht unmöglich macht. Sie muß gleichsam streben, sich selbst überflüssig zu machen.

Wie sehr man die Gränzen der *poetischen Sphäre* zu verkennen pflege, können auch die Anmaßungen der *Korrektheit* bestätigen. Wenn der kritische Anatom die schöne Organisation eines Kunstwerks erst zerstört, in elementarische Masse analysiert, und mit dieser dann mancherlei physische Versuche anstellt, aus denen er stolze Resultate zieht: so täuscht er sich selbst auf eine sehr handgreifliche Weise: denn das Kunstwerk existiert gar nicht mehr. Es gibt kein Gedicht, aus welchem man auf diese Art nicht innre Widersprüche herausrechnen könnte: aber innre Widersprüche, welche *nicht erscheinen,* schaden der technischen Wahrheit nicht; sie sind poetisch gar nicht vorhanden. Ältere Französische und Engländische Kritiker vorzüglich haben ihren Scharfsinn an solche verkehrte Spitzfindigkeiten häufig verschwendet, und ich weiß nicht, ob sich im Lessing nicht noch hie und da Erinnerungen an jene Manier finden sollten. Überhaupt glaube ich, bei aller Achtung vor der Theorie, daß man in der Ausübung mit dem *Gefühl des Schicklichen* weiter kommt, als mit der Theorie desselben. Die Vermutung, daß die Griechen andern Völkern an jenem Gefühl wohl ein wenig überlegen gewesen sein möchten, muß uns im Tadeln wenigstens sehr vorsichtig machen.

Ebenso Unrecht haben die passionierten Freunde der Korrektheit, wenn sie nach dem Prinzip der Virtuosität, ohne Rücksicht auf Schönheit, ein *Maximum von Künstlichkeit* fordern; oder wenn sie beschränkte, aber nicht unnatürlich gemischte, sondern ursprünglich echte, und in ihrer beschränkten Richtung vollendete Dichtarten schlechthin tadeln. Die Kunst ist nur das Mittel der Schönheit, und jede natürliche Dichtart, in welcher dieser Zweck, wenngleich unter gewissen Schranken, erreicht werden kann, ist an ihrer Stelle zweckmäßig. An Maß der Stärke und des Umfangs findet freilich unter den echten Dichtarten ein sehr großer Unterschied statt; aber nur die monströsen Mischungen, und die unreifen Arten, wenn sie aus der Schwäche des Künstlers entspringen, und nicht in dem notwendigen Stufengang der Bildung gegründet sind, verdienen unbedingten Tadel.

Ein merkwürdiges Beispiel, wie sehr man gegen die unmerklichen aber mächtigen Einflüsse des Subjektiven auf ästhetische Urteile auf der Hut sein müsse, geben auch die gewöhnlichen Einwürfe wider die *Sentenzen* und vorzüglich wider die *Behandlung des Schicksals in der Attischen Tragödie.* Die wissenschaftliche Bildung der Griechen war im Ganzen sehr weit hinter der unsrigen zurück, und der dramatische Dichter mußte mit Schonung philosophieren, um popular zu bleiben. Daher sind die philosophischen Sentenzen des tragischen Chors fast immer unbestimmt und verworren, sehr oft trivial, und nicht selten grundfalsch. Gewiß ließen sich auch durch einen ähnlichen chymischen Prozeß, wie ich ihn schon oben beschrieben habe, aus manchen von ihnen sittliche Grundirrtümer folgern, welche, wenn sie konsequent durchgeführt würden, mit der reinsten Sittlichkeit nicht verträglich sein würden. Ich muß noch einmal wiederholen, daß alles, was nicht *erscheint,* jenseits des *ästhetischen Horizonts* gelegen sei. Auf die Reichhaltigkeit, Richtigkeit und vollendete Bestimmtheit des Gedankens kommt in der Dichtkunst eigentlich gar nichts an. Das philosophische Interesse ist von dem Grade der intellektuellen Bildung des empfangenden Subjekts abhängig, und also *lokal* und *temporell.* Nur die *Gesinnung* muß an sich so *erhaben und schön,* als die Bedingungen der technischen Richtigkeit erlauben, und an ihrer Stelle vollkommen zweckmäßig sein. Die Rückkehr in sich selbst muß durch ein vorhergegangenes Herausgehn aus sich selbst veranlaßt werden; die *Betrachtung* muß *motiviert* sein, und sie muß streben, den Streit der Menschheit und des Schicksals zu schlichten, und das Gleichgewicht des Ganzen zu *tragen.* Daß das schöne Gefühl seine Ahndungen über göttliche Dinge in einer gegebnen Bildersprache äußert, das kann in der Wissenschaft vielleicht unendliches Unheil anstiften, der darstellenden Kunst aber dürfte es wohl eher günstig als nachteilig sein.

Die Behandlung des *Schicksals* in den Tragödien des Äschylus läßt noch eine größere Eintracht zu wünschen übrig. Im Sophokles aber ist die Befriedigung immer so vollkommen, als es nur sein kann, ohne die dichterische Wahrheit – die innre Möglichkeit – zu vernichten. Ist der endliche Beschluß des Ganzen auch kein glänzender Sieg der Menschheit, so ist es doch wenigstens ein *ehrenvoller Rückzug.* Aber freilich mischt er nichts in seine Darstellung, was gar nicht dargestellt werden, nicht erscheinen kann. Nicht durch die geglaubte Göttlichkeit der Natur jenseits des ewigen Vorhanges, den kein Sterblicher durchschauen kann; sondern durch die sichtbare Göttlichkeit des Menschen sucht er jeden Mißlaut aufzulösen, und eine vollständige Befriedigung zu gewähren, – Das Reich Gottes liegt jenseits des ästhetischen Horizonts, und ist in der Welt der Erscheinung nur ein leerer Schatten ohne Geist und Kraft. In der Tat, der Dichter, welcher es wagt, durch empörende Schlechtheit, oder durch ein empörendes Mißverhältnis des Glücks und der Güte unsern Unwillen zu erregen, und sich dann durch die dürftige Befriedigung, welche der Anblick bestrafter Bosheit gewährt, oder gar durch eine Anweisung auf jene Welt aus dem Handel zu ziehn glaubt, verrät ein Minimum von künstlerischer Weisheit.

* * *

»Es ist wahr,« könnte man denken, »eine uralte Tradition sagt, und wiederholt noch immer, die Nachahmung der Griechen sei das einzige Mittel, echte schöne Dichtkunst wiederherzustellen. Eine lange Erfahrung hat sie durch die vielfältigsten, sämtlich mißglückten Versuche widerlegt. Man durchlaufe nur in irgendeiner Bibliothek (denn da ist ihre eigentliche Heimat) die große Zahl der künstlichen Nachbildungen, die nach jenen Mustern verfertigt sind. Sie alle sind früher oder später eines kläglichen Todes gestorben, Schattenwesen ohne Bestandheit und eigne Kraft. Grade diejenigen modernen Gedichte, welche mit dem Griechischen Stil am schneidendsten kontrastieren, leben und wirken bei allen ihren ekzentrischen Fehlern noch immerfort in jugendlicher Kraft, weil sie voll genialischer Originalität sind.«

Die Schuld liegt nicht an der Griechischen Poesie, sondern an der *Manier und Methode* der Nachahmung, welche notwendig *einseitig* ausfallen muß, solange nationale Subjektivität herrscht, solange man nur nach dem Interessanten strebt. Nur der *kann* die Griechische Poesie nachahmen, der sie ganz kennt. Nur der ahmt sie *wirklich* nach, der sich die Objektivität der ganzen Masse, den schönen Geist der einzelnen Dichter, und den vollkommnen Stil des goldnen Zeitalters zueignet.

Die Trennung des Objektiven und des Lokalen in der Griechischen Poesie ist unendlich schwer. Beides ist nicht in für sich bestehende Massen abgesondert, sondern durchgängig ineinander verschmolzen. Bis in die feinsten Zweige des vielästigen Baums verbreitet sich das Objektive; allenthalben aber ist demselben etwas Individuelles als Element und Organ beigemischt. Bis jetzt hat man nur zu oft das Individuelle der Griechischen Formen und Organe nachgemacht. Man hat die Alten modernisiert, indem man das Prinzip des Interessanten auf ihre Poesie übertrug; indem man der Griechischen Kunsttheorie, oder einzelnen Lieblingsdichtern die Auktorität beilegte, welche nur dem Geist der ganze Masse zukommt, oder wohl eine noch größere Auktorität, als überhaupt mit den Rechten des Genies, des Publikums und der Theorie bestehen kann.

Das *ältere didaktische Gedicht* der Griechen, wie die Theogonien, die Werke der Physiologen und Gnomiker, findet nur im mythischen Zeitalter der Poesie seine eigentliche Stelle. Denn da hat sich die Philosophie vom Mythus, aus dem sie entsprang, noch nicht völlig losgewickelt und bestimmt geschieden; da ist Rhythmus das natürliche Element der Tradition, und poetische Sprache, vor der Bildung der Prosa das allgemeine Organ jeder höhern geistigen Mitteilung. Mit diesem vorübergehenden Verhältnis fällt auch die Natürlichkeit und Rechtmäßigkeit dieser Formen weg und für das *spätere* didaktische Gedicht der Griechen im gelehrten Zeitalter der Kunst blieb nur das ganz ungültige Prinzip übrig: die Künstlichkeit des eitlen Virtuosen in schwierigem Stoff absichtlich sehn zu lassen. – Es wird damit nicht die Möglichkeit eines eigentlichen schönen didaktischen Gedichts in gutem Stil – einer idealischen Darstellung eines schönen didaktischen Stoffs in ästhetischer Absicht – geleugnet, und es ist hier nicht der Ort auszumachen, ob einige platonische Gespräche poetische Philosopheme oder philosophische Poeme sind. Aber genug! unter den eigentlich sogenannten didaktischen Gedichten der Griechen gibt es keine solche.

Auch das *Griechische Epos* ist nur eine lokale Form, von der man sich seltsame Dinge weiß gemacht hat. Diese unreife Dichtart ist nur in dem Zeitalter an ihrer Stelle, wo es noch keine gebildete Geschichte und kein vollkommnes Drama gibt; wo Heldensage die einzige Geschichte, wo die Menschlichkeit der Götter und ihr Verkehr mit den Heroen allgemeiner Volksglaube ist. Es läßt sich allerdings wohl begreifen, daß ein Volk vor Alter wieder kindisch werden könne: aber nur weil die epische Poesie der Griechen im mythischen Zeitalter eine so hohe Blüte erreicht hatte, haben selbst die *epischen Kunststücke der Alexandriner und Römer* doch noch einigen Grund und Boden. Poesie und der Mythus war der Keim und Quell der ganzen antiken Bildung; die Epopöe war die eigentliche Blüte der mythischen. – Einen bestimmten Stoff, gebildete Werkzeuge fand selbst der gelehrte Dichter der spätern Zeit schon vor. Die Empfänglichkeit war vorbereitet alles war organisiert, nichts durfte erzwungen werden. – Die modernen Epopöen hingegen schweben ohne allen Anhalt isoliert im leeren Raume. Große Genies haben herkulische Kraft an den Versuch verschwendet, eine epische Welt, einen glücklichen Mythus aus nichts zu erschaffen. Die Tradition eines Volks – diese nationelle Fantasie – kann ein großer Geist wohl fortbilden und idealisieren, aber nicht metamorphosieren oder aus Nichts erschaffen. Die Nordische Fabel zum Beispiel gehört unstreitig unter die interessantesten Altertümer: der Dichter aber, welcher sie in Gang bringen wollte, würde entweder allgemein und flach bleiben müssen, oder wenn er individuell und bestimmt sein wollte, in Gefahr geraten, sich selbst kommentieren zu müssen.

Umsonst hoffen wir auf einen Homerus; und warum sollten wir gerade so ausschließend einen Virgilius wünschen, dessen künstlicher Stil vom vollkommnen Schönen so weit entfernt ist? – Alle Versuche, das *Romantische Gedicht* der Griechischen und Römischen Epopöe ähnlich zu organisieren, sind mißlungen. Tasso ist zum Glück auf halbem Wege stehn geblieben, und hat sich von der Romantischen Manier nicht sehr weit entfernt. Und doch sind es nur einzelne Stellen,

gewiß nicht die Komposition des Ganzen, welche ihn zum Lieblings-
dichter der Italiäner machen. Schon ganz frühe gesellt sich zu der gi-
gantischen Größe, zu dem fanatistischen Leben des romantischen Gedichts eine leise *Persiflage,* die oft auch laut genug wird. Dies ist der
beständige Charakter dieser Dichtart vom Pulci bis zum Ricciardetto
geblieben; und Wieland, der die Gradationen dieser launichten Mischung fast in jedem seiner romantischen Gedichte verschieden, immer
überraschend neu und immer glücklich nuanciert hat, ist ihr selbst
doch in allen durchgängig treu geblieben. Gewiß war dies nicht zufällig.
Die romantische Fabel und das romantische Kostüm hätten in ihrer
ursprünglichen Bildung rein menschlicher und schöner sein müssen,
um der glückliche Stoff eines tragischen, schön und einfach geordneten
Epos werden zu können. Wie vieles hat Tasso nicht beibehalten, was
den Forderungen der modernen Kritiker selbst an eine regelmäßige
Epopöe nicht entspricht? – Nur diejenigen Dichter, welche sich aus
der gegebnen Sphäre der nationellen Fantasie nicht ganz entfernen,
leben wirklich im Munde und im Herzen ihrer Nation. Dichter hingegen welche ganz willkürlich verfahren, trifft gewöhnlich das traurige
Los, in Bibliotheken zu modern, bis sich einmal – seltner Fall! – ein
Litterator findet, der Sinn fürs Schöne hat, und das echte Talent was
hier vergraben wurde, zu finden und zu würdigen weiß. Und sind
denn auch die willkürlichsten Versuche geglückt, die romantische Fabel,
oder die christliche Legende in einen idealischen schönen Mythus zu
metamorphosieren? – O nein!

»Naturam expelles furca; tamen usque recurret.«

Es war und blieb unmöglich, der barbarischen Masse eine Griechische
Seele einzuhauchen. Wenn es dem Wunderbaren, der Kraft, dem reizenden Leben an glücklichem Ebenmaß, an freier Harmonie, kurz an
schöner Organisation fehlt, so kann tragische Spannung wohl erregt,
aber ohne Monotonie und Frost nicht lange genug erhalten, und in
einfacher Reinheit über ein großes Ganzes gleichmäßig verbreitet
werden. Ekzentrische Größe hat eine unwiderstehliche Sehnsucht zu
dem ihr entgegengesetzten Extrem, und nur durch eine wohltätige
Vereinigung mit der Parodie bekommt tragische Fantasterei Haltung
und Bestandheit. Die seltsame Mischung des Tragischen und Komischen wird die eigentümliche Schönheit einer neuen, reizenden Zwit-
terbildung. Diese Zusammensetzung ist auch keineswegs ursprünglich
monströs, und an sich unerlaubt. Sie bleibt zwar hinter den reinen
Arten vorzüglich der tragischen an Kraft und Zusammenhang sehr
weit zurück: aber keine Form, in welcher der Zweck der darstellenden
Kunst – die Schönheit – erreicht werden kann; keine Form, welche
nicht mechanisch erkünstelt, sondern durch die plastische Natur organisch erzeugt wurde ist darum schlechthin verwerflich, weil die Gränzen, welche jede Form beschränken, hier etwas enger gezogen sind.

Selbst die *Spielart* hat zwar geringere Ansprüche, aber dennoch volles Bürgerrecht im Reiche der Kunst. Es ist überraschend, wie sehr die reizendste Blüte der modernen Poesie – so verschieden die äußre lokale Form auch sein mag – im wesentlichen Charakter mit einer Spielart der Griechischen übereinstimmt. Nach Griechischer Technologie ist nämlich die Romanze ein *satyrisches Epos*. Im Attischen Drama wurde die ursprüngliche rohe Energie der wirklichen Natur, in welcher die entgegengesetzten Elemente durchgängig ineinander verschmolzen sind, in die tragische und komische Energie getrennt, und diese dann von neuem so gemischt, daß das Tragische ein geringes Übergewicht hatte[16]: denn bei völligem Gleichgewicht würden die beiden entgegengesetzten Kräfte durch ihr Zusammentreffen sich selbst aufheben. Daraus entstand die Spielart der satyrischen Dramen, von denen sich nur ein einziges von mittelmäßiger Kunst und in schlechtem Stil erhalten hat. Die dramatischen Skizzen der Dorier haben sich nie zur Stufe jener Trennung erhoben, und der natürliche fröhliche Witz der Dorier war nur subjektiv, lokal und lyrisch, nie objektiv und eigentlich dramatisch. Doch war in der noch gemischten und rohen Energie der Dorischen Mimen das Komische überwiegend. Hätten wir noch den Homerischen »Margites«, einige satirische Dramen des Pratinas, oder Äschylus, einige Ergießungen der Dorischen Laune in Mimen des Sophron, oder in Rhintonischen Hilarotragödien, so besäßen wir in ihnen wahrscheinlich einen Maßstab der Würdigung, oder wenigstens Veranlassung zu einer interessanten Parallele mit den reizenden Grotesken des göttlichen Meister Ariosto, mit der fröhlichen Magie der Wielandschen Fantasie. – Die ernsthaften Männer, welche den fantastischen Zauber der Romanze zum tragischen Epos idealisieren wollten, haben also das *Schickliche* verfehlt. Auch hat sich die epische Thalia der Modernen – die romantische Avantüre grausam an ihren Verächtern gerächt: denn sie haben vor den Augen des gesamten Publikums, ohne im mindsten Unrat zu merken, sich selbst komödiert.

Ähnliche Schwierigkeiten, wie im Epos, hat der Gebrauch des mythischen Stoffs in der *Tragödie*. – Wo es noch einheimische Fabel gibt, da ist sie nicht angemessen. Eine fremde oder veraltete hat nur die Wahl zwischen Flachheit und gelehrter Unverständlichkeit. Der historische oder erfundne Stoff fesselt den Dichter und das Publikum ungemein; durch seine schwere Last erdrückt er gleichsam die freie Bildung des Ganzen. Wie vieler Umstände bedarf es nicht, das Publikum nur erst zu orientieren, und mit dem unbekannten Fremdling vorläufig bekannt zu machen? – Der Griechische Tragiker durfte bei seinem allgemein bekannten Mythus gleich zum Zweck gehn, und die freiere Aufmerksamkeit des Publikums ward von selbst mehr auf die Form

16 Nicht sowohl in der Energie, als vorzüglich im Stoff, im Kostüm und in den Organen; daher auch Tragiker, nie Komiker Verfasser der satyrischen Dramen waren.

gelenkt, klebte nicht so sehr sklavisch an der schweren Masse. Es ist in der Tat eine wahrhaft herkulische Arbeit, einen noch ganz rohen Stoff durchgängig zu poetisieren, den kleinlichen Detail in einfache und große Umrisse zu erweitern, und vorzüglich die unauflösliche Mischung der Natur nach der bestimmten idealischen Richtung der Tragödie zu reinigen. Das notwendige Gleichgewicht zwischen Form und Stoff ist dem modernen Tragiker so unendlich erschwert worden, daß sich beinahe Zweifel regen könnten, ob auch eine eigentlich schöne Tragödie noch möglich sei? – Überdem wird in unsrer künstlichen Bildung jede eigentümliche Richtung verwirrt und verwischt, und doch scheint es notwendig, daß die Natur selbst mit starker Hand dem Dramatiker seine Bahn vorzeichne, und ihm die Trennung des Tragischen und Komischen erleichtre. Ich freue mich auch hier ein deutsches Beispiel anführen zu können, welches große Hoffnungen erregt, und alle kleinmütigen Zweifel niederschlägt. *Schillers* ursprüngliches Genie ist so entschieden tragisch, wie etwa der Charakter des Äschylus, dessen kühne Umrisse die bildende Natur in einem Augenblick hoher Begeistrung plötzlich hingeworfen zu haben scheint. Er erinnert daran, daß es den Griechen unmöglich schien, derselbe Dichter könne zugleich Tragödien und Komödien dichten.[17] Zwar ist im »Don Carlos« das mächtige Streben nach Charakterschönheit, und schöner Organisation des Ganzen durch das kolossalische Gewicht der Masse, und den künstlichen Mechanismus der Zusammensetzung niedergedrückt, oder doch aufgehalten: aber die Stärke der tragischen Energie beweist nicht nur die Größe der genialischen Kraft, sondern die vollkommne Reinheit derselben zeugt auch von dem Siege, welchen der Künstler über den widerstrebenden Stoff davongetragen hat.

Es ließe sich in der Tat leicht ein Buch über die Verwechslung des Objektiven und Lokalen in der Griechischen Poesie schreiben. Ich begnüge mich zu dem schon Bemerkten nur noch einige kurze Andeutungen hinzuzufügen.

Zur schönsten Blütezeit der Griechischen *Lyrik* lag die Prosa und die öffentliche Beredsamkeit noch in der Wiege. Musik, und eine rhythmische und mythische Dichtersprache waren das natürliche Element für den Erguß schöner männlicher oder weiblicher Empfindungen, und auch das eigentliche Organ festlicher Volksfreude und öffentlicher Begeistrung. – Der lyrische Dichter überhaupt muß wie der Griechische seine ursprüngliche Sprache zu reden scheinen; der leiseste Verdacht, daß er vielleicht in einem erborgten Staatskleide glänze, zerstört alle Täuschung und Wirkung. Mag er den Zustand eines einzelnen Gemüts, oder eines ganzen Volks darstellen: er muß eine echte *Befugnis* haben zu reden; der dargestellte Zustand muß nicht durchaus erkünstelt, sondern in einem schon bekannten Gegenstande wenigstens eine wahre Veranlassung finden, so unbeschränkt auch die Freiheit

---

17 Plat. rep. III. p. 278 vol. II. ed. Bipont.

des Dichters in der Behandlung desselben bleibt: denn ein durchaus erfundner lyrischer Zustand könnte für sich nur das abgerißne Bruchstück eines Drama sein; er müßte nämlich einem gleichfalls durchaus erfundnen und unbekannten Gegenstande inhärieren, dessen Darstellung schon in die dramatische Sphäre eingreift.

Das alte Griechische *Epigramm* findet nebst dem *Apolog* seine eigentliche Stelle im mythischen Zeitalter der Poesie: das spätere hingegen im Zeitalter der Künstelei und des Verfalls.

Wenn das Interesse des *Idylls* im Stoff und im Kontrast desselben mit der individuellen umgebenden Welt des Publikums liegt, so ist das absolute schlechthin verwerfliche ästhetische Heteronomie. Überdem ist die epische oder dramatische Ausführung einer ursprünglich lyrischen Stimmung und Begeistrung, entweder eine Verkehrtheit des Künstlers, oder ein sichres Kennzeichen von dem allgemeinen Verfall der Kunst überhaupt. Ist von schönen Gemälden des ländlichen und häuslichen Lebens die Rede, so ist Homerus der größte aller Idyllendichter. Die künstlichen Kopien der Natürlichkeit hätte man aber immer den Alexandrinern überlassen mögen.

Vossens Übersetzung des Homer ist ein glänzender Beweis, wie treu und glücklich die *Sprache* der Griechischen Dichter im Deutschen nachgebildet werden kann. Sein Ideal ist unstreitig so reiflich überlegt, als vollkommen ausgeführt. Aber wehe dem Nachahmer der Griechen, der sich durch den großen Übersetzer verführen ließe! Wenn er hier, wo sie am innigsten verschmolzen sind, den objektiven Geist von der lokalen Form nicht zu scheiden weiß, so ist er verloren. Das unsterbliche Werk des größten historischen Künstlers der Modernen, die Schweizergeschichte von *Johannes Müller* ist im größten Römischen Stil entworfen und ausgeführt. Im Einzelnen atmet das Werk durch und durch echten Sinn der Alten: im Ganzen aber verfällt es dennoch wieder ins Manirierte, weil neben dem klassischen Geist auch die antike Individualität affektiert ist. – *Klopstock* hat in den »Grammatischen Gesprächen« auf eine andre von der Vossischen ganz verschiedne Art ebenso klar bewiesen, wie viel die Deutsche Sprache in der Nachbildung des Griechischen und Römischen Ausdrucks leisten könne. Die Beispiele sind so mannigfaltig, als jedes in seiner Art bewunderungswürdig vollkommen. Ihre einfache Vortrefflichkeit besteht darin, im echtesten, reinsten, kraftvollsten und gefälligsten Deutsch der Ursprache so treu zu sein als möglich. Beide Arten scheinen mir für die allgemeine Verbreitung des echten Geschmacks gleich unentbehrlich. Erst wenn wir von mehrern der größten alten Dichter eine klassische Übersetzung in Vossischer Art, und eine in Klopstockscher haben werden, läßt sich ein großer Einfluß und eine durchgängige Umbildung des allgemeinen Geschmacks erwarten.

Man darf der Deutschen Sprache *zu* der, wenngleich entfernten, Ähnlichkeit ihrer rhythmischen Bildung mit dem *Griechischen Rhythmus* Glück wünschen. Nur täusche man sich nicht über die Gränzen dieser Ähnlichkeit! So kann zum Beispiel nach Griechischen Grundsätzen ein Hexameter, welcher den Trochäus als wesentlichen Bestandteil aufnimmt, durchaus kein episches Metrum sein, dessen Richtung notwendig ganz unbestimmt sein muß, damit auch seine Dauer ganz unbeschränkt sein könne. Die endlose Bewegung in einer bestimmten Richtung, der epische Gebrauch eines lyrischen Rhythmus, erzeugt notwendig unendliche Monotonie, und ermüdet endlich auch die aufmerksamste Teilnahme. – Die musikalischen Prinzipien des antiken Rhythmus scheinen überhaupt von denen des modernen so absolut verschieden, wie der Charakter der Griechischen Musik, und das Griechische Verhältnis der Poesie und Musik von dem unsrigen. Sollte auch der Griechische Rhythmus unter gewissen Voraussetzungen in einem lokalen Element objektiv sein, so kann doch das Individuelle für uns keine Auktorität haben, und am wenigsten die Theorie der Griechischen Musiker (allerdings ein unentbehrliches Hülfsmittel zur richtigen Erklärung der Praxis, zum Studium des Rhythmus selbst) unsre Norm sein.

Noch ist ein gewisses unechtes Phantom nicht ganz verschwunden, welches von denen als die eigentliche *Klassizität* verehrt wird, welche durch ein künstliches Schnitzwerk gedrechselter Redensarten unsterblich zu werden hoffen. Aber nichts ist weniger klassisch als Künstelei, überladner Schmuck, frostige Pracht, und ängstliche Peinlichkeit. Die überfleißigen Werke der gelehrten Alexandriner fallen schon ins Zeitalter des Verfalls und der Nachahmung. Die trefflichsten Produkte der besten Zeit hingegen sind zwar mit Sorgfalt und scharfem Urteil ausgeführt, und auch mit Besonnenheit, aber doch in höchster, ja trunkner Begeistrung entworfen. Die große Zahl der Werke der größten Dramatiker beweiset schon, daß sie nicht ängstlich gedrechselt, sondern frei gedichtet wurden; daß die Länge der Zeit und die Masse der aufgewandten Arbeit nicht der Maßstab für den Wert eines Kunstwerks sei.

Nur einige wenige Ausnahmen unter den modernen Dichtern kann man nach dem Grade der Annäherung zum Objektiven und Schönen würdigen. Im Ganzen aber ist noch immer das *Interessante* der eigentliche moderne Maßstab des ästhetischen Werts. Diesen Gesichtspunkt auf die Griechische Poesie übertragen, heißt sie *modernisieren*. Wer den Homer nur interessant findet, der entweiht ihn. Die Homerische Welt ist ein ebenso vollständiges als leichtfaßliches Gemälde; der ursprüngliche Zauber der Heldenzeit wird in dem Gemüte, welches mit den Zerrüttungen der Mißbildung bekannt ist, ohne doch den Sinn für Natur ganz verloren zu haben, unendlich erhöht; und ein unzufriedner Bürger unsres Jahrhunderts kann leicht in der Griechischen Ansicht jener reizenden Einfalt, Freiheit und Innigkeit alles zu finden glauben, was er entbehren muß. Eine solche Werthersche Ansicht des ehrwürdigen Dichters ist kein reiner Genuß des Schönen, keine reine Würdigung der Kunst. Wer sich am *Kontrast* eines Kunstwerks mit seiner individuellen Welt ergötzt, der *travestiert* es eigentlich in Gedanken, seine Stimmung mag nun scherzhaft oder auch sehr ernsthaft sein. Am wenigsten darf die Auktorität, auf welche nur die vollständige, vollkommne und schöne Anschauung Ansprüche hat, auf die einseitige bloß interessante Ansicht eines Teils derselben übertragen werden.

Nicht *dieser und jener,* nicht ein einzelner *Lieblings-Dichter,* nicht die *lokale Form* oder das *individuelle Organ* soll nachgeahmt werden: denn *nie kann ein Individuum, »als solches«, allgemeine Norm sein.* Die sittliche Fülle, die freie Gesetzmäßigkeit, die liberale Humanität, das schöne Ebenmaß, das zarte Gleichgewicht, die treffende Schicklichkeit, welche mehr oder weniger über die ganze Masse zerstreut sind; den vollkommnen Stil des goldnen Zeitalters, die Ächtheit und Reinheit der Griechischen Dichtarten, die Objektivität der Darstellung; kurz den *Geist des Ganzen – die reine Griechheit* soll der moderne Dichter welcher nach echter schöner Kunst streben will, sich zueignen.

Man kann die Griechische Poesie nicht richtig nachahmen, solange man sie eigentlich gar *nicht versteht.* Man wird sie erst dann philosophisch erklären und ästhetisch würdigen lernen, wenn man sie *in Masse* studieren wird: denn sie ist ein so innig verknüpftes Ganzes, daß es unmöglich ist, auch nur den kleinsten Teil außer seinem Zusammenhange isoliert richtig zu fassen und zu beurteilen. Ja die ganze Griechische Bildung überhaupt ist ein solches Ganzes, welches nur in Masse erkannt und gewürdigt werden kann. Außer dem ursprünglichen Talent des Kunstkenners muß der Geschichtsforscher der Griechischen Poesie die wissenschaftlichen Grundsätze und Begriffe einer *objektiven Philosophie der Geschichte* und einer *objektiven Philosophie der Kunst* schon mitbringen, um die *Prinzipien und den Organismus* der Griechischen Poesie suchen und finden zu können. Und auf diese kommt doch eigentlich alles an.

Es ist wahr, einige große Dichter der Alten sind auch unter uns beinahe einheimisch; und unter denen, welche leichter gefaßt, und auch isoliert, wenigstens *einigermaßen* verstanden werden konnten, hat das Publikum gewiß aufs glücklichste gewählt. Andre, für deren heterogene Individualität in Form und Organen sich in der ganzen subjektiven Sphäre der Modernen keine Analogie fand, welche ohne Kenntnis der Prinzipien und des Organismus der ganzen Griechischen Poesie in Masse *durchaus* unverständlich bleiben mußten, deren idealische Höhe die Engigkeit auch des bessern herrschenden Geschmacks zu weit übertraf, konnten nicht populär werden. Gewiß nicht für jeden Liebhaber, der vielleicht nur sich allein durch den Genuß des Schönen bilden will, würde eine vollendete Kenntnis der Griechischen Kunst möglich oder schicklich sein. Aber von dem Dichter, dem Kenner, dem Denker, dem es ein Ernst ist, echte schöne Kunst nicht bloß zu kennen und zu üben, sondern auch zu verbreiten, darf man es fordern, daß er keine Schwierigkeit, welche ein unentbehrliches Mittel seines Zwecks ist, scheuen soll. – Die Werke des Pindarus, des Äschylus, des Sophokles, des Aristophanes werden nur wenig studiert, weniger verstanden. Das heißt, man ist mit den vollkommensten Dichtarten der Griechischen Poesie, mit der Periode des poetischen Ideals, und mit dem goldnen Zeitalter des Griechischen Geschmacks beinahe völlig unbekannt.

Überdem muß auch in der reichhaltigsten Ansicht jener populären Lieblingsdichter, ohne eine bestimmte Kenntnis ihres eigentlichen Zusammenhanges, ihrer richtigen Stelle im Ganzen etwas Schiefes übrig bleiben. *Homers* Gedichte sind der Quell aller Griechischen Kunst, ja die Grundlage der Griechischen Bildung überhaupt, die vollkommenste und schönste Blüte des sinnlichsten Zeitalters der Kunst. Nur vergesse man nicht, daß die Griechische Poesie höhere Stufen der Kunst und des Geschmacks erreicht hat. – Wenn es für das Unersetzliche einen Ersatz gäbe, so könnte uns *Horazius* einigermaßen über den Verlust der größten Griechischen Lyriker derjenigen Klasse trösten, welche nicht im Namen des Volks die öffentlichen Zustände einer sittlichen Masse darstellten, sondern die schönen Gefühle einzelner Menschen besangen. Zugleich enthält er die köstlichsten von den wenigen ganz eigentümlichen Kunstblüten des echt Römischen Geistes, welche auf uns gekommen sind. Dieser »Lieblingsdichter aller gebildeten Menschen« war von jeher ein großer Lehrer der Humanität und liberalen Gesinnungen. Seine Vaterländischen Oden sind ein ehrwürdiges Denkmal hohen Römersinns, und erinnern daran, daß selbst Brutus die Bürgertugend des Dichters achtete. Seine schöne lyrische Moralität ist ursprünglich, oder doch innig und selbsttätig zugeeignet. Aber den meisten seiner Gesänge fehlt es im Schwanken zwischen dem Griechischen Urbilde und der Römischen Veranlassung an einer leichten Einheit. Auch sollte man auf seine erotischen Gedichte am wenigsten Akzent legen. Zwar finden sich auch in ihnen einzelne Spuren des liebenswürdigen Philosophen, des braven Künstlers; aber im Ganzen sind sie fast immer steif, und auf gut Römisch ein wenig plump. Auch die Wahl der Rhythmen verrät hie und da den Verfall des musikalischen Geschmacks. – Ich kann sogar die übermäßige Bewunderung des *Virgilius* zwar nicht rechtfertigen, aber doch entschuldigen. Für den Freund des Schönen mag sein Wert gering sein; aber für das Studium des Kunstkenners und Künstlers, bleibt er äußerst merkwürdig. Dieser gelehrte Künstler hat aus dem reichen Vorrat der Griechischen Dichter mit einer Art von Geschmack die einzelnen Stücke und Züge ausgewählt, sie mit Einsicht aneinander gefügt, und mit Fleiß gefeilt, geglättet und geputzt. Das Ganze ist ein Stückwerk ohne lebende Organisation und schöne Harmonie, aber er kann dennoch für den höchsten Gipfel des gelehrten künstlichen Zeitalters der alten Poesie gelten. Zwar fehlt ihm die letzte Rundung und Feinheit der Alexandriner, aber durch die frische Römerkraft seines Dichtertalents übertrifft er die kraftlosen Griechen jenes Zeitalters in ihrem eignen Stil sehr weit. Er ist in diesem an sich unvollkommnen Stil zwar nicht schlechthin vollkommen, aber doch der trefflichste.

Der unglücklichste Einfall, den man je gehabt hat, und von dessen allgemeiner Herrschaft noch jetzt viele Spuren übrig sind, war es: Der *Griechischen Kritik und Kunsttheorie* eine Auktorität beizulegen, welche im Gebiete der theoretischen Wissenschaft durchaus unstatthaft ist. Hier glaubte man den eigentlichen *ästhetischen Stein der Weisen* zu finden; einzelne Regeln des Aristoteles, und Sentenzen des Horaz wurden als kräftige Amulette wider den bösen Dämon der Modernheit gebraucht; und selbst die zerlumpte Dürftigkeit der Adepten erregte erst spät einiges Mißtrauen wider die Echtheit des Geheimnisses.

Der Fehlschluß, von dem man ausging, war mit *Hurds* Worten: »Die Alten sind Meister in der Komposition; es müssen daher diejenigen unter ihren Schriften, welche zur Ausübung dieser Kunst Anleitung geben, von dem höchsten Werte sein.« Nichts weniger! Der Griechische Geschmack war schon völlig entartet, als die Theorie noch in der Wiege lag. Das Talent kann die Theorie nicht verleihn, und nie hat die Griechische Theorie den Zweck und das Ideal des Künstlers bestimmt, welcher den Gesetzen des öffentlichen Geschmacks allein gehorchte. Auch eine vollendete Philosophie der Kunst würde zur Wiederherstellung des echten Geschmacks allein nicht hinreichend sein. Die Griechischen und Römischen Denker waren aber (nach Fragmenten, Nachrichten und der Analogie zu urteilen) so wenig im Besitz eines vollendeten Systems objektiver ästhetischer Wissenschaften, daß nicht einmal der Versuch, der Entwurf, geschweige denn ein stetes Streben nach einem solchen System vorhanden war. Nicht einmal die Gränzen und die Methode waren bestimmt; nicht einmal der Begriff einer allgemeingültigen Wissenschaft des Geschmacks und der Kunst war definiert, ja selbst die Möglichkeit derselben war keineswegs deduziert.

Unläugbar enthalten die kritischen Fragmente der Griechen bedeutende Beiträge zur Erläuterung der Griechischen Poesie, und treffliche Materialien für die künftige Ausführung und Vollendung des Systems. Umständliche Zergliederungen, wie etwa die des Dionysius sind unschätzbar, und auch das kleinste ästhetische Urteil kann sehr großen Wert haben. Die angewandten Begriffe und Bestimmungen bezogen sich auf *vollkommne Anschauungen,* und würden sich aus reiner Wissenschaft gar nicht wieder ersetzen lassen. Die Urteile standen unter der untrüglichen Leitung eines ursprünglich richtig gestimmten Gefühls, und das Vermögen, schöne Darstellung zu empfangen und zu würdigen, war bei den Griechen fast auf eben die Weise vollkommen und einzig, wie das Vermögen, sie hervorzubringen. Überhaupt ist im theoretischen Teile der ästhetischen Wissenschaft der Wert der spätern Kritiker und vorzüglich im Angewandten und Besondren am größten; im praktischen Teile sind die allerallgemeinsten Grundsätze und Begriffe vorzüglich der frühern Philosophen am schätzbarsten.

Der Quell aller Bildung und auch aller Lehre und Wissenschaft der Griechen war der *Mythus.* Poesie war die älteste, und vor dem Ursprunge der Beredsamkeit, die einzige Lehrerin des Volks. Die mythische

Denkart, daß Poesie im eigentlichen Sinne eine Gabe und Offenbarung der Götter, der Dichter ein heiliger Priester und Sprecher derselben sei blieb für alle Zeiten Griechischer Volksglaube. An ihn schlossen sich die Lehren des *Plato,* und wahrscheinlich auch des *Demokrit* über musikalischen Enthusiasmus und Göttlichkeit der Kunst an. Überhaupt hatte der populäre (exoterische) Vortrag der Griechischen Philosophie ein ganz *mythisches Kolorit.* So wie sich bei uns häufig der Künstler als Gelehrter und Denker geltend zu machen sucht, weil seine eigentümliche Würde vielleicht vor der Menge wenig gelten würde: so pflegte damals noch der Griechische Philosoph sich als Musiker und Poet gleichsam einzuschleichen. Die Platonischen Lehren von der Bestimmung der Kunst sind die trefflichsten Griechischen Materialien zur praktischen Philosophie der Kunst, welche sich auf uns erhalten haben. Die praktische Philosophie der ältesten Griechischen Denker aber war durchaus *politisch;* und diese Politik war zwar in den Grundsätzen nichts weniger als die Sklavin der Erfahrung, sondern vielmehr durchaus rational, aber im Vortrage und in der Anordnung schloß sie sich durchgängig an das Gegebne und Vorhandne an. Nie hat eigentlich die Griechische Philosophie, wie die Griechische Kunst, die Stufe einer *vollständigen Selbstständigkeit* der Bildung erreicht, und im Plato vorzüglich ist die Ordnung der ganzen Masse der einzelnen Philosopheme nicht sowohl von innen bestimmt, sondern vielmehr von außen gebildet und entstanden. Um daher nur Platos Lehre von der Kunst zu verstehen, muß man nicht allein den mythischen Ursprung der Griechischen Bildung überhaupt, sondern auch die ganze Masse der politischen, moralischen und philosophischen Bildung der Griechen in ihrem völligen Umfange kennen! – Auch für die *Sophisten* war nur auf eine andre Weise das öffentlich Geltende die Base, von der alle ihre Lehren, also auch die über das Schöne und die Kunst immer ausgingen, und der Punkt, wohin sie strebten. – Im *Aristoteles* ist die theoretische Ästhetik noch in der Kindheit, und die praktische ist schon ganz von ihrer Höhe gesunken. Seine Lehre von der Bestimmung der Kunst im achten Buche der »Politik« beweist eine liberale Denkart, und nicht ganz unwürdige Gesinnungen: aber dennoch ist der Gesichtspunkt schon nicht mehr politisch, sondern nur moralisch. In der »Rhetorik« aber, und in den Fragmenten der »Poetik« behandelt er die Kunst nur *physisch,* ohne alle Rücksicht auf Schönheit, bloß historisch und theoretisch. Wo er gelegentlich ästhetisch urteilt, da äußert er nur einen scharfen Sinn für die Richtigkeit des Gliederbaus des Ganzen, für die Vollkommenheit und Feinheit der Verknüpfung. – Wie häufig sind nicht in ihm, und in den spätern Rhetorikern einzelne ganz unverständliche oder doch äußerst schwer zu entziffernde besondre Beziehungen auf untergegangne Werke, auf uns ganz unbekannte Dinge? Ja das Ganze ist nicht selten in einer individuellen Rücksicht verfaßt. So ist der Hauptgesichtspunkt, nach welchem *Quinktilian* den Wert der Dichter bestimmt, ihre Tauglichkeit junge Deklamatoren künstlich schwatzen zu lehren. Die individuelle Veranlassung der kritischen Episteln des *Horaz*, der ganze Inbegriff ihrer speziellen Beziehungen – ihre kosmische Lage ist uns bald ganz, bald größtenteils unbekannt, und bei vielen wahrscheinlichen oder sinnreichen Hypothesen tappen wir dennoch hie und da völlig im dunkeln.

Wenn von allumfassender vollendeter Kenntnis der Griechen die Rede ist, so stehen alle Bestandteile derselben in Wechselwirkung, und das Studium der Griechischen Kunsttheorie ist allerdings ein *integranter Teil* des ganzen Studiums der Griechischen Bildung überhaupt, oder der ästhetischen Bildung insbesondre. Aber in der *Methodenlehre* des ganzen Studiums dürfte wohl das der Griechischen Kritik eine sehr späte Stelle erhalten. Man muß schon die ganze Masse, den Organismus und die Prinzipien der Griechischen Poesie kennen, um die Perlen, welche in den kritischen Schriften der Griechen größtenteils noch ungenutzt verborgen liegen, suchen und finden zu können.

* * *

Ich bin weit entfernt von den diktatorischen Anmaßungen, den despotischen Reformationen angeblicher Repräsentanten der Menschheit, die so vieles projektieren, wovon keine Silbe in ihren Kahiers steht, so vieles dekretieren, was der öffentliche Volkswille in den Urversammlungen der Menschheit nicht sanktionieren würde. Die Behauptung, daß eine allgemeingültige Wissenschaft des Schönen und der Darstellung, und eine richtige Nachahmung der Griechischen Urbilder, die notwendigen Bedingungen zur Wiederherstellung der echten schönen Kunst sei, ist so wenig *willkürlich*, daß sie nicht einmal *neu* ist. Ich begnüge mich mit dem bescheidnen Verdienst, dem Gange der ästhetischen Kultur auf die Spur gekommen zu sein, den Sinn der bisherigen Kunstgeschichte glücklich erraten, und eine große Aussicht für die künftige gefunden zu haben. Vielleicht ist es mir gelungen, einige Dunkelheiten zu erhellen, einige Widersprüche zu lösen, indem ich für jede einzelne auffallende Erscheinung die richtige Stelle im großen Ganzen der ewigen Gesetze der Kunstbildung zu bestimmen suchte. Es kann eine Empfehlung und eine Bestätigung des entworfnen Grundrisses sein, daß nach dieser Ansicht der Streit der antiken und modernen ästhetischen Bildung wegfällt; daß das Ganze der alten und neuen Kunstgeschichte durch seinen innigen Zusammenhang überrascht, und durch seine vollkommne Zweckmäßigkeit völlig befriedigt.

Jedes große, wenngleich noch so ekzentrische Produkt des modernen Kunstgenies ist nach diesem Gesichtspunkt ein echter, an seiner Stelle höchst zweckmäßiger Fortschritt, und so heterogen die äußre Ansicht auch sein mag, eigentlich doch eine wahre Annäherung zum Antiken. Die Notwendigkeit des Stufenganges der allmählichen Entwicklung ist keine Apologie der Schwäche, welche hinter dem Maß der schon erreichten Vortrefflichkeit zurückbleibt, aber eine Erklärung und

Rechtfertigung für die Mängel und Ausschweifungen des wahrhaft großen Künstlers, der zwar dem Gange der Bildung vielleicht um einige Schritte zuvoreilte, und ihre Entwicklung beschleunigte, aber doch nicht ganze Stufen überspringen konnte.

Die *Bildungsgeschichte der modernen Poesie* stellt nichts andres dar, als den steten Streit der *subjektiven Anlage,* und der *objektiven Tendenz* des ästhetischen Vermögens und das allmähliche Übergewicht des letztern. Mit jeder wesentlichen Veränderung des Verhältnisses des Objektiven und des Subjektiven beginnt eine neue *Bildungsstufe.* Zwei große Bildungsperioden, welche aber nicht isoliert aufeinander folgen, sondern wie Glieder einer Kette ineinander greifen, hat die moderne Poesie schon wirklich zurückgelegt; und jetzt steht sie im Anfange der dritten Periode. In der *ersten Periode* hatte der einseitige Nationalcharakter in der ganzen Masse der ästhetischen Bildung durchgängig das entschiedenste Übergewicht, und nur hie und da regen sich einige wenige einzelne Spuren von der Direktion ästhetischer Begriffe und der Tendenz zum Antiken. In der *zweiten Periode* herrschte die Theorie und Nachahmung der Alten in einem großen Teil der ganzen Masse: aber die subjektive Natur war noch zu mächtig, um dem objektiven Gesetz ganz gehorchen zu können; sie war kühn genug, sich unter dem Namen des Gesetzes wiederum einzuschleichen. Die Nachahmung und die Theorie, und mit ihnen der Geschmack und die Kunst selbst blieben einseitig und national. Die darauf folgende Anarchie aller individuellen Manieren, aller subjektiven Theorien, und verschiednen Nachahmungen der Alten, und die endliche Verwischung und Vertilgung der einseitigen Nationalität ist die *Krise des Übergangs* von der zweiten zur dritten Periode. In der *dritten* wird wenigstens in einzelnen Punkten der ganzen Masse das Objektive wirklich erreicht: objektive Theorie, objektive Nachahmung, objektive Kunst und objektiver Geschmack.

Aber die zweite Periode erstreckte sich nur über einen *Teil,* die Anfänge der dritten nur über *einzelne Punkte* der ganzen Masse, und ein bedeutender Teil derselben ist bis jetzt auf der ersten Stufe stehn geblieben, und noch immer ist der Zweck ganzer Dichtarten kein andrer, als eine treue Darstellung des interessantesten nationellen Lebens. So wie nun der Nationalcharakter des Europäischen Völkersystems in drei entscheidenden Krisen schon drei große Evolutionen erlebt hat – im Zeitalter der Kreuzzüge, im Zeitalter der Reformation und der Entdeckung von Amerika, und in unserm Jahrhundert: so hat auch die *Nationalpoesie der Modernen* in drei verschiednen Epochen *dreimal* geblüht.

Der Zustand der ästhetischen Bildung unsres gegenwärtigen Zeitalters war es, der uns aufforderte, die ganze Vergangenheit zu überschauen. Wir sind nun zu dem Punkte zurückgekehrt, von dem wir ausgingen. Die Symptome, welche die Krise des Übergangs von der zweiten zur dritten Periode der modernen Poesie bezeichnen, sind allgemein verbreitet, und hie und da regen sich schon *unverkennbare Anfänge objektiver Kunst und objektiven Geschmacks.* Noch war vielleicht kein Augenblick in der ganzen Geschichte des Geschmacks und der Dichtkunst so charakteristisch fürs Ganze, so reich an Folgen der Vergangenheit, so schwanger mit fruchtbaren Keimen für die Zukunft; *die Zeit* ist für eine wichtige Revolution der ästhetischen Bildung *reif.* Was sich jetzt nur erraten läßt, wird man künftig bestimmt wissen: daß in diesem wichtigen Augenblick unter andern großen Krisen, auch das Los der echten schönen Kunst auf der Waage des Schicksals entschieden wird. Nie würde untätige Gleichgültigkeit gegen das Schöne, oder stolze Sicherheit über das schon Erreichte weniger angemessen sein; nie durfte man aber auch eine größere Belohnung der Anstrengung erwarten, als die, welche der künftige Gang der ästhetischen Bildung der Modernen verspricht. Vielleicht werden die folgenden Zeitalter oft zwar nicht mit anbetender Bewunderung, aber doch nicht ohne Zufriedenheit auf das jetzige zurücksehn.

Die *ästhetische Theorie* hat den Punkt erreicht, von dem wenigstens ein *objektives Resultat,* es falle nun aus, wie es wolle, nicht weit mehr entfernt sein kann. Nach den *pragmatischen Vorübungen* des theoretisierenden Instinkts (erste Periode) deren Grundsatz die *Auktorität* war entstand die eigentliche *szientifische* Theorie. Ohngefähr zu gleicher Zeit entwickelten und bildeten sich die *dogmatischen Systeme der rationalen und der empirischen Ästhetik* (zweite Periode); und die Antinomie der verschiednen manierierten Theorien führte den *ästhetischen Skeptizismus* (Krise des Übergangs von der zweiten zur dritten Periode) herbei. Diese war die Vorbereitung und Veranlassung der *Kritik der ästhetischen Urteilskraft* (Anfänge der dritten Periode). Noch ist das Geschäft nichts weniger als beendigt. Die Ästhetiker selbst, welche gemeinschaftlich von den Resultaten der kritischen Philosophie ausgegangen sind, sind weder in den Prinzipien noch in der Methode unter sich einig; und die kritische Philosophie selbst hat ihren hartnäckigen Kampf mit dem Skeptizismus noch nicht völlig ausgestritten. Überhaupt ist, nach der Bemerkung eines großen Denkers[18], im praktischen noch viel zu tun übrig. Aber seit durch *Fichte* das Fundament der kritischen Philosophie entdeckt worden ist, gibt es ein sichres Prinzip, den Kantischen Grundriß der praktischen Philosophie zu berichtigen, zu ergänzen, und auszuführen; und über die Möglichkeit eines *objektiven Systems der praktischen und theoretischen ästhetischen Wissenschaften* findet kein gegründeter Zweifel mehr statt.

Auch im *Studium der Griechen* überhaupt und der Griechischen Poesie insbesondre steht unser Zeitalter an der Gränze einer großen Stufe. Lange Zeit kannte man die Griechen nur durch das Medium der Römer, das Studium war *isoliert* und *ohne alle philosophische Prinzipien* (erste Periode); dann ordnete und lenkte man das immer

18   S. Fichte's »Vorlesungen über die Bestimmung des Gelehrten«. S. 28.

noch isolierte Studium nach willkürlichen Hypothesen, oder doch nach *einseitigen Prinzipien,* und individuellen Gesichtspunkten (zweite Periode). Schon studiert man die Griechen *in Masse und ohne philosophische Hypothesen,* vielmehr mit Vernachlässigung aller Prinzipien (Krise des Übergangs von der zweiten zur dritten Periode). Nur der letzte und größte Schritt ist noch zu tun übrig: die *ganze Masse nach objektiven Prinzipien* zu ordnen (dritte Periode). Der chaotische Reichtum alles Einzelnen und der Streit der verschiednen Ansichten über das Ganze wird notwendig dahin führen, eine allgemeingültige Ordnung der ganzen Masse zu suchen und zu finden. Zwar kann die Kenntnis der Griechen nie vollendet, und das Studium der Griechen nie erschöpft werden: doch läßt sich ein *fixer Punkt* erreichen, welcher den Denker, den Geschichtsforscher, den Kenner und den Künstler vor gefährlichen Grundirrtümern, durchaus schiefen Richtungen, und verkehrten Versuchen der Nachahmung sichert.

»Aber du selbst,« könnte man sagen, »hast ja ästhetische Kraft und Moralität als notwendige Postulate der ästhetischen Revolution aufgestellt? Wie läßt sich also über den künftigen Gang der Bildung etwas im voraus bestimmen, da diese vorläufigen Bedingungen selbst von einem glücklichen Zusammenfluß der seltensten Umstände, das heißt vom *Ohngefähr* abhängen? Wer hat noch der Natur den Handgriff ablernen können, wie sie Genies erzeugt, und Künstler hervorbringt? Gewiß läßt sich die seltenste aller Gaben; das *ästhetische* Genie auf die Gefahr sie zu verfälschen, durch Bildung ein wenig vervollkommnen aber nicht *erschaffen!* Auch im Umfang und in der Kraft der Sittlichkeit scheint es für die meisten Individuen eine *ursprüngliche,* unübersteigbare *Gränze* zu geben. Nur wenige selbständige Ausnahmen sind in ihrer Vervollkommung unbegränzt. Und scheinen nicht auch diese ihre Selbständigkeit dem seltsamsten Zusammenfluß der glücklichsten Umstände, dem *Zufall* zu danken? Der stolzen Vernunft des reinen Denkers wird es freilich nicht zusagen, aber aus einer unbefangnen Ansicht der Kunstgeschichte scheint sich das Resultat zu ergeben: die Natur sei im Ganzen neidisch und karg mit ihren köstlichsten Gaben nur dann und wann, in ihren schönsten Augenblicken, werfe sie nach Laune eine Handvoll echter Künstlerseelen auf ein begünstigtes Land, damit das Licht in dieser Dämmerwelt doch nicht gänzlich verlösche.«

Schlechthin bestimmen läßt sich allerdings nichts über den künftigen Gang der Bildung: wahrscheinlich vermuten sehr viel. Vermutungen, zu denen die Bedürfnisse der Menschheit nötigen, welche die ewigen Gesetze der Vernunft und der Geschichte rechtfertigen und begründen. Als hätten sie mit den Göttern zu Rate gesessen, scheinen jene die geheimen Absichten und Antriebe, nach denen die Natur im Verborgnen handelt, zu wissen. So viel weiß die Wissenschaft und die Geschichte nicht. Doch das weiß sie, daß die Seltenheit des Genies nicht die Schuld der menschlichen Natur ist, sondern unvollkommner menschlicher Kunst, *politischer Pfuscherei.* Ihr eigner unglücklicher Scharfsinn fesselt die Freiheit der Menschen, und hemmt die Gemeinschaft der Bildung. Wenn demungeachtet das unterdrückte Feuer sich einmal Luft macht, so wird das als ein Wunder angestaunt. Gebt die Bildung frei, und laßt sehn ob es an Kraft fehlt! Warum hätte auch sonst von jeher selbst die kleinste Gunst des Augenblicks eine so majestätische Fülle schlummernder Kräfte, wie durch einen Zauberschlag ans Licht gerissen?

Die notwendigen Bedingungen aller menschlichen Bildung sind: Kraft, Gesetzmäßigkeit, Freiheit und Gemeinschaft. Erst wenn die Gesetzmäßigkeit der ästhetischen Kraft durch eine objektive Grundlage und Richtung gesichert sein wird, kann die ästhetische Bildung durch *Freiheit der Kunst* und *Gemeinschaft des Geschmacks* durchgängig durchgreifend und *öffentlich* werden. Ächte Schönheit muß erst an recht vielen einzelnen Punkten feste Wurzel gefaßt haben, ehe sie sich über die ganze Fläche allgemein verbreiten, ehe die moderne Poesie *die zunächst bevorstehende* Stufe ihrer Entwicklung: die *durchgängige Herrschaft des Objektiven über die ganze Masse;* erreichen kann.

Man darf aber nicht etwa mit einigen Bedingungen der ästhetischen Bildung gleichsam warten, bis man mit den andern fertig wäre; sie stehn alle vier in *durchgängiger Wechselwirkung.* Es ist daher auch jetzt schon nicht zu frühzeitig, alles was die *ästhetische Mitteilung* hemmen könnte, aus dem Wege zu räumen. Es herrscht besonders unter *Deutschen* Dichtern und Kennern eine sehr gefährliche eigentlich illiberale Denkart, welche den ursprünglichen Deutschen Mangel an Mitteilungsfähigkeit zum Grundsatz sanktioniert. Die erhabne Gelassenheit der Deutschen Nation, und die neidischen Anfeindungen kleiner Geister erzeugen oft bei verdienstvollen aber eitlen Männern üble Laune, welche sich bis zu einer bösartigen Bitterkeit verhärten kann. Schmollend hüllen sie ihre beleidigten Ansprüche in höhnenden Stolz, verschließen ihr Talent ganz in sich, oder treten nur mit einer sauern Miene ins Publikum. Ihr Gemüt ist so unfähig, sich über die enge Gegenwart zu erheben, daß sie echte Schönheit überhaupt für ein *Myster,* und die Öffentlichkeit der ästhetischen Bildung für ganz unmöglich halten. Nur durch *Geselligkeit* wird die rohe Eigentümlichkeit gereinigt und gemildert, erwärmt und erheitert; das innre Feuer sanft ans Licht getrieben, die äußre Gestalt berichtigt und bestimmt, gerundet und geschärft. Unmäßige Einsamkeit hingegen ist die Mutter seltsamer Grillen. Daher die eckichte Härte, der barsche Ton, das finstre Kolorit mancher sonst trefflicher Deutscher Schriftsteller. Dieser Weg kann endlich so weit von der Einfalt der Natur, von dem großen Wesentlichen, und ächter Schönheit entfernen, daß sich Zweifel regen dürften, ob jene ästhetischen Mysterien nicht etwa ein *Orden ohne Geheimnis* sein möchten, wo jeder glaubt, der andre wüßte es.

An Mitteilungen der Kenntnisse, der Sitten und des Geschmacks sind die *Franzosen* uns schon seit langer Zeit sehr weit überlegen. Sie können eben dadurch in der *öffentlichen Griechischen Poesie* eine höhere Stufe der Vollkommenheit als andere kultivierte Nationen Europa's erreichen. Man wird dann das unerwartete Phänomen vermutlich aus der neuen politischen Form erklären wollen, die doch weiter nichts sein kann, als der glückliche Anstoß, welcher die im Stillen lange vorhandne Kraft zur reifen Blüte treibt. – Wo in einem genau bestimmten Nationalcharakter nur einige einzelne schöne Züge vorhanden sind, welche die Grundlinien und Umrisse einer idealischen Ausführung werden können; wo es an musikalischem und poetischem Talent nur nicht ganz fehlt, wo es nur einige ästhetische Bildung gibt: da muß höhere Lyrik von selbst entstehn, sobald es *öffentliche Sitten,* öffentlichen Willen und öffentliche Neigungen, eine Seele und Stimme der Nation gibt. Die entschiedenste und beschränkteste Einseitigkeit ist der lyrischen Schönheit nicht schlechthin ungünstig, wenn der Mangel an Umfang nur wie bei den *Doriern,* durch intensive Kraft und Hoheit ersetzt wird.

Das schöne Drama hingegen erfordert absoluten Umfang der Bildung, und völlige Freiheit von nationellen Schranken, Eigenschaften, von denen die Franzosen sehr weit entfernt sind! Es können leicht Jahrhunderte hingehn, ehe sie dieselben erreichen: denn die neue politische Form wird die Einseitigkeit ihres Nationalcharakters nur stärker konzentrieren, und schneidender isolieren. Daher ist die sogenannte französische Tragödie auch ein klassisches Muster der Verkehrtheit geworden. Sie ist nicht nur eine leere Formalität ohne Kraft, Reiz und Stoff, sondern auch ihre Form selbst ist ein widersinniger, barbarischer Mechanismus, ohne innres Lebensprinzip und natürliche Organisation. Der französische Nationalcharakter kann im Roman und in der Kömödie, welche sich mit dem bescheidnen Range subjektiver Darstellungen begnügen, so interessant und liebenswürdig erscheinen; in der sogenannten Tragödie eines Racine und Voltaire hingegen wird durch eine mißglückte Prätension des Objektiven die ungünstigste Ansicht desselben gleichsam ins Unerträgliche idealisiert. Im steten Wechsel des Widerlichen und des Abgeschmackten ist hier häßliche Heftigkeit und abgeschliffne Leerheit innigst ineinander verschmolzen. – Ohnehin fehlt es den Franzosen wie den Engländern und Italiänern (von der Poesie der beiden letzten Nationen ist jetzt wohl am wenigsten zu besorgen, daß sie den Deutschen etwas vorwegnehmen möchten!) an objektiver Theorie, und an ächter Kenntnis der antiken Poesie. Um nur auf die Spur zu kommen, wie sie den Weg dahin finden könnten, würden sie bei den Deutschen in die Schule gehn müssen. Eine Sache, zu der sie sich wohl schwerlich entschließen werden!

In *Deutschland,* und nur in Deutschland hat die Ästhetik und das Studium der Griechen eine Höhe erreicht, welche eine gänzliche Umbildung der Dichtkunst und des Geschmacks notwendig zur Folge haben muß. – Die wichtigsten Fortschritte in der stufenweisen Entwicklung der philosophischen Ästhetik war das rationale und das kritische System. Beide sind durch *Deutsche* Erfinder, jenes durch *Baumgarten,*

Sulzer und andre, dieses durch *Kant* und seine Nachfolger gestiftet und ausgebildet. Das empirische und skeptische System der Ästhetik war vielmehr ein notwendiger Erfolg vom allgemeinen Gange der Philosophie, als eigentliche Erfindung und Verdienst einiger Englischen Schriftsteller. – In der ältern Manier der klassischen Kritik übertrifft unser *Lessing* an Scharfsinn und an ächtem Schönheitsgefühl seine Vorgänger in England unendlich weit. Eine ganz neue, und ungleich höhere Stufe des Griechischen Studiums ist durch *Deutsche* herbeigeführt, und wird vielleicht noch geraume Zeit ihr ausschließliches Eigentum bleiben. Statt der vielen Namen, die hier genannt werden könnten, stehe nur einer da. *Herder* vereinigt die umfassendste Kenntnis mit dem zartesten Gefühl und der biegsamsten Empfänglichkeit.

Wer kann noch an der Dichtergabe Deutscher Künstler zweifeln seit der kühne, erfinderische *Klopstock* der Stifter und Vater der Deutschen Poesie ward? Der liberale *Wieland* sie schmückte und humanisierte? Der scharfsinnige *Lessing* sie reinigte und schärfte? *Schiller* ihr stärkre Kraft und höhern Schwung gab? – Durch jeden dieser großen Meister ward die ganze Masse der Deutschen Dichtkunst, zu neuem Lebens allgemein begeistert, und strebte mit frischer Kraft immer mächtiger vorwärts. Wie viele andre Dichter folgten jenen ersten Erfindern glücklich und dennoch eigentümlich, oder gingen auch ihren eignen, vielleicht nicht weniger merkwürdigen Gang, welcher nur darum weniger bemerkt ward, weil er mit dem Geist der Zeit und dem Gange der öffentlichen Bildung nicht so gut zusammentraf? Auch *Bürgers* rühmlicher Versuch, die Kunst aus den engen Büchersälen der Gelehrten, und den konventionellen Zirkeln der Mode in die freie lebendige Welt einzuführen, und die Ordensmysterien der Virtuosen dem Volke zu verraten, ist nicht ohne den glücklichsten bleibenden Einfluß gewesen.

Welchen weiten Weg haben unsre einzigen bedeutenden Nebenbuhler, die Franzosen noch zurückzulegen, ehe sie es nur ahnden können, wie sehr sich *Goethe* den Griechen nähere! Ein andres Zeichen von der Annäherung zum Antiken in der Poesie ist die auffallende Tendenz zum Chor in den höhern lyrischen Gedichten (wie die »Götter Griechenlands« und die »Künstler« *Schillers;* eines Künstlers, der durch seinen ursprünglichen Haß aller Schranken vom klassischen Altertum am weitesten entfernt zu sein scheint. So verschieden auch die äußre Ansicht, ja manches Wesentliche sein mag, so ist doch die Gleichheit dieser lyrischen Art selbst mit der Dichtart des Pindarus unverkennbar. Ihm gab die Natur die Stärke der Empfindung, die Hoheit der Gesinnung, die Pracht der Phantasie, die Würde der Sprache, die Gewalt des Rhythmus, – die *Brust und Stimme,* welche der Dichter haben soll, der eine sittliche Masse in sein Gemüt fassen, den Zustand eines Volks darstellen, und die Menschheit aussprechen will.

Unter einer ebenso heterogenen Außenheit sind gerade die köstlichsten Stellen der *Wielandischen Poesie* objektiv-komisch und ächt Griechisch. Mit Überraschung wird der Kenner der Attischen Grazie und der ächten Kömödie hier oft den Aristophanes, öfter den Menander wiederfinden.

Menschen, deren kurzsichtiger Blick jeder großen historischen Ansicht ganz unfähig ist, die im Detail nur Detail wahrnehmen, und alles isoliert sehen, wird es nicht an kleinlichen Einreden wider diese große Bestimmung der Deutschen Dichtkunst fehlen. Wenn aber ein glücklicher Anstoß die noch schlummernde Mitteilungsfähigkeit des Deutschen Geschmacks und der Deutschen Kunst plötzlich in elastische Regsamkeit versetzte: so würden selbst die Beobachter, welche nur Fraktur lesen können, mit überraschtem Staunen gewahr werden, daß die Deutschen auch hier die kultiviertesten Nationen Europas im einzelnen an Höhe der Bildung ebenso weit übertreffen, als sie denselben an allgemeiner und durchgreifender Verbreitung der Bildung nachstehn.

Winckelmann redet einmal von den *Wenigen*, welche noch die Griechischen Dichter kennen. Sollten es nicht schon jetzt in Deutschland *einige mehr* sein? Wird die Zahl derer, welche nach ächter Kunst streben nicht auch ferner noch wachsen? – In dieser Hoffnung *konsakriere* ich diesen Aufsatz und diese Sammlung *allen Künstlern.* Wie nämlich die Griechen auch denjenigen *Musiker* nannten, welcher die sittliche Fülle seines innern Gemüts rhythmisch organisiert, und zur Harmonie ordnet; so nenne ich alle die »Künstler«, welche das Schöne lieben.

Georg Forster

Fragment einer Charakteristik der deutschen Klassiker

Über nichts wehklagt der Deutsche mehr als über Mangel an *Deutschheit.* »Wir haben siebentausend Schriftsteller, sagt Georg Forster (Kl. Schr. III, 362), und noch gibt es in Deutschland keine öffentliche Meinung.« In der Tat, wenn die Sache nicht einmal in Regensburg in Anregung gebracht, und allen Untertanen ein Nationalcharakter von Reichswegen befohlen wird; oder wenn es nicht etwa einem Sophisten der Reinholdischen Schule gefällt, die allgemeingültigen Prinzipien der Deutschheit allgemeingeltend zu machen: so hat es allen Anschein, daß die Deutschheit noch geraume Zeit nur ein gutherziges Postulat, oder ein trotziger und verzagter Imperativ bleiben werde.

Über notwendige Übel soll man nicht jammern. Ebenso wenig fruchtet neidische Anfeindung der Nachbaren, kindisch erkünstelte Selbstvergötterung und eigensinnige Verbannung des Fremden, welches so oft ein wesentlicher Bestandteil zu der neuen Mischung ist, durch welche wir allein noch zu eigener Vortrefflichkeit gelangen können. Selbst die an sich rühmliche und nützliche Erneuerung kann den Zweck nicht erreichen, welchen die meisten doch wohl dabei gehabt haben mögen. Was mit unsrer jetzigen Bildung, denn in dieser allein besteht doch unser eigentümlicher Wert, gar keinen Zusammenhang mehr hat, ist nicht bloß alt, sondern veraltet. Alle echte, eigne und gemein-schaft- *Bildung,* welche noch irgend in Deutschland gefunden wird, ist, wenn ich so sagen darf, von heute und gestern, und ward fast allein durch *Schriften* entwickelt, genährt, und unter den Mittelstand, den gesundesten Teil der Nation, verbreitet. Das allein ist Deutschheit; das ist die heilige Flamme, welche jeder Patriot, hell und stark zu erhalten und zu vermehren, an seinem Teil streben sollte! Jeder klassische Schriftsteller ist ein Wohltäter seiner Nation, und hat gerechte Ansprüche auf ein öffentliches Ehrendenkmal. Ein Denkmal: aber nicht eben in Erz oder Marmor; auch kein Panegyrikus. Das schönste Denkmal für einen schriftstellerischen Künstler ist: daß sein eigentlicher Wert öffentlich anerkannt wird; daß alle einer allgemeinen Ausbildung Fähige immer wieder mit Liebe und Andacht von ihm lernen; daß einige die Eigentümlichkeit seiner Geisteswerke bis auf die feinsten Züge durchforschen und verstehen lernen.

Es will verlauten: *Wir hätten keine klassischen Schriftsteller, wenigstens nicht in Prosa.* Einige habens laut gesagt: aber tölpisch. Andere wollen dem gemeinen Mann das Untere der Karten nicht sehen lassen, und reden leise. Wenn wir nur recht viel *klassische Leser* hätten: einige klassische Schriftsteller, glaube ich, fänden sich noch wohl. Sie lesen; viel und vieles: aber wie und was? Wie viele gibt es denn wohl, welche, auch nachdem der Reiz der Neuheit ganz vorüber ist, zu einer Schrift, die es verdient, immer von neuem zurückkehren können; nicht um die Zeit zu töten, noch um Kenntnisse von dieser oder jener Sache zu erwerben, sondern um sich den Eindruck durch die Wiederholung schärfer zu bestimmen, und um sich das Beste ganz anzueignen? So lange es daran fehlt, muß ein reifes Urteil über geschriebene Kunstwerke unter die seltensten Seltenheiten gehören. Daß einsichtsvolle Bemerkungen über Bilder, Gemälde und Produkte der Musik verhältnismäßig so ungleich häufiger sind, entspringt gewiß größtenteils daher, daß hier die Dauer des Stoffs und der lebendigere Reiz schon von selbst zur öfteren Wiederholung einladet.

Es soll Philosphen geben, welche glauben: wir wüßten noch gar nicht, was Poesie eigentlich sei. Dann könnten wir auch durchaus gar nicht wissen, was *Prosa* ist: denn Prosa und Poesie sind so unzertrennliche Gegensätze, wie Leib und Seele. Vielleicht auch nicht, was *klassisch*. Und jenes unbesonnene Todesurteil über den Genius der deutschen Prosa wäre also um vieles zu voreilig.

Zwar in einem gewissen Sinne, der wohl der eigentliche und ursprüngliche sein mag, haben alle Europäer keine klassischen Schriftsteller zu befürchten. Ich sage, befürchten: denn schlechthin unübertreffliche Urbilder beweisen unübersteigliche Grenzen der Vervollkommnung. In dieser Rücksicht könnte man wohl sagen: der Himmel behüte uns vor ewigen Werken. Aber die Menschheit reicht weiter, als das Genie. Die Europäer haben diese Höhe erreicht. Es kann fernerhin kein schriftstellerischer Künstler so nachahmungswürdig werden, daß er nicht einmal veralten, und überschritten werden müßte. Der reine Wert jedes Einzelnen wirkt ewig mit fort: aber die Eigentümlichkeit auch des Größten verliert sich in dem Strome des Ganzen. Wenn wir aber unter *klassischen Schriften einer Nation* nur solche verstehen, die in irgendeiner nachahmungswürdigen Eigenschaft noch nicht übertroffen sind, bis dahin also Urbilder bleiben sollen: so haben die Deutschen deren so gut, wie die übrigen gebildeten Völker Europas. Auch solche, die eigentlich der *Nation* angehören, und durch ihre Allgemeinheit in Gehalt und Geist ein eigentümliches, bleibendes Gemeingut aller bildungsfähigen Mitbürger einer Sprache sind; wenn gleich weniger, wie andre Nationen. Sollen nehmlich klassische Schriften es nicht bloß für diese oder jene Zunft; sollen sie *allgemeine Urbilder* sein: so muß die Bildung, welche sie mitteilen, nicht bloß eine echte, aber einseitige, und bei gewissen Grenzen schechthin stillstehende, oder wohl gar umkehrende, sondern eine ganz allgemeine und fortschreitende sein; so muß ihre Richtung und Stimmung den Gesetzen und Forderungen der Menschheit entsprechen.

Auch *in Prosa.* Ja, eigentlich künstlerische Schriften sind wohl in unserm Zeitalter weit weniger geschickt, ein gemeinsames Eigentum aller gebildeten und bildungsfähigen Menschen zu sein. Zwar wirkt jene liebliche *Naturpoesie,* welche vielmehr ein freies Gewächs, als ein absichtliches Kunstwerk ist, auf alle, die nur allgemeinen Sinn haben, auch ohne besonders ausgebildetes Kunstgefühl; und auch der Roman geht darauf aus, die geistige, sittliche und gesellschaftliche Bildung wieder mit der künstlerischen zu vereinigen. Aber jene zarten Pflanzen wollen nicht auf jedem Boden wild wachsen, noch die Verpflanzung ertragen, oder in Treibhäusern gedeihen. Der höfliche Sprachgebrauch nennt auch vieles Poesie, was weder schönes Naturgewächs, noch schönes Kunstwerk, sondern bloße Äußerung und Befriedigung eines rohen Bedürfnisses ist. Sie ist allgemein, aber nicht im guten Sinne; nämlich, sie arbeitet für die große Mehrheit der Bildungslosen. Und der Roman ist in der Regel, wie ein lockrer Gesell, der unglaublich geschwind lebt, alt wird und stirbt. Überhaupt kann jede menschliche Kraft nur durch entschiedne Absonderung von allen übrigen zu echter Bildung gedeihen: jede solche Trennung des ganzen Menschen aber ist nicht für alle; sie erfordert mehr und leistet weniger, als zu einer allgemeinen Bildung notwendig ist.

Unter allen eigentlichen Prosaisten, welche auf eine Stelle in dem Verzeichnis der deutschen Klassiker Anspruch machen dürfen, atmet keiner so sehr den Geist freier Fortschreitung, wie *Georg Forster*. Man legt fast keine seiner Schriften aus der Hand, ohne sich nicht bloß zum Selbstdenken belebt und bereichert, sondern auch *erweitert* zu fühlen. In andern, auch den besten deutschen Schriften, fühlt man Stubenluft. Hier scheint man in frischer Luft, unter heiterm Himmel, mit einem gesunden Mann, bald in einem reizenden Tal zu lustwandeln, bald von einer freien Anhöhe weit umher zu schauen. Jeder Pulsschlag seines immer tätigen Wesens strebt *vorwärts*. Unter allen noch so verschiednen Ansichten seines reichen und vielseitigen Verstandes, bleibt *Vervollkommnung* der feste, durch seine ganze schriftstellerische Laufbahn herrschende Grundgedanke; ohngeachtet er darum nicht jeden Wunsch der Menschheit für sogleich ausführbar hielt (S. Ans. I, 351 folg.).

Fesseln, Mauern und Dämme waren nicht für diesen *freien* Geist. Aber nicht der Name der Aufklärung und Freiheit, nicht diese oder jene Form war es, woran er hing. Er erkennt und ehrt in seinen Schriften jeden Funken vom echten Geist gesetzlicher Freiheit, wo er ihn auch trifft: in unumschränkten Monarchien, wie in gemäßigten Verfassungen und Republiken; in Wissenschaften und Werken, wie in sittlichen Handlungen; in der bürgerlichen Welt, wie in der Erziehung und deren Anstalten (Ans. III, 221 folg.). Er redet für die Öffentlichkeit der bürgerlichen Rechtspflege (Ans. III, 32) so warm, wie gegen den gelehrten Zunftzwang und das Berufen auf das Wort des Meisters (Kl. Schr. IV, 369, 381 folg.). Auch das Vorurteil sollte nicht mit Gewalt bekämpft werden. Mit edlem, männlichem Eifer widersetzte er sich in der köstlichen Schrift *über Proselytenmacherei* der verfolgungssüchtigen Beschränktheit handwerksmäßiger Aufklärer, welche selbst in der Dämmerung tappen. Ihm stand es an, zu sagen (Kl. Schr. III, 226 folg.): »Frei sein, heißt Mensch sein.«

Bei jener rührenden Schilderung in den »Ansichten« (II, 233), wie er, nach einer Trennung von zwölf Jahren, das Meer, gleich einem alten Freunde, zum erstenmale wieder begrüßt habe, sagt er die merkwürdigen Worte: »Ich sank gleichsam unwillkürlich in mich selbst zurück, und vor meiner Seele stand das Bild jener drei Jahre, die ich auf dem Ozean zubrachte, und *die mein ganzes Schicksal bestimmten.*« – Für seinen Geist war die *Weltumseglung* vielleicht die wichtigste Hauptbegebenheit seines Lebens: dagegen die Trennung von Deutschland auf seine letzten Schriften keinen bedeutenden Einfluß gehabt; wohl aber, wider Recht und Billigkeit, auf die Beurteilung selbst der früheren. – War seine Reise mit Cook wirklich der Urkeim, aus welchem sich jenes freie Streben, jener weite Blick vielleicht erst später völlig entwickelte: so möchte man wünschen, daß junge Wahrheitsfreunde, statt der Schule, häufiger eine Reise um die Welt wählen könnten; nicht etwa nur, um die Verzeichnisse der Pflanzen zu bereichern, sondern um sich selbst zur echten Lebensweisheit zu bilden.

Eine solche Erfahrung bei solchen ursprünglichen Anlagen, einer offnen Empfänglichkeit, einem nicht gemeinen Maß analytischer Vernunft, und stetem Streben nach dem Unendlichen, mußte in der Seele des Jünglings den Grund zu jener Mischung und steten Verwebung von Anschauungen, Begriffen und Ideen legen, welche die Geisteswerke des Mannes so merkwürdig auszeichnete. Immer achtete er den Wert einer universellen Empfänglichkeit (Kl. Schr. V, 27), und lebendiger Eindrücke aus der Anschauung des Gegenstandes (Vorr. der Kl. Schr.) ganz so hoch, wie er es verdient. Wenn in seiner Darstellung gleich die Ordnung oft umgekehrt ist: so war für seinen Geist doch immer eine äußre Wahrnehmung das Erste, gleichsam der elastische Punkt. Er geht vom Einzelnen aus, weiß es aber bald ins Allgemeine hinüberzuspielen, und bezieht es überall aufs Unendliche. Nie beschäftigt er die Einbildungskraft, das Gefühl oder die Vernunft allein: er interessiert den ganzen Menschen. Alle Seelenkräfte aber in sich und andern gleich sehr und vereinigt auszubilden; das ist die Grundlage der *echten Popularität,* welche nicht bloß in konsequenter Mittelmäßigkeit besteht.

Dieses Weitumfassende seines Geistes, dieses *Nehmen aller Gegenstände im großen und ganzen* gibt seinen Schriften etwas wahrhaft Großartiges und beinah Erhabnes. Nur freilich nicht für diejenigen, welche das Erhabne allein in heroischen Phrasen erblicken können. Stelzen liebte Forster nicht, brauchte sie auch nicht. Er schreibt, wie man in der edelsten, geistreichsten und feinsten Gesellschaft am besten spricht.

Seine Werke verdienen ihre Popularität durch die *echte Sittlichkeit,* welche sie atmen. – Viele deutsche Schriften handeln von der Sittlichkeit: wenige sind sittlich. Wenige vielleicht in höherm Maß, wie Forsters; in ihrer Gattung wenigstens, keine. Zwar strengere Begriffe zu haben, ist wohlfeil, wenn es bloß Begriffe sind. Was er wußte, meinte und glaubte, war in Saft und Blut verwandelt. Wie in allen Stücken, so auch in diesem wird man Buchstaben und Namen ohne den Geist, in Forsters Schriften vergeblich suchen. Überall zeigt sich in ihnen eine edle und zarte Natur, reges Mitgefühl, sanfte und billige Schonung, warme Begeisterung für das Wohl der Menschheit, eine reine Gesinnung, lebhafter Abscheu alles Unrechts. Wenn sein Unwille sich zuweilen bei geringen Anlässen unverhältnismäßig lebhaft äußert: so kann doch das seltne *Übermaß sittlicher Reizbarkeit* an einem Erdensohne immer noch für einen schönen Fehler gelten. Dabei findet man seine Denkart fester, strenger und männlicher, als die beinah weibliche Milde seines Wesens, die gleich beim ersten Blick so sehr auffällt, vermuten ließ. Ein *lebendiger Begriff von der Würde des Menschen* ist in seinen Schriften gleichsam überall gegenwärtig. Dieses, und nicht jenes lügenhafte Bild des *Glücks,* das so lange am Ziele der menschlichen Laufbahn stand, »ist ihm die oberste Richtschnur aller sittlichen Urteile und der echte Wegweiser des Lebens« (Kl. Schr. VI, 316); wie sich doch von dem Ton des Zeitalters und der ausländischen Philosophie, in dem, und durch die er seine wissenschaftliche Bildung zuerst empfing, erwarten ließ. Nach diesem echt sittlichen Grundbegriff betrachtete er auch die Gegenstände der bürgerlichen Welt. Zwar könnte er nach einzelnen Stellen besonders etwas früherer Schriften (z.B. Kl. Schr. I, 191 folg.) zu behaupten scheinen, allgemeine Beglückung sei der Zweck des Staats. Nimmt man seine Gedanken aber, wie man überall bei ihm tun muß, im großen und ganzen: so ergibt sich, daß nichts seinem Kopfe und Herzen mehr widerstehen konnte, als die Lehre, der einsichtsvollere Herrscher dürfe die Untertanen zwingen, nach seiner Willkür glücklich zu werden. Dieses erhellt besonders aus dem Aufsatz *Über die Beziehung der Staatskunst auf das Glück der Menschheit.* Er ist fest überzeugt, daß auch die edelste Absicht unrechtmäßige Gewalt nicht beschönigen könne (Kl. Schr. VI, 214). Den freien Willen der einzelnen Bürger erklärt er, als notwendige Bedingung ihrer sittlichen Vervollkommnung, für das Heiligste (Kl. Schr. III, 6).

Freilich treibt er die Sittlichkeit nicht so handwerksmäßig, wie manche Erziehungskünstler und Meister der reinen Vernunft, welche sich nun einmal mit der ganzen Schwere ihres Wesens darauf gelegt haben. Der gesellschaftliche Schriftsteller, welcher die gesamte Menschheit umfassen soll, darf eine einzige wesentliche Anlage derselben nicht so einseitig auf Unkosten der übrigen ausbilden, wie es dem eigentlichen Sittenlehrer und Sittenkünstler von Rechts wegen erlaubt ist. Forster erkennt einen Wert, auch jenseits der Gesetze des Katechismus, und hält echte Größe, trotz aller Ausschweifungen, für Größe. Der erste Keim dieser natürlichen, aber seltnen Urteilsart, lag schon in seiner allgemeinen Vielseitigkeit, scheint sich jedoch erst später ganz entfaltet zu haben.

Seine Anbetung unerreichbarer und in ihrer Art einziger Vortrefflichkeit, kann schwärmerisch scheinen. Ja, man könnte ihm wirkliche Grundsätze der geistigen Gesetzlosigkeit aufzeigen; wenn jeder Zweifel, jeder Einfall, jede Wendung (wie Kl. Schr. VI, 96) ein Grundsatz wäre. Nur darf man nicht jeden übertriebenen Ausdruck gleich für ein Kennzeichen weichlicher Hingebung erklären; wiewohl er sich dem Genuß der schönen Natur leidend (Ans. III, 190) hingab, und hier die Zergliederung des Eindrucks für des Genusses Grenze hielt. Vielleicht nicht mit Unrecht. Seine bestimmte und bedingte Würdigung großer Menschen und Menschenwerke aber, die man nicht wie Natur genießen soll, ist ein Beweis von selbsttätiger Rückwirkung. Es darf nicht für Schwärmerei gelten, demjenigen einen unbedingten Wert beizulegen, was nur diesen oder gar keinen haben kann; oder an menschliche Größe überhaupt zu glauben, und zum Beispiel die Sittlichkeit der übergesetzlichen Handlungen des Brutus (Kl. Schr. IV, 367) und Timoleon (Kl. Schr. VI, 298) anzuerkennen.

Auch muß man nie über einzelne Worte mit ihm mäkeln. Leser, welche nicht dann und wann durch einen Hauch beleidigt werden, und über ein Wort mäkeln können, sind gewiß auch für die Schönheiten von der feineren Art stumpf. Nur soll man nicht alle Gegenstände durchs Mikroskop betrachten. Man sollte sich ordentlich kunstmäßig üben, eben sowohl äußerst langsam mit steter Zergliederung des Einzelnen, als auch schneller und in einem Zuge zur Übersicht des Ganzen lesen zu können. Wer nicht beides kann, und jedes anwendet, wo es hingehört, der weiß eigentlich noch gar nicht zu lesen. Man darf mit Grund voraussetzen, daß Forster oft auch mit polemischer Nebenabsicht gegen die herrschende Mikrologie und Unempfänglichkeit für genialische Größe den Ton hoch angab. Denn bei seiner Vielseitigkeit konnte ihm die »Rückseite des schönen Gepräges« (Ans. I, 68) selten ganz entgehen. Er kannte zum Beispiel die Grenzen von Gibbons Wert recht wohl (Kl. Schr. II, 289), ohngeachtet er seine Verkleinerer so unwillig straft. Denn nichts konnte ihn mehr aufbringen, als eine solche Verkennung des echten Verdienstes, welche neben der Beschränktheit und Verkehrtheit auch üblen Willen verrät. Wenn er diese Saite berührt, so bekommt seine sonst so friedliche und milde Denkart und Schreibart ordentlich schneidende Schärfe und polemischen Nerv. Edler, rühmlicher Eifer für alles Große, Gute und Schöne! Und ohne alle einseitige Vorliebe für eine Lieblingsgattung. Bereitwillig huldigte er dem echten Genie jeder Art. Franklin und Mirabeau, der Schauspieler Iffland und der sokratische Hemsterhuys, Raffael, Cook und Friedrich der Große fanden in einem und demselben Manne einen doch nicht oberflächlichen Bewundrer.

Wenn die sittliche Bildung alle Wollungen, Begehrungen und Handlungen umfaßt, deren Quelle und Ziel die Foderung ist, alles Zufällige in uns und außer uns durch den ewigen Teil unsres Wesens zu bestimmen, und demselben zu verähnlichen: so gehört dazu auch vornehmlich diejenige freie Handlung, durch welche der Mensch die Welt zur Gottheit adelt. Auch bei Forster ging der gegebne Glaube voraus, und veredelte sich erst später in einen freien, dem er aber nie

untreu ward. Er verabscheute auch hier die Geistesknechtschaft, und
haßte die geistliche Verfolgungssucht, samt ihrem gehässigen Unterschiede zwischen Orthodoxie und Heterodoxie (Ans. I, 95 – 98). Der
gänzliche Mangel an Schönheitsgefühl (Ans. I, 134), und die marklose
Schwäche des Charakters (Ans. I, 209), welche sich in der Frömmigkeit
nur allzuvieler Gläubigen zeigt, konnte ihm keine Achtung einflößen.
Er hielt das Schwelgen in himmlischen Gefühlen sehr richtig für ent-
mannende Seelenunzucht (Ans. I, 29 – 32), aber er glaubte standhaft
an die Vorsehung. Es ist nicht bloß die unendliche Lebenskraft der
allerzeugenden und allnährenden Natur, über die er sich oft mit der
Begeistrung ihrer geweihtesten Priester, eines Lukrez oder Büffon, in
Bewunderung ergießt. Auch die Spuren von dem Endzweck einer all-
gütigen Weisheit verfolgt er in der umgebenden Welt und in der Geschichte der Menschheit mit wahrer Liebe und mit jener nicht bloß
gesagten, sondern tief gefühlten Andacht, welche einige Schriften von
Kant und *Lichtenberg* so anziehend macht.

Aber nicht bloß diese und jene Ansicht, sondern die herrschende
Stimmung *aller* seiner Werke, ist echt sittlich. Sie ist es von der jung-
fräulichen Scheu vor dem ersten Fehltritt und der erbaulichen Nutzan-
wendung in »Dodds Leben«, welches man nicht ohne das Lächeln der
Zuneigung über seine jugendliche Arglosigkeit lesen kann, bis zu seinen
merkwürdigsten Empfindungen und Gedanken über die furchtbarste
aller Naturerscheinungen der sittlichen Welt, welche, außer dem Anschein der größten weltbürgerlichen Wichtigkeit, schon durch ihre
Einzigkeit und an Ausschweifungen jeder Art ergiebige Größe, die
vollste Teilnahme seines Beobachtungsgeistes an sich ziehn mußte, in
den »Parisischen Umrisse« und in den *letzten Briefen.*

Was soll man an diesen Briefen mehr bewundern und lieben? Den
Scharfsinn? Den großen Blick? Die rührende Herzlichkeit des Ausdrucks? Die unerschütterliche Rechtlichkeit und Redlichkeit der
Denkart? Oder die sanfte, milde Äußerung des tiefsten, oft Verzweiflung scheinenden Unmuts? – Am achtungswürdigsten ist es vielleicht,
daß bei einem Anblick, wo hohle Vernünftler, wie der Pöbel, sobald
es über eigne Gefahr und Klugheit hinausgeht, nur über das Unglück
zu deklamieren pflegen; wo Menschen, die nur gutartig, nicht sittlich
sind, sich höchstens bis zum Mitgefühl mit der leidenden Tierheit erheben; er nur um die Menschheit trauert, und allein über die sittlichen
Greuel zürnt, deren Anblick sein Innres zerriß. Das ist echte Männlich-
keit.

Wenn die rückständigen Briefe diesen entsprechen: so wird die
deutsche Literatur durch die *vollständigere Sammlung der Forsterschen
Briefe,* zu der bei Bekanntmachung der letzten Hoffnung gegeben ward,
mit einem in jeder Rücksicht lehrreichen, köstlichen, und in seiner
Art einzigen Werke bereichert werden.

Man hat es unbegreiflich gefunden, daß die »Parisischen Umrissen«
parisisch sind, daß sie Farbe des Orts und der Zeit verraten; und un-

verzeihlich, daß der denkende Beobachter das Unvermeidliche notwendig fand. Es ist nicht bloß von den armen Sündern[1] die Rede, welche Forsters Schriften nach seinen bürgerlichen Verhältnissen beurteilt haben. Menschen, deren erstes und letztes Prinzipium alles Meinens und Handelns, deren Gott die *Wetterfahne* ist, verdienen kaum Erwähnung, geschweige denn zergliedernde Widerlegung. Selbst von gebildeten, denkenden Männern erwartet man oft vergebens, daß ihnen der himmelweite Unterschied zwischen der Sittlichkeit eines Menschen und der Gesetzmäßigkeit seiner Handlungen geläufig wäre. Sogar ein, wie es scheint, rechtlicher, aber wenigstens hier oberflächlicher Beurteiler hat die »Umrisse« unsittlich, die letzten *Briefe* leichtsinnig gefunden[2]. Und es ließ sich doch mit *einem* einzigen *Blick auf den ganzen schriftstellerischen Forster* erkennen, daß man hier kein Wort genauer nehmen dürfe, als wir es im raschen Gedränge des Lebens und im lebhaften Gespräch zu nehmen pflegen. »Ist es nicht Torheit, sagt er einmal in den »Ansichten« (III, 218), die Schriftsteller richten zu wollen, wegen einzelner Empfindungen eines Augenblicks, wo man vielmehr ihre Offenherzigkeit, das Herz des Menschen aufzudecken, bewundern sollte? Die schnellen tausendfachen Übergänge in einer empfänglichen Seele zählen zu wollen, die sich unaufhörlich jagen, wenn Gegenstände von außen, oder durch ihre lebhafte Fantasie hervorgerufen, auf sie wirken, wäre wirklich verlorne Mühe.«

Für ein Lehrgebäude mag die gänzliche Freiheit auch von den geringsten Widersprüchen die wesentlichste Haupttugend sein. An dem einzelnen ganzen Menschen aber im handelnden und gesellschaftlichen Leben entspringt diese Gleichförmigkeit und Unveränderlichkeit der Ansichten in den meisten Fällen nur aus blinder Einseitigkeit und Starrsinn, oder wohl gar aus gänzlichem Mangel an eigner freier Meinung und Wahrnehmung. Ein Widerspruch vernichtet das System; unzählige machen den Philosophen dieses erhabenen Namens nicht unwürdig, wenn er es nicht ohnehin ist. Widersprüche können sogar Kennzeichen aufrichtiger Wahrheitsliebe sein, und jene *Vielseitigkeit* beweisen, ohne welche Forsters Schriften nicht sein könnten, was sie doch in ihrer Art sein sollen und müssen.

Mannichfaltigkeit der Ansichten scheint flüchtigen, oder an Lehrgebäude gewöhnten Beobachtern gern gänzlicher Mangel an festen *Grundbegriffen.* Hier war es aber wirklich leicht, diejenigen wahrzunehmen, welche unter dem Wechsel der verschiedensten Stimmungen, und selbst bei entgegengesetzten Standpunkten, in den »Umrissen« wie in den *Briefen,* unveränderlich bleiben. Und welche Grundbegriffe sind es, an denen F. so standhaft aushielt? – Die unerschütterliche

1   Wie der Rezensent der *Ansichten* in der Jenaischen A. L. Z. 93. nro. 202, 203; und der *Erinnerungen* eben daselbst, 94. nro. 62.

2   In der Anzeige der *Friedenspräliminarien* in der Jen. A. L. Z. 94. nro. 371, 372.

Notwendigkeit der Gesetze *der Natur,* und die unvertilgbare *Vervoll-kommnungsfähigkeit des Menschen:* die beiden Pole der höhern politischen Kritik! Sie herrschen allgemein in allen seinen *politischen Schriften,* welche deshalb um so mehr Wert für uns haben müssen, da auch viele unsrer besseren Geschichtskünstler nur wie Staatsmänner die Klugheit einzelner Entwürfe und Handlungen würdigen, zu wenig Naturforscher sind. Die gründlichsten Naturrechtslehrer hingegen sind oft im Gebiet der Erfahrung am meisten fremd, in deren Labyrinth man sich doch nur an dem Leitfaden jener Begriffe finden lernt.

In dem Wesentlichsten, dem *Gesichtspunkt,* sind also diese hingeworfnen Umrisse ungleich historischer, als manches berühmte und bändereiche Werk über die Französische Revolution. Über einzelne Äußerungen kann natürlich jeder, der die Zeitungen innehat, jetzt Forstern eines Bessern belehren. Der Wert seiner treffendsten und feinsten Beobachtungen aber kann nur von wenigen erkannt werden, weil ihre Gegenstände zugleich sehr geistig und sehr umfassend sind. Ist seine Ansicht aber auch durchaus schief und unwahr: so ist sie doch nicht unsittlich. Dieselben Verbrechen und Greuel, welche dem beobachtenden Naturforscher mit Recht nur für eine Naturerscheinung galten, empörten sein sittliches Gefühl. Nirgends hat er nur versucht, sie wegzuvernünfteln; oft selbst in den »Umrissen« laut anerkannt. Auch konnte ihm wohl die leichte Bemerkung nicht entgehen, daß der stete Anblick vergossenen Menschenbluts, Menschen, die nur zahm, nicht sittlich sind, fühllos und wild mache. Nur mußte er es freilich beschränkt finden, daß so viele in der reichhaltigsten aller Naturerscheinungen nur allein das wahrnehmen wollten (Kl. Schr. VI, 383). Hatte er so ganz unrecht zu glauben, daß man vieles zu voreilig den Handelnden zurechne, was aus der Verkettung der Umstände hervorging (Kl. Schr. VI, 347, 385)? Doch war er nicht von denen, welche die Naturnotwendigkeit bis zum Unsittlichen anbeten, und im dumpfen Hinbrüten über ein hohles Gedankenbild von unerklärlicher Einzigkeit endlich selbst zu forschen aufhören. Er unterschied das Zufällige, und sagt ausdrücklich:»Was die Leidenschaften hier unter dem Mantel der unerbittlichen Notwendigkeit gewirkt haben mögen, wird der Vergeltung nicht entgehen« (VI, 384). Welche Eigenschaften sind es denn, die er am meisten rühmt, deren Annäherung er wahrzunehmen glaubt, hofft oder wünscht? – Vaterlandsliebe (S. 358), allgemeine Entsagung, große Selbstverleugnung (S. 380), Unabhängigkeit von leblosen Dingen (S. 355), Einfalt in den Sitten (S. 356), Strenge der Gesetze (S. 357). – Darf man auf den endlichen Umsturz des allgemeinen herrschenden Egoismus (S. 351, 352) auch nicht einmal *hoffen?* Oder ist vielleicht schon das ein Verbrechen, daß die Französische Revolution samt allen ihren Greueln, Forstern den festen Glauben an die Vorsehung dennoch nicht zu entreißen vermochte? Daß er es, was von diesem Glauben unzertrennlich ist, mit der Beobachtung der Weltbegebenheiten *im großen und ganzen* hielt (Kl. Schr. VI, 365, 366)?

Daß er auch hier die »Rückseite des Gepräges« kannte, läßt schon jene Vielseitigkeit seines Geistes erwarten, womit er unter andern in der merkwürdigen Stelle einer frühern Schrift, nachdem er die engländische Verfassung soeben mit Wärme gepriesen hat, auf »den Gesichtspunkt deutet, aus welchem ihre Vorzüge zu unendlich kleinen Größen hinabsinken« (Ans. III, 159, 160). Die *gleichzeitigen* letzten *Briefe beweisen* es. Denn wahr ists, in den »Umrissen« sucht er alles zum Besten zu kehren. Auch nimmt er bis auf die geringsten Kleinigkeiten absichtlich die Person und den Ton eines französischen Bürgers an. Das letzte ist nur eine schriftstellerische Wendung, um lebhafter zu polemisieren: denn in den letzten Briefen redet ein echter Weltbürger, deutscher Herkunft. Überhaupt liebte er es auch in allgemeinen Abhandlungen nicht, allein zu lehren. Seine dramatisierende Einbildungskraft schuf sich gern Gegner, wenn er einen Gegenstand von mehr als einer Seite beleuchten wollte (Kl. Schr. VI, 262). Und nicht zum Schein: er lieh ihnen starke Gründe und lebhaften Vortrag. Diese Manier seines Geistes kann man unter andern auch in dem Aufsatz über die *Beziehung der Staatskunst auf das Glück der Menschheit* studieren.

Wenn man nicht gar leugnen will, daß es für einige Gegenstände verschiedne Gesichtspunkte gebe: so muß man auch zugeben, daß ein redlicher Forscher solche Gegenstände absichtlich aus entgegengesetzten Standorten betrachten dürfe.

In Rücksicht auf *die alles zum Besten kehrende im großen und ganzen nehmende Art zu sehen und zu würdigen,* sind, so paradox es auch klingen mag, die »Kritischen Annalen der englischen Literatur« die beste Erklärung und Rechtfertigung der »Parisischen Umrisse«. Sie herrscht auch hier, und mit Recht; denn nichts ist unhistorischer, als bloße Mikrologie ohne große Beziehungen und Resultate. Doch nie greift er zu solchen Lizenzen, wie sich Philosophen der alten und neuen Zeit, und solche, die des Namens gewiß nicht am unwürdigsten sind, in der Erklärung heiliger Dichter und alter Offenbarungen erlaubt haben. Es war nicht Zufall. Er wußte recht gut um die »Lindigkeit, mit der er hier das kritische Zepter führte« (Kl. Schr. V, 199). Man vergleiche nur einige seiner eigentlichen *Rezensionen* mit den ungleich milderen Urteilen in jenen allgemeinen Übersichten; zum Beispiel die von Robertsons Werk über Indien. Viele sind mehr Anzeigen als Beurteilungen; einige beweisen, daß er auch streng würdigen konnte, und daß er in jenen Jahrbüchern nicht bloß aus Charakter, sondern aus Grundsatz, so mild urteilt. Aus diesem Gesichtspunkt muß man auch einige Äußerungen über verschiedene Gegenstände der deutschen Literatur nehmen, deren schwache Seiten er übrigens sehr gut kannte (Kl. Schr. V, 31, 32, 41–63 folg.).

Solche *kritische Annalen* in großem Stil und Gesichtspunkt, wären eins der dringendsten, aber schwerer zu befriedigenden Bedürfnisse *der deutschen Literatur.* Die Deutschen sind ein rezensierendes Volk; und in den sämtlichen Werken eines deutschen Gelehrten wird man eine Sammlung von Rezensionen ebenso zuversichtlich suchen, als eine Auswahl von Bonmots in denen eines Franzosen: aber wir kennen fast nur die mikrologische Kritik, welche sich mit einer mehr historischen Ansicht nicht verträgt. Die allzu große Nähe des besondern Gegenstandes, worauf die Seele jedes einzelnen, als auf ihren Zweck, sich konzentriert, verbirgt ihr auch des Ganzen Zusammenhang und Gestalt. Vielleicht sind beide Arten von Kritik gleich notwendig; gewiß aber sind sie subjektiv und objektiv durchaus verschieden, und sollten daher immer ganz getrennt bleiben. Es ist nicht angenehm, da, wo man gründlich, ja mikrologisch zergliedernde Prüfung erwartete, wenn etwa ein Günstling an die Reihe kommt, mit weltbürgerlichen Phrasen und den Manieren der Historie abgefertigt zu werden.

Ebenso widersinnig ist es, wenn man ohne Vorkenntnis der einzelnen Schrift eines Autors rezensierend zu Leibe geht, für den, vielleicht eben darum, weil er Charakter hat, nur durch wiederholtes Studium aller seiner aus und in einem Geist gebildeter Werke, der eigentliche Gesichtspunkt gefunden werden kann, auf den doch alles ankommt. Auch ohne Leidenschaft oder üblen Willen muß das Urteil dann wohl grundschief ausfallen. Nur das Gemeine verkennt man selten. Es wäre endlich Zeit, dem Gegenstand, welchen die Beurteiler so lange nur seitwärts angeschielt haben, auch einmal von vorn grade ins Auge zu schauen.

Es ist das allgemeine und unvermeidliche Schicksal *geschriebner Gespräche,* daß ihnen die Zunftgelehrten übel mitspielen. Wie breit und schwerfällig haben sie zum Beispiel von jeher die *Sokratische Ironie* mißdeutet und mißhandelt, auf die man anwenden könnte, was Plato vom Dichter sagt: Es ist ein zartes, geflügeltes und heiliges Ding. Auch Forster kennt die feinste Ironie, und von groben Händen wird sich der flüchtige Geist seiner *geschriebnen Gespräche* nie greifen lassen. Denn *das* sind alle seine Schriften, fast ohne Ausnahme; ohnerachtet der Ausdruck noch lange nicht so abgerissen, hingeworfen und keck ist, wie in ähnlichen Geisteswerken der lebhafteren Franzosen: sondern periodischer, wie es einem Deutschen ziemt.

Es verlohnt sich wohl der Mühe, Forsters Schriften nicht zu verkennen. Wenige deutsche sind so allgemein geliebt. Wenige verdienen es noch mehr zu werden. Sie vollständig zergliedern, hieße den Begriff eines in seiner Art vortrefflichen *gesellschaftlichen Schriftstellers* entwickeln. Und in weltbürgerlicher Rücksicht stehen diese, deren Bestimmung es ist, *alle* wesentlichen Anlagen des Menschen anzuregen, zu bilden und wieder zu vereinigen, oben an. Diese für das ganze Geschlecht wie für einzelne, unbedingt notwendige *Wiedervereinigung* aller der Grundkräfte des Menschen, welche in Urquell, Endziel und Wesen eins und unteilbar, doch verschieden erscheinen, und getrennt wirken und sich bilden müssen, kann und darf auch nicht etwan *aufgeschoben* werden, bis die Vervollkommnung der einzelnen Fertigkeiten durchaus vollendet wäre; das hieße, *auf ewig.* Sie muß mit dieser zugleich, als gleich heilig, und zu gleichen Rechten, verehrt und befördert werden; wenn auch nicht durch dieselben Priester. Weltbürgerliche, gesellschaftliche Schriften sind also ein ebenso unentbehrliches Mittel und Bedingnis der fortschreitenden Bildung, als eigentlich wissenschaftliche und künstlerische. Sie sind die *echten Prosaisten;* wenn wir nehmlich unter *Prosa* die grade allgemeine Heerstraße der gebildeten Sprache verstehn, von welcher die eigentümlichen Mundarten des Dichters und des Denkers nur notwendige Nebenwege sind.

Die allgemeine Vorliebe für Forsters Schriften ist ein wichtiger Beitrag zu einer künftigen *Apologie des Publikums* gegen die häufigen Winke der Autoren, daß das Publikum sie, die Autoren, nicht wert sei. Jeder, vom Größten zum Geringsten, meint auf das wehrlose Geschöpf unritterlich und unbarmherzig losschlagen zu müssen. Mehrere haben ihm sogar ins Ohr gesagt, was der Gottesleugner bei Voltaire dem höchsten Wesen: »Ich glaube, du existierst nicht.« – Indessen stehn doch nicht bloß einzelne Leser auf einer hohen Stufe, wo sie der Schriftsteller nicht gar viele antreffen möchten. Selbst das große, allgemein verachtete Publikum hat nicht selten, wie auch hier, durch die Tat richtiger geurteilt, als diejenigen, welche die Fabrikate ihres Urteilstriebes öffentlich ausstellen. – Freilich mögen viele wohl nur blättern, um die Zeit zu töten, oder um doch auch zu hören, und mitsprechen zu können. Die Gründlicheren hingegen lesen oft zu *kaufmännisch.* Sie sind unzufrieden mit einer Schrift, wenn sie nicht am Ende sagen können: *Valuta habe bar und richtig empfangen.* Kaum können Autoren, die sich nur durch bedingtes Lob geehrt finden, seltner sein, wie Leser, die ohne Passivität bewundern, und dem in seiner bestimmten Art Vortrefflichen die Abweichungen und Beschränkungen verzeihen können, ohne die es doch nicht sein würde, was es Gutes und Schönes ist, und sein soll.

Je vortrefflicher etwas in seiner Art ist, je mehr ist es auf sie beschränkt. Fodert von Forsters Schriften jede eigentümliche Tugend ihrer Gattung; nur nicht auch die aller übrigen. An der vornehmsten kommt kein andrer deutscher Prosaist ihm auch nur nahe; an Weltbürgerlichkeit, an Geselligkeit. Keiner hat in der Auswahl der Gegenstände, in der Anordnung des Ganzen, in den Übergängen und Wendungen, in Ausbildung und Farbe, so sehr die Gesetze und Foderungen der gebildeten Gesellschaft erfüllt und befriedigt, wie er. Keiner ist so ganz gesellschaftlicher Schriftsteller, wie er. *Lessing* selbst, der Prometheus der deutschen Prosa, hat seine genialische Behandlung sehr oft an einen so unwürdigen Stoff verschwendet, daß er scheinen könnte, ihn aus echtem Virtuoseneigensinn eben deswegen gewählt zu haben.

Wie in einem streng wissenschaftlichen und eigentlich künstlerischen Werke vieles sein muß, was der gebildeten Gesellschaft gleichgültig oder anstößig ist: so darf auch das gesellschaftliche Werk nach jenem Maßstabe in Gehalt und Ausdruck vieles zu wünschen übrig lassen, und kann doch in seiner Art klassisch, korrekt und selbst genialisch sein.

Die meisten können sich das *Klassische* gar nicht denken, ohne Meilenumfang, Zentnerschwere und Äonendauer. Sie fodern die Tugend ihrer Lieblingsgattung auch von allen übrigen. Sie könnens nicht begreifen, daß ein Gartenhaus anders gebaut werden müsse, wie ein Tempel. – Einen Tempel baut man auf Felsengrund; alles von Marmor, aus dem gediegensten und vornehmsten Stoff; den festen Gliederbau des einfachen und großen Ganzen in Verhältnissen, welche nach tausend Jahren so richtig und schön sind, wie heute. Also auch umfassende Werke geschichtlicher Kunst, die einigen das Höchste scheinen, was der menschliche Geist zu bilden vermag. In einem solchen würde freilich der lose Zusammenhang des immer verwebten Besondern und Allgemeinen in Forsters Schriften schlaff und unwürdig scheinen. Manches, was hier an seiner Stelle eben das Beste ist, wie die Einleitungen zu»Cook, der Entdecker«, »Botanybay« und dem Aufsatz *über Nordamerika*, würde dort ein unverzeihlich üppiger Auswuchs sein.

Noch eher leidlich ist jene Verkehrtheit wohl, wenn sie aus einseitiger Liebhaberei für *eine* besondre Art entspringt. Oft sind es aber gewiß die nehmlichen, die Forstern, als zu leicht für sie, zurückschieben, welche auch *Winckelmanns* und *Müllers* Meisterwerke wegen der Schwerfälligkeit vernachlässigen. Sie wollen Rosen vom Eichbaum pflücken, und wehklagen, daß man aus Rosenstöcken keine Kriegsschiffe zimmern könne:

– – unkundig dessen, was möglich
Sei, und was nicht: auf welcherlei Art die Gewalt einem jeden
Sei umschränkt, und wie fest ihm die scharfe Grenze gesteckt sei.

Dem Vorurteil, daß solche leichte gesellschaftliche Werke, deren Leichtigkeit nicht selten die Frucht der größten Kunst und Anstrengung ist, überhaupt nicht *dauern* könnten, widerspricht die Geschichte besonders derjenigen alten Urschriften, die immer noch neu sind. Die *zarten Gewebe der Sokratischen Muse* zum Beispiel, an die wir uns in einer Charakteristik der Forsterschen Schriften wohl erinnern dürfen, haben viele Jahrhunderte wirksam gelebt, und sind nach einem langen Winterschlaf wieder zu neuer Jugend erwacht, während so manche schwere Arbeit in dem Strom der Zeit untersank.

Aber ich möchte das doch zweifelhafte und ominöse Merkmal der Unsterblichkeit am liebsten ganz aus unserm Begriff vom Klassischen entfernt wissen. Möchten doch Forsters Schriften recht bald so weit übertroffen werden, daß sie überflüssig, und nicht mehr gut genug für uns waren; daß wir sie von Rechts wegen *antiquieren* könnten!

Bis jetzt aber ist er in den wesentlichsten Eigenschaften eines klassischen Prosaisten noch nicht übertroffen; in andern kann er mit den Besten verglichen werden. Jene Eigenschaften sind um so nachahmungswürdiger, da es dieselben sind, welche am sichersten allgemein wirken, und doch im Deutschen am seltensten und am schwersten erreicht werden können. Forster bewies auch darin seine universelle Empfänglichkeit und Ausbildung, daß er französische Eleganz und Popularität des Vortrags, und engländische Gemeinnützigkeit, mit deutscher Tiefe des Gefühls und des Geistes vereinigte. Er hatte sich diese ausländischen Tugenden wirklich ganz zugeeignet. Alles ist aus Einem Stück in seinen Schriften, und hat deutsche Farbe. Denn er blieb ein Deutscher; noch zuletzt in Paris fühlte er seine Deutschheit sehr bestimmt.

Will man nur das Fehlerfreie *korrekt* nennen: so sind alle vom Weibe Gebornen notwendig inkorrekt;

So ist es jetzt, so war es zuvor, und so wird es stets sein.

Ist aber jedes Werk korrekt, welches *dieselbe* Kraft, die es hervorbrachte, auch wieder rückwirkend durchgearbeitet hat, damit sich Innres und Äußres entspreche: so darf man in F.s Schriften auch nur jene *gesellschaftliche* Korrektheit suchen, welche die glänzende Seite der französischen Literatur und in ihr einheimisch ist. Man wird sie auch in F.s Schriften nicht vermissen: er hatte sie an der Quelle studiert (Kl. Schr. V, 261, 266, 344, 345). Sie ist es, die, wie sich auch an manchem französischen Produkt bewährt, an echt künstlerischen oder wissenschaftlichen Werken oft eben das Beste abschleifen würde. Einige deutsche Autoren hätten daher nicht versuchen sollen, was doch vergeblich war: sie da zu erreichen, wo sie nicht hingehört: denn Anmut läßt sich nicht errechnen, noch eine ungesellige Natur durch Zwang plötzlich verwandeln.

Zwar verliert sich sein Ausdruck je zuweilen ins Spitzfindige und Geschrobene. Das ist nicht Affektation, wie es mir scheint: sondern es entsprang lediglich aus dem arglosen und herzlichen Bestreben, sich ganz und offen mitzuteilen, und auch das Unaussprechliche auszusprechen. Wenn er hie und da seine Andacht lauter verrichtet, als es Sitte ist: so darf uns das wohl ein *Lächeln* abnötigen. Nur beklage ich den, welcher diese liebenswürdige kleine Schwachheit von jener eigentlichen *Schminke* nicht unterscheiden kann, in der eine tief verderbte Seele auch vor sich selbst im Spiegel ihres Innern erscheinen muß! – Vorzüglich finden sich solche Gezwungenheiten, worein auch wohl sonst natürliche und nicht ganz unbeholfne Menschen im Anfange eines Gesprächs aus gegründeter Furcht vor dem Platten zu verfallen pflegen, in den Einleitungen und Eingängen, oder wo er seines Tons noch nicht ganz Meister war. So ist weit mehr Koketterie in dem Aufsatz *über Leckereien* sichtbar, als in den *Erinnerungen,* die von ähnlicher Manier und Farbe der Schreibart, aber ungleich vollendeter sind. Dieses Werk, in der ganzen deutschen Literatur das einzige seiner Art, übertrifft alle übrigen an Glanz des Ausdrucks, an feiner Ironie, und an verschwenderischem Reichtum überraschend glücklicher Wendungen. Und doch war es keine leichte Aufgabe, sich hier zwischen Scylla und Charybdis durchzuwinden, nie die Aufrichtigkeit zu beleidigen, und doch keine

Schicklichkeit zu verletzen! – Gewiß aber ist in Forsters Schriften nur sehr weniges, was nicht in der besten Gesellschaft gesagt werden dürfte. Der Ausdruck ist edel, zart, gewählt und gesellig. Er läßt uns oft wie ein heller Kristall auf den reinen Grund seiner Seele blicken.

Der *Gehalt* eines gesellschaftlichen Schriftstellers darf ebensowenig nach strengwissenschaftlichem und künstlerischem Maßstabe gewürdigt werden, wie der Ausdruck. Der gesellschaftliche Schriftsteller ist schon von Amts wegen gleichsam verpflichtet, wie ich weiß nicht welcher Magister seine Dissertation überschrieb, *von allen Dingen, und noch von einigen andern*, zu handeln. Er kann gar nicht umhin, ein *Polyhistor* zu sein. Wer nirgends fremd ist, kann auch nirgends ganz angesiedelt sein. Man kann nicht zugleich auf Reisen sein, und seinen Acker bestellen. – Auch wird der freie Weltbürger sich schwerlich in eine enge Gilde einzunften lassen.

Kenner und Nichtkenner haben Forsters Kunsturteile vielfältig, hart, und zwar im einzelnen getadelt. Man hätte lieber kürzer und strenger gradezu gestehen sollen, daß ihm eigentliches *Kunstgefühl* für die Darstellungen des Schönen, welches einer isolierten Ausbildung durchaus bedarf, ganz fehle; auch in der Poesie. Keine Vollkommenheit der Darstellung konnte ihn mit einem Stoff aussöhnen, der sein Zartgefühl verletzte, seine Sittlichkeit beleidigte, oder seinen Geist unbefriedigt ließ. Immer bewunderte und liebte er im Kunstwerk den großen und edlen Menschen, die erhabene oder reizende Natur. Denn wie tief und lebendig das von jenem Kunstgefühl wesentlich verschiedne *Naturgefühl* in ihm war, davon geben viele unnachahmlich wahre Ergießungen in seinen Schriften vollgültiges Zeugnis. Auch für schöne dichterische Naturgewächse hatte er viel Sinn. Das beweist schon die Art, wie er eins der köstlichsten, die »Sakontala« auf vaterländischen Boden verpflanzte.

Als eigentümliche Ansicht dagegen ist Forsters *Kunstlehre* sehr interessant; schon darum, weil sie so ganz eigen und selbst gefühlt ist; vornehmlich aber, weil sie ihren Gegenstand aus dem notwendigen Gesichtspunkt der gebildeten Gesellschaft betrachtet, welche es nie weit genug in der Kennerschaft bringen wird, um über den künstlerischen Wert, die Gerechtsame und Foderungen der Sittlichkeit und des Verstandes zu vergessen. So wird der gesellschaftliche Mensch im wesentlichen immer denken; und als die deutlich ausgesprochne Stimme einer so ursprünglichen und ewigen Klasse der freien Natur hat F.s Kunstansicht einen sehr allgemeinen, bleibenden Wert. Jenes allgepriesene Kunstgefühl aber dürfte ein Rigorist selbst bei vielen vermissen, die stets Gedichte schreiben; bei vielen, die, was jene gearbeitet haben, wenn es gedruckt ist, erläutern.

Die wesentlichen *Grundgesetze* derjenigen *künstlerischen Sittlichkeit,* ohne welche der Künstler auch in der Kunst sinken, und seine künstlerische Würde und Selbstständigkeit verlieren muß, hat F. nicht nur mit der Wärme eigner Empfindung vorgetragen, sondern auch, insofern er selbst ein Künstler war, treu befolgt. Er durfte sagen: »Der Künstler, der nur für Bewunderung arbeitete, ist kaum noch Bewunderung wert.« (Ans. I, 127.) »Ihn muß vielmehr, nach dem Beispiele der Gottheit, der Selbstgenuß ermuntern und befriedigen, den er sich in seinen eignen Werken bereitet. Es muß ihm genügen, daß in Erz, in Marmor, auf der Leinwand oder in Buchstaben seine große Seele zur Schau liegt. Hier fasse, wer sie fassen kann!« (Ans. I, 84, 85, 176, 177.)

Auch von der Kunst selbst hatte er so hohe, würdige Begriffe, wie sich mit jener gesellschaftlichen Vielseitigkeit nur immer vertragen. Solche herrschen auch in dem Aufsatz: *Die Kunst und das Zeitalter*. Die darin entworfene *Ansicht der Griechen*, die er vorzüglich von Seiten der urbildlichen und unerreichbaren Einzigkeit ihrer Kunst faßte, mag, im ganzen genommen, unter den oberflächlichen leicht am richtigsten treffen. Bei seiner ursprünglich naturwissenschaftlichen und gesellschaftlichen Bildung; bei seinen herrschenden Grundgedanken von Fortschreitung und Vervollkommnung bleibt es eine herrliche Bestätigung seiner unglaublich großen Vielseitigkeit, daß er die Begriffe von urbildlicher Schönheit, und unerreichbar einziger Vollendung so lebendig auffassen, und seinem Wesen gleichsam ganz einverleiben konnte; ohngeachtet er die lähmende Idee des *Unverbesserlichen* mit Recht verabscheute, und behauptete, »daß, wenn ein solches Unding, wie ein *vollkommnes System*, möglich wäre, die Anwendung desselben für den Gebrauch der Vernunft dennoch gefährlicher als jedes andere werden müßte.« – Das Einzelne aber in jener Ansicht der Griechen sollte man ihm um so weniger strenge auf die Waage legen, da es ohnehin eine allgemeine Liebhaberei der deutschen Autoren ist, die Geschichte des Altertums zu erfinden; auch solcher, die in der gesellschaftlichen Natur ihrer Schriften durchaus keine Entschuldigung finden können[3]. – Warum will man doch alles von allen fodern! – Soll die *Philologie* als strenge Wissenschaft und echte Kunst getrieben werden: so erfodert sie eine ganz eigene Organisation des Geistes; nicht minder, als die eigentliche Philosophie, bei der man es doch endlich einzusehn anfängt, daß sie nicht für jedermann ist.

Unleugbar aber war Forster ein *Künstler* im vollsten Sinne des Worts, wenn man es nur überhaupt in seiner Gattung sein kann. Selbst das *wirkliche* Gespräch kann ein Kunstwerk sein, wenn es durch gebildete Fertigkeit zur höchsten Vollendung in seiner Art geführt wird, und in Stoff und Gestalt ursprünglichen geselligen Sinn und Begeisterung für die höchste Mitteilung verrät. Ein Kunstwerk: ebenso gut, wie das auch vorübereilende Schauspiel; der Gesang, welcher selbst verhallend nur in der Seele bleibt; und der noch flüchtigere Tanz. Von einem solchen

---

3   Auch solcher, die sich ausdrücklicher zu Altertumslehrern aufwarfen. *Moritz* zum Beispiel würde vortrefflich über die Alten geschrieben haben, wenn er sie gekannt hätte: aber es fehlt nur wenig, daß er sie gar nicht kannte.

Gespräch kann gelten, was F. so köstlich von der »Vergänglichkeit« gesagt hat, welche »der Schauspielkunst mit jenen prachtvollen Blumen gemein ist, deren Fülle und Zartheit alles übertrifft, die in einer Stunde der Nacht am Stengel der Fackeldistel prangen, und noch vor Sonnenaufgang verwelken« (Ans. 1, 87, 88). Wer es vollends versucht, dem schönen Gespräch, dieser flüchtigsten aller Schöpfungen des Genius, durch die *Schrift* Dauer zu geben, muß eine ungleich größere Gewalt über die Sprache, dieses unauslernbarste und eigensinnigste aller Werkzeuge besitzen, indem er die Nachhülfe der mitsprechenden Gebärde, Stimme und Augen entbehrt. Auch muß er, um die Bestandteile, die er aus dem Leben nahm, oder die in seiner dramatisierenden Einbildungskraft von selbst entstanden, zu ergänzen und zu ordnen, mehr oder weniger auch erfinden, absichtlich darstellen, dichten.

Wenn aufrichtige und warme Wahrheits- und Wissenschaftsliebe, freier Forschungsgeist und stete Erhebung zu Ideen; wenn ein großer Reichtum der verschiedenartigsten Sachkenntnisse, die vielseitigste Empfänglichkeit und rückwirkende Selbsttätigkeit eines hellen Verstandes, feine Beobachtungsgabe, Entwicklungsfertigkeit, gesunde Vernunft, ein nicht bloß kühn, sondern auch treffend verbindender Witz, bei einem hohen Maß geistiger Mitteilungsfähigkeit; kurz, wenn die wesentlichsten Vorzüge der echten Lebensweisheit auf diesen schönen Namen hinreichende Ansprüche geben: so war Forster ein *Philosoph.*

Seine Gründlichkeit in den Naturwissenschaften, wo er wohl die ausgebreitetsten und genauesten Sachkenntnisse besitzen mochte, überlasse ich der Beurteilung der Kenner. Seine hervorspringendsten Eigenschaften, die große Übersicht (Kl. Schr. I, 410), der *Blick ins Ganze,* der feine Beobachtungsgeist, glänzen hier unstreitig nicht minder, wie überall sonst. Durch seine weltbürgerliche und geistvolle Behandlung und Darstellung, hat er die Naturwissenschaften in die gebildete Gesellschaft eingeführt. Durch vielfache Verwebung mit andern wissenschaftlichen Ansichten, hat er sie, wo nicht erweitert, doch verschönert; wie hinwiederum das Interessante seiner *politischen Schriften* durch ihren *naturwissenschaftlichen Anstrich* ungemein erhöht wird. F. hat auch das Verdienst um deutsche Kultur, daß er zur Verbreitung einer zweckmäßigen Lektüre in Reisebeschreibungen, die im ganzen genommen doch ungleich nahrhafter ist, als die der gewöhnlichen Romane, so viel wirkte. –

Indessen würde es mir doch eine unerklärliche Ausnahme vom Charakter seines Geistes scheinen, wenn er grade nur hier die Fähigkeit einer ganz wissenschaftlichen, durchgreifenden und streng durchgeführten *Methode* besessen hätte, die sich sonst nirgends zeigt. Denn so *voll* seine Schriften auch sind von geistigen Keimen, Blüten und Früchten: so war er doch kein eigentlicher *Vernunftkünstler;* auch würdigte er die Spekulation aus einem kosmopolitischen Gesichtspunkt (Kl. Schr. II, 9). Er ist nicht von denen, die mit schneidender Schärfe, in senkrechter Richtung, grade auf den Mittelpunkt ihres Gegenstandes losdringen, und, ohne zu ermatten, auch die längste Reihe der allgemeinsten Begriffe fest aneinander ketten und gliedern können.

Ihm fehlte das Vermögen, sein Innres bestimmt zu trennen, und sein ganzes Wesen wiederum in eine Richtung zusammenzudrängen und ausdauernd auf einen Gegenstand beschränken zu können; ja überhaupt die gewaltige *Selbstständigkeit* der schöpferischen Kraft, ohne die es unmöglich ist, ein großes wissenschaftliches, künstlerisches oder geschichtliches Werk zu vollenden.

Doch möchte ich darum das *Genialische* seinen Schriften nicht absprechen, wenn diejenigen Produkte genialisch sind, wo das Eigentümlichste zugleich auch das Beste ist; wo alles lebt, und auch im kleinsten Gliede der ganze Urheber sichtbar wird, wie er, um es zu bilden, ganz wirksam sein mußte; wie bei F.s Werken so offenbar der Fall ist. Denn *Genie* ist Geist, lebendige Einheit der verschiedenen natürlichen, künstlichen und freien Bildungsbestandteile einer bestimmten Art. Nun besteht aber das Eigentümliche eben nicht in diesem oder jenem einzelnen Bestandteil, oder in dem bestimmten Maß desselben: sondern in dem Verhältnis aller. Grade diese ursprünglichen und erworbenen Fähigkeiten mußten in diesem Maß und in dieser Mischung zusammentreffen, damit unter dem beseelenden Hauch des *Enthusiasmus*, welchen allein weder Natur noch Kunst dem freien Menschen *geben* können, etwas in seiner Art so Vortreffliches entstehen konnte. Eine so glückliche *Harmonie* ist eine wahre Gunst der Natur; unlernbar und unnachahmlich.

Dieselbe gesellige Mitteilung befreundete also noch die einfachsten Bestandteile seines innersten Daseins, welche in seinen Schriften lebt, und immer ein unter den mannichfachsten Gestalten oft wiederkehrender Lieblingsbegriff seines Geistes war. Man könnte diese gesellige Wendung seines Wesens selbst noch in dem glänzend günstigen Lichte zu erkennen glauben, worin er den Stand erblickt, welchen der Austausch sinnlicher Güter vorzüglich veranlaßt und begünstigt, den Verkehr auch der geistigen Waren und Erzeugnisse, in sich, am freiesten und gleichsam in der Mitte aller übrigen Stände, auszubilden, und in der umgebenden Welt zu befördern (Ans. I, 304, 305). – Die Verwebung und Verbindung der verschiedenartigsten Kenntnisse; ihre allgemeinere Verbreitung selbst in die gesellschaftlichen Kreise, hielt er für den eigentümlichsten Vorzug unsers Zeitalters (Ans. I, 65 folg.), und für die schönste Frucht des Handels (Ans. II, 426 – 429). In dem tätigen Gewühl einer großen Seestadt erblickt er ein Bild der friedlichen Vereinigung des Menschengeschlechtes zu gemeinsamen Zwecken des frohen, tätigen Lebensgenusses (Ans. II, 373). Die Wiedervereinigung endlich aller wesentlich zusammenhangenden (Kl. Schr. V, 23), wenngleich jetzt getrennten und zerstückelten Wissenschaften (Kl. Schr. III, 311 – 314. IV, 378) zu einem einzigen unteilbaren Ganzen, erscheint ihm als das erhabenste Ziel des Forschers.

Über Lessing

Lessings schriftstellerische Verdienste sind schon mehr als einmal der Gegenstand eigner beredter Aufsätze gewesen. Ein paar dieser Aufsätze, welche viele treffende und feine Bemerkungen enthalten, rühren von zwei der achtungswürdigsten Veteranen der deutschen Literatur her. Ein Bruder, der Lessingen aufrichtig liebte, und ihn lange mit der Treue der Bewunderung beobachtet hatte, widmete der Beschreibung seiner Schicksale, Verhältnisse und Eigentümlichkeiten ein umständliches Werk. Wenige Schriftsteller nennt und lobt man so gern, als ihn: ja es ist eine fast allgemeine Liebhaberei, gelegentlich etwas Bedeutendes über Lessing zu sagen. Wie natürlich: da er, der eigentliche Autor der Nation und des Zeitalters, so vielseitig und so durchgreifend wirkte, zugleich laut und glänzend für alle, und auf einige tief. Daher ist denn auch vielleicht über kein deutsches Genie soviel Merkwürdiges gesagt worden; oft aus sehr verschiednen, ja entgegengesetzten Standpunkten, zum Teil von Schriftstellern, welche selbst zu den geistvollsten oder zu den berühmtesten gehören.

Dennoch darf ein Versuch, *Lessings Geist im ganzen zu charakterisieren,* nicht für überflüssig gehalten werden. Eine so reiche und umfassende Natur kann nicht vielseitig genug betrachtet werden, und ist durchaus *unerschöpflich.* So lange wir noch an Bildung wachsen, besteht ja ein Teil, und gewiß nicht der unwesentlichste, unsers Fortschreitens eben darin, daß wir immer wieder zu den alten Gegenständen, die es wert sind, zurückkehren, und alles Neue, was wir mehr sind oder mehr wissen, auf sie anwenden, die vorigen Gesichtspunkte und Resultate berichtigen, und uns neue Aussichten eröffnen. Der gewöhnlichen Behauptung: es sei schon alles gesagt; die so scheinbar ist, daß sie von sich selbst gilt (denn so wie Voltaire sie ausdrückt, wird sie schon beim Terenz gefunden) muß man daher in Rücksicht auf Gegenstände dieser Art vorzüglich, ja vielleicht in Rücksicht auf alle, von denen immer die Rede sein wird, die gerade widersprechende Behauptung entgegensetzen: Es sei eigentlich noch nichts gesagt; nämlich so, daß es nicht nötig wäre, mehr, und nicht möglich, etwas Besseres zu sagen.

Was Lessingen insbesondere betrifft: so sind überdem erst seit kurzem die Akten vollständig geworden, nachdem man nun alles, was zur nähern Bekanntschaft mit dem großen Manne irgend nützlich sein mag, hat drucken lassen. Jene, welche gleich im ersten Schmerz über seinen Verlust schrieben, entbehrten viele wesentliche Dokumente, unter andern die unendlich wichtige Briefsammlung. Beide beschränkten ihre Betrachtungen nur auf einige Zweige seiner vielseitigen Tätigkeit: der eine richtete seine Absicht auf ein bestimmtes, nicht auf das ganze Publikum; der andre schwieg geflissentlich über manches, oder verweilte nicht lange dabei. Gewiß nicht ohne Grund: aber Rücksichten, welche damals notwendig waren, sind es vielleicht jetzt nicht mehr.

Lessing endlich war einer von den *revolutionären* Geistern, die überall wohin sie sich auch im Gebiet der Meinungen wenden, gleich einem scharfen Scheidungsmittel, die heftigsten Gärungen und gewaltigsten Erschütterungen allgemein verbreiten. In der Theologie wie auf der Bühne und in der Kritik hat er nicht bloß Epoche gemacht, sondern eine allgemeine und daurende Revolution allein hervorgebracht, oder doch vorzüglich veranlaßt. Revolutionäre Gegenstände werden selten kritisch betrachtet. Die Nähe einer so glänzenden Erscheinung blendet auch sonst starke Augen, selbst bei leidenschaftsloser Beobachtung. Wie sollte also die Menge fähig sein, sich dem stürmischen Eindruck nicht ganz hinzugeben, sondern ihn mit der geistigen Gegenwirkung aneignend aufzunehmen, wodurch allein er sich zum *Urteil* bilden kann? Der erste Eindruck literarischer Erscheinungen aber ist nicht bloß unbestimmt: er ist auch selten reine Wirkung der Sache selbst, sondern gemeinschaftliches Resultat vieler mitwirkenden Einflüsse und zusammentreffenden Umstände. Dennoch pflegt man ihn ganz auf die Rechnung des Autors zu setzen, wodurch dieser nicht selten in ein durchaus falsches Licht gestellt wird. Der allgemeine Eindruck wird auch bald der herrschende; es bildet sich ein blinder Glauben, eine gedankenlose Gewohnheit, welche bald heilige Überlieferung und endlich beinah unverbrüchliches Gesetz wird. Die Macht einer öffentlichen und alten Meinung zeigt ihren Einfluß auch auf solche Männer, welche selbstständig urteilen könnten; der Strom zieht auch sie mit fort, oft ohne daß sie es nur gewahr werden. Oder wenn sie sich widersetzen, so geraten sie dann in das andere Extrem, alles unbedingt zu verwerfen. Der Glaube wächst mit dem Fortgang, der Irrtum wird fest durch die Zeit und irrt immer weiter, die Spuren des Besseren verschwinden, vieles und vielleicht das Wichtigste sinkt ganz in Vergessenheit. So bedarf es oft nur eines geringen Zeitraums, um das Bild von seinem Originale bis zur Unkenntlichkeit zu entfernen, und um zwischen der herrschenden Meinung über einen Schriftsteller, und dem was ganz offenbar in seinem Leben und in seinen Werken da liegt, dem was er selbst über sich urteilte und der Art, wie er überhaupt die Dinge der literarischen Welt ansah und maß, den schneidendsten Widerspruch zu erzeugen. Die, welche, wenn auch nicht in der Religion, doch in der Literatur den alleinseligmachenden Glauben zu besitzen wähnen, wird dieser Widerspruch zwar selten in ihrer behäglichen Ruhe stören: aber jeder Unbefangne, dem er sich plötzlich zeigt, muß billig darüber erstaunen.

Überraschung und Erstaunen waren, das muß ich gestehen, jedesmal meine Empfindungen, wenn ich eine Zeitlang ganz in Lessings Schriften gelebt hatte, und nun absichtlich oder zufällig wieder auf irgend etwas geriet, wobei ich mich alles dessen erinnerte, was ich etwa schon über die Art, wie man Lessing gewöhnlich bewundert und nachahmt, oder zu bewundern und nachzuahmen unterläßt, gesammelt und beobachtet hatte.

Ja gewiß, auch Lessing würde wo nicht überrascht doch etwas befremdet werden, und nicht ganz ohne Unwillen lächeln, wenn er wiederkehrte und sähe, wie man nur die Vortrefflichkeiten nicht müde wird an ihm zu preisen, die er immer streng und ernst von sich ablehnte, nur diejenigen unter seinen zahlreichen Bemühungen und Versuchen mit einseitiger und ungerechter Vorliebe fast allein zu zergliedern und zu loben, von denen er selbst am wenigsten hielt, und von denen wohl eigentlich vergleichungsweise am wenigsten zu sagen ist, während man das Eigenste und das Größte in seinen Äußerungen, wie es scheint, gar nicht einmal gewahr werden will und kann! Er würde doch erstaunen, daß gerade die poetischen Mediocristen, literarischen Moderantisten und Anbeter der Halbheit, welche er, so lange er lebte, nie aufhörte eifrigst zu hassen und zu verfolgen, es haben wagen dürfen, ihn als einen Virtuosen der goldnen Mittelmäßigkeit zu vergöttern, und ihn sich ausschließend gleichsam zuzueignen, als sei er einer der ihrigen! Daß sein Ruhm nicht ein ermunternder und leitender Stern für das werdende Verdienst ist, sondern als Ägide gegen jeden mißbraucht wird, der etwa in allem, was gut ist und schön, zu weit vorwärts gehn zu wollen droht! Daß träger Dünkel, Plattheit und Vorurteil unter der Sanktion seines Namens Schutz suchen und finden! Daß man ihn und einen Addison, von dessen Zahmheit, wie ers nennt, er so verächtlich redet (wie er denn überhaupt nüchterne Korrektheit ohne Genie beinah noch mehr geringschätzt, als billig ist) zusammenpaaren mag und darf, wie man etwa »Miss Sara Sampson« und »Emilia Galotti« und »Nathan den Weisen« in einem Atem und aus einem Tone bewundert, weil es doch sämtlich dramatische Werke sind!

Auch er würde, wenn sein Geist in neuer Gestalt erschiene, von seinen eifrigsten Anhängern verkannt und verleugnet werden, und könnte ihnen gar leicht großes Ärgernis geben. Denn wenn der heilige Glauben nicht wäre, und der noch heiligere Namen, so dürfte Lessing doch wohl für manchen, der jetzt auf seiner Autorität vornehm ausruht, an seine Einfälle glaubt, die Größe seines Geistes für das Maß des menschlichen Vermögens, und die Grenzen seiner Einsicht für die wissenschaftlichen *Säulen des Herkules* hält, welche überschreiten zu wollen ebenso gottlos als töricht sei, nichts weiter sein, als ein ausgemachter Mystiker, ein sophistischer Grübler und ein kleinlicher Pedant.

Es ist nicht uninteressant, der allmählichen Entstehung und Ausbildung der herrschenden Meinung über Lessing nachzuforschen, und sie bis in ihre kleinsten Nebenzweige zu verfolgen. Die Darstellung derselben in ihrem ganzen Umfange, mit andern Worten, die Geschichte der Wirkungen, welche Lessings Schriften auf die deutsche Literatur gehabt haben, wäre hinreichender Stoff für eine eigene Abhandlung. Hier wird es genug und zweckmäßiger sein, nur das Resultat einer solchen Untersuchung aufzustellen, und die im ganzen herrschende Meinung, nebst den wesentlichsten Abweichungen einzelner Gattungen mit der Genauigkeit, die ein mittlerer Durchschnitt erlaubt, im allgemeinen positiv und negativ zu bestimmen, und durch kurz angedeutete Gegensätze in ein helleres Licht zu setzen.

Völlig ausgemacht ist es nach dem einmütigen Urteil aller, daß Lessing *ein sehr großer Dichter sei.* Seine dramatische Poesie hat man unter allen seinen Geistesprodukten am weitläufigsten und detailliertesten zergliedert, und auf alles, was sie betrifft, legt man den wichtigsten Akzent. Läse man nicht die Werke selbst, sondern nur was über sie gesagt worden ist: so dürfte man leicht verführt werden zu glauben, die »Erziehung des Menschengeschlechts« und die »Freimaurergespräche« stehen an Bedeutung, Wert, Kunst und Genialität der »Miss Sara Sampson« weit nach.

Auch das ist ausgemacht, daß Lessing ein unübertrefflich einziger, ja beinah *vollkommener Kunstkenner der Poesie* war. Hier scheinen das Ideal und der Begriff des Individuums fast ineinander verschmolzen zu sein. Beide werden nicht selten verwechselt, als völlig identisch. Man sagt oft nur: *ein Lessing,* um einen vollendeten poetischen Kritiker zu bezeichnen. So redet nicht bloß jedermann, so drückt sich auch ein *Kant,* ein *Wolf* aus; Häupter der philosophischen und der philologischen Kritik, welchen man daher den Sinn für Virtuosität in jeder Art von Kritik nicht absprechen wird; beide an Liebe und Kunst, der Wahrheit auch in ihren verborgensten Schlupfwinkeln nachzuspüren, an schneidender Strenge der Prüfung bei biegsamer Vielseitigkeit Lessingen nicht unähnlich.

Auch darin ist man einig, daß man seine Universalität bewundert, welche dem Größten gewachsen war, und es doch auch nicht verschmähte, selbst das Kleinste durch Kunst und Geist zu adeln. Einige, vorzüglich unter seinen nächsten Bewunderern und Freunden, haben ihn desfalls für ein *Universalgenie,* dem es zu gering gewesen wäre, nur in Einer Kunst oder Wissenschaft groß, vollendet und einzig zu sein, erklärt, ohne sich diesen Begriff recht genau zu bestimmen, oder über die Möglichkeit dessen, was sie behaupteten, strenge Rechenschaft zu geben. Sie machen ihn nicht ohne einige Vergötterung gleichsam zu einem *Eins und Alles,* und scheinen oft zu glauben, sein Geist habe wirklich keine Schranken gehabt.

Witz und Prosa sind Dinge für die nur sehr wenige Menschen Sinn haben, ungleich weniger vielleicht, als für kunstmäßige Vollendung und für Poesie. Daher ist denn auch von Lessings Witz und von Lessings Prosa gar wenig die Rede, ungeachtet doch sein Witz vorzugsweise klassisch genannt zu werden verdient, und eine pragmatische Theorie der deutschen Prosa wohl mit der Charakteristik seines Styls gleichsam würde anfangen und endigen müssen.

Noch weniger ist natürlich bei dem allgemeinen Mangel an Sinn für sittliche Bildung und sittliche Größe, bei der modischen nichts unterscheidenden Verachtung der Ästhetiker gegen alles, was moralisch heißen will oder wirklich ist, der schwächlichen Schlaffheit, der eigensinnigen Willkürlichkeit, drückenden Kleinlichkeit und konsequenten

Unvernunft der konventionellen und in der Gesellschaft wirklich gel-
tenden Moral auf der einen Seite, und dem Borniertismus abstrakter
und buchstäbelnder Tugendpedanten und Maximisten auf der andern,
von *Lessings Charakter* die Rede; von den würdigen männlichen
Grundsätzen, von dem *großen freien Styl seines Lebens,* welches vielleicht die beste praktische Vorlesung über die Bestimmung des Gelehrten sein dürfte; von der dreisten Selbstständigkeit, von der derben Festigkeit seines ganzen Wesens, von seinem edeln vornehmen Zynismus,
von seiner heiligen Liberalität; von jener biedern Herzlichkeit, die der
sonst nicht empfindsame Mann in allem was Kindespflicht, Bruder-
treue, Vaterliebe, und überhaupt die ersten Bande der Natur und die
innigsten Verhältnisse der Gesellschaft betrifft, stets offenbart, und die
sich auch hie und da in Werken, welche sonst nur der Verstand gedichtet zu haben scheint, so anziehend und durch ihre Seltenheit selbst
rührender äußert; von jenem tugendhaften Haß der halben und der
ganzen Lüge, der knechtischen und der herrschsüchtigen Geistesfaul-
heit; von jener Scheu vor der geringsten Verletzung der Rechte und
Freiheiten jedes Selbstdenkers; von seiner warmen, tätigen Ehrfurcht
vor allem was er als Mittel zur Erweiterung der Erkenntnis und insofern
als Eigentum der Menschheit betrachtete; von seinem reinen Eifer in
Bemühungen, von denen er selbst am besten wußte, daß sie nach der
gemeinen Ansicht, fehlschlagen und nichts fruchten würden, die aber
in diesem Sinne getan, mehr wert sind, wie jeder Zweck: von jener
göttlichen Unruhe, die überall und immer nicht bloß wirken, sondern
aus Instinkt der Größe handeln *muß,* und die auf alles, was sie nur
berührt, von selbst, ohne daß sie es weiß und will, zu allem Guten und
Schönen so mächtig wirket.

Und doch sind es grade *diese* Eigenschaften und so viele andre ihnen
ähnliche noch weit mehr als seine Universalität und Genialität, um
derentwillen man es nicht mißbilligen mag, daß ein Freund die erhabene Schilderung, welche Cassius beim Shakespeare vom Cäsar macht,
auf ihn anwandte:

Ja, er beschreitet, Freund, die enge Welt
Wie ein Kolossus, und wir kleinen Leute,
Wir wandeln unter seinen Riesenbeinen
Und schaun umher nach einem schnöden Grab.

Denn diese Eigenschaften kann nur *ein großer Mann* besitzen, *der ein
Gemüt hat,* das heißt, jene lebendige Regsamkeit und Stärke des innersten, tiefsten Geistes, des Gottes im Menschen. Man hätte daher nicht
so weit gehn sollen, zu behaupten, es fehle ihm an Gemüt, wie sie's
nennen, weil er keine Liebe hatte. Ist denn Lessings Haß der Unvernunft nicht so göttlich wie die echteste, die geistigste Liebe? Kann man
so hassen ohne Gemüt? Zu geschweigen, daß so mancher, der ein Individuum oder eine Kunst zu lieben glaubt, nur eine erhitzte Einbil-

dungskraft hat. Ich fürchte, daß jene unbillige Meinung um so weiter verbreitet ist, je weniger man sie laut gesagt hat. Einige Fantasten von der bornierten und illiberalen Art, welche gegen Lessing natürlich so gesinnt sein müssen, wie etwa der Patriarch gegen einen Alhafi oder gegen einen Nathan gesinnt sein würde, scheinen ihm wegen jenes Mangels sogar die Genialität absprechen zu wollen. – Es ist hinreichend, diese Meinung nur zu erwähnen.

Die bibliothekarische und antiquarische *Mikrologie* des wunderlichen Mannes und seine seltsame *Orthodoxie* weiß man nur anzustaunen. Seine böse Polemik beklagt man fast einmütig recht sehr, so wie auch, daß der Mann sogar *fragmentarisch* schrieb, und trotz alles Anmahnens nicht immer lauter Meisterwerke vollenden wollte. –

Seine *Polemik* insonderheit ist, ungeachtet sie überall den Sieg davon getragen hat, und man es auch da, wo es allerdings einer tiefern historischen Untersuchung, und kritischen Würdigung bedurft hätte, vorzüglich in Sachen des Geschmacks, bei seiner bloß polemischen Entscheidung hat bewenden lassen, dennoch selbst so völlig vergessen, daß es vielleicht für viele, welche Verehrer Lessings zu sein glauben, ein Paradoxon sein würde, wenn man behauptete, der »Anti-Götze« verdiene nicht etwa bloß in Rücksicht auf zermalmende Kraft der Beredsamkeit, überraschende Gewandtheit und glänzenden Ausdruck, sondern an Genialität, Philosophie, selbst an poetischem Geiste und sittlicher Erhabenheit einzelner Stellen, unter allen seinen Schriften den ersten Rang. Denn nie hat er so aus dem tiefsten Selbst geschrieben, als in diesen Explosionen, die ihm die Hitze des Kampfs entriß, und in denen der Adel seines Gemüts im reinsten Glanz so unzweideutig hervorstrahlt. Was könnten und würden auch wohl die Verehrer der von Lessing immer so bitter verachteten und verspotteten Höflichkeit und Dezenz, »für welche die Polemik überhaupt wohl weder Kunst noch Wissenschaft sein mag,« zu einer Polemik sagen, gegen welche sie selbst *Fichtes* Denkart friedlich und seine Schreibart milde nennen müßten? Und das in einem Zeitalter, wo man nächst der Mystik nichts so sehr scheut als Polemik, wo es herrschender Grundsatz ist, fünf grade sein zu lassen, und die Sache ja nicht so genau zu nehmen, wo man alles dulden, beschönigen und vergessen kann, nur strenge rücksichtslose Rechtlichkeit nicht? Wenn diese Lessingsche Polemik nicht glücklicherweise so vergessen, viele seiner besten Schriften nicht so unbekannt wären, daß unter hundert Lesern vielleicht kaum Einer bemerken wird, wie ähnlich die Fichtische Polemik der Lessingschen sei, nicht etwa in etwas Zufälligem, im Kolorit oder Styl, sondern grade in dem, was das Wichtigste ist, in den Hauptgrundsätzen, und in dem was am meisten auffällt, in einzelnen schneidenden und harten Wendungen.

Lessings *Philosophie,* welche freilich wohl unter allen Fragmenten, die er in die Welt warf, am meisten Fragment geblieben ist, da sie in einzelnen Winken und Andeutungen, oft an dem unscheinbarsten Ort andrer Bruchstücke, über alle seine Werke der letztern, und einige der mittlern und ersten Epoche seines geistigen Lebens zerstreut liegt; seine Philosophie, welche für den Kritiker, der ein philosophischer Künstler werden will, dennoch sein sollte, was der *Torso* für den bildenden Künstler; Lessings Philosophie scheint man nur als Veranlassung der Jacobischen, oder gar nur als Anhang der Mendelssohnschen zu kennen! Man weiß nichts davon zu sagen, als daß er die Wahrheit und Untersuchung liebte, gern stritt und widersprach, sehr gern Paradoxen sagte, gewaltig viel Scharfsinn besaß, Dummköpfe mit unter ein wenig zum besten hatte, an Universalität der Kenntnisse und Vielseitigkeit des Geistes Leibnizen auffallend ähnelte, und gegen das Ende seines Lebens leider ein Spinosist wurde!

Von seiner *Philologie* erwähnt man, daß er in der Konjekturalkritik, welche der Gipfel der philologischen Kunst sei, ungleich weniger Stärke besitze, als man wohl erwarten möge, da er doch in der Tat einige der zu dieser Wissenschaft erforderlichen und ersprießlichen Geistesgaben von der Natur erhalten hätte.

Was die Mediocristen sich von der nachahmungswürdigen *Universalkorrektheit* des weisen nüchternen Lessing eingebildet haben, ist schon erwähnt worden. Diese haben denn auch natürlich seine dramaturgischen und sonst zur Poetik und Theorie der Dichtarten gehörigen Fragmente und Fermente, die er wohl selbst so nannte, fixiert, und zu heiligen Schriften und *symbolischen Büchern der Kunstlehre* erkieset.

Dies sind wohl ungefähr die hauptsächlichsten Gesichtspunkte und Rubriken, nach welchen man von Lessing überhaupt etwas geurteilt oder gemeint hat. Wie alles das, was er in jedem dieser Fächer sein soll oder wirklich war, wohl zusammenhängen mag, welcher *gemeinsame Geist* alles beseelt, was er denn eigentlich im *ganzen* war, sein wollte, und werden mußte; darüber scheint man gar nichts zu urteilen und zu meinen. Geht man sonst bei seiner Charakteristik ins einzelne: so geschieht dies nicht etwa nach den verschiedenen Stufen seiner literarischen Bildung, den Epochen seines Geistes, und mit der Unterscheidung des eignen Styls und Tons eines jeden, noch nach den vorherrschenden Richtungen und Neigungen seines Wesens, nach den verschiedenen Zweigen seiner Tätigkeit und Einsicht: sondern nach den Titeln seiner einzelnen Schriften, die man nicht selten, (oft mit Übergehung der wichtigsten und bei weitläuftiger Zergliederung der dramatischen Jugendversuche) nach nichtsbedeutenden Gattungsnamen registermäßig zusammenpaart; da doch jedes seiner meisten und besten Werke, ein literarisches Individuum für sich, ein Wesen eigner Art ist, »was aller Grenzscheidungen der Kritik spottet,« und oft weder Vorgänger noch Nachfolger hat, womit es in eine Rubrik gebracht werden könnte.

Da ich, was Lessing betrifft, Lessingen und seinen Werken mehr glaube, als seinen Beurteilern und Lobrednern: so kann ich nicht umhin, diese Ansichten und Meinungen, insofern sie Urteile sein sollen, nicht bloß wegen dessen, was sie im ganzen unterlassen, sondern auch wegen des Positiven, was sie im einzelnen enthalten, ihrer Form und ihrem Inhalte nach zu mißbilligen.

Es ist gewiß löblich, daß man Lessingen gelobt hat, und noch lobt. Man kann in diesem Stücke auf die rechte Weise des Guten auch wohl nicht so leicht zu viel tun; und was wäre kleinlicher, als einem Manne von der ersten seltensten Größe seinen Ruhm mit ängstlichem Geiz darzuwiegen? Aber was wäre auch ein Lob ohne die strengste Prüfung und das freieste Urteil? Zum wenigsten *Lessings* durchaus unwürdig; so wie alle unbestimmte Bewunderung und unbedingte Vergötterung, welche, wie auch dieses Beispiel wieder bestätigen kann, durch Einseitigkeit gegen ihren Gegenstand selbst so leicht ungerecht werden kann.

Man sollte doch nun auch einmal den Versuch wagen, Lessingen nach den Gesetzen zu kritisieren, die er selbst für die Beurteilung großer Dichter und Meister in der Kunst vorgeschrieben hat; ob nicht vielleicht eine solche Kritik die beste Lobrede für ihn sein dürfte: ihn so zu bewundern und ihm so nachzufolgen, wie er wollte, daß man es mit *Luthern* halten sollte, mit dem man ihn wohl in mehr als einer Rücksicht vergleichen könnte.

Jene Vorschriften sind folgende. »Einen elenden Dichter tadelt man gar nicht; mit einem mittelmäßigen verfährt man gelinde; gegen einen großen ist man unerbittlich.« (T. IV, S. 34.) »Wenn ich Kunstrichter wäre, wenn ich mir getraute das Kunstrichterschild aushängen zu können: so würde meine Tonleiter diese sein. Gelinde und schmeichelnd gegen den Anfänger; *mit Bewunderung zweifelnd, mit Zweifel bewundernd* gegen den Meister; abschreckend und positiv gegen den Stümper; höhnisch gegen den Prahler; und so bitter als möglich gegen den Kabalenmacher« (T. XII, S. 163).

Über Luther redet er so: »Der wahre Lutheraner will nicht bei Luthers *Schriften,* er will bei Luthers *Geist* geschützt sein u.s.w.« (T. V, S. 162). Überhaupt war *unbegrenzte Verachtung des Buchstabens* ein Hauptzug in Lessings Charakter.

Freimütigkeit ist die erste Pflicht eines jeden, der über Lessing öffentlich reden will. Denn wer kann wohl den Gedanken ertragen, daß Lessing irgendeiner Schonung bedürfte? Oder wer möchte wohl seine Meinung über den Meister der Freimütigkeit nur furchtsam zu verstehn geben, und angstvoll halb reden, halb schweigen? Und wer, der es könnte, darf sich einen Verehrer Lessings nennen? Das wäre Entweihung seines Namens!

Wie sollte man auf das kleine Ärgernis Rücksicht nehmen, was etwa zufällig daraus entstehen könnte, da Er selbst das ärgste Ärgernis für nichts als »einen Popanz hielt, mit dem gewisse Leute gern allen und jeden Geist der Prüfung verscheuchen möchten?« (T. VI, S. 152.) Ja er hielt es sogar für äußerst verächtlich, »daß sich niemand die Mühe zu nehmen pflegt, sich den Geckereien, welche man vor dem Publikum und mit dem Publikum so häufig unternimmt, entgegenzustellen, wodurch sie mit dem Lauf der Zeit das Ansehn einer sehr ernsthaften, heiligen Sache gewinnen. Da heißt es dann über tausend Jahren: Würde man denn in die Welt so haben schreiben dürfen, wenn es nicht wahr gewesen wäre? Man hat diesen glaubwürdigen Männern damals nicht widersprochen und ihr wollt ihnen jetzt widersprechen?« Obgleich der große Menschenkenner in dieser Stelle (T. VII, S. 309) eigentlich von Geckereien ganz andrer Art redet: so ist doch alles auch sehr anwendbar auf die Geckereien, von denen hier die Rede ist. Denn *Geckerei* darf es doch wohl zum Beispiel genannt werden, wenn man Lessing zum Ideal der goldnen Mittelmäßigkeit, zum Helden der seichten Aufklärung, die so wenig Licht als Kraft hat, erheben will? – »Wenn es ein wenig zu beißend gesagt sein sollte – *wozu hilft das Salz, wenn man nicht damit salzen soll?*« (T. V, S. 208.)

Auch ist gewiß eine solche Freimütigkeit nicht notwendig fruchtlos: denn wenn es auch sehr wahr ist, was Lessing ebenso richtig als scharfsinnig bemerkt hat, »*daß bis jetzt in der Welt noch unendlich mehr übersehen als gesehen worden ist*« (T. V, S. 256): so ist denn doch nicht minder richtig, daß »*bei den Klugen keine Verjährung stattfindet.*« (T. VII, S 309.) Diese notwendige Freimütigkeit würde bei mir, wenn diese Eigenschaft mir auch nicht überhaupt natürlich wäre, doch schon aus der *Unbefangenheit,* mit der ich Lessings Schriften und ihre Wirkungen kennenlernte, haben folgen müssen. Eine Wahrnehmung, ein Widerspruch, der uns überrascht hat, wird ganz natürlich so wiedergegeben, wie er empfangen wurde. Auch sollte es mich freuen, wenn alle diejenigen, welche Lessing immer zitieren, ohne seinen Geist, ja oft ohne seine Schriften gründlich zu kennen, meine eigentümliche und für sie paradoxe Ansicht von ihm, ihrer Mißbilligung und Abneigung wert halten wollten, oder sich ebenso wenig darin finden könnten, wie in Lessings Pedanterie, Orthodoxie, Mikrologie und Polemik.

Jene *Unbefangenheit* ward mir dadurch möglich, daß ich nicht Lessings Zeitgenosse war, und also weder mit noch wider den Strom der öffentlichen Meinung über ihn zu gehn brauchte. Sie ward noch erhöht durch den glücklichen Umstand, daß mich Lessing erst spät und nicht eher anfing zu interessieren, als bis ich fest und selbstständig genug war, um mein Augenmerk auf das Ganze richten, um mich mehr für ihn und den Geist seiner Behandlung als für die behandelten Gegenstände interessieren, und ihn *frei* betrachten zu können. Denn so lange man noch am Stoff klebt, so lange man in einer besondern Kunst und Wissenschaft, oder in der gesamten Bildung überhaupt, noch nicht durch sich selbst zu einer gewissen *Befriedigung* gelangt ist, welche dem weitern Fortschreiten so wenig hinderlich ist, daß dieses vielmehr erst durch sie gesichert wird; so lange man noch rastlos nach einem festen Stand und Mittelpunkt umhersucht: so lange ist man noch nicht frei, und noch durchaus unfähig, einen Schriftsteller zu beurteilen. Wer die »Dramaturgie« zum Beispiel etwa in der illiberalen Absicht liest, die Reguln der dramatischen Dichtkunst aus ihr zu erfahren, oder durch dieses Medium über die Poetik des Aristoteles Gewißheit zu erhalten, und ins reine zu kommen: der hat sicher noch gar keinen Sinn für die Individualität und Genialität dieses seltsamen Werks. Ich erinnere mich noch recht gut, daß ich unter andern den »Laokoon«, trotz dem günstigen Vorurteil und trotz dem Eindruck einzelner Stellen, ganz unbefriedigt und daher ganz mißvergnügt aus der Hand legte. Ich hatte das Buch nämlich mit der törichten Hoffnung gelesen, hier die bare und blanke und felsenfeste Wissenschaft über die ersten und letzten Gründe der bildenden Kunst, und ihr Verhältnis zur Poesie, zu finden, welche ich begehrte und verlangte. So lange der Grund fehlte, war ich für einzelne Bereicherungen nicht empfänglich, und Erregungen der Wißbegier brauchte ich nicht. Mein Lesen war interessiert, und noch nicht *Studium*, d.h. uninteressierte, freie, durch kein bestimmtes Bedürfnis, durch keinen bestimmten Zweck beschränkte Betrachtung und Untersuchung, wodurch allein der *Geist* eines Autors ergriffen und ein *Urteil* über ihn hervorgebracht werden kann. So gings mir mit mehren Schriften Lessings. Doch habe ich diese Sünde, wenn es eine ist, reichlich abgebüßt. Denn seitdem mein Sinn für Lessing, wie ein Schwärmer oder ein Spötter es ausdrücken würde, zum Durchbruch gekommen, und mir ein Licht über ihn aufgegangen ist, sind seine sämtlichen Werke, ohne Ausnahme des geringsten und unfruchtbarsten, ein wahres Labyrinth für mich, in welches ich äußerst leicht den Eingang, aus dem ich aber nur mit der äußersten Schwierigkeit den Ausweg finden kann. Die Magie dieses eignen Reizes wächst mit dem Gebrauch und ich kann der Lockung selten widerstehn. Ja ich muß über mich selbst lächeln, wenn ich mir vorstelle, wie oft ich ihr schon seit der Zeit, wo ich den Gedanken faßte, das Mitteilbarste von dem, was ich über Lessing gesammelt und aufgeschrieben hatte, drucken zu lassen, unterlegen, die Bände von neuem durchgelesen, vieles für mich bemerkt und für mich geschrieben, darüber aber immer den beabsichtigten Druck weiter hinausgeschoben, oft gänzlich vergessen habe. Denn das Interesse des Studiums überwog hier das Interesse der öffentlichen Mitteilung, welches immer schwächer ist, so sehr, daß ich, ohne einen kategorischen Entschluß wohl immer an einem Aufsatz über Lessing nur gearbeitet haben würde, ohne ihn jemals zu vollenden.

Dieses Studium und jene Unbefangenheit allein können mir den sonst unersetzlichen Mangel einer *lebendigen Bekanntschaft mit Lessing* einigermaßen ersetzen. Ein Autor, er sei Künstler oder Denker, der alles was er vermag, oder weiß, zu Papiere bringen kann, ist zum mindesten kein Genie. Es gibt ihrer die ein Talent haben, aber ein so beschränktes, so isoliertes, daß es ihnen ganz fremd läßt, als ob es nicht ihr eigen, als ob es ihnen nur angeheftet oder geliehen wäre. Von dieser Art war Lessing nicht. *Er selbst war mehr wert, als alle seine Talente.* In seiner Individualität lag seine Größe. Nicht bloß aus den Nachrichten von seinen Gesprächen, nicht bloß aus den, wie es scheint, bisher sehr vernachlässigten *Briefen*, deren einer oder der andere für den, welcher nur *Lessingen im Lessing sucht* und studiert, und Sinn hat für seine genialische Individualität, mehr wert ist als manches seiner berühmtesten Werke: auch aus seinen Schriften selbst möchte man fast vermuten, er habe das *lebendige Gespräch* noch mehr in der Gewalt gehabt als den schriftlichen Ausdruck, er habe hier seine innerste und tiefste Eigentümlichkeit noch klarer und dreister mitteilen können. Wie lebendig und dialogisch seine Prosa ist, bedarf keiner Auseinandersetzung. Das Interessanteste und das Gründlichste in seinen Schriften sind Winke und Andeutungen, das Reifste und Vollendetste Bruchstücke von Bruchstücken. Das Beste was Lessing sagt, ist was er, wie erraten und erfunden, in ein paar gediegenen Worten voll Kraft, Geist und Salz hinwirft; Worte, in denen, was die dunkelsten Stellen sind im Gebiet des menschlichen Geistes, oft wie vom Blitz plötzlich erleuchtet, das Heiligste höchst keck und fast frevelhaft, das Allgemeinste höchst sonderbar und launig ausgedrückt wird. Einzeln und kompakt, ohne Zergliederung und Demonstration, stehen seine Hauptsätze da, wie mathematische Axiome; und seine bündigsten Räsonnements sind gewöhnlich nur eine Kette von witzigen Einfällen. Von solchen Männern mag eine kurze Unterredung oft lehrreicher sein und weiter führen, als ein langes Werk! Ich wenigstens könnte die Befriedigung des feurigen Wunsches, grade diesen Mann sehen und sprechen zu dürfen, vielleicht mit Entsagung auf den Genuß und den Vorteil von irgendeinem seiner Werke an meinem Teil erkaufen wollen! Bei der Unmöglichkeit, dieses Verlangen erfüllt zu sehn, muß ich mich wohl mit der erwähnten Unbefangenheit und Freimütigkeit zu trösten suchen.

Wenn aber auch die letzte noch so groß wäre: so würde ich es doch kaum wagen, meine Meinung über Lessing öffentlich zu sagen, wenn ich sie nicht im ganzen durch Lessings Maximen verteidigen, und im einzelnen durchgängig mit Autoritäten und entscheidend beweisenden Stellen aus Lessing belegen könnte; so *unendlich verschieden* ist meine Ansicht Lessings von der herrschenden.

Man meint zum Beispiel nicht nur, sondern man glaubt sogar entschieden zu wissen, daß Lessing *einer der größten Dichter* war; und ich *zweifle* sogar, ob er überall ein Dichter gewesen sei, ja ob er poetischen Sinn und Kunstgefühl gehabt habe. Dagegen brauche ich aber auch zu dem was *er selbst* über diesen Punkt sagt, nur sehr Weniges hinzuzufügen.

Die Hauptstelle steht in der Dramaturgie. »Ich bin« sagt er in dem äußerst charakteristischen *Epilog der Dramaturgie*, eines Werks, welches, darin einzig in seiner Art, von einer merkantilischen Veranlassung und von dem Vorsatz einer wöchentlichen Unterhaltung ausgeht und, ehe man sich's versieht, den populären Horizont himmelweit überflogen hat, und um alle Zeitverhältnisse unbekümmert, in die reinste Spekulation versunken, mit raschem Lauf auf das paradoxe Ziel eines *poetischen Euklides* lossteuert, dabei aber auf seiner ekzentrischen Bahn so individuell, so lebendig, so Lessingisch ausgeführt ist, daß man es selbst ein *Monodrama* nennen könnte: – »*Ich bin,* sagt er hier (T. XXV, S. 376 folg.) *weder Schauspieler noch Dichter.*«

»Man erweiset mir wohl manchmal die Ehre, mich für den letztern zu erkennen. *Aber nur, weil man mich verkennt. Aus* einigen dramatischen *Versuchen,* die ich gewagt habe, sollte man nicht so freigebig folgern. Nicht jeder, der den Pinsel in die Hand nimmt und Farben verquistet, ist ein Maler. Die ältesten von jenen Versuchen *sind in den Jahren hingeschrieben, in welchen man Lust und Tüchtigkeit so gern für Genie hält.* Was in den neuern *Erträgliches* ist, davon *bin ich mir sehr bewußt,* daß ich es *einzig und allein* der Kritik zu verdanken habe. *Ich fühle die lebendige Quelle nicht in mir,* die sich durch eigene Kraft emporarbeitet, durch eigene Kraft in so reichen, so frischen, so reinen Strahlen aufschießt: *ich muß alles durch Druckwerk und Röhren in mir heraufpressen.* Ich würde so arm, so kalt, so kurzsichtig sein, wenn ich nicht einigermaßen gelernt hätte, fremde Schätze bescheiden zu borgen, an fremdem Feuer mich zu wärmen und durch die Gläser der Kunst mein Auge zu stärken. Ich bin daher immer beschämt und verdrießlich geworden, wenn ich zum Nachteil der Kritik etwas las oder hörte. Sie soll das Genie ersticken: und ich schmeichelte mir, etwas von ihr zu erhalten, was dem Genie sehr nahe kömmt. Ich bin ein Lahmer, den eine Schmähschrift auf die Krücke unmöglich erbauen kann.«

»Doch freilich; wie die Krücke dem Lahmen wohl hilft, sich von einem Orte zum andern zu bewegen, aber ihn nicht zum Läufer machen kann: so auch die Kritik. Wenn ich mit ihrer Hülfe etwas zu Stande bringe, welches besser ist, als es einer von meinen Talenten ohne Kritik machen würde: so kostet es mir soviel Zeit, ich muß von andern Geschäften so frei, von unwillkürlichen Zerstreuungen so ununterbrochen sein, *ich muß meine ganze Belesenheit so gegenwärtig haben,* ich muß bei jedem Schritt alle Bemerkungen, die ich jemals über Sitten und Leidenschaften gemacht, so ruhig durchlaufen können; daß zu einem Arbeiter, der ein Theater mit Neuigkeiten unterhalten soll, niemand ungeschickter sein kann, als ich.«

Man hat diese wichtige Stelle, welche meines Erachtens der *Text* zu allem, was sich über Lessings Poesie sagen läßt, ist und bleiben muß, bisher zwar keineswegs übersehen. Nur hat man nicht sehn oder nicht einsehn wollen, was darin gesagt, und was dadurch entschieden und über allen Zweifel erhoben wird.

Vergebens würde man sich die Stärke jener Äußerung durch die Voraussetzung zu entkräften suchen, er sei *höflich* gewesen, und habe es nicht so gar ernstlich gemeint. Dem widerspricht nicht nur der offne, freie, biedre Charakter dieser Stelle, sondern auch der Geist und Buchstabe vieler andern, wo er mit der äußersten Verachtung und Verabscheuung wider den falschen Anstand, und die falsche Bescheidenheit redet. Nichts stritt so sehr mit seinem innersten Wesen, als ein solches Gemisch von verhaltner Selbstsucht und Gewohnheitslüge. Das beweisen alle seine Schriften. Wie freimütig, ja wie dreist er auch das Gute, was er von sich hielt, sagen zu müssen und zu können glaubte, mögen zwei Stellen aus demselben Stück der »Dramaturgie« mit jener in Erinnrung bringen, welche den Inhalt jener bestätigen und erläutern; deren eine überdem ganz vorzüglich ins Licht setzt, wie *Lessing über seine Kritik selbst urteilte;* und deren andere in ihrem äußerst kecken Tone jenes *Bewußtsein von Genialität,* wenn auch nicht grade von poetischer, verrät, welches sich im ganzen Epilog der »Dramaturgie« kundgibt.

»Seines Fleißes«, sagt er (T. XXV, S. 384) »darf sich jedermann rühmen: ich glaube die dramatische Dichtkunst studiert zu haben; *sie mehr studiert zu haben als zwanzig, die sie ausüben.* Auch habe ich sie so weit ausgeübt, als es nötig ist, um mitsprechen zu dürfen: denn ich weiß wohl, so wie der Maler sich von niemanden gern tadeln läßt, der den Pinsel ganz und gar nicht zu führen weiß, so auch der Dichter. Ich habe es wenigstens versucht, was er bewerkstelligen muß, und kann von dem, was ich selbst nicht zu machen vermag, doch urteilen, ob es sich machen läßt. Ich verlange auch nur eine Stimme unter uns, wo so mancher sich eine anmaßt, der, wenn er nicht dem oder jenem Ausländer nachplaudern gelernt hätte, stummer sein würde, als ein Fisch.« –

Nachdem er davon geredet hat, wie er gestrebt habe, den Wahn der deutschen Dichter, den Franzosen nachahmen heiße so viel, als nach den Regeln der Alten arbeiten, zu bestreiten, fügt er hinzu (S. 388):

»Ich wage es, hier eine Äußerung zu tun, man mag sie doch nehmen, wofür man will: *Man nenne mir das Stück des großen Corneille, welches ich nicht besser machen wollte. Was gilt die Wette?*«

»Doch nein; ich wollte nicht gern, daß man diese Äußerung für Prahlerei nehmen könne. Man merke also wohl, was ich hinzusetze: Ich werde es zuverlässig besser machen, – und doch lange kein Corneille sein, – und doch lange noch kein Meisterstück gemacht haben. Ich werde es zuverlässig besser machen; und mir doch wenig darauf einbilden dürfen. Ich werde nichts getan haben, als was jeder tun kann, der so fest an den Aristoteles glaubt, wie ich.«

Zugegeben daß Lessing so über seine Poesie dachte, wie er sich äußert: ist es ausgemacht, könnte man einwenden, *daß er sich selbst gekannt habe?*

Ganz und im strengsten Sinn kennt niemand sich selbst. Von dem Standpunkt der gegenwärtigen Bildungsstufe reflektiert man über die zunächst vorhergegangne, und ahnet die kommende: aber den Boden, auf dem man steht, sieht man nicht. Von einer Seite hat man die Aussicht auf ein paar angrenzende: aber die entgegengesetzte Scheibe des beseelten Planeten bleibt immer verdeckt. Mehr ist dem Menschen nicht gegönnt. Wenn aber das Maß der Selbstkenntnis durch das Maß der Genialität, der Vielseitigkeit, und der Ausbildung bestimmt wird:

so wage ichs zu behaupten, daß Lessing, obgleich er nicht fähig gewesen wäre, sich selbst zu charakterisieren, sich doch in einem vorzüglichen Grade selbst kannte, und grade kein Departement seines Geistes so gut kannte, als seine Poesie. Seine Poesie verstand er durch seine Kritik, die ebenso alt und mit jener schwesterlich aufgewachsen war. Um seine Kritik so zu verstehen, hätte er früher philosophieren, oder später kritisieren müssen. Für die Philosophie war seine Anlage zu groß und zu weit, als daß sie je hätte reif werden können; wenigstens hätte er das höchste Alter erreichen müssen, um nur einigermaßen zum Bewußtsein derselben zu gelangen. Vielleicht hätte er aber auch noch außerdem etwas haben müssen, was ihm ganz fehlte, nämlich historischen Geist, um aus seiner Philosophie klug werden zu können, und sich seiner Ironie und seines Zynismus bewußt zu werden: denn niemand kennt sich, insofern er nur er selbst und nicht auch zugleich ein andrer ist. Je mehr Vielseitigkeit also, desto mehr Selbstkenntnis; und je genialischer, desto konsequenter, bestimmter, abgeschnittner und entschiedner in seinen Schranken.

Die Anwendung auf Lessing macht sich von selbst. Und in keinem Fach hatte Lessing soviel Erfahrung, Gelehrsamkeit, Studium, Übung, Anstrengung, Ausbildung jeder Art, als grade in der Poesie. Keins seiner Werke reicht in Rücksicht auf künstlerischen Fleiß und *Feile* an »Emilia Galotti«, wenn auch andre mehr Reife des Geistes verraten sollten. Überhaupt sind wohl wenige Werke mit diesem Verstande, dieser Feinheit, und dieser Sorgfalt ausgearbeitet. In diesem Punkte, und in Rücksicht auf jede andre formelle Vollkommenheit des konventionellen Drama muß »Nathan« weit nachstehn, wo selbst die mäßigsten Forderungen an Konsequenz der Charaktere und Zusammenhang der Begebenheiten oft genug beleidigt und getäuscht werden.

In »Emilia Galotti« sind die dargestellten Gegenstände überdem am entferntesten von Lessings eignem Selbst; es zeigt sich kein unkünstlerischer Zweck, keine Nebenrücksicht, die eigentlich Hauptsache wäre. Wichtige Umstände bei Lessing, dessen roheste dramatische Jugendversuche schon fast immer eine ganz bestimmte philosophisch-polemische Tendenz haben; der nach Mendelssohns Bemerkung zu den *Portraitdichtern* gehört, denen ein Charakter umso glücklicher gelingt, je ähnlicher er ihrem Selbst ist, von dem sie nur einige Variationen zu Lieblingscharakteren von entschiedner auffallender Familienähnlichkeit ausbilden können.

»Emilia Galotti« ist daher das eigentliche Hauptwerk, wenn es darauf ankömmt zu bestimmen, was Lessing in der *poetischen Kunst* gewesen, wie weit er darin gekommen sei. Und was ist denn nun diese bewunderte und gewiß bewundrungswürdige »Emilia Galotti«? Unstreitig ein großes Exempel der dramatischen Algebra. Man muß es bewundern dieses in Schweiß und Pein produzierte Meisterstück des reinen Verstandes; man muß es frierend bewundern, und bewundernd frieren; denn ins Gemüt drings nicht und kanns nicht dringen, weil es nicht aus dem Gemüt gekommen ist. Es ist in der Tat unendlich viel Verstand darin, nämlich *prosaischer*, ja sogar Geist und Witz. Gräbt man aber tiefer, so zerreißt und streitet alles, was auf der Oberfläche so vernünftig zusammenzuhängen schien. Es fehlt doch an jenem *poetischen* Verstande, der sich in einem Guarini, Gozzi, Shakespeare so groß zeigt. In den genialischen Werken des von diesem poetischen Verstande geleiteten Instinkts, enthüllt alles, was beim ersten Blick so wahr aber auch so inkonsequent und eigensinnig, wie die Natur selbst auffällt, bei gründlicherem Forschen stets innigere Harmonie und tiefere Notwendigkeit. Nicht so bei Lessing! Manches in der »Emilia Galotti« hat sogar den Bewunderern Zweifel abgedrungen, die Lessing nicht beantworten zu können gestand. Aber wer mag ins Einzelne gehn, wenn er mit dem Ganzen anzubinden Lust hat, und beinah nichts ohne Anmerkung vorbeigehn lassen könnte? Doch hat dieses Werk nicht seines gleichen, und ist einzig in seiner Art. Ich möchte es eine *prosaische Tragödie* nennen. Sonderbar aber nicht eben interessant ists, wie die Charaktere zwischen Allgemeinheit und Individualität in der Mitte schweben!

Kann ein Künstler wohl kälter und liebloser von seinem vollendetsten und künstlichsten Werke reden, als Lessing bei Übersendung dieser kalten »Emilia« an seinen Freund? »Man muß,« sagt er, »wenigstens über seine Arbeiten mit jemand sprechen können, *wenn man nicht selbst darüber einschlafen soll.* Die bloße Versicherung, welche die eigne Kritik uns gewährt, daß man auf dem rechten Wege ist und bleibt, wenn sie auch noch so überzeugend wäre, ist doch *so kalt* und unfruchtbar, daß sie auf die Ausarbeitung keinen Einfluß hat.« (T. XXX, S. 167.) Und bald darauf gar: »Ich danke Gott, daß ich den ganzen Plunder nach und nach wieder aus den Gedanken verliere.« (T. XXVII, S. 341.)

Mit welchem gehaltnen Enthusiasmus, und in jeder Rücksicht wie ganz anders redet er dagegen vom »Nathan«! zum Beispiel in folgender Stelle: »Wenn man sagen wird, daß ein *Stück von so eigner Tendenz* nicht reich genug an eignen Schönheiten sei: so werde ich schweigen, aber mich nicht schämen. Ich bin mir eines Ziels bewußt, unter dem man auch noch viel weiter mit allen Ehren bleiben kann. – Noch kenne ich keinen Ort in Deutschland, wo dieses Stück schon jetzt aufgeführt werden könnte. *Aber Heil und Glück dem wo es zuerst aufgeführt wird.*« . (Leb T. I, S. 420.) Ebenso auch in einigen andern Stellen, die wegen dessen, was sie über den polemischen Ursprung und die philosophische Tendenz des Stücks enthalten, sogleich angeführt werden sollen.

»Nathan« kam aber freilich aus dem Gemüt, und dringt wieder hinein; er ist vom schwebenden Geist Gottes unverkennbar durchglüht und überhaucht. Nur scheint es schwer, ja fast unmöglich, das sonderbare Werk zu rubrizieren und unter Dach und Fach zu bringen. Wenn man auch mit einigem Recht sagen könnte, es sei der Gipfel von Lessings poetischem Genie, wie »Emilia« seiner poetischen Kunst; wie denn allerdings im »Nathan« alle dichterischen Funken, die Lessing hatte, – nach seiner eigenen Meinung waren es nicht viele (T. XXVII, S. 43) – am dichtesten und hellsten leuchten und sprühen: so hat doch die Philosophie wenigstens gleiches Recht, sich das Werk zu vindizieren, welches für eine Charakteristik des ganzen Mannes, eigentlich das *klassische* ist, indem es Lessings Individualität aufs tiefste und vollständigste, und doch mit vollendeter Popularität darstellt. Wer den »Nathan« recht versteht, kennt Lessing.

Dennoch muß er immer noch mit den Jugendversuchen und den übrigen prosaischen Kunstdramen Lessings in Reih und Glied aufmarschieren, ungeachtet der Künstler selbst, wie man sieht, die eigene Tendenz des Werks, und auch seine Unzweckmäßigkeit für die Bühne, die doch bei allen übrigen Dramen sein Ziel war, so klar eingesehen und gesagt hat.

Mehr besorgt um den Namen als um den Mann, und um die Registrierung der Werke als um den Geist, hat man die nicht minder komischen als didaktischen Fragen aufgeworfen: ob »Nathan« wohl zur *didaktischen Dichtart* gehöre, oder zur *komischen,* oder zu welcher andern; und was er noch haben oder nicht haben müßte, um dies und jenes zu sein oder nicht zu sein. Dergleichen Problemata sind von ähnlichem Interesse, wie die lehrreiche Untersuchung, was wohl geschehen sein würde, wenn Alexander gegen die Römer Krieg geführt hätte. »Nathan« ist, wie mich dünkt, ein *Lessingisches* Gedicht; es ist *Lessings Lessing,* das *Werk schlechthin* unter seinen Werken in dem vorhin bestimmten Sinne; es ist *die Fortsetzung vom Anti-Götze, Numero Zwölf.* Es ist unstreitig das eigenste, eigensinnigste und sonderbarste unter allen Lessingischen Produkten. Zwar sind sie fast alle, jedes ein ganz eignes Werk für sich, und wollen durchaus mit der Sinnesart aufgenommen, beobachtet und beurteilt werden, welche in Saladins Worten so schön ausgedrückt ist:

– Als Christ, als Muselmann: gleichviel!
Im weißen Mantel oder Jamerlonk;
Im Turban, oder deinem Filze: wie
Du willst! *Gleichviel! Ich habe nie verlangt,
Daß allen Bäumen Eine Rinde wachse.*

Aber für keines ist dem Empfänger der Geist dieses erhabenen *Gleichviel* so durchaus notwendig, wie für »Nathan«.

»In den Lehrbüchern,« sagt Lessing (T. XXV, S. 385) »sondre man die Gattungen so genau ab, als möglich: aber wenn ein Genie *höherer Absichten* wegen, mehre derselben in einem und demselben Werke zusammenfließen läßt, so vergesse man das Lehrbuch, und untersuche bloß, ob es diese Absichten erreicht hat.«

Über diese Absichten und die merkwürdige Entstehung dieses vom *Enthusiasmus der reinen Vernunft* erzeugten und beseelten Gedichts, finden sich glücklicherweise in Lessings Briefen einige sehr interessante und wirklich klassische Stellen. Man darf wohl sagen: wenn kein Werk so eigen ist, so ist auch keins so eigen entstanden.

Man konnte es Lessing natürlich nicht verzeihen, daß er in der Theologie bis zur Eleganz, und im Christianismus sogar bis zur Ironie gekommen war. Man verstand ihn nicht, also haßte, verleumdete und verfolgte man ihn aufs ärgste. Dabei hatte er nun vollends die Schwäche, jedes ungedruckte Buch, welches ihm ein Mittel zur Vervollkommung des menschlichen Geistes werden zu können schien, als ein heiliges Eigentum der Menschheit zu ehren, und wenn ihm der arme Fündling gar den Finger gedrückt hatte, sich seiner mit Zärtlichkeit, ja mit Schwärmerei anzunehmen. Man weiß es sattsam, wie die »Fragmente« auf die Masse der Theologen gewirkt, und auf den isolierten Herausgeber zurückgewirkt haben!

In der höchsten Krise dieser Gärung schreibt er am 11. August des Jahres 1778: »Da habe ich diese Nacht einen närrischen Einfall gehabt. Ich habe vor vielen Jahren einmal ein Schauspiel entworfen, dessen Inhalt eine Art Analogie mit meinen gegenwärtigen Streitigkeiten hat, die ich mir damals wohl nicht träumen ließ. – Ich glaube, daß sich alles sehr gut soll lesen lassen, und *ich gewiß den Theologen einen ärgern Possen damit spielen will, als noch mit zehn Fragmenten.«* (T. XXX, S. 454, 455.)

Die *Idee* des »Nathan« stand also mit einem Male ganz vor seinem Geiste. Alle seine andern genialischen Werke wuchsen ihm erst unter der Hand, bildeten sich während der Arbeit; erst dann zeigte sich weit von der ersten Veranlassung, was ihm das Liebste und an sich das Interessanteste war, und nun Hauptsache wurde.

»Mein »Nathan«, sagt er (T. XXX, S. 471, 472) ist ein Stück, welches ich schon vor drei Jahren vollends aufs reine bringen und drucken lassen wollte. Ich habe es jetzt nur wieder vorgenommen, weil mir *auf einmal* beifiel, daß ich, nach einigen kleinen Veränderungen des Plans, *dem Feinde auf einer andern Seite damit in die Flanke fallen könne.* – Mein Stück hat mit den jetzigen Schwarzröcken nichts zu tun; und ich will ihm den Weg nicht selbst verhauen, endlich doch einmal aufs Theater zu kommen, *wenn es auch erst nach hundert Jahren wäre.* Die Theologen aller geoffenbarten Religionen werden freilich innerlich darauf schimpfen; doch dawider sich öffentlich zu erklären, werden sie wohl bleiben lassen.« (S. 473.)

Ein aufmerksamer Beobachter der bücherschreibenden Offenbarungs-schwärmerei wird die letzte Äußerung prophetisch finden können: was aber die Beziehung des Stücks auf das damals Jetzige betrifft, so fehlt doch dem *Patriarchen* eigentlich nur eine beigedruckte kleine Hand mit gerecktem Zeigefinger, um *eine Persönlichkeit* zu sein, wie auch schon die bürleske Karikatur des Charakters andeutet; und an einem andern Orte nennt er selbst das Ganze geradezu einen *dramatischen Absprung* der theologischen Streitigkeiten, die damals bei ihm an der Tagesordnung standen, und *seine eigene Sache* schlechthin, geworden waren. (S. 464.)

Können *Verse* ein Werk, welches einen so ganz unpoetischen Zweck hat, etwa zum Gedichte machen; und noch dazu *solche* Verse? – Man höre wie Lessing darüber spricht: »Ich habe wirklich die Verse *nicht des Wohllauts wegen* gewählt« – (eine Bemerkung, auf die mancher vielleicht auch ohne diesen Wink hätte fallen können) – »sondern weil ich glaubte, daß der orientalische Ton, den ich doch hie und da angeben müssen, in der Prose zu sehr auffallen würde. Auch erlaube, meinte ich, der Vers immer einen *Absprung* eher, wie ich ihn jetzt zu meiner *anderweitigen* Absicht *bei aller Gelegenheit ergreifen* muß.« (T. XXVII, S. 46.)

Man kanns nicht offner und unzweideutiger sagen, wie es mit der *dramatischen Form* des »Nathan« stehe, als es Lessing selbst gesagt hat. Mit liberaler Nachlässigkeit, wie Alhafis Kittel oder des Tempelherrn halb verbrannter Mantel, ist sie dem Geist und Wesen des Werks übergeworfen, und muß sich nach diesem biegen und schmiegen. Von einzelnen Inkonsequenzen und von der Subordination der Handlung, ihrer steigenden Entwicklung und ihres notwendigen Zusammenhanges, ja selbst der Charaktere ists unnötig viel zu sagen. Die Darstellung überhaupt ist weit hingeworfner, wie in »Emilia Galotti«. Daher treten die natürlichen Fehler der Lessingschen Dramen stärker hervor, und behaupten ihre alten schon verlornen Rechte wieder. Wenn die Charaktere auch lebendiger gezeichnet und wärmer koloriert sind, wie in irgend einem andern seiner Dramen: so haben sie dagegen mehr von der *Affektation* der *manierierten* Darstellung, welche in »Minna von Barnhelm«, wo die Charaktere zuerst anfangen, merklich zu *Lessingisieren,* Nachdruck und Manier zu bekommen, und eigentlich charakteristisch zu werden, am meisten herrscht, in »Emilia Galotti« hingegen schon weggeschliffen ist. Selbst *Alhafi* ist *nicht ohne Prätension* dargestellt; welche *ihm* freilich recht gut steht, denn ein Bettler muß Prätensionen haben, sonst ist er ein Lump, dem *Künstler* doch aber nicht nachgesehn werden kann. Und dann ist das Werk so auffallend *ungleich,* wie sonst kein Lessingsches Drama. Die dramatische Form ist nur *Vehikel;* und *Recha, Sitta, Daja,* sind wohl eigentlich nur *Staffelei:* denn wie *ungalant* Lessing dachte, das übersteigt alle Begriffe.

Der durchgängig *zynisierende* Ausdruck hat sehr wenig vom orientalischen Ton, ist wohl nur mit *die beste Prosa,* welche Lessing geschrieben hat, und fällt sehr oft aus dem Kostüm heroischer Personen. Ich tadle das gar nicht: ich sage nur, so ists; vielleicht ists ganz recht so. Nur wenn »Nathan« *weiter nichts wäre, als ein großes dramatisches Kunstwerk,* so würde ich Verse wie den:

»Noch bin ich völlig auf dem trocknen nicht;«

im Munde der Fürstin bei der edelsten Stimmung und im rührendsten Verhältnis schlechthin fehlerhaft, ja recht sehr lächerlich finden. Die hohe philosophische Würde des Stücks hat Lessing selbst ungemein schön mit der theatralischen Effektlosigkeit oder Effektwidrigkeit desselben kontrastiert; mit dem seinem Ton eignen pikanten Gemisch von ruhiger inniger tiefer Begeisterung und naiver Kälte. »Es kann wohl sein,« sagt er (T. XXX, S. 505, 506), »daß mein »Nathan« im ganzen wenig Wirkung tun würde, wenn er auf das Theater käme, *welches wohl nie geschehen wird. Genug, wenn* er sich mit Interesse nur lieset, und *unter tausend Lesern nur Einer daraus an der Evidenz und Allgemeinheit seiner Religion zweifeln lernt.*«

Natürlich hat sich denn auch die logische Zunft das *ekzentrische* Werk, (welches seine *außerordentlich große Popularität,* die ein Vorurteil dagegen erregen könnte, wohl nur seiner *polemischen* und rhetorischen *Gewalt* verdankt, und dem Umstande, daß es den *allgemeinen Horizont* nie zu überschreiten *scheint,* wie auch dem, daß doch sehr *viele ein wenig Sinn haben für Lessing,* wenn auch sehr wenige viel) eben sowohl zuzueignen gesucht, wie die poetische; und sicher nicht mit minderm Rechte.

Der eine Meister der Weltweisheit meint, »Nathan« sei ein Panegyrikus auf die Vorsehung, gleichsam eine dramatisierte Theodizee der Religionsgeschichte. Zu geschweigen, wie sehr es Lessings strengem Sinn für das rein Unendliche widerspricht, den Rechtsbegriff auf die Gottheit anzuwenden: so ist dies auch äußerst allgemein, unbestimmt und nichtssagend. Ein andrer Virtuose der Dialektik hat dagegen gemeint: Die Absicht des »Nathan« sei, den Geist aller Offenbarung verdächtig zu machen, und jedes System von Religion, ohne Unterschied, *als System,* in einem gehässigen Lichte darzustellen. Der Theismus, sobald er System, sobald er *förmlich* werde, sei davon nicht ausgeschlossen. – Allein auch diese Erklärung würde, wenn man sie aus ihrem polemischen Zusammenhang reißen und einen dogmatischen Gebrauch davon machen wollte, den Fehler haben, daß sie das Werk, *welches eine Unendlichkeit umfaßt,* auf eine einzige allzubestimmte und am Ende ziemlich triviale Tendenz beschränken würde.

Man sollte überhaupt die Idee aufgeben, den »Nathan« auf irgendeine Art von Einheit bringen, oder ihn in eine der vom Gesetz und Herkommen geheiligten Fakultäten des menschlichen Geistes einzäunen und einzunften zu können: denn bei der gewaltsamen Reduktion und Einverleibung möchte doch wohl immer mehr verloren gehn, als die ganze Einheit wert ist. Was hilfts auch, wenn sich auch alles, was »Nathan« doch gar nicht bloß *beweisen,* sondern *lebendig* mitteilen soll, denn das Wichtigste und Beste darin reicht doch weit über das, was der trockne Beweis allein vermag, mit mathematischer Präzision in eine logische Formel zusammenfassen ließe? »Nathan« würde seine Stelle nichts destoweniger auf dem *gemeinschaftlichen Raine der Poesie und Moral* (T. XVIII, S. 5) behalten, wo sich Lessing früh gefiel, und auf dem er schon in den »Fabeln« spielte, die als *Vorübung zu Nathans Märchen von den drei Ringen,* welches vollendet hingeworfen, bis ins Mark entzückend trifft, immer wieder überrascht, und wohl so groß ist, als ein menschlicher Geist irgendetwas machen kann, Achtung verdienen und beinah *Studien* genannt zu werden verdienen, weil sie zwar nicht die Kunst, aber doch den Künstler weiter brachten, wenn auch weit über seine anfängliche Absicht und Einsicht. Es lebt und schwebt doch ein gewisses heiliges Etwas im »Nathan«, wogegen alle syllogistischen Figuren, wie alle Reguln der dramatischen Dichtkunst, eine wahre Lumperei sind. Ein philosophisches Resultat oder eine philosophische Tendenz machen ein Werk noch nicht zum Philosophem: ebensowenig wie dramatische Form und Erdichtung es zum Poem machen. Ist »Ernst und Falk« nicht dramatischer wie manche der besten Szenen im »Nathan«? Und die »Parabel« an Götze über die Wirkung der »Fragmente« ist gewiß eine sehr genialische Erdichtung, deren Zweck und Geist aber dennoch so unpoetisch, oder wie man jetzt in Deutschland sagt, so unästhetisch wie möglich ist.

Muß ein Werk nicht die Unsterblichkeit verdienen oder vielmehr schon haben, welches von allen bewundert und geliebt, von jedem aber anders genommen und erklärt wird? Doch bleibts sehr wunderbar, oder wie mans nehmen will, auch ganz und gar nicht wunderbar, daß bei dieser großen Verschiedenheit von Ansichten, bei dieser Menge von mehr charakteristischen als charakterisierenden Urteilsübungen, noch niemand auf den Einfall oder auf die Bemerkung geraten ist, daß »Nathan« beim Lichte betrachtet *zwei Hauptsachen* enthält, und also eigentlich aus *zwei Werken* zusammengewachsen ist. Das erste ist freilich *Polemik gegen alle illiberale Theologie,* und in dieser Beziehung nicht ohne manchen tieftreffenden Seitenstich auf den Christianismus, dem Lessing zwar weit mehr Gerechtigkeit widerfahren ließ, als alle Orthodoxen zusammengenommen, aber doch noch lange nicht genug: weil sich im Christianismus theologische Illiberalität, wie theologische Liberalität, alles Gute und alles Schlechte dieses Fachs am kräftigsten, mannichfachsten und feinsten ausgebildet hat; ferner Polemik gegen alle Unnatur, kindische Künstelei, und durch Mißbildung in sich oder in andern erzeugte Dummheit und alberne Schnörkel im Verhältnisse des Menschen zu Gott: das alles mußte Lessings geistreiche Natürlichkeit tief empören, und die Patriarchen hatten seinen Abscheu noch zu erhöhen, seinen Ekel zu reizen gewußt. Aber nicht einmal die Religionslehre im »Nathan« ist rein skeptisch, polemisch, bloß negativ, wie *Jacobi* in der angeführten Stelle behaupten zu wollen scheinen könnte. Es wird im »Nathan« eine, wenn auch nicht förmliche, doch ganz bestimmte Religionsart, die freilich voll Adel, Einfalt und Freiheit ist, als Ideal ganz entschieden und positiv aufgestellt; welches immer eine rhetorische Einseitigkeit bleibt, sobald es mit Ansprüchen auf Allgemeingültigkeit verbunden ist; und ich weiß nicht, ob man Lessing von dem Vorurteil einer objektiven und herrschenden Religion ganz freisprechen darf, und ob er den großen Satz seiner Philosophie des Christianismus, daß für jede Bildungsstufe der ganzen Menschheit eine eigene Religion gehöre, auch auf Individuen angewandt und ausgedehnt, und die Notwendigkeit unendlich vieler Religionen eingesehen hat. Aber ist nicht noch etwas ganz anders im »Nathan«, auch etwas Philosophisches, von jener Religionslehre, an die man sich allein gehalten hat, aber noch ganz Verschiednes, was zwar stark damit zusammenhängt, aber doch auch wieder ganz weit davon liegt, und vollkommen für sich bestehn kann? Dahin zielen vielleicht so manche Dinge, die gar nicht bloß als zufällige Beilage und Umgebung erscheinen, dabei von der polemischen Veranlassung und Tendenz am entferntesten, und doch so gewaltig akzentuiert sind, wie der Derwisch, der so fest auftritt, und Nathans Geschichte vom Verlust der sieben Söhne und von Rechas Adoption, die jedem, der welche hat, in die Eingeweide greift. Was anders regt sich hier, als sittliche Begeisterung für die sittliche Kraft und die sittliche Einfalt der biedern Natur? Wie liebenswürdig und glänzend erscheint nicht selbst des *Klosterbruders* (der wenigstens mitunter aktiv und Mit-Hauptperson wird, dahingegen der *Tempelherr* so oft nur passiv, und bloß Sache ist) fromme Einfalt, deren rohes Gold sich mit den Schlacken des künstlichen Aberglaubens nicht vermischen kann? Was tuts dagegen, daß der gute Klosterbruder einigemal stark aus dem Charakter fällt? Es folgt daraus bloß, daß die *dramatische Form* für das, was »Nathan« ist und sein soll, ihre sehr große Inkonvenienzen haben mag, obgleich sie Lessingen sehr natürlich, ja notwendig war. »Nathan der Weise«, ist nicht bloß die Fortsetzung des »Anti-Götze« Numero Zwölf: er ist auch und ist ebenso sehr ein dramatisiertes *Elementarbuch des höheren Zynismus*. Der Ton des Ganzen, und *Alhafi*, das versteht sich von selbst; *Nathan ist* ein reicher Zyniker von Adel; Saladin nicht minder. Die Sultanschaft wäre keine tüchtige Einwendung: selbst Julius Cäsar war ja ein Veteran des Zynismus im großen Styl; und ist die Sultanschaft nicht eigentlich eine recht zynische Profession, wie die Möncherei, das Rittertum, gewissermaßen auch der Handel, und jedes Verhältnis, wo die künstelnde Unnatur ihren Gipfel erreicht, eben dadurch sich selbst überspringt, und den Weg zur Rückkehr nach unbedingter Natur-Freiheit wieder öffnet? Und ferner: Alhafis derber Lehrsatz:

» *Wer*
Sich Knall und Fall ihm selbst zu leben, nicht
Entschließen kann, der lebet andrer Sklav
Auf immer;«

und Nathans goldnes Wort:

» *Der wahre Bettler ist*
Doch einzig und allein der wahre König!« –

stehn sie etwa bloß da, wo sie stehn? Oder spricht nicht ihr Geist und Sinn überall im ganzen Werke zu jedem, der sie vernehmen will? Und sind dieses nicht die alten heiligen Grundfesten des selbständigen Lebens? Nämlich für den Weisen heilig und alt, für den Pöbel an Gesinnung und Denkart aber ewig neu und töricht.

So *paradox endigte* Lessing auch in der Poesie, wie überall! Das erreichte Ziel erklärt und rechtfertigt die ekzentrische Laufbahn; »Nathan der Weise« ist die beste *Apologie* der gesamten *Lessingschen Poesie,* die ohne ihn doch nur eine *falsche Tendenz* scheinen müßte, wo die angewandte Effektpoesie der rhetorischen Bühnendramas mit der reinen Poesie dramatischer Kunstwerke ungeschickt verwirrt, und dadurch das Fortkommen bis zur Unmöglichkeit unnütz erschwert sei.

Ganz klein und leise fing Lessing wie überall so auch in der Poesie an, wuchs dann gleich einer Lawine; erst unscheinbar, zuletzt aber *gigantisch.*

Über Goethes Meister

Ohne Anmaßung und ohne Geräusch, wie die Bildung eines strebenden
Geistes sich still entfaltet, und wie die werdende Welt aus seinem Innern leise emporsteigt, beginnt die klare Geschichte. Was hier vorgeht
und was hier gesprochen wird, ist nicht außerordentlich, und die Gestalten, welche zuerst hervortreten, sind weder groß noch wunderbar:
eine kluge Alte, die überall den Vorteil bedenkt und für den reicheren
Liebhaber das Wort führt; ein Mädchen, die sich aus den Verstrickun-
gen der gefährlichen Führerin nur losreißen kann, um sich dem Geliebten heftig hinzugeben; ein reiner Jüngling, der das schöne Feuer
seiner ersten Liebe einer Schauspielerin weiht. Indessen steht alles gegenwärtig vor unsern Augen da, lockt und spricht uns an. Die Umrisse
sind allgemein und leicht, aber sie sind genau, scharf und sicher. Der
kleinste Zug ist bedeutsam, jeder Strich ist ein leiser Wink und alles
ist durch helle und lebhafte Gegensätze gehoben. Hier ist nichts, was
die Leidenschaft heftig entzünden, oder die Teilnahme sogleich gewaltsam mit sich fortreißen könnte. Aber die beweglichen Gemälde haften
wie von selbst in dem Gemüte, welches eben zum ruhigen Genuß
heiter gestimmt war. So bleibt auch wohl eine Landschaft von einfa-
chem und unscheinbarem Reiz, der eine seltsam schöne Beleuchtung
oder eine wunderbare Stimmung unsers Gefühls einen augenblicklichen
Schein von Neuheit und von Einzigkeit lieh, sonderbar hell und unaus-
löschlich in der Erinnerung. Der Geist fühlt sich durch die heitre Erzählung überall gelinde berührt, leise und vielfach angeregt. Ohne sie
ganz zu kennen, hält er diese Menschen dennoch schon für Bekannte,
ehe er noch recht weiß, oder sich fragen kann, wie er mit ihnen bekannt geworden sei. Es geht ihm damit wie der Schauspielergesellschaft
auf ihrer lustigen Wasserfahrt mit dem Fremden. Er glaubt, er müßte
sie schon gesehen haben, weil sie aussehn wie Menschen und nicht
wie Hinz oder Kunz. Dies Aussehn verdanken sie nicht eben ihrer
Natur und ihrer Bildung: denn nur bei einem oder dem andern nähert
sich diese auf verschiedne Weise und in verschiednem Maß der Allgemeinheit. Die Art der Darstellung ist es, wodurch auch das Beschränkteste zugleich ein ganz eignes selbständiges Wesen für sich, und dennoch nur eine andre Seite, eine neue Veränderung der allgemeinen
und unter allen Verwandlungen einigen menschlichen Natur, ein
kleiner Teil der unendlichen Welt zu sein scheint. Das ist eben das
Große, worin jeder Gebildete nur sich selbst wiederzufinden glaubt,
während er weit über sich selbst erhoben wird; was nur so ist, als
müßte es so sein, und doch weit mehr als man fodern darf.

Mit wohlwollendem Lächeln folgt der heitre Leser Wilhelms gefühlvollen Erinnerungen an die Puppenspiele, welche den neugierigen
Knaben mehr beseligten als alles andre Naschwerk, als er noch jedes
Schauspiel und Bilder aller Art, wie sie ihm vorkamen, mit demselben
reinen Durste in sich sog, mit welchem der Neugeborne die süße

Nahrung aus der Brust der liebkosenden Mutter empfängt. Sein Glaube macht ihm die gutmütigen Kindergeschichten von jener Zeit, wo er immer alles zu sehen begehrte, was ihm neu war, und was er gesehn hatte, nun auch gleich zu machen oder nachzuahmen versuchte oder strebte, wichtig, ja heilig, seine Liebe malt sie mit den reizendsten Farben aus, und seine Hoffnung leiht ihnen die schmeichelhafteste Bedeutung. Eben diese schönen Eigenschaften bilden das Gewebe seines Lieblingsgedankens, von der Bühne herab die Menschen zu erheben, aufzuklären und zu veredeln, und der Schöpfer eines neuen schöneren Zeitalters der vaterländischen Bühne zu werden, für die seine kindliche Neigung, erhöht durch die Tugend und verdoppelt durch die Liebe, in helle Flammen emporschlägt. Wenn die Teilnahme an diesen Gefühlen und Wünschen nicht frei von Besorgnis sein kann, so ist es dagegen nicht wenig anziehend und ergötzlich, wie Wilhelm auf einer kleinen Reise, auf welche ihn die Väter zum ersten Versuch senden, einem Abenteuer von der Art, die sich ernsthaft anläßt und drollig entwickelt, begegnet, in welchem er den Widerschein seines eignen Unternehmens, freilich nicht auf die vorteilhafteste Weise abgebildet, erblickt, ohne daß ihn dies seiner Schwärmerei untreu machen könnte. Unvermerkt ist indes die Erzählung lebhafter und leidenschaftlicher geworden, und in der warmen Nacht, wo Wilhelm, sich einer ewigen Verbindung mit seiner Mariane so nahe wähnend, liebevoll um ihre Wohnung schwärmt, steigt die heiße Sehnsucht, die sich in sich selbst zu verlieren, im Genuß ihrer eignen Töne zu lindern und zu erquicken scheint, aufs äußerste, bis die Glut durch die traurige Gewißheit und Norbergs niedrigen Brief plötzlich gelöscht, und die ganze schöne Gedankenwelt des liebenden Jünglings mit einem Streich vernichtet wird.

Mit diesem so hartem Mißlaut schließt das erste Buch, dessen Ende einer geistigen Musik gleicht, wo die verschiedensten Stimmen, wie ebensoviele einladende Anklänge aus der neuen Welt, deren Wunder sich vor uns entfalten sollen, rasch und heftig wechseln; und der schneidende Abstich kann die erst weniger, dann mehr als man erwartete, gereizte Spannung mit einem Zusatz von Ungeduld heilsam würzen, ohne doch je den ruhigsten Genuß des Gegenwärtigen zu stören, oder auch die feinsten Züge der Nebenausbildung, die leisesten Winke der Wahrnehmung zu entziehn, die jeden Blick, jede Miene des durch das Werk sichtbaren Dichtergeistes zu verstehen wünscht.

Damit aber nicht bloß das Gefühl in ein leeres Unendliches hinausstrebe, sondern auch das Auge nach einem großen Gesichtspunkt die Entfernung sinnlich berechnen, und die weite Aussicht einigermaßen umgrenzen könne, steht der Fremde da, der mit so vielem Rechte der Fremde heißt. Allein und unbegreiflich, wie eine Erscheinung aus einer andern edleren Welt, die von der Wirklichkeit, welche Wilhelmen umgibt, so verschieden sein mag, wie von der Möglichkeit, die er sich träumt, dient er zum Maßstab der Höhe, zu welcher das Werk noch steigen soll; eine Höhe, auf der vielleicht die Kunst eine Wissenschaft und das Leben eine Kunst sein wird.

Der reife Verstand dieses gebildeten Mannes ist wie durch eine große Kluft von der blühenden Einbildung des liebenden Jünglings geschieden. Aber auch von Wilhelms Serenate zu Norbergs Brief ist der Übergang nicht milde, und der Kontrast zwischen seiner Poesie und Marianens prosaischer ja niedriger Umgebung ist stark genug. Als vorbereitender Teil des ganzen Werks ist das erste Buch eine Reihe von veränderten Stellungen und malerischen Gegensätzen in deren jedem Wilhelms Charakter von einer andern merkwürdigen Seite, in einem neuen helleren Lichte gezeigt wird; und die kleineren deutlich geschiednen Massen und Kapitel bilden mehr oder weniger jede für sich ein malerisches Ganzes. Auch gewinnt er schon jetzt das ganze Wohlwollen des Lesers, dem er, wie sich selbst, wo er geht und steht, in einer Fülle von prächtigen Worten die erhabensten Gesinnungen vorsagt. Sein ganzes Tun und Wesen besteht fast im Streben, Wollen und Empfinden, und obgleich wir voraussehn, daß er erst spät oder nie als Mann handeln wird, so verspricht doch seine grenzenlose Bildsamkeit, daß Männer und Frauen sich seine Erziehung zum Geschäft und zum Vergnügen machen und dadurch, vielleicht ohne es zu wollen oder zu wissen, die leise und vielseitige Empfänglichkeit, welche seinem Geiste einen so hohen Zauber gibt, vielfach anregen und die Vorempfindung der ganzen Welt in ihm zu einem schönen Bilde entfalten werden. Lernen muß er überall können, und auch an prüfenden Versuchungen wird es ihm nie fehlen. Wenn ihm nun das günstige Schicksal oder ein erfahrner Freund von großem Überblick günstig beisteht und ihn durch Warnungen und Verheißungen nach dem Ziele lenkt, so müssen seine Lehrjahre glücklich endigen.

Das zweite Buch beginnt damit, die Resultate des ersten musikalisch zu wiederholen, sie in wenige Punkte zusammenzudrängen und gleichsam auf die äußerste Spitze zu treiben. Zuerst wird die langsame aber völlige Vernichtung von Wilhelms Poesie seiner Kinderträume und seiner ersten Liebe mit schonender Allgemeinheit der Darstellung betrachtet. Dann wird der Geist, der mit Wilhelmen in diese Tiefe gesunken, und mit ihm gleichsam untätig geworden war, von neuem belebt und mächtig geweckt, sich aus der Leere herauszureißen, durch die leidenschaftlichste Erinnerung an Marianen, und durch des Jünglings begeistertes Lob der Poesie, welches die Wirklichkeit seines ursprünglichen Traums von Poesie durch seine Schönheit bewährt, und uns in die ahndungsvollste Vergangenheit der alten Heroen und der noch unschuldigen Dichterwelt versetzt.

Nun folgt sein Eintritt in die Welt, der weder abgemessen noch brausend ist, sondern gelinde und leise wie das freie Lustwandeln eines, der zwischen Schwermut und Erwartung geteilt, von schmerzlichsüßen Erinnerungen zu noch ahndungsvolleren Wünschen schwankt. Eine neue Szene öffnet sich, und eine neue Welt breitet sich lockend vor uns aus. Alles ist hier seltsam, bedeutend, wundervoll und von geheimem Zauber umweht. Die Ereignisse und die Personen bewegen sich rascher und jedes Kapitel ist wie ein neuer Akt. Auch solche Ereignisse, die nicht eigentlich ungewöhnlich sind, machen eine überraschende Erscheinung. Aber diese sind nur das Element der Personen, in denen sich der Geist dieser Masse des ganzen Systems am klarsten offenbart. Auch in ihnen äußert sich jene frische Gegenwart, jenes magische Schweben zwischen Vorwärts und Rückwärts. Philine ist das verführerische Symbol der leichtesten Sinnlichkeit; auch der bewegliche Laertes lebt nur für den Augenblick; und damit die lustige Gesellschaft vollzählig sei, repräsentiert der blonde Friedrich die gesunde kräftige Ungezogenheit. Alles was die Erinnerung und die Schwermut und die Reue nur Rührendes hat, atmet und klagt der Alte wie aus einer unbekannten bodenlosen Tiefe von Gram und ergreift uns mit wilder Wehmut. Noch süßere Schauer und gleichsam ein schönes Grausen erregt das heilige Kind, mit dessen Erscheinung die innerste Springfeder des sonderbaren Werks plötzlich frei zu werden scheint. Dann und wann tritt Marianens Bild hervor, wie ein bedeutender Traum; plötzlich erscheint der seltsame Fremde und verschwindet schnell wie ein Blitz. Auch Melinas kommen wieder, aber verwandelt, nämlich ganz in ihrer natürlichen Gestalt. Die schwerfällige Eitelkeit der Anempfinderin kontrastiert artig genug gegen die Leichtigkeit der zierlichen Sünderin. Überhaupt gewährt uns die Vorlesung des Ritterstücks einen tiefen Blick hinter die Kulissen des theatralischen Zaubers wie in eine komische Welt im Hintergrunde. Das Lustige und das Ergreifende, das Geheime und das Lockende sind im Finale wunderbar verwebt, und die streitenden Stimmen tönen grell nebeneinander. Diese Harmonie von Dissonanzen ist noch schöner als die Musik, mit der das erste Buch endigte; sie ist entzückender und doch zerreißender, sie überwältigt mehr und sie läßt doch besonnener.

Es ist schön und notwendig, sich dem Eindruck eines Gedichtes ganz hinzugeben, den Künstler mit uns machen zu lassen, was er will, und etwa nur im einzelnen das Gefühl durch Reflexion zu bestätigen und zum Gedanken zu erheben, und wo es noch zweifeln oder streiten dürfte, zu entscheiden und zu ergänzen. Dies ist das Erste und das Wesentlichste. Aber nicht minder notwendig ist es, von allem Einzelnen abstrahieren zu können, das Allgemeine schwebend zu fassen, eine Masse zu überschauen, und das Ganze festzuhalten, selbst dem Verborgensten nachzuforschen und das Entlegenste zu verbinden. Wir müssen uns über unsre eigne Liebe erheben, und was wir anbeten, in Gedanken vernichten können: sonst fehlt uns, was wir auch für andre Fähigkeiten haben, der Sinn für das Weltall. Warum sollte man nicht den Duft einer Blume einatmen, und dann doch das unendliche Geäder eines einzelnen Blatts betrachten und sich ganz in diese Betrachtung verlieren können? Nicht bloß die glänzende äußre Hülle, das bunte Kleid der schönen Erde, ist dem Menschen, der ganz Mensch ist, und so fühlt und denkt, interessant: er mag auch gern untersuchen, wie die Schichten im Innern aufeinander liegen, und aus welchen Erdarten sie zusammengesetzt sind; er möchte immer tiefer dringen, bis in den Mittelpunkt wo möglich, und möchte wissen, wie das Ganze konstruiert ist. So mögen wir uns gern dem Zauber des Dichters entreißen, nachdem wir uns gutwillig haben von ihm fesseln lassen, mögen am liebsten dem nachspähn, was er unserm Blick entzieht oder doch nicht zuerst zeigen wollte, und was ihn doch am meisten zum Künstler macht: die geheimen Absichten, die er im stillen verfolgt, und deren wir beim Genius, dessen Instinkt zur Willkür geworden ist, nie zu viele voraussetzen können.

Der angeborne Trieb des durchaus organisierten und organisierenden Werks, sich zu einem Ganzen zu bilden, äußert sich in den größeren wie in den kleineren Massen. Keine Pause ist zufällig und unbedeutend; und hier, wo alles zugleich Mittel und Zweck ist, wird es nicht unrichtig sein, den ersten Teil unbeschadet seiner Beziehung aufs Ganze als ein Werk für sich zu betrachten. Wenn wir auf die Lieblingsgegenstände aller Gespräche und aller gelegentlichen Entwickelungen, und auf die Lieblingsbeziehungen aller Begebenheiten, der Menschen und ihrer Umgebung sehen: so fällt in die Augen, daß sich alles um Schauspiel, Darstellung, Kunst und Poesie drehe. Es war so sehr die Absicht des Dichters, eine nicht unvollständige Kunstlehre aufzustellen, oder vielmehr in lebendigen Beispielen und Ansichten darzustellen, daß diese Absicht ihn sogar zu eigentlichen Episoden verleiten kann, wie die Komödie der Fabrikanten und die Vorstellung der Bergmänner. Ja man dürfte eine systematische Ordnung in dem Vortrage dieser poetischen Physik der Poesie finden; nicht eben das tote Fachwerk eines Lehrgebäudes, aber die lebendige Stufenleiter jeder Naturgeschichte und Bildungslehre. Wie nämlich Wilhelm in diesem Abschnitt seiner Lehrjahre mit den ersten und notdürftigsten Anfangsgründen der Lebenskunst beschäftigt ist: so werden hier auch die einfachsten Ideen über die schöne Kunst, die ursprünglichen Fakta, und die rohesten Versuche, kurz die Elemente der Poesie vorgetragen: die Puppenspiele, diese Kinderjahre des gemeinen poetischen Instinkts, wie er allen gefühlvollen Menschen auch ohne besondres Talent eigen ist; die Bemerkungen über die Art, wie der Schüler Versuche machen und beurteilen soll, und über die Eindrücke, welche der Bergmann und die Seiltänzer erregen; die Dichtung über das goldne Zeitalter der jugendlichen Poesie, die Künste der Gaukler, die improvisierte Komödie auf der Wasserfahrt. Aber nicht bloß auf die Darstellungen des Schauspielers und was dem ähnlich ist, beschränkt sich diese Naturgeschichte des Schönen; in Mignons und des Alten romantischen Gesängen offenbart sich die Poesie auch als die natürliche Sprache und Musik schöner Seelen. Bei dieser Absicht mußte die Schauspielerwelt die Umgebung und der Grund des Ganzen werden, weil eben diese Kunst nicht bloß die vielseitigste, sondern auch die geselligste aller Künste ist, und weil sich hier vorzüglich Poesie und Leben, Zeitalter und Welt berühren, während die einsame Werkstätte des bildenden Künstlers weniger Stoff darbietet, und die Dichter nur in ihrem Innern als Dichter leben, und keinen abgesonderten Künstlerstand mehr bilden.

Obgleich es also den Anschein haben möchte, als sei das Ganze ebenso sehr eine historische Philosophie der Kunst, als ein Kunstwerk oder Gedicht, und als sei alles, was der Dichter mit solcher Liebe ausführt, als wäre es sein letzter Zweck, am Ende doch nur Mittel: so ist doch auch alles Poesie, reine, hohe Poesie. Alles ist so gedacht und so gesagt, wie von einem der zugleich ein göttlicher Dichter und ein vollendeter Künstler wäre; und selbst der feinste Zug der Nebenausbildung scheint für sich zu existieren und sich eines eignen selbständigen Daseins zu erfreuen. Sogar gegen die Gesetze einer kleinlichen unechten Wahrscheinlichkeit. Was fehlt Werners und Wilhelms Lobe des Handels und der Dichtkunst, als das Metrum, um von jedermann für erhabne Poesie anerkannt zu werden? Überall werden uns goldne Früchte in silbernen Schalen gereicht. Diese wunderbare Prosa ist Prosa und doch Poesie. Ihre Fülle ist zierlich, ihre Einfachheit bedeutend und vielsagend und ihre hohe und zarte Ausbildung ist ohne eigensinnige Strenge. Wie die Grundfäden dieses Styls im ganzen aus der gebildeten Sprache des gesellschaftlichen Lebens genommen sind, so gefällt er sich auch in seltsamen Gleichnissen, welche eine eigentümliche Merkwürdigkeit aus diesem oder jenem ökonomischen Gewerbe, und was sonst von den öffentlichen Gemeinplätzen der Poesie am entlegensten scheint, dem Höchsten und Zartesten ähnlich zu bilden streben.

Man lasse sich also dadurch, daß der Dichter selbst die Personen und die Begebenheiten so leicht und so launig zu nehmen, den Helden fast nie ohne Ironie zu erwähnen, und auf sein Meisterwerk selbst von der Höhe seines Geistes herabzulächeln scheint, nicht täuschen, als sei es ihm nicht der heiligste Ernst. Man darf es nur auf die höchsten Begriffe beziehn und es nicht bloß so nehmen, wie es gewöhnlich auf dem Standpunkt des gesellschaftlichen Lebens genommen wird: als einen Roman, wo Personen und Begebenheiten der letzte Endzweck sind. Denn dieses schlechthin neue und einzige Buch, welches man nur aus sich selbst verstehen lernen kann, nach einem aus Gewohnheit und Glauben, aus zufälligen Erfahrungen und willkürlichen Foderungen zusammengesetzten und entstandnen Gattungsbegriff beurteilen; das ist, als wenn ein Kind Mond und Gestirne mit der Hand greifen und in sein Schächtelchen packen will.

Ebensosehr regt sich das Gefühl gegen eine schulgerechte Kunstbeurteilung des göttlichen Gewächses. Wer möchte ein Gastmal des feinsten und ausgesuchtesten Witzes mit allen Förmlichkeiten und in aller üblichen Umständlichkeit rezensieren? Eine sogenannte Rezension des »Meister« würde uns immer erscheinen, wie der junge Mann, der mit dem Buche unter dem Arm in den Wald spazieren kommt, und den Philine mit dem Kuckuck vertreibt.

Vielleicht soll man es also zugleich beurteilen und nicht beurteilen; welches keine leichte Aufgabe zu sein scheint. Glücklicherweise ist es eben eins von den Büchern, welche sich selbst beurteilen, und den Kunstrichter sonach aller Mühe überheben. Ja es beurteilt sich nicht nur selbst, es stellt sich auch selbst dar. Eine bloße Darstellung des Eindrucks würde daher, wenn sie auch keins der schlechtesten Gedichte von der beschreibenden Gattung sein sollte, außer dem, daß sie überflüssig sein würde, sehr den kürzern ziehen müssen; nicht bloß gegen den Dichter, sondern sogar gegen den Gedanken des Lesers, der Sinn für das Höchste hat, der anbeten kann, und ohne Kunst und Wissenschaft gleich weiß, was er anbeten soll, den das Rechte trifft wie ein Blitz.

Die gewöhnlichen Erwartungen von Einheit und Zusammenhang täuscht dieser Roman ebenso oft als er sie erfüllt. Wer aber echten systematischen Instinkt, Sinn für das Universum, jene Vorempfindung der ganzen Welt hat, die Wilhelmen so interessant macht, fühlt gleichsam überall die Persönlichkeit und lebendige Individualität des Werks, und je tiefer er forscht, je mehr innere Beziehungen und Verwandtschaften, je mehr geistigen Zusammenhang entdeckt er in demselben. Hat irgendein Buch einen Genius, so ist es dieses. Hätte sich dieser auch im ganzen wie im einzelnen selbst charakterisieren können, so dürfte niemand weiter sagen, was eigentlich daran sei, und wie man es nehmen solle. Hier bleibt noch eine kleine Ergänzung möglich, und einige Erklärung kann nicht unnütz oder überflüssig scheinen, da trotz jenes Gefühls der Anfang und der Schluß des Werkes fast allgemein seltsam und unbefriedigend, und eins und das andre in der Mitte überflüssig und unzusammenhängend gefunden wird, und da selbst der, welcher das Göttliche der gebildeten Willkür zu unterscheiden und zu ehren weiß, beim ersten und beim letzten Lesen etwas Isoliertes fühlt, als ob bei der schönsten und innigsten Übereinstimmung und Einheit nur eben die letzte Verknüpfung der Gedanken und der Gefühle fehlte.

Mancher, dem man den Sinn nicht absprechen kann, wird sich in vieles lange nicht finden können: denn bei fortschreitenden Naturen erweitern, schärfen und bilden sich Begriff und Sinn gegenseitig.

Über die Organisation des Werks muß der verschiedne Charakter der einzelnen Massen viel Licht geben können. Doch darf sich die Beobachtung und Zergliederung, um von den Teilen zum Ganzen gesetzmäßig fortzuschreiten, eben nicht ins unendlich Kleine verlieren. Sie muß vielmehr als wären es schlechthin einfache Teile bei jenen größern Massen stehn bleiben, deren Selbständigkeit sich auch durch ihre freie Behandlung, Gestaltung und Verwandlung dessen, was sie von den vorhergehenden überkamen, bewährt, und deren innre absichtslose Gleichartigkeit und ursprüngliche Einheit der Dichter selbst durch das absichtliche Bestreben, sie durch sehr verschiedenartige doch immer poetische Mittel zu einem in sich vollendeten Ganzen zu runden, anerkannt hat. Durch jene Fortbildung ist der Zusammenhang, durch diese Einfassung ist die Verschiedenheit der einzelnen Massen gesichert und bestätigt; und so wird jeder notwendige Teil des einen und unteilbaren Romans ein System für sich. Die Mittel der Verknüpfung und der Fortschreitung sind ungefähr überall dieselben. Auch im zweiten Bande locken Jarno und die Erscheinung der Amazone, wie der Fremde und Mignon im ersten Bande, unsre Erwartung und unser Interesse in die dunkle Ferne, und deuten auf eine noch nicht sichtbare Höhe der Bildung; auch hier, öffnet sich mit jedem Buch eine neue Szene und eine neue Welt; auch hier kommen die alten Gestalten verjüngt wieder; auch hier enthält jedes Buch die Keime des künftigen und verarbeitet den reinen Ertrag des vorigen mit lebendiger Kraft in sein eigentümliches Wesen; und das dritte Buch, welches sich durch das frischeste und fröhlichste Kolorit auszeichnet, erhält durch Mignons Dahin und durch Wilhelms und der Gräfin ersten Kuß, eine schöne Einfassung wie von den höchsten Blüten der noch keimenden und der schon reifen Jugendfülle. Wo so unendlich viel zu bemerken ist, wäre es unzweckmäßig, irgend etwas bemerken zu wollen, was schon dagewesen ist, oder mit wenigen Veränderungen immer ähnlich wiederkommt. Nur was ganz neu und eigen ist, bedarf der Erläuterungen, die aber keinesweges alles allen hell und klar machen sollen: sie dürften vielmehr eben dann vortrefflich genannt zu werden verdienen, wenn sie dem, der den »Meister« ganz versteht, durchaus bekannt, und dem, der ihn gar nicht versteht, so gemein und leer, wie das, was sie erläutern wollen, selbst vorkämen; dem hingegen, welcher das Werk halb versteht, auch nur halb verständlich wären, ihn über einiges aufklärten, über anders aber vielleicht noch tiefer verwirrten, damit aus der Unruhe und dem Zweifeln die Erkenntnis hervorgehe, oder damit das Subjekt wenigstens seiner Halbheit, so viel das möglich ist, inne werde. Der zweite Band insonderheit bedarf der Erläuterungen am wenigsten: er ist der reichste, aber der reizendste; er ist voll Verstand, aber doch sehr verständlich.

In dem Stufengange der Lehrjahre der Lebenskunst ist dieser Band für Wilhelmen der höhere Grad der Versuchungen, und die Zeit der Verirrungen und lehrreichen, aber kostbaren Erfahrungen. Freilich laufen seine Vorsätze und seine Handlungen vor wie nach in parallelen Linien nebeneinander her, ohne sich je zu stören oder zu berühren. Indessen hat er doch endlich das gewonnen, daß er sich aus der Gemeinheit, die auch den edelsten Naturen ursprünglich anhängt oder sie durch Zufall umgibt, mehr und mehr erhoben, oder sich doch aus ihr zu erheben ernstlich bemüht hat. Nachdem Wilhelms unendlicher Bildungstrieb zuerst bloß in seinem eignen Innern gewebt und gelebt hatte, bis zur Selbstvernichtung seiner ersten Liebe und seiner ersten Künstlerhoffnung, und sich dann weit genug in die Welt gewagt hatte, war es natürlich, daß er nun vor allen Dingen in die Höhe strebte, sollte es auch nur die Höhe einer gewöhnlichen Bühne sein, daß das

Edle und Vornehme sein vorzüglichstes Augenmerk ward, sollte es auch nur die Repräsentation eines nicht sehr gebildeten Adels sein. Anders konnte der Erfolg dieses seinem Ursprunge nach achtungswürdigen Streben nicht wohl ausfallen, da Wilhelm noch so unschuldig und so neu war. Daher mußte das dritte Buch eine starke Annäherung zur Komödie erhalten; um so mehr, da es darauf angelegt war, Wilhelms Unbekanntschaft mit der Welt und den Gegensatz zwischen dem Zauber des Schauspiels und der Niedrigkeit des gewöhnlichen Schauspielerlebens in das hellste Licht zu setzen. In den vorigen Massen waren nur einzelne Züge entschieden komisch, etwa ein paar Gestalten zum Vorgrunde oder eine unbestimmte Ferne. Hier ist das Ganze, die Szene und Handlung selbst komisch. Ja man möchte es eine komische Welt nennen, da des Lustigen darin in der Tat unendlich viel ist, und da die Adlichen und die Komödianten zwei abgesonderte Corps bilden, deren keines dem andern den Preis der Lächerlichkeit abtreten darf, und die auf das drolligste gegeneinander manövrieren. Die Bestandteile dieses Komischen sind keinesweges vorzüglich fein und zart oder edel. Manches ist vielmehr von der Art, worüber jeder gemeiniglich von Herzen zu lachen pflegt, wie der Kontrast zwischen den schönsten Erwartungen und einer schlechten Bewirtung. Der Kontrast zwischen der Hoffnung und dem Erfolg, der Einbildung und der Wirklichkeit spielt hier überhaupt eine große Rolle: die Rechte der Realität werden mit unbarmherziger Strenge durchgesetzt und der Pedant bekommt sogar Prügel, weil er doch auch ein Idealist ist. Aus wahrer Affenliebe begrüßt ihn sein Kollege, der Graf, mit gnädigen Blicken über die ungeheure Kluft der Verschiedenheit des Standes; der Baron darf an geistiger Albernheit und die Baronesse an sittlicher Gemeinheit niemanden weichen; die Gräfin selbst ist höchstens eine reizende Veranlassung zu der schönsten Rechtfertigung des Putzes: und diese Adlichen sind den Stand abgerechnet den Schauspielern nur darin vorzuziehen, daß sie gründlicher gemein sind. Aber diese Menschen, die man lieber Figuren als Menschen nennen dürfte, sind mit leichter Hand und mit zartem Pinsel so hingedruckt, wie man sich die zierlichsten Karikaturen der edelsten Malerei denken möchte. Es ist bis zum Durchsichtigen gebildete Albernheit. Dieses Frische der Farben, dieses kindlich Bunte, diese Liebe zum Putz und Schmuck, dieser geistreiche Leichtsinn und flüchtige Mutwillen haben etwas was man Äther der Fröhlichkeit nennen möchte, und was zu zart und zu fein ist, als daß der Buchstabe seinen Eindruck nachbilden und wiedergeben könnte. Nur dem, der vorlesen kann, und sie vollkommen versteht, muß es überlassen bleiben, die Ironie, die über dem ganzen Werke schwebt, hier aber vorzüglich laut wird, denen die den Sinn dafür haben, ganz fühlbar zu machen. Dieser sich selbst belächelnde Schein von Würde und Bedeutsamkeit in dem periodischen Styl, diese scheinbaren Nachlässigkeiten und Tautologien, welche die Bedingungen so vollenden, daß sie mit dem Bedingten wieder eins werden, und wie es die Gelegenheit gibt, alles oder nichts zu sagen oder sagen zu wollen scheinen, dieses höchst Prosaische mitten in der poetischen Stimmung des dargestellten oder komödierten Subjekts, der absichtliche Anhauch von poetischer Pedanterie bei sehr prosaischen Veranlassungen; sie beruhen oft auf einem einzigen Wort, ja auf einem Akzent.

Vielleicht ist keine Masse des Werks so frei und unabhängig vom Ganzen als eben das dritte Buch. Doch ist nicht alles darin Spiel und nur auf den augenblicklichen Genuß gerichtet. Jarno gibt Wilhelmen und dem Leser eine mächtige Glaubensbestätigung an eine würdige große Realität und ernstere Tätigkeit in der Welt und in dem Werke. Sein schlichter trockner Verstand ist das vollkommne Gegenteil von Aureliens spitzfindiger Empfindsamkeit, die ihr halb natürlich ist und halb erzwungen. Sie ist durch und durch Schauspielerin, auch von Charakter; sie kann nichts und mag nichts als darstellen und aufführen, am liebsten sich selbst, und sie trägt alles zur Schau, auch ihre Weiblichkeit und ihre Liebe. Beide haben nur Verstand: denn auch Aurelien gibt der Dichter ein großes Maß von Scharfsinn; aber es fehlt ihr so ganz an Urteil und Gefühl des Schicklichen wie Jarno'n an Einbildungskraft. Es sind sehr ausgezeichnete aber fast beschränkte durchaus nicht große Menschen; und daß das Buch selbst auf jene Beschränktheit so bestimmt hindeutet, beweist, wie wenig es so bloße Lobrede auf den Verstand sei, als es wohl anfänglich scheinen könnte. Beide sind sich so vollkommen entgegengesetzt wie die tiefe innige Mariane und die leichte allgemeine Philine; und beide treten gleich diesen stärker hervor als nötig wäre, um die dargestellte Kunstlehre mit Beispielen und die Verwicklung des Ganzen mit Personen zu versorgen. Es sind Hauptfiguren, die jede in ihrer Masse gleichsam den Ton angeben. Sie bezahlen ihre Stelle dadurch, daß sie Wilhelms Geist auch bilden wollen, und sich seine gesamte Erziehung vorzüglich angelegen sein lassen. Wenn gleich der Zögling trotz des redlichen Beistandes so vieler Erzieher in seiner persönlichen und sittlichen Ausbildung wenig mehr gewonnen zu haben scheint als die äußre Gewandtheit, die er sich durch den mannichfaltigeren Umgang und durch die Übungen im Tanzen und Fechten erworben zu haben glaubt: so macht er doch dem Anscheine nach in der Kunst große Fortschritte, und zwar mehr durch die natürliche Entfaltung seines Geistes als auf fremde Veranlassung. Er lernt nun auch eigentliche Virtuosen kennen, und die künstlerischen Gespräche unter ihnen sind außerdem, daß sie ohne den schwerfälligen Prunk der sogenannten gedrängten Kürze, unendlich viel Geist, Sinn und Gehalt haben, auch noch wahre Gespräche; vielstimmig und ineinander greifend, nicht bloß einseitige Scheingespräche. Serlo ist in gewissem Sinne ein allgemeingültiger Mensch, und selbst seine Jugendgeschichte ist wie sie sein kann und sein soll bei entschiedenem Talent und ebenso entschiedenem Mangel an Sinn für das Höchste. Darin ist er Jarno'n gleich: beide haben am Ende doch nur das Mechanische ihrer Kunst in der Gewalt. Von den ersten Wahrnehmungen und Elementen der

Poesie, mit denen der erste Band Wilhelmen und den Leser beschäftigte, bis zu dem Punkt, wo der Mensch fähig wird, das Höchste und das Tiefste zu fassen, ist ein unermeßlich weiter Zwischenraum, und wenn der Übergang, der immer ein Sprung sein muß, wie billig durch ein großes Vorbild vermittelt werden sollte: durch welchen Dichter konnte dies wohl schicklicher geschehen, als durch den, welcher vorzugsweise der Unendliche genannt zu werden verdient? Grade diese Seite des Shakespeare wird von Wilhelmen zuerst aufgefaßt, und da es in dieser Kunstlehre weniger auf seine große Natur als auf seine tiefe Künstlichkeit und Absichtlichkeit ankam, so mußte die Wahl den »Hamlet« treffen, da wohl kein Stück zu so vielfachem und interessanten Streit, was die verborgne Absicht des Künstlers oder was zufälliger Mangel des Werks sein möchte, Veranlassung geben kann, als eben dieses, welches auch in die theatralische Verwicklung und Umgebung des Romans am schönsten eingreift, und unter andern die Frage von der Möglichkeit, ein vollendetes Meisterwerk zu verändern oder unverändert auf der Bühne zu geben, gleichsam von selbst aufwirft. Durch seine retardierende Natur kann das Stück dem Roman, der sein Wesen eben darin setzt, bis zu Verwechselungen verwandt scheinen. Auch ist der Geist der Betrachtung und der Rückkehr in sich selbst, von dem es so voll ist, so sehr eine gemeinsame Eigentümlichkeit aller sehr geistigen Poesie, daß dadurch selbst dies fürchterliche Trauerspiel, welches zwischen Verbrechen und Wahnsinn schwankend, die sichtbare Erde als einen verwilderten Garten der lüsternen Sünde, und ihr gleichsam hohles Innres wie den Wohnsitz der Strafe und der Pein darstellt und auf den härtesten Begriffen von Ehre und Pflicht ruht, wenigstens in einer Eigenschaft sich den fröhlichen Lehrjahren eines jungen Künstlers aneignen kann.

Die in diesem und dem ersten Buche des nächsten Bandes zerstreute Ansicht des »Hamlet« ist nicht sowohl Kritik als hohe Poesie. Und was kann wohl anders entstehn als ein Gedicht, wenn ein Dichter als solcher ein Werk der Dichtkunst anschaut und darstellt? Dies liegt nicht darin, daß sie über die Grenzen des sichtbaren Werkes mit Vermutungen und Behauptungen hinausgeht. Das muß alle Kritik, weil jedes vortreffliche Werk, von welcher Art es auch sei, mehr weiß als es sagt, und mehr will als es weiß. Es liegt in der gänzlichen Verschiedenheit des Zweckes und des Verfahrens. Jene poetische Kritik will gar nicht wie eine bloße Inschrift nur sagen, was die Sache eigentlich sei, wo sie in der Welt stehe und stehn solle: dazu bedarf es nur eines vollständigen ungeteilten Menschen, der das Werk so lange als nötig ist, zum Mittelpunkt seiner Tätigkeit mache; wenn ein solcher mündliche oder schriftliche Mitteilung liebt, kann es ihm Vergnügen gewähren, eine Wahrnehmung, die im Grunde nur eine und unteilbar ist, weitläufig zu entwickeln, und so entsteht eine eigentliche Charakteristik. Der Dichter und Künstler hingegen wird die Darstellung von neuem darstellen, das schon Gebildete noch einmal bilden wollen; er wird das Werk ergänzen, verjüngern, neu gestalten. Er wird das Ganze nur in Glieder und Massen und Stücke teilen, nie in seine ursprünglichen Bestandteile zerlegen, die in Beziehung auf das Werk tot sind, weil sie nicht mehr Einheiten derselben Art wie das Ganze enthalten, in Beziehung auf das Weltall aber allerdings lebendig und Glieder oder Massen desselben sein könnten. Auf solche bezieht der gewöhnliche Kritiker den Gegenstand seiner Kunst, und muß daher seine lebendige Einheit unvermeidlich zerstören, ihn bald in seine Elemente zersetzen, bald selbst nur als ein Atom einer größern Masse betrachten.

Im fünften Buche kommt es von der Theorie zu einer durchdachten und nach Grundsätzen verfahrenden Ausübung; und auch Serlos und der andern Roheit und Eigennutz, Philinens Leichtsinn, Aureliens Überspannung, des Alten Schwermut und Mignons Sehnsucht gehen in Handlung über. Daher die nicht seltne Annäherung zum Wahnsinn, die eine Lieblingsbeziehung und Ton dieses Teils scheinen dürfte. Mignon als Mänade ist ein göttlich lichter Punkt, deren es hier mehrere gibt. Aber im ganzen scheint das Werk etwas von der Höhe des zweiten Bandes zu sinken. Es bereitet sich gleichsam schon vor, in die äußersten Tiefen des innern Menschen zu graben, und von da wieder eine noch größere und schlechthin große Höhe zu ersteigen, wo es bleiben kann. Überhaupt scheint es an einem Scheidepunkte zu stehn und in einer wichtigen Krise begriffen zu sein. Die Verwicklung und Verwirrung steigt am höchsten, und auch die gespannte Erwartung über den endlichen Aufschluß so vieler interessanter Rätsel und schöner Wunder. Auch Wilhelms falsche Tendenz bildet sich zu Maximen: aber die seltsame Warnung warnt auch den Leser, ihn nicht zu leichtsinnig schon am Ziel oder auf dem rechten Wege dahin zu glauben. Kein Teil des Ganzen scheint so abhängig von diesem zu sein, und nur als Mittel gebraucht zu werden, wie das fünfte Buch. Es erlaubt sich sogar bloß theoretische Nachträge und Ergänzungen, wie das Ideal eines Souffleurs, die Skizze der Liebhaber der Schauspielkunst, die Grundsätze über den Unterschied des Drama und des Romans.

Die Bekenntnisse der schönen Seele überraschen im Gegenteil durch ihre unbefangene Einzelnheit, scheinbare Beziehungslosigkeit auf das Ganze und in den früheren Teilen des Romans beispiellose Willkürlichkeit der Verflechtung mit dem Ganzen, oder vielmehr der Aufnahme in dasselbe. Genauer erwogen aber dürfte Wilhelm auch wohl vor seiner Verheiratung nicht ohne alle Verwandtschaft mit der Tante sein, wie ihre Bekenntnisse mit dem ganzen Buch. Es sind doch auch Lehrjahre, in denen nichts gelernt wird, als zu existieren, nach seinen besondern Grundsätzen oder seiner unabänderlichen Natur zu leben; und wenn Wilhelm uns nur durch die Fähigkeit, sich für alles zu interessieren, interessant bleibt, so darf auch die Tante durch die Art, wie sie sich für sich selbst interessiert, Ansprüche darauf machen, ihr Gefühl mitzuteilen. Ja sie lebt im Grunde auch theatralisch; nur mit dem Unterschiede, daß sie die sämtlichen Rollen vereinigt, die in dem gräflichen Schlosse, wo alle agierten und Komödie mit sich spielten, unter viele Figuren verteilt waren, und daß ihr Innres die Bühne bildet, auf der sie Schauspieler und Zuschauer zugleich ist und auch noch die Intrigen in der Coulisse besorgt. Sie steht beständig vor dem Spiegel des Gewissens, und ist beschäftigt, ihr Gemüt zu putzen und zu schmücken. Überhaupt ist in ihr das äußerste Maß der Innerlichkeit erreicht, wie es doch auch geschehen mußte, da das Werk von Anfang an einen so entschiednen Hang offenbarte, das Innre und das Äußre scharf zu trennen und entgegenzusetzen. Hier hat sich das Innre nur gleichsam selbst ausgehöhlt. Es ist der Gipfel der ausgebildeten Einseitigkeit, dem das Bild reifer Allgemeinheit eines großen Sinnes gegenübersteht. Der Onkel nämlich ruht im Hintergrunde dieses Gemäldes, wie ein gewaltiges Gebäude der Lebenskunst im großen alten Styl, von edlen einfachen Verhältnissen, aus dem reinsten gediegensten Marmor. Es ist eine ganz neue Erscheinung in dieser Suite von Bildungsstücken. Bekenntnisse zu schreiben wäre wohl nicht seine Liebhaberei gewesen; und da er sein eigner Lehrer war, kann er keine Lehrjahre gehabt haben, wie Wilhelm. Aber mit männlicher Kraft hat er sich die umgebende Natur zu einer klassischen Welt gebildet, die sich um seinen selbständigen Geist wie um den Mittelpunkt bewegt.

Daß auch die Religion hier als angeborne Liebhaberei dargestellt wird, die sich durch sich selbst freien Spielraum schafft und stufenweise zur Kunst vollendet, stimmt vollkommen zu dem künstlerischen Geist des Ganzen und es wird dadurch, wie an dem auffallendsten Beispiele gezeigt, daß er alles so behandeln und behandelt wissen möchte. Die Schonung des Oheims gegen die Tante ist die stärkste Versinnlichung der unglaublichen Toleranz jener großen Männer, in denen sich der Weltgeist des Werks am unmittelbarsten offenbart. Die Darstellung einer sich wie ins Unendliche immer wieder selbst anschauenden Natur war der schönste Beweis, den ein Künstler von der unergründlichen Tiefe seines Vermögens geben konnte. Selbst die fremden Gegenstände malte er in der Beleuchtung und Farbe und mit solchen Schlagschatten, wie sie sich in diesem alles in seinem eignen Widerscheine schauenden Geiste abspiegeln und darstellen mußten. Doch konnte es nicht seine Absicht sein, hier tiefer und voller darzustellen, als für den Zweck des Ganzen nötig und gut wäre; und noch weniger konnte es seine Pflicht sein, einer bestimmten Wirklichkeit zu gleichen. Überhaupt gleichen die Charaktere in diesem Roman zwar durch die Art der Darstellung dem Porträt, ihrem Wesen nach aber sind sie mehr oder minder allgemein und allegorisch. Eben daher sind sie ein unerschöpflicher Stoff und die vortrefflichste Beispielsammlung für sittliche und gesellschaftliche Untersuchungen. Für diesen Zweck müßten Gespräche über die Charaktere im »Meister« sehr interessant sein können, obgleich sie zum Verständnis des Werks selbst nur etwa episodisch mitwirken könnten: aber Gespräche müßten es sein, um schon durch die Form alle Einseitigkeit zu verbannen. Denn wenn ein einzelner nur aus dem

Standpunkte seiner Eigentümlichkeit über jede dieser Personen räson-
nierte und ein moralisches Gutachten fällte, das wäre wohl die unfrucht-
barste unter allen möglichen Arten, den »Wilhelm Meister« anzusehn;
und man würde am Ende nicht mehr daraus lernen, als daß der Redner
über diese Gegenstände so, wie es nun lautete, gesinnt sei.

Mit dem vierten Bande scheint das Werk gleichsam mannbar und
mündig geworden. Wir sehen nun klar, daß es nicht bloß, was wir
Theater oder Poesie nennen, sondern das große Schauspiel der
Menschheit selbst und die Kunst aller Künste, die Kunst zu leben,
umfassen soll. Wir sehen auch, daß diese Lehrjahre eher jeden andern
zum tüchtigen Künstler oder zum tüchtigen Mann bilden wollen und
bilden können, als Wilhelmen selbst. Nicht dieser oder jener Mensch
sollte erzogen, sondern die Natur, die Bildung selbst sollte in mannich-
fachen Beispielen dargestellt, und in einfache Grundsätze zusammengedrängt werden. Wie wir uns in den Bekenntnissen plötzlich aus der
Poesie in das Gebiet der Moral versetzt wähnten, so stehn hier die
gediegnen Resultate einer Philosophie vor uns, die sich auf den höhern
Sinn und Geist gründet, und gleich sehr nach strenger Absonderung
und nach erhabner Allgemeinheit aller menschlichen Kräfte und
Künste strebt. Für Wilhelmen wird wohl endlich auch gesorgt: aber
sie haben ihn fast mehr als billig oder höflich ist, zum besten; selbst
der kleine Felix hilft ihn erziehen und beschämen, indem er ihm seine
vielfache Unwissenheit fühlbar macht. Nach einigen leichten Krämpfen
von Angst, Trotz und Reue verschwindet seine Selbständigkeit aus der
Gesellschaft der Lebendigen. Er resigniert förmlich darauf, einen eignen
Willen zu haben; und nun sind seine Lehrjahre wirklich vollendet,
und Nathalie wird Supplement des Romans. Als die schönste Form
der reinsten Weiblichkeit und Güte macht sie einen angenehmen
Kontrast mit der etwas materiellen Therese. Nathalie verbreitet ihre
wohltätigen Wirkungen durch ihr bloßes Dasein in der Gesellschaft:
Therese bildet eine ähnliche Welt um sich her, wie der Oheim. Es sind
Beispiele und Veranlassungen zu der Theorie der Weiblichkeit, die in
jener großen Lebenskunstlehre nicht fehlen durfte. Sittliche Geselligkeit
und häusliche Tätigkeit, beide in romantisch schöner Gestalt, sind die
beiden Urbilder, oder die beiden Hälften eines Urbildes, welche hier
für diesen Teil der Menschheit aufgestellt werden.

Wie mögen sich die Leser dieses Romans beim Schluß desselben
getäuscht fühlen, da aus allen diesen Erziehungsanstalten nichts her-
auskommt, als bescheidne Liebenswürdigkeit, da hinter allen diesen
wunderbaren Zufällen, weissagenden Winken und geheimnisvollen
Erscheinungen nichts steckt als die erhabenste Poesie, und da die
letzten Fäden des Ganzen nur durch die Willkür eines bis zur Vollendung gebildeten Geistes gelenkt werden! In der Tat erlaubt sich diese
hier, wie es scheint mit gutem Bedacht, fast alles, und liebt die seltsamsten Verknüpfungen. Die Reden einer Barbara wirken mit der giganti-
schen Kraft und der würdigen Großheit der alten Tragödie; von dem

interessantesten Menschen im ganzen Buch wird fast nichts ausführlich erwähnt, als sein Verhältnis mit einer Pächterstochter; gleich nach dem Untergang Marianens, die uns nicht als Mariane, sondern als das verlassene, zerrissene Weib überhaupt interessiert, ergötzt uns der Anblick des Dukaten zählenden Laertes; und selbst die unbedeutendsten Nebengestalten wie der Wundarzt sind mit Absicht höchst wunderlich. Der eigentliche Mittelpunkt dieser Willkürlichkeit ist die geheime Gesellschaft des reinen Verstandes, die Wilhelmen und sich selbst zum besten hat, und zuletzt noch rechtlich und nützlich und ökonomisch wird. Dagegen ist aber der Zufall selbst hier ein gebildeter Mann, und da die Darstellung alles andere im Großen nimmt und gibt, warum sollte sie sich nicht auch der hergebrachten Lizenzen der Poesie im Großen bedienen? Es versteht sich von selbst, daß eine Behandlung dieser Art und dieses Geistes nicht alle Fäden lang und langsam ausspinnen wird. Indessen erinnert doch auch der erst eilende dann aber unerwartet zögernde Schluß des vierten Bandes, wie Wilhelms allegorischer Traum im Anfange desselben, an vieles von allem, was das Interessanteste und Bedeutendste im Ganzen ist. Unter andern sind der segnende Graf, die schwangre Philine vor dem Spiegel, als ein warnendes Beispiel der komischen Nemesis und der sterbend geglaubte Knabe, welcher ein Butterbrot verlangt, gleichsam die ganz bürlesken Spitzen des Lustigen und Lächerlichen.

Wenn bescheidner Reiz den ersten Band dieses Romans, glänzende Schönheit den zweiten und tiefe Künstlichkeit und Absichtlichkeit den dritten unterscheidet; so ist Größe der eigentliche Charakter des letzten, und mit ihm des ganzen Werks. Selbst der Gliederbau ist erhabner, und Licht und Farben heller und höher; alles ist gediegen und hinreißend, und die Überraschungen drängen sich. Aber nicht bloß die Dimensionen sind erweitert, auch die Menschen sind von größerem Schlage. Lothario der Abbé und der Oheim sind gewissermaßen jeder auf seine Weise, der Genius des Buchs selbst; die andern sind nur seine Geschöpfe. Darum treten sie auch wie der alte Meister neben seinem Gemälde bescheiden in den Hintergrund zurück, obgleich sie aus diesem Gesichtspunkt eigentlich die Hauptpersonen sind. Der Oheim hat einen großen Sinn; der Abbé hat einen großen Verstand, und schwebt über dem Ganzen wie der Geist Gottes. Dafür daß er gern das Schicksal spielt, muß er auch im Buch die Rolle des Schicksals übernehmen. Lothario ist ein großer Mensch: der Oheim hat noch etwas Schwerfälliges, Breites, der Abbé etwas Magres, aber Lothario ist vollendet, seine Erscheinung ist einfach, sein Geist ist immer im Fortschreiten, und er hat keinen Fehler als den Erbfehler aller Größe, die Fähigkeit auch zerstören zu können. Er ist die himmelstrebende Kuppel, jene sind die gewaltigen Pilaster, auf denen sie ruht. Diese architektonischen Naturen umfassen, tragen und erhalten das Ganze. Die andern, welche nach dem Maß von Ausführlichkeit der Darstellung die wichtigsten scheinen können, sind nur die kleinen Bilder und

Verzierungen im Tempel. Sie interessieren den Geist unendlich, und es läßt sich auch gut darüber sprechen, ob man sie achten oder lieben soll und kann, aber für das Gemüt selbst bleiben es Marionetten, allegorisches Spielwerk. Nicht so Mignon, Sperata und Augustino, die heilige Familie der Naturpoesie, welche dem Ganzen romantischen Zauber und Musik geben, und im Übermaß ihrer eignen Seelenglut zu Grunde gehn. Es ist als wollte dieser Schmerz unser Gemüt aus allen seinen Fugen reißen: aber dieser Schmerz hat die Gestalt, den Ton einer klagenden Gottheit und seine Stimme rauscht auf den Wogen der Melodie daher wie die Andacht würdiger Chöre.

Es ist als sei alles Vorhergehende nur ein geistreiches interessantes Spiel gewesen, und als würde es nun Ernst. Der vierte Band ist eigentlich das Werk selbst; die vorigen Teile sind nur Vorbereitung. Hier öffnet sich der Vorhang des Allerheiligsten, und wir befinden uns plötzlich auf einer Höhe, wo alles göttlich und gelassen und rein ist, und von der Mignons Exequien so wichtig und so bedeutend erscheinen, als ihr notwendiger Untergang.

Gespräch über die Poesie

Alle Gemüter, die sie lieben, befreundet und bindet Poesie mit unauflöslichen Banden. Mögen sie sonst im eignen Leben das Verschiedenste
suchen, einer gänzlich verachten, was der andre am heiligsten hält,
sich verkennen, nicht vernehmen, ewig fremd bleiben; in dieser Region
sind sie dennoch durch höhere Zauberkraft einig und in Frieden. Jede
Muse sucht und findet die andre, und alle Ströme der Poesie fließen
zusammen in das allgemeine große Meer.

Die Vernunft ist nur eine und in allen dieselbe: wie aber jeder
Mensch seine eigne Natur hat und seine eigne Liebe, so trägt auch jeder
seine eigne Poesie in sich. Die muß ihm bleiben und soll ihm bleiben,
so gewiß er der ist, der er ist, so gewiß nur irgend etwas Ursprüngliches
in ihm war; und keine Kritik kann und darf ihm sein eigenstes Wesen,
seine innerste Kraft rauben, um ihn zu einem allgemeinen Bilde ohne
Geist und ohne Sinn zu läutern und zu reinigen, wie die Toren sich
bemühen, die nicht wissen was sie wollen. Aber lehren soll ihn die
hohe Wissenschaft echter Kritik, wie er sich selbst bilden muß in sich
selbst, und vor allem soll sie ihn lehren, auch jede andre selbständige
Gestalt der Poesie in ihrer klassischen Kraft und Fülle zu fassen, daß
die Blüte und der Kern fremder Geister Nahrung und Same werde für
seine eigne Fantasie.

Nie wird der Geist, welcher die Orgien der wahren Muse kennt, auf
dieser Bahn bis ans Ende dringen, oder wähnen, daß er es erreicht:
denn nie kann er eine Sehnsucht stillen, die aus der Fülle der Befriedi-
gungen selbst sich ewig von neuem erzeugt. Unermeßlich und unerschöpflich ist die Welt der Poesie wie der Reichtum der belebenden
Natur an Gewächsen, Tieren und Bildungen jeglicher Art, Gestalt und
Farbe. Selbst die künstlichen Werke oder natürlichen Erzeugnisse,
welche die Form und den Namen von Gedichten tragen, wird nicht
leicht auch der umfassendste alle umfassen. Und was sind sie gegen
die formlose und bewußtlose Poesie, die sich in der Pflanze regt, im
Lichte strahlt, im Kinde lächelt, in der Blüte der Jugend schimmert,
in der liebenden Brust der Frauen glüht? – Diese aber ist die erste,
ursprüngliche, ohne die es gewiß keine Poesie der Worte geben würde.
Ja wir alle, die wir Menschen sind, haben immer und ewig keinen andern Gegenstand und keinen andern Stoff aller Tätigkeit und aller
Freude, als das eine Gedicht der Gottheit, dessen Teil und Blüte auch
wir sind – die Erde. Die Musik des unendlichen Spielwerks zu vernehmen, die Schönheit des Gedichts zu verstehen, sind wir fähig, weil
auch ein Teil des Dichters, ein Funke seines schaffenden Geistes in
uns lebt und tief unter der Asche der selbstgemachten Unvernunft mit
heimlicher Gewalt zu glühen niemals aufhört.

Es ist nicht nötig, daß irgend jemand sich bestrebe, etwa durch
vernünftige Reden und Lehren die Poesie zu erhalten und fortzupflanzen, oder gar sie erst hervorzubringen, zu erfinden, aufzustellen und

ihr strafende Gesetze zu geben, wie es die Theorie der Dichtkunst so gern möchte. Wie der Kern der Erde sich von selbst mit Gebilden und Gewächsen bekleidete, wie das Leben von selbst aus der Tiefe hervorsprang, und alles voll ward von Wesen die sich fröhlich vermehrten; so blüht auch Poesie von selbst aus der unsichtbaren Urkraft der Menschheit hervor, wenn der erwärmende Strahl der göttlichen Sonne sie trifft und befruchtet. Nur Gestalt und Farbe können es nachbildend ausdrücken, wie der Mensch gebildet ist; und so läßt sich auch eigentlich nicht reden von der Poesie als nur in Poesie.

Die Ansicht eines jeden von ihr ist wahr und gut, insofern sie selbst Poesie ist. Da nun aber seine Poesie, eben weil es die seine ist, beschränkt sein muß, so kann auch seine Ansicht der Poesie nicht anders als beschränkt sein. Dieses kann der Geist nicht ertragen, ohne Zweifel weil er, ohne es zu wissen, es dennoch weiß, daß kein Mensch schlechthin nur ein Mensch ist, sondern zugleich auch die ganze Menschheit wirklich und in Wahrheit sein kann und soll. Darum geht der Mensch, sicher sich selbst immer wieder zu finden, immer von neuem aus sich heraus, um die Ergänzung seines innersten Wesens in der Tiefe eines fremden zu suchen und zu finden. Das Spiel der Mitteilung und der Annäherung ist das Geschäft und die Kraft des Lebens, absolute Vollendung ist nur im Tode.

Darum darf es auch dem Dichter nicht genügen, den Ausdruck seiner eigentümlichen Poesie, wie sie ihm angeboren und angebildet wurde, in bleibenden Werken zu hinterlassen. Er muß streben, seine Poesie und seine Ansicht der Poesie ewig zu erweitern, und sie der höchsten zu nähern die überhaupt auf der Erde möglich ist; dadurch daß er seinen Teil an das große Ganze auf die bestimmteste Weise anzuschließen strebt: denn die tötende Verallgemeinerung wirkt gerade das Gegenteil.

Er kann es, wenn er den Mittelpunkt gefunden hat, durch Mitteilung mit denen, die ihn gleichfalls von einer andern Seite auf eine andre Weise gefunden haben. Die Liebe bedarf der Gegenliebe. Ja für den wahren Dichter kann selbst das Verkehr mit denen, die nur auf der bunten Oberfläche spielen, heilsam und lehrreich sein. Er ist ein geselliges Wesen.

Für mich hatte es von jeher einen großen Reiz mit Dichtern und dichterisch Gesinnten über die Poesie zu reden. Viele Gespräche der Art habe ich nie vergessen, von andern weiß ich nicht genau, was der Fantasie und was der Erinnerung angehört; vieles ist wirklich darin, andres ersonnen. So das gegenwärtige, welches ganz verschiedene Ansichten gegeneinander stellen soll, deren jede aus ihrem Standpunkte den unendlichen Geist der Poesie in einem neuen Lichte zeigen kann, und die alle mehr oder minder bald von dieser bald von jener Seite in den eigentlichen Kern zu dringen streben. Das Interesse an dieser Vielseitigkeit erzeugte den Entschluß, was ich in einem Kreise von Freunden bemerkt und anfänglich nur in Beziehung auf sie gedacht hatte, allen denen mitzuteilen, die eigne Liebe im Busen spüren und gesonnen sind, in die heiligen Mysterien der Natur und der Poesie kraft ihrer innern Lebensfülle sich selbst einzuweihen.

Amalia und Camilla gerieten soeben über ein neues Schauspiel in ein Gespräch, das immer lebhafter wurde, als zwei von den erwarteten Freunden, die wir Marcus und Antonio nennen wollen, mit einem lauten Gelächter in die Gesellschaft traten. Nachdem jene beiden hinzugekommen, war diese nun so vollständig als sie sich gewöhnlich bei Amalien zu versammeln pflegte, um sich frei und froh mit ihrer gemeinschaftlichen Liebhaberei zu beschäftigen. Ohne Verabredung oder Gesetz fügte es sich meistens von selbst, daß Poesie der Gegenstand, die Veranlassung, der Mittelpunkt ihres Beisammenseins war. Bisher hatte bald dieser bald jener unter ihnen ein dramatisches Werk oder auch ein andres vorgelesen, worüber dann viel hin und her geredet, und manches Gute und Schöne gesagt ward. Doch fühlten bald alle mehr oder minder einen gewissen Mangel bei dieser Art der Unterhaltung. Amalia bemerke den Umstand zuerst und wie ihm zu helfen sein möchte. Sie meinte, die Freunde wüßten nicht klar genug um die Verschiedenheit ihrer Ansichten. Dadurch werde die Mitteilung verworren, und schwiege mancher gar, der sonst wohl reden würde. Jeder, oder zunächst nur wer eben am meisten Lust habe, solle einmal seine Gedanken über Poesie, oder über einen Teil, eine Seite derselben von Grund des Herzens aussprechen, oder lieber ausschreiben, damit mans schwarz auf weiß besitze, wies jeder meine. Camilla stimmte ihrer Freundin lebhaft bei, damit wenigstens einmal etwas Neues geschähe, zur Abwechslung von dem ewigen Lesen. Der Streit, sagte sie, würde dann erst recht arg werden; und das müsse er auch, denn eher sei keine Hoffnung zum ewigen Frieden.

Die Freunde ließen sich den Vorschlag gefallen und legten sogleich Hand ans Werk, ihn auszuführen. Selbst Lothario, der sonst am wenigsten sagte und stritt, ja oft stundenlang bei allem was die andern sagen und streiten mochten, stumm blieb und sich in seiner würdigen Ruhe nicht stören ließ, schien den lebhaftesten Anteil zu nehmen, und gab selbst Versprechungen, etwas vorzulesen. Das Interesse wuchs mit dem Werk und mit den Vorbereitungen dazu, die Frauen machten sich ein Fest daraus, und es wurde endlich ein Tag festgesetzt, an dem jeder vorlesen sollte, was er bringen würde. Durch alle diese Umstände war die Aufmerksamkeit gespannter, als gewöhnlich; der Ton des Gesprächs indessen blieb ganz so zwanglos und leicht wie er sonst unter ihnen zu sein pflegte.

Camilla hatte mit vielem Feuer ein Schauspiel beschrieben und gerühmt, was am Tage zuvor gegeben war. Amalia hingegen tadelte es, und behauptete, es sei von Kunst ja von Verstand durchaus keine Ahndung darin. Ihre Freundin gab dies sogleich zu; aber, sagte sie, es ist doch wild und lebendig genug, oder wenigstens können es gute

Schauspieler, wenn sie guter Laune sind, dazu machen. – Wenn sie wirklich gute Schauspieler sind, sagte Andrea, indem er auf seine Rolle und nach der Türe sah, ob die Fehlenden nicht bald kommen würden; wenn sie wirklich gute Schauspieler sind, so müssen sie eigentlich alle gute Laune verlieren, daß sie die der Dichter erst machen sollen. – Ihre gute Laune, Freund, erwiderte Amalia, macht Sie selbst zum Dichter; denn daß man dergleichen Schauspielschreiber Dichter heißt, ist doch nur ein Gedicht, und eigentlich viel ärger als wenn die Komödianten sich Künstler nennen oder nennen lassen. – Gönnt uns aber doch unsre Weise, sagte Antonio, indem er sichtbar Camillens Partei nahm; wenn sich einmal durch glücklichen Zufall ein Funken von Leben, von Freude und Geist in der gemeinen Masse entwickelt, so wollen wirs lieber erkennen, als uns immer wiederholen, wie gemein nun eben die gemeine Masse ist. – Darüber ist ja grade der Streit, sagte Amalia; gewiß es hat sich in dem Stück von dem wir reden, gar nichts weiter entwickelt, als was sich fast alle Tage da entwickelt; eine gute Portion Albernheit. Sie fing hierauf an, Beispiele anzuführen, worin sie aber bald gebeten wurde nicht länger fortzufahren, und in der Tat bewiesen sie nur zu sehr was sie beweisen sollten.

Camilla erwiderte dagegen, dieses treffe sie gar nicht, denn sie habe auf die Reden und Redensarten der Personen im Stück nicht sonderlich acht gegeben. – Man fragte sie, worauf sie denn geachtet habe, da es doch keine Operette sei? – Auf die äußre Erscheinung, sagte sie, die ich mir wie eine leichte Musik habe vorspielen lassen. Sie lobte dann eine der geistreichsten Schauspielerinnen, schilderte ihre Manieren, ihre schöne Kleidung, und äußerte ihre Verwunderung, daß man ein Wesen wie unser Theater so schwer nehmen könne. Gemein sei da in der Regel freilich fast alles; aber selbst im Leben, wo es einem doch näher träte, mache ja oft das Gemeine eine sehr romantische und angenehme Erscheinung. – Gemein in der Regel fast alles, sagte Lothario. Dieses ist sehr richtig. Wahrlich, wir sollten nicht mehr so häufig an einen Ort gehen, wo der von Glück zu sagen hat, der nicht vom Gedränge, von üblem Geruch oder von unangenehmen Nachbaren leidet. Man foderte einmal von einem Gelehrten eine Inschrift für das Schauspielhaus. Ich würde vorschlagen, daß man darüber setzte: Komm Wandrer und sieh das Platteste; welches dann in den meisten Fällen eintreffen würde.

Hier wurde das Gespräch durch die eintretenden Freunde unterbrochen, und wären sie zugegen gewesen, so dürfte der Streit wohl eine andre Richtung und Verwicklung gewonnen haben, denn Marcus dachte nicht so über das Theater, und konnte die Hoffnung nicht aufgeben, daß etwas Rechtes daraus werden müsse.

Sie traten, wie gesagt, mit einem unmäßigen Gelächter in die Gesellschaft, und aus den letzten Worten, die man hören konnte, ließ sich schließen, daß ihre Unterhaltung sich auf die sogenannten klassischen Dichter der Engländer bezog. Man sagte noch einiges über denselben

Gegenstand, und Antonio, der sich gern bei Gelegenheit mit dergleichen polemischen Einfällen dem Gespräch einmischte, das er selten selbst führte, behauptete, die Grundsätze ihrer Kritik und ihres Enthusiasmus wären im Smith über den Nationalreichtum zu suchen. Sie wären nur froh, wenn sie wieder einen Klassiker in die öffentliche Schatzkammer tragen könnten. Wie jedes Buch auf dieser Insel ein Essay, so werde da auch jeder Schriftsteller, wenn er nur seine gehörige Zeit gelegen habe, zum Klassiker. Sie wären aus gleichem Grund und in gleicher Weise auf die Verfertigung der besten Scheren stolz wie auf die der besten Poesie. So ein Engländer lese den Shakespeare eigentlich nicht anders wie den Pope, den Dryden, oder wer sonst noch Klassiker sei; bei dem einen denke er eben nicht mehr als bei dem andern. – Marcus meinte, das goldne Zeitalter sei nun einmal eine moderne Krankheit, durch die jede Nation hindurch müsse, wie die Kinder durch die Pocken. – So müßte man den Versuch machen können, die Kraft der Krankheit durch Inokulation zu schwächen, sagte Antonio. Ludoviko, der mit seiner revolutionären Philosophie das Vernichten gern im Großen trieb, fing an von einem *System der falschen Poesie* zu sprechen, was er darstellen wolle, die in diesem Zeitalter besonders bei Engländern und Franzosen grassiert habe und zum Teil noch grassiere; der tiefe gründliche Zusammenhang aller dieser falschen Tendenzen, die so schön übereinstimmen, eine die andre ergänzen und sich freundschaftlich auf halbem Wege entgegenkommen, sei ebenso merkwürdig und lehrreich als unterhaltend und grotesk. Er wünschte sich nur Verse machen zu können, denn in einem komischen Gedicht müßte sich, was er meine, eigentlich erst recht machen. Er wollte noch mehr davon sagen, aber die Frauen unterbrachen ihn und foderten den Andrea auf, daß er anfangen möchte; sonst wäre des Vorredens kein Ende. Nachher könnten sie ja desto mehr reden und streiten. Andrea schlug die Rolle auf und las.

Epochen der Dichtkunst

Wo irgend lebendiger Geist in einem gebildeten Buchstaben gebunden erscheint, da ist Kunst, da ist Absonderung, Stoff zu überwinden, Werkzeuge zu gebrauchen, ein Entwurf und Gesetze der Behandlung. Darum sehn wir die Meister der Poesie sich mächtig bestreben, sie auf das vielseitigste zu bilden. Sie ist eine Kunst, und wo sie es noch nicht war, soll sie es werden, und wenn sie es wurde, erregt sie gewiß in denen die sie wahrhaft lieben, eine starke Sehnsucht, sie zu erkennen, die Absicht des Meisters zu verstehen, die Natur des Werks zu begreifen, den Ursprung der Schule, den Gang der Ausbildung zu erfahren. Die Kunst ruht auf dem Wissen, und die Wissenschaft der Kunst ist ihre Geschichte.

Es ist aller Kunst wesentlich eigen, sich an das Gebildete anzuschließen, und darum steigt die Geschichte von Geschlecht zu Geschlecht, von Stufe zu Stufe immer höher ins Altertum zurück, bis zur ersten ursprünglichen Quelle.

Für uns Neuere, für Europa liegt diese Quelle in Hellas, und für die Hellenen und ihre Poesie war es Homeros und die alte Schule der Homeriden. Eine unversiegbare Quelle allbildsamer Dichtung war es, ein mächtiger Strom der Darstellung wo eine Woge des Lebens auf die andre rauscht, ein ruhiges Meer, wo sich die Fülle der Erde und der Glanz des Himmels freundlich spiegeln. Wie die Weisen den Anfang der Natur im Wasser suchen, so zeigt sich die älteste Poesie in flüssiger Gestalt.

Um zwei verschiedene Mittelpunkte vereinigte sich die Masse der Sage und des Gesanges. Hier ein großes gemeinsames Unternehmen, ein Gedränge von Kraft und Zwiespalt, der Ruhm des Tapfersten; dort die Fülle des Sinnlichen, Neuen, Fremden, Reizenden, das Glück einer Familie, ein Bild der gewandtesten Klugheit, wie ihr endlich die erschwerte Heimkehr dennoch gelingt. Durch diese ursprüngliche Absonderung ward das vorbereitet und gebildet, was wir »Ilias« und »Odyssee« nennen, und was in ihr eben einen festen Anhalt fand, um vor andern Gesängen der gleichen Zeit für die Nachwelt zu bleiben.

In dem Gewächs der Homerischen sehen wir gleichsam das Entstehen aller Poesie; aber die Wurzeln entziehn sich dem Blick, und die Blüten und Zweige der Pflanze treten unbegreiflich schön aus der Nacht des Altertums hervor. Dieses reizend gebildete Chaos ist der Keim, aus welchem die Welt der alten Poesie sich organisierte.

Die epische Form verdarb schnell. Statt dessen erhob sich, auch bei den Joniern, die Kunst der Jamben, die im Stoff und in der Behandlung der grade Gegensatz der mythischen Poesie, und eben darum der zweite Mittelpunkt der hellenischen Poesie war, und an und mit ihr die Elegie, welche sich fast ebenso mannichfach verwandelte und umgestaltete wie das Epos.

Was Archilochus war, muß uns außer den Bruchstücken, Nachrichten und Nachbildungen des Horatius in den Epoden, die Verwandtschaft der Komödie des Aristophanes und selbst die entferntere der römischen Satire vermuten lassen. Mehr haben wir nicht, die größte Lücke in der Kunstgeschichte auszufüllen. Doch leuchtet es jedem der nachdenken will, ein, wie es ewig im Wesen der höchsten Poesie liege, auch in heiligen Zorn auszubrechen, und ihre volle Kraft an dem fremdesten Stoff, der gemeinen Gegenwart zu äußern.

Dieses sind die Quellen der hellenischen Poesie, Grundlage und Anfang. Die schönste Blüte umfaßt die melischen, chorischen, tragischen und komischen Werke der Dorer, Äolier und Athener von Alkman und Sappho bis zum Aristophanes. Was uns aus dieser wahrhaft goldenen Zeit in den höchsten Gattungen der Poesie übrig geblieben ist, trägt mehr oder minder einen schönen oder großen Styl, die Lebenskraft der Begeisterung und die Ausbildung der Kunst in göttlicher Harmonie.

Das Ganze ruht auf dem festen Boden der alten Dichtung, eins und unteilbar durch das festliche Leben freier Menschen und durch die heilige Kraft der alten Götter.

Die melische Poesie schloß sich mit ihrer Musik aller schönen Gefühle zunächst an die jambische, in welcher der Drang der Leidenschaft, und die elegische, in welcher der Wechsel der Stimmung im Spiel des Lebens so lebendig erscheinen, daß sie für den Haß und die Liebe gelten können, durch welche das ruhige Chaos der Homerischen Dichtung bewegt ward zu neuen Bildungen und Gestaltungen. Die chorischen Gesänge hingegen neigten sich mehr zum heroischen Geist des Epos, und trennten sich ebenso einfach nach dem Übergewicht von gesetzlichem Ernst oder heiliger Freiheit in der Verfassung und Stimmung des Volks. Was Eros der Sappho eingab, atmete Musik; und wie die Würde des Pindaros gemildert wird durch den fröhlichen Reiz gymnastischer Spiele, so ahmten die Dithyramben in ihrer Ausgelassenheit auch wohl die kühnsten Schönheiten der Orchestik nach.

Stoff und Urbilder fanden die Stifter der tragischen Kunst im Epos, und wie dieses aus sich selbst die Parodie entwickelte, so spielten dieselben Meister, welche die Tragödie erfanden, in Erfindung satyrischer Dramen.

Zugleich mit der Plastik entstand die neue Gattung, ihr ähnlich in der Kraft der Bildung und im Gesetz des Gliederbaus.

Aus der Verbindung der Parodie mit den alten Jamben und als Gegensatz der Tragödie entsprang die Komödie, voll der höchsten Mimik die nur in Worten möglich ist.

Wie dort Handlungen und Begebenheiten, Eigentümlichkeit und Leidenschaft, aus der gegebnen Sage zu einem schönen System harmonisch geordnet und gebildet wurden, so ward hier eine verschwenderische Fülle von Erfindung als Rhapsodie kühn hingeworfen, mit tiefem Verstand im scheinbaren Unzusammenhang.

Beide Arten des attischen Drama griffen aufs wirksamste ins Leben ein, durch ihre Beziehung auf das Ideal der beiden großen Formen, in denen das höchste und einzige Leben, das Leben des Menschen unter Menschen erscheint. Den Enthusiasmus für die Republik finden wir beim Äschylos und Aristophanes, ein hohes Urbild schöner Familie in den heroischen Verhältnissen der alten Zeit liegt dem Sophokles zum Grunde.

Wie Äschylos ein ewiges Urbild der harten Größe und des nicht ausgebildeten Enthusiasmus, Sophokles aber der harmonischen Vollendung ist: so zeigt schon Euripides jene unergründliche Weichlichkeit, die nur dem versunkenen Künstler möglich ist, und seine Poesie ist oft nur die sinnreichste Deklamation.

Diese erste Masse hellenischer Dichtkunst, das alte Epos, die Jamben die Elegie, die festlichen Gesänge und Schauspiele; das ist die Poesie selbst. Alles, was noch folgt, bis auf unsre Zeiten, ist Überbleibsel

Nachhall, einzelne Ahndung, Annäherung, Rückkehr zu jenem höchsten Olymp der Poesie.

Die Vollständigkeit nötigt mich zu erwähnen, daß auch die ersten Quellen und Urbilder des didaskalischen Gedichts, die wechselseitigen Übergänge der Poesie und der Philosophie in dieser Blütezeit der alten Bildung zu suchen sind: in den naturbegeisterten Hymnen der Mysterien in den sinnreichen Lehren der gesellig sittlichen Gnome, in den allumfassenden Gedichten des Empedokles und andrer Forscher, und etwa in den Symposien, wo das philosophische Gespräch und die Darstellung desselben ganz in Dichtung übergeht.

Solche einzig große Geister wie Sappho, Pindaros, Äschylos, Sophokles, Aristophanes kamen nicht wieder; aber noch gabs genialische Virtuosen wie Philoxenos, die den Zustand der Auflösung und Gärung bezeichnen, welcher den Übergang von der großen idealischen zur zierlichen gelehrten Poesie der Hellenen bildet. Ein Mittelpunkt für diese war Alexandrien. Doch nicht hier allein blühte ein klassisches Siebengestirn tragischer Dichter; auch auf der attischen Bühne glänzte eine Schar von Virtuosen, und wenn gleich die Dichtkünstler in allen Gattungen Versuche in Menge machten, jede alte Form nachzubilden oder umzugestalten, so war es doch die dramatische Gattung vor allen, in welcher sich die noch übrige Erfindungskraft dieses Zeitalters durch eine reiche Fülle der sinnreichsten und oft seltsamen neuen Verbindungen und Zusammensetzungen zeigte, teils im Ernst, teils zur Parodie. Doch blieb es auch wohl in dieser Gattung beim Zierlichen, Geistvollen, Künstlichen, wie in den andern, unter denen wir nur das Idyllion, als eine eigentümliche Form dieses Zeitalters erwähnen; eine Form, deren Eigentümliches aber fast nur im Formlosen besteht. Im Rhythmus und manchen Wendungen der Sprache und Darstellungsart folgt es einigermaßen dem epischen Styl; in der Handlung und im Gespräch den dorischen Mimen von einzelnen Szenen aus dem geselligen Leben in der lokalsten Farbe; im Wechselgesange den kunstlosen Liedern der Hirten; im erotischen Geist gleicht es der Elegie und dem Epigramm dieser Zeit, wo dieser Geist selbst in epische Werke einfloß, deren viele jedoch fast nur Form waren, wo der Künstler in der didaskalischen Gattung zu zeigen suchte, daß seine Darstellung auch den schwierigsten trockensten Stoff besiegen könne; in der mythischen hingegen, daß man auch den seltensten kenne, und auch den ältesten ausgebildetsten neu zu verjüngen und feiner umzubilden wisse; oder in zierlichen Parodien mit einem nur scheinbaren Objekt spielte. Überhaupt ging die Poesie dieser Zeit entweder auf die Künstlichkeit der Form, oder auf den sinnlichen Reiz des Stoffs, der selbst in der neuen attischen Komödie herrschte; aber das Wollüstigste ist verloren.

Nachdem auch die Nachahmung erschöpft war, begnügte man sich neue Kränze aus den alten Blumen zu flechten, und Anthologien sind es welche die hellenische Poesie beschließen.

Die Römer hatten nur einen kurzen Anfall von Poesie, während dessen sie mit großer Kraft kämpften und strebten, sich die Kunst ihrer Vorbilder anzueignen. Sie erhielten dieselben zunächst aus den Händen er Alexandriner; daher herrscht das Erotische und Gelehrte in ihren Werken, und muß auch, was die Kunst betrifft, der Gesichtspunkt bleiben, sie zu würdigen. Denn der Verständige läßt jedes Gebildete in seiner Sphäre, und beurteilt es nur nach seinem eignen Ideale Zwar erscheint Horatius in jeder Form interessant, und einen Menschen von dem Wert dieses Römers würden wir vergeblich unter den spätern Hellenen suchen, aber dieses allgemeine Interesse an ihm selbst ist mehr ein romantisches als ein Kunsturteil, welches ihn nur in der Satire hoch stellen kann. Eine herrliche Erscheinung ists wenn die römische Kraft mit der hellenischen Kunst bis zur Verschmelzung eins wird. So bildete Properitus eine große Natur durch die gelehrteste Kunst; der Strom inniger Liebe quoll mächtig aus seiner treuen Brust. Er darf uns über den Verlust hellenischer Elegiker trösten, wie Lukretius über den des Empedokles.

Während einiger Menschenalter wollte alles dichten in Rom und jeder glaubte, er müsse die Musen begünstigen und ihnen wieder aufhelfen; und das nannten sie ihre goldne Zeit der Poesie. Gleichsam die taube Blute in der Bildung dieser Nation. Die Modernen sind ihnen darin gefolgt; was unter Augustus und Mäcenas geschah, war eine Vorbedeutung auf die Cinquecentisten Italiens. Ludwig der Vierzehnte versuchte denselben Frühling des Geistes in Frankreich zu erzwingen, auch die Engländer kamen überein, den Geschmack unter der Königin Anna für den besten zu halten, und keine Nation wollte fernerhin ohne ihr goldnes Zeitalter bleiben; jedes folgende war leerer und schlechter noch als das vorhergehende, und was sich die Deutschen als golden eingebildet haben, verbietet die Würde dieser Darstellung näher zu bezeichnen.

Ich kehre zurück zu den Römern. Sie hatten, wie gesagt, nur einen Anfall von Poesie, die ihnen eigentlich stets widernatürlich blieb. Einheimisch war bei ihnen nur die Poesie der Urbanität, und mit der einzigen Satire haben sie das Gebiet der Kunst bereichert. Es nahm dieselbe unter jedem Meister eine neue Gestalt an, indem sich der große alte Styl der römischen Gesellbigkeit und des römischen Witzes bald die klassische Kühnheit des Archilochos und der alten Komödie aneignete, bald aus der sorglosen Leichtigkeit eines Improvisatore zur saubersten Eleganz eines korrekten Hellenen bildete, bald mit stoischem Sinn und im gediegensten Styl zur großen alten Weise der Nation zurückkehrte, bald sich der Begeisterung des Hasses überließ. Durch die Satire erscheint in neuem Glanz, was noch von der Urbanität der ewigen Roma im Catullus lebt, im Martialis, oder sonst einzeln und zerstreut. Die Satire gibt uns einen römischen Standpunkt für die Produkte des römischen Geistes.

Nachdem die Kraft der Poesie so schnell erloschen als zuvor gewachsen war, nahm der Geist der Menschen eine andre Richtung, die Kunst verschwand im Gedränge der alten und der neuen Welt, und über ein Jahrtausend verstrich, ehe wieder ein großer Dichter im Okzident aufstand. Wer Talent zum Reden hatte, widmete sich bei den Römern gerichtlichen Geschäften, und wenn er ein Hellene war, hielt er populäre Vorlesungen über allerlei Philosophie. Man begnügte sich, die alten Schätze jeder Art zu erhalten, zu sammeln, zu mischen, abzukürzen und zu verderben; und wie in andern Zweigen der Bildung, so zeigt sich auch in der Poesie nur selten eine Spur von Originalität, einzeln und ohne Nachdruck; nirgends ein Künstler, kein klassisches Werk in so langer Zeit. Dagegen war die Erfindung und Begeisterung in der Religion um so reger; in der Ausbildung der neuen, in den Versuchen zur Umbildung der alten, in der mystischen Philosophie müssen wir die Kraft jener Zeit suchen, die in dieser Rücksicht groß war, eine Zwischenwelt der Bildung, ein fruchtbares Chaos zu einer neuen Ordnung der Dinge, das wahre Mittelalter.

Mit den Germaniern strömte ein unverdorbener Felsenquell von neuem Heldengesang über Europa, und als die wilde Kraft der gotischen Dichtung durch Einwirkung der Araber mit einem Nachhall von den reizenden Wundermärchen des Orients zusammentraf, blühte an der südlichen Küste gegen das Mittelmeer ein fröhliches Gewerbe von Erfindern lieblicher Gesänge und seltsamer Geschichten, und bald in dieser bald in jener Gestalt verbreitete sich mit der heiligen lateinischen Legende auch die weltliche Romanze, von Liebe und von Waffen singend.

Die katholische Hierarchie war unterdessen ausgewachsen; die Jurisprudenz und die Theologie zeigte manchen Rückweg zum Altertum. Diesen betrat, Religion und Poesie verbindend, der große Dante, der heilige Stifter und Vater der modernen Poesie. Von den Altvordern der Nation lernte er das Eigenste und Sonderbarste, das Heiligste und das Süßeste der neuen gemeinen Mundart zu klassischer Würde und Kraft zusammenzudrängen, und so die provenzalische Kunst der Reime zu veredeln; und da ihm nicht bis zur Quelle zu steigen vergönnt war, konnten ihm auch Römer den allgemeinen Gedanken eines großen Werkes von geordnetem Gliederbau mittelbar anregen. Mächtig faßte er ihn, in Einen Mittelpunkt drängte sich die Kraft seines erfindsamen Geistes zusammen, in Einem ungeheuren Gedicht umfaßte er mit starken Armen seine Nation und sein Zeitalter, die Kirche und das Kaisertum, die Weisheit und die Offenbarung, die Natur und das Reich Gottes. Eine Auswahl des Edelsten und des Schändlichsten was er gesehn, des Größten und des Seltsamsten, was er ersinnen konnte; die offenherzigste Darstellung seiner selbst und seiner Freunde, die herrlichste Verherrlichung der Geliebten; alles treu und wahrhaftig im Sichtbaren und voll geheimer Bedeutung und Beziehung aufs Unsichtbare.

Petrarca gab der Kanzone und dem Sonett Vollendung und Schönheit. Seine Gesänge sind der Geist seines Lebens, und Ein Hauch beseelt
und bildet sie zu Einem unteilbaren Werk; die ewige Roma auf Erden
und Madonna im Himmel als Wiederschein der einzigen Laura in
seinem Herzen versinnlichen und halten in schöner Freiheit die geistige
Einheit des ganzen Gedichts. Sein Gefühl hat die Sprache der Liebe
gleichsam erfunden, und gilt nach Jahrhunderten noch bei allen Edlen,
wie Boccaccios Verstand eine unversiegbare Quelle merkwürdiger
meistens wahrer und sehr gründlich ausgearbeiteter Geschichten für
die Dichter jeder Nation stiftete, und durch kraftvollen Ausdruck und
großen Periodenbau die Erzählungs-Sprache der Konversation zu einer
soliden Grundlage für die Prosa des Romans erhob. So streng in der
Liebe Petrarcas Reinheit, so materiell ist Boccaccios Kraft, der es lieber
wählte, alle reizende Frauen zu trösten, als eine zu vergöttern. In der
Kanzone durch fröhliche Anmut und geselligen Scherz nach dem
Meister neu zu sein, gelang ihm glücklicher als diesem, in der Vision
und Terzine dem großen Dante ähnlich zu werden.

Diese drei sind die Häupter vom alten Styl der modernen Kunst;
ihren Wert soll der Kenner verstehn, dem Gefühl des Liebhabers bleibt
grade das Beste und Eigenste in ihnen hart oder doch fremd.

Aus solchen Quellen entsprungen, konnte bei der vorgezogenen
Nation der Italiäner der Strom der Poesie nicht wieder versiegen. Jene
Erfinder zwar ließen keine Schule sondern nur Nachahmer zurück:
dagegen entstand schon früh ein neues Gewächs. Man wandte die
Form und Bildung der nun wieder zur Kunst gewordnen Poesie auf
den abenteuerlichen Stoff der Ritterbücher an, und so entstand das
Romanzo der Italiäner, ursprünglich schon zu geselligen Vorlesungen
bestimmt, und die altertümlichen Wundergeschichten durch einen
Anhauch von geselligem Witz und geistiger Würze zur Groteske laut
oder leise verwandelnd. Doch ist dieses Groteske selbst im Ariosto,
der das Romanzo wie Boiardo mit Novellen, und nach dem Geist seiner
Zeit mit schönen Blüten aus den Alten schmückte, und in der Stanze
eine hohe Anmut erreichte, nur einzeln, nicht im Ganzen, das kaum
diesen Namen verdient. Durch diesen Vorzug und durch seinen hellen
Verstand steht er über seinem Vorgänger; die Fülle klarer Bilder und
die glückliche Mischung von Scherz und Ernst macht ihn zum Meister
und Urbilde in leichter Erzählung und sinnlichen Fantasien. Der Versuch, das Romanzo durch einen würdigen Gegenstand und durch
klassische Sprache zur antiken Würde der Epopöe zu erheben, das
man sich als ein großes Kunstwerk aller Kunstwerke für die Nation,
und nach seinem allegorischen Sinn noch besonders für die Gelehrten
dachte, blieb, so oft er auch wiederholt wurde, nur ein Versuch, der
den rechten Punkt nicht treffen konnte. Auf einem andern ganz neuen,
aber nur einmal anwendbaren Wege gelang es dem Guarini, im »Pastor
Fido«, dem größten ja einzigen Kunstwerke der Italiäner nach jenen
Großen, den romantischen Geist und die klassische Bildung zur

schönsten Harmonie zu verschmelzen, wodurch er auch dem Sonett neue Kraft und neuen Reiz gab.

Die Kunstgeschichte der Spanier, die mit der Poesie der Italiäner aufs innigste vertraut waren, und die der Engländer, deren Sinn damals für das Romantische, was etwa durch die dritte vierte Hand zu ihnen gelangte, sehr empfänglich war, drängt sich zusammen in die von der Kunst zweier Männer, des Cervantes und Shakespeare, die so groß waren daß alles übrige gegen sie nur vorbereitende, erklärende, ergänzende Umgebung scheint. Die Fülle ihrer Werke und der Stufengang ihres unermeßlichen Geistes wäre allein Stoff für eine eigne Geschichte. Wir wollen nur den Faden derselben andeuten, in welche bestimmte Massen das Ganze zerfällt, oder wo man wenigstens einige feste Punkte und die Richtung sieht.

Da Cervantes zuerst die Feder statt des Degens ergriff, den er nicht mehr führen konnte, dichtete er die »Galatea«, eine wunderbar große Komposition von ewiger Musik der Fantasie und der Liebe, den zartesten und lieblichsten aller Romane; außerdem viele Werke, so die Bühne beherrschten, und wie die göttliche »Numancia« des alten Kothurns würdig waren. Dieses war die erste große Zeit seiner Poesie; ihr Charakter war hohe Schönheit, ernst aber lieblich.

Das Hauptwerk seiner zweiten Manier ist der erste Teil des »Don Quixote«, in welchem der fantastische Witz und eine verschwenderische Fülle kühner Erfindung herrschen. Im gleichen Geist und wahrscheinlich auch um dieselbe Zeit dichtete er auch viele seiner Novellen, besonders die komischen. In den letzten Jahren seines Lebens gab er dem herrschenden Geschmack im Drama nach, und nahm es aus diesem Grunde zu nachlässig; auch im zweiten Teil des »Don Quixote« nahm er Rücksicht auf Urteile; es blieb ihm ja doch frei, sich selbst zu genügen, und diese an die erste überall angebildete Masse des einzig in zwei getrennten und aus zweien verbundenen Werks, das hier gleichsam in sich selbst zurückkehrt mit unergründlichem Verstand in die tiefste Tiefe auszuarbeiten. Den großen »Persiles« dichtete er mit sinnreicher Künstlichkeit in einer ernsten, dunkeln Manier nach seiner Idee vom Roman des Heliodor; was er noch dichten wollte, vermutlich in der Gattung des Ritterbuchs und des dramatisierten Romans, so wie den zweiten Teil der »Galatea« zu vollenden, verhinderte ihn der Tod.

Vor Cervantes war die Prosa der Spanier im Ritterbuch auf eine schöne Art altertümlich, im Schäferroman blühend, und ahmte im romantischen Drama das unmittelbare Leben in der Sprache des Umgangs scharf und genau nach. Die lieblichste Form für zarte Lieder, voll Musik oder sinnreicher Tändelei, und die Romanze, gemacht um mit Adel und Einfalt edle und rührende alte Geschichten ernst und treu zu erzählen, waren von altersher in diesem Lande einheimisch. Weniger war dem Shakespeare vorgearbeitet; fast nur durch die bunte Mannichfaltigkeit der engländischen Bühne, für die bald Gelehrte, bald

Schauspieler, Vornehme und Hofnarren arbeiteten, wo Mysterien aus der Kindheit des Schauspiels oder altenglische Possen mit fremden Novellen, mit vaterländischen Historien und andern Gegenständen wechselten: in jeder Manier und in jeder Form, aber nichts was wir Kunst nennen dürften. Doch war es für den Effekt und selbst für die Gründlichkeit ein glücklicher Umstand, daß früh schon Schauspieler für die Bühne arbeiteten, die doch durchaus nicht auf den Glanz der äußern Erscheinung berechnet war, und daß im historischen Schauspiel die Einerleiheit des Stoffs, den Geist des Dichters und des Zuschauers auf die Form lenken mußte.

Shakespeares frühste Werke[1] müssen mit dem Auge betrachtet werden, mit welchem der Kenner die Altertümer der italiänischen Malerkunst verehrt. Sie sind ohne Perspektive und andre Vollendung, aber gründlich, groß und voll Verstand, und in ihrer Gattung nur durch die Werke aus der schönsten Manier desselben Meisters übertroffen. Wir rechnen dahin den »Locrinus«, wo der höchste Kothurn in gotischer Mundart mit der derben altenglischen Lustigkeit grell verbunden ist, den göttlichen »Perikles«, und andre Kunstwerke des einzigen Meisters, die der Aberwitz seichter Schriftgelehrten ihm gegen alle Geschichte abgesprochen, oder die Dummheit derselben nicht anerkannt hat. Wir setzen, daß diese Produkte früher sind als der »Adonis« und die »Sonette«, weil keine Spur darin ist von der süßen lieblichen Bildung, von dem schönen Geist, der mehr oder minder in allen spätern Dramen des Dichters atmet, am meisten in denen der höchsten Blüte. Liebe, Freundschaft und edle Gesellschaft wirkten nach seiner Selbstdarstellung eine schöne Revolution in seinem Geiste; die Bekanntschaft mit den zärtlichen Gedichten des bei den Vornehmen beliebten Spenser gab seinem neuen romantischen Schwunge Nahrung, und dieser mochte ihn zur Lektüre der Novellen führen, die er mehr als zuvor geschehn war, für die Bühne mit dem tiefsten Verstande umbildete, neu konstruierte und fantastisch reizend dramatisierte. Diese Ausbildung floß nun auch auf die historischen Stücke zurück, gab ihnen mehr Fülle, Anmut und Witz, und hauchte allen seinen Dramen den romantischen Geist ein, der sie in Verbindung mit der tiefen Gründlichkeit am eigensten charakterisiert, und sie zu einer romantischen Grundlage des modernen Drama konstituiert, die dauerhaft genug ist für ewige Zeiten.

Von den zuerst dramatisierten Novellen erwähnen wir nur den »Romeo« und »Love's Labour's Lost«, als die lichtesten Punkte seiner jugendlichen Fantasie, die am nächsten an »Adonis« und die »Sonette«

---

1 Über die sogenannten unechten Stücke von Shakespeare und die Beweise ihrer Echtheit dürfen wir den Freunden des Dichters eine ausführliche Untersuchung von *Tieck* versprechen, dessen gelehrte Kenntnis und originelle Ansicht derselben die Aufmerksamkeit des Verfassers zuerst auf jene interessante kritische Frage lenkte.

grenzen. In drei Stücken von »Heinrich dem Sechsten« und »Richard dem Dritten« sehn wir einen stetigen Übergang aus der ältern noch nicht romantisierten Manier in die große. An diese Masse adstruierte er die von »Richard dem Zweiten« bis »Heinrich dem Fünften«; und dieses Werk ist der Gipfel seiner Kraft. Im »Macbeth« und »Lear« sehn wir die Grenzzeichen der männlichen Reife und der »Hamlet« schwebt unauflöslich im Übergang von der Novelle zu dem was diese Tragödien sind. Für die letzte Epoche erwähnen wir den »Sturm«, »Othello« und die römischen Stücke; es ist unermeßlich viel Verstand darin, aber schon etwas von der Kälte des Alters.

Nach dem Tode dieser Großen erlosch die schöne Fantasie in ihren Ländern. Merkwürdig genug bildete sich nun sogleich die bis dahin roh gebliebene Philosophie zur Kunst, erregte den Enthusiasmus herrlicher Männer und zog ihn wieder ganz an sich. In der Poesie dagegen gab es zwar vom Lope de Vega bis zum Gozzi manche schätzbare Virtuosen, aber doch keine Poeten, und auch jene nur für die Bühne. Übrigens wuchs die Fülle der falschen Tendenzen in allen gelehrten und populären Gattungen und Formen immer mehr. Aus oberflächlichen Abstraktionen und Räsonnements, aus dem mißverstandenen Altertum und dem mittelmäßigen Talent entstand in Frankreich ein umfassendes und zusammenhängendes System von falscher Poesie, welches auf einer gleich falschen Theorie der Dichtkunst ruhete; und von hier aus verbreitete sich diese schwächliche Geisteskrankheit des sogenannten guten Geschmackes fast über alle Länder Europas. Die Franzosen und die Engländer konstituierten sich nun ihre verschiedenen goldenen Zeitalter, und wählten sorgfältig als würdige Repräsentanten der Nation im Pantheon des Ruhms ihre Zahl von Klassikern aus Schriftstellern, die sämtlich in einer Geschichte der Kunst keine Erwähnung finden können.

Indessen erhielt sich doch auch hier wenigstens eine Tradition, man müsse zu den Alten und zur Natur zurückkehren, und dieser Funken zündete bei den Deutschen, nachdem sie sich durch ihre Vorbilder allmählig durchgearbeitet hatten. Winckelmann lehrte das Altertum als ein Ganzes betrachten, und gab das erste Beispiel, wie man eine Kunst durch die Geschichte ihrer Bildung begründen solle. Goethes Universalität gab einen milden Widerschein von der Poesie fast aller Nationen und Zeitalter; eine unerschöpflich lehrreiche Suite von Werken, Studien, Skizzen, Fragmenten, Versuchen in jeder Gattung und in den verschiedensten Formen. Die Philosophie gelangte in wenigen kühnen Schritten dahin, sich selbst und den Geist des Menschen zu verstehen, in dessen Tiefe sie den Urquell der Fantasie und das Ideal der Schönheit entdecken, und so die Poesie deutlich anerkennen mußte, deren Wesen und Dasein sie bisher auch nicht geahndet hatte. Philosophie und Poesie, die höchsten Kräfte des Menschen, die selbst zu Athen jede für sich in der höchsten Blüte doch nur einzeln wirkten, greifen nun ineinander, um sich in ewiger Wechselwirkung gegenseitig zu beleben und zu bilden. Das Übersetzen der Dichter und das Nachbilden ihrer Rhythmen ist zur Kunst und die Kritik zur Wissenschaft geworden, die alte Irrtümer vernichtet und neue Aussichten in die Kenntnis des Altertums eröffnet, in deren Hintergrunde sich eine vollendete Geschichte der Poesie zeigt.

Es fehlt nichts, als daß die Deutschen diese Mittel ferner brauchen, daß sie dem Vorbilde folgen, was Goethe aufgestellt hat, die Formen der Kunst überall bis auf den Ursprung erforschen, um sie neu beleben oder verbinden zu können, und daß sie auf die Quellen ihrer eignen Sprache und Dichtung zurückgehn, und die alte Kraft, den hohen Geist wieder frei machen, der noch in den Urkunden der vaterländischen Vorzeit vom Liede der »Nibelungen« bis zum Flemming und Weckherlin bis jetzt verkannt schlummert: so wird die Poesie, die bei keiner modernen Nation so ursprünglich ausgearbeitet und vortrefflich erst eine Sage der Helden, dann ein Spiel der Ritter, und endlich ein Handwerk der Bürger war, nun auch bei eben derselben eine gründliche Wissenschaft wahrer Gelehrten und eine tüchtige Kunst erfindsamer Dichter sein und bleiben.

Camilla. Sie haben die Franzosen ja fast gar nicht erwähnt.
Andrea. Es ist ohne besondre Absicht geschehn; ich fand eben keine Veranlassung.
Antonio. Er hätte an dem Beispiel der großen Nation wenigstens zeigen können, wie man eine sein kann, ohne alle Poesie.
Camilla. Und darstellen wie man ohne Poesie lebt.
Ludoviko. Er hat mir durch diese Tücke auf eine indirekte Art mein polemisches Werk über die Theorie der falschen Poesie vorwegnehmen wollen.
Andrea. Es wird nur auf Sie ankommen, so habe ich, was Sie tun wollen nur leise angekündigt.
Lothario. Da Sie bei Erwähnung der Übergänge aus Poesie in Philosophie und aus Philosophie in Poesie, des Plato als Dichter erwähnten, wofür die Muse Ihnen lohne, horchte ich nachher auch auf den Namen des Tacitus. Diese durchgebildete Vollendung des Styls, diese gediegene und helle Darstellung, die wir in den großen Historien des Altertums finden, sollte dem Dichter ein Urbild sein. Ich bin überzeugt, dieses große Mittel ließe sich noch gebrauchen.
Marcus. Und vielleicht ganz neu anwenden.
Amalia. Wenn das so fortgeht, wird sich uns, ehe wirs uns versehen, eins nach dem andern in Poesie verwandeln. Ist denn alles Poesie?
Lothario. Jede Kunst und jede Wissenschaft die durch die Rede wirkt, wenn sie als Kunst um ihrer selbst willen geübt wird, und wenn sie den höchsten Gipfel erreicht, erscheint als Poesie.
Ludoviko. Und jede, die auch nicht in den Worten der Sprache ihr Wesen treibt, hat einen unsichtbaren Geist, und der ist Poesie.

Marcus. Ich stimme in vielen ja fast in den meisten Punkten mit Ihnen überein. Nur wünschte ich, Sie hätten noch mehr Rücksicht auf die Dichtarten genommen; oder um mich besser auszudrücken, ich wünschte, daß eine bestimmtere Theorie derselben aus Ihrer Darstellung hervorginge.

Andrea. Ich habe mich in diesem Stück ganz in den Grenzen der Geschichte halten wollen.

Ludoviko. Sie könnten sich immerhin auch auf die Philosophie berufen. Wenigstens habe ich noch in keiner Einteilung den ursprünglichen Gegensatz der Poesie so wiedergefunden, als in Ihrer Gegeneinanderstellung der epischen und der jambischen Dichtungsart.

Andrea. Die doch nur historisch ist.

Lothario. Es ist natürlich, daß wenn die Poesie auf eine so große Weise entsteht, wie in jenem glücklichen Lande, sie sich auf zwiefache Art äußert. Sie bildet entweder eine Welt aus sich heraus, oder sie schließt sich an die äußre, welches im Anfang nicht durch Idealisieren sondern auf eine feindliche und harte Art geschehen wird. So erkläre ich mir die epische und die jambische Gattung.

Amalia. Mich schauderts immer, wenn ich ein Buch aufschlage, wo die Fantasie und ihre Werke rubrikenweise klassifiziert werden.

Marcus. Solche verabscheuungswürdige Bücher wird Ihnen niemand zumuten zu lesen. Und doch ist eine Theorie der Dichtarten grade das, was uns fehlt. Und was kann sie anders sein als eine Klassifikation, die zugleich Geschichte und Theorie der Dichtkunst wäre?

Ludoviko. Sie würde uns darstellen wie und auf welche Weise die Fantasie eines – erdichteten Dichters, der, als Urbild, der Dichter aller Dichter wäre, sich kraft ihrer Tätigkeit durch diese selbst notwendig beschränken und teilen muß.

Amalia. Wie kann aber dieses künstliche Wesen zur Poesie dienen?

Lothario. Sie haben bis jetzt eigentlich wenig Ursache, Amalia, über dergleichen künstliches Wesen bei Ihren Freunden zu klagen. Es muß noch ganz anders kommen, wenn die Poesie wirklich ein künstliches Wesen werden soll.

Marcus. Ohne Absonderung findet keine Bildung statt, und Bildung ist das Wesen der Kunst. Also werden Sie jene Einteilungen wenigstens als Mittel gelten lassen.

Amalia. Diese Mittel werfen sich oft zum Zweck auf, und immer bleibt es ein gefährlicher Umweg, der gar zu oft den Sinn für das Höchste tötet, ehe das Ziel erreicht ist.

Ludoviko. Der rechte Sinn läßt sich nicht töten.

Amalia. Und welche Mittel zu welchem Zweck? Es ist ein Zweck, den man nur gleich oder nie erreichen kann. Jeder freie Geist sollte unmittelbar das Ideal ergreifen und sich der Harmonie hingeben, die er in seinem Innern finden muß, sobald er sie da suchen will.

Ludoviko. Die innere Vorstellung kann nur durch die Darstellung nach außen, sich selbst klarer und ganz lebendig werden.

Marcus. Und Darstellung ist Sache der Kunst, man stelle sich wie man auch wolle.

Antonio. Nun so sollte man die Poesie auch als Kunst behandeln. Es kann wenig fruchten, sie in einer kritischen Geschichte so zu betrachten, wenn die Dichter nicht selbst Künstler und Meister sind, mit sichern Werkzeugen zu bestimmten Zwecken auf beliebige Weise zu verfahren.

Marcus. Und warum sollten sie das nicht? Freilich müssen sie es und werden es auch. Das Wesentlichste sind die bestimmten Zwecke, die Absonderung wodurch allein das Kunstwerk Umriß erhält und in sich selbst vollendet wird. Die Fantasie des Dichters soll sich nicht in eine chaotische Überhauptpoesie ergießen, sondern jedes Werk soll der Form und der Gattung nach einen durchaus bestimmten Charakter haben.

Antonio. Sie zielen schon wieder auf Ihre Theorie der Dichtarten. Wären Sie nur erst damit im reinen.

Lothario. Es ist nicht zu tadeln, wenn unser Freund auch noch so oft darauf zurückkommt. Die Theorie der Dichtungsarten würde die eigentümliche Kunstlehre der Poesie sein. Ich habe oft im einzelnen bestätigt gefunden, was ich im allgemeinen schon wußte: daß die Prinzipien des Rhythmus und selbst der gereimten Sylbenmaße musikalisch sind; was in der Darstellung von Charakteren, Situationen, Leidenschaften das Wesentliche, Innere ist, der Geist, dürfte in den bildenden und zeichnenden Künsten einheimisch sein. Die Diktion selbst, obgleich sie schon unmittelbarer mit dem eigentümlichen Wesen der Poesie zusammenhängt, ist ihr mit der Rhetorik gemein. Die Dichtungsarten sind eigentlich die Poesie selbst.

Marcus. Auch mit einer bündigen Theorie derselben bliebe noch vieles zu tun übrig, oder eigentlich alles. Es fehlt nicht an Lehren und Theorien, daß und wie die Poesie eine Kunst sein und werden solle. Wird sie es aber dadurch wirklich? – Dies könnte nur auf dem praktischen Wege geschehn, wenn mehre Dichter sich vereinigten eine Schule der Poesie zu stiften, wo der Meister den Lehrling wie in andern Künsten tüchtig angriffe und wacker plagte, aber auch im Schweiß seines Angesichts ihm eine solide Grundlage als Erbschaft hinterließe, auf die der Nachfolger dadurch von Anfang an im Vorteil nun immer größer und kühner fortbauen dürfte, um sich endlich auf der stolzesten Höhe frei und mit Leichtigkeit zu bewegen.

Andrea. Das Reich der Poesie ist unsichtbar. Wenn ihr nur nicht auf die äußre Form seht, so könnt ihr eine Schule der Poesie in ihrer Geschichte finden, größer als in irgendeiner andern Kunst. Die Meister aller Zeiten und Nationen haben uns vorgearbeitet, uns ein ungeheures Kapital hinterlassen. Dies in der Kürze zu zeigen, war der Zweck meiner Vorlesung.

Antonio. Auch unter uns und ganz in der Nähe fehlt es nicht an Beispielen, daß ein Meister, vielleicht ohne es zu wissen und zu wollen, den Nachfolgern gewaltig vorarbeitet. Wenn Voßens eigne Gedichte längst aus der Reihe der Dinge verschwunden sind, wird sein Verdienst als Übersetzer und Sprachkünstler, der eine neue Gegend mit unsäglicher Kraft und Ausdauer urbar gemacht, um so heller glänzen, je mehr seine vorläufigen Arbeiten durch nachfolgende, bessere übertroffen werden, weil man dann einsehn wird, daß diese nur durch jene möglich gemacht worden waren.

Marcus. Bei den Alten gab es auch im eigentlichsten Sinne Schulen der Poesie. Und ich will es nicht leugnen, ich hege die Hoffnung, daß dies noch möglich sei. Was ist wohl ausführbarer, und was zugleich wünschenswürdiger, als ein gründlicher Unterricht in der metrischen Kunst? Aus dem Theater kann gewiß nicht eher etwas Rechtes werden, bis ein Dichter das Ganze dirigiert, und viele in einem Geiste dafür arbeiten. Ich deute nur auf einige Wege zur Möglichkeit, meine Idee auszuführen. Es könnte in der Tat das Ziel meines Ehrgeizes sein, eine solche Schule zu vereinigen, und so wenigstens einige Arten und einige Mittel der Poesie in einen gründlichen Zustand zu bringen.

Amalia. Warum wieder nur Arten und Mittel? – Warum nicht die ganze eine und unteilbare Poesie? – Unser Freund kann gar nicht von seiner alten Unart lassen; er muß immer sondern und teilen, wo doch nur das Ganze in ungeteilter Kraft wirken und befriedigen kann. Und ich hoffe, Sie werden doch Ihre Schule nicht so ganz allein stiften wollen?

Camilla. Sonst mag er auch sein eigner Schüler bleiben, wenn er allein der Meister sein will. Wir wenigstens werden uns auf die Art nicht in die Lehre geben.

Antonio. Nein gewiß, Sie sollen nicht von einem einzelnen allein despotisiert werden, liebe Freundin; wir müssen Sie alle nach Gelegenheit belehren dürfen. Wir wollen alle Meister und Schüler zugleich sein, bald dieses bald jenes wie es sich trifft. Und mich wird wohl das letzte am häufigsten treffen. Doch wäre ich gleich dabei, ein Schutz- und Trutzbündnis von und für die Poesie einzugehn, wenn ich nur die Möglichkeit einer solchen Kunstschule derselben einsehn könnte.

Ludoviko. Die Wirklichkeit würde das am besten entscheiden.

Antonio. Es müßte zuvor untersucht und ins reine gebracht werden, ob sich Poesie überhaupt lehren und lernen läßt.

Lothario. Wenigstens wird es ebenso begreiflich sein, als daß sie überhaupt durch Menschenwitz und Menschenkunst aus der Tiefe ans Licht gelockt werden kann. Ein Wunder bleibt es doch; ihr mögt euch stellen wie ihr wollt.

Ludoviko. So ist es. Sie ist der edelste Zweig der Magie, und zur Magie kann der isolierte Mensch sich nicht erheben; aber wo irgend Menschentrieb durch Menschengeist verbunden zusammenwirkt, da regt sich magische Kraft. Auf diese Kraft habe ich gerechnet; ich fühle den geistigen Hauch wehen in der Mitte der Freunde; ich lebe nicht in Hoffnung sondern in Zuversicht der neuen Morgenröte der neuen Poesie. Das übrige hier auf diesen Blättern, wenn es jetzt Zeit ist.

Antonio. Lassen Sie uns hören. Ich hoffe, wir finden in dem was Sie uns geben wollen, einen Gegensatz für Andreas Epochen der Dichtkunst. So können wir dann eine Ansicht und eine Kraft als Hebel für die andre gebrauchen, und über beide desto freier und eingreifender disputieren, und wieder auf die große Frage zurückkommen, ob sich Poesie lehren und lernen läßt.

Camilla. Es ist gut, daß Ihr endlich ein Ende macht. Ihr wollt eben alles in die Schule nehmen und seid nicht einmal Meister über die Redensarten, die Ihr führt; so daß ich nicht übel Lust hätte, mich zur Präsidentin zu konstituieren und Ordnung im Gespräch zu schaffen.

Antonio. Nachher wollen wir Ordnung halten, und im Notfalle an Sie appellieren. Jetzt lassen Sie uns hören.

Ludoviko. Was ich Euch zu geben habe und was mir sehr an der Zeit schien, zur Sprache zu bringen, ist eine

Rede über die Mythologie

Bei dem Ernst, mit dem Ihr die Kunst verehrt, meine Freunde, will ich Euch auffordern, Euch selbst zu fragen: Soll die Kraft der Begeisterung auch in der Poesie sich immerfort einzeln versplittern und wenn sie sich müde gekämpft hat gegen das widrige Element, endlich einsam verstummen? Soll das höchste Heilige immer namenlos und formlos bleiben, im Dunkel dem Zufall überlassen? Ist die Liebe wirklich unüberwindlich, und gibt es wohl eine Kunst, die den Namen verdiente, wenn diese nicht die Gewalt hat, den Geist der Liebe durch ihr Zauberwort zu fesseln, daß er ihr folge und auf ihr Geheiß und nach ihrer notwendigen Willkür die schönen Bildungen beseelen muß? –

Ihr vor allen müßt wissen, was ich meine. Ihr habt selbst gedichtet, und Ihr müßt es oft im Dichten gefühlt haben, daß es Euch an einem festen Halt für Euer Wirken gebrach, an einem mütterlichen Boden, einem Himmel, einer lebendigen Luft.

Aus dem Innern herausarbeiten das alles muß der moderne Dichter, und viele haben es herrlich getan, aber bis jetzt nur jeder allein, jedes Werk wie eine neue Schöpfung von vorn an aus Nichts.

Ich gehe gleich zum Ziel. Es fehlt, behaupte ich, unsrer Poesie an einem Mittelpunkt, wie es die Mythologie für die der Alten war, und alles Wesentliche, worin die moderne Dichtkunst der antiken nachsteht, läßt sich in die Worte zusammenfassen: Wir haben keine Mythologie. Aber setze ich hinzu, wir sind nahe daran eine zu erhalten, oder vielmehr es wird Zeit, daß wir ernsthaft dazu mitwirken sollen, eine hervorzubringen.

Denn auf dem ganz entgegengesetzten Wege wird sie uns kommen, wie die alte ehemalige, überall die erste Blüte der jugendlichen Fantasie, sich unmittelbar anschließend und anbildend an das Nächste, Lebendigste der sinnlichen Welt. Die neue Mythologie muß im Gegenteil aus der tiefsten Tiefe des Geistes herausgebildet werden; es muß das künstlichste aller Kunstwerke sein, denn es soll alle andern umfassen, ein neues Bette und Gefäß für den alten ewigen Urquell der Poesie und selbst das unendliche Gedicht, welches die Keime aller andern Gedichte verhüllt.

Ihr mögt wohl lächeln über dieses mystische Gedicht und über die Unordnung, die etwa aus dem Gedränge und der Fülle von Dichtungen entstehn dürfte. Aber die höchste Schönheit, ja die höchste Ordnung ist denn doch nur die des Chaos, nämlich eines solchen, welches nur auf die Berührung der Liebe wartet, um sich zu einer harmonischen Welt zu entfalten, eines solchen wie es auch die alte Mythologie und Poesie war. Denn Mythologie und Poesie, beide sind eins und unzertrennlich. Alle Gedichte des Altertums schließen sich eines an das andre, bis sich aus immer größern Massen und Gliedern das Ganze bildet; alles greift in einander, und überall ist ein und derselbe Geist nur anders ausgedrückt. Und so ist es wahrlich kein leeres Bild, zu sagen: die alte Poesie sei ein einziges, unteilbares, vollendetes Gedicht. Warum sollte nicht wieder von neuem werden, was schon gewesen ist ? Auf eine andre Weise versteht sich. Und warum nicht auf eine schönere, größere ? –

Ich bitte Euch, nur dem Unglauben an die Möglichkeit einer neuen Mythologie nicht Raum zu geben. Die Zweifel von allen Seiten und nach allen Richtungen sollen mir willkommen sein, damit die Untersuchung desto freier und reicher werde. Und nun schenkt meinen Vermutungen ein aufmerksames Gehör! Mehr als Vermutungen kann ich Euch nach der Lage der Sache nicht geben wollen. Aber ich hoffe, diese Vermutungen sollen durch euch selbst zu Wahrheiten werden. Denn es sind, wenn Ihr sie dazu machen wollt, gewissermaßen Vorschläge zu Versuchen.

Kann eine neue Mythologie sich nur aus der innersten Tiefe des Geistes wie durch sich selbst herausarbeiten, so finden wir einen sehr bedeutenden Wink und eine merkwürdige Bestätigung für das was wir suchen in dem großen Phänomen des Zeitalters, im Idealismus! Dieser ist auf eben die Weise gleichsam wie aus Nichts entstanden, und es ist nun auch in der Geisterwelt ein fester Punkt konstituiert, von wo aus die Kraft des Menschen sich nach allen Seiten mit steigender Entwicklung ausbreiten kann, sicher sich selbst und die Rückkehr nie zu verlieren. Alle Wissenschaften und alle Künste wird die große Revolution ergreifen. Schon seht Ihr sie in der Physik wirken, in welcher der Idealismus eigentlich schon früher für sich ausbrach, ehe sie noch vom Zauberstabe der Philosophie berührt war. Und dieses wunderbare große Faktum kann Euch zugleich ein Wink sein über den geheimen

Zusammenhang und die innre Einheit des Zeitalters. Der Idealismus, in praktischer Ansicht nichts anders als der Geist jener Revolution, die großen Maximen derselben, die wir aus eigner Kraft und Freiheit ausüben und ausbreiten sollen, ist in theoretischer Ansicht, so groß er sich auch hier zeigt, doch nur ein Teil, ein Zweig, eine Äußerungsart von dem Phänomene aller Phänomene, daß die Menschheit aus allen Kräften ringt, ihr Zentrum zu finden. Sie muß wie die Sachen stehn, untergehn oder sich verjüngen. Was ist wahrscheinlicher, und was läßt sich nicht von einem solchen Zeitalter der Verjüngung hoffen? – Das graue Altertum wird wieder lebendig werden, und die fernste Zukunft der Bildung sich schon in Vorbedeutungen melden. Doch das ist nicht das, worauf es mir zunächst hier ankommt: denn ich möchte gern nichts überspringen und Euch Schritt vor Schritt bis zur Gewißheit der allerheiligsten Mysterien führen. Wie es das Wesen des Geistes ist, sich selbst zu bestimmen und im ewigen Wechsel aus sich heraus zu gehn und in sich zurückzukehren; wie jeder Gedanke nichts anders ist, als das Resultat einer solchen Tätigkeit: so ist derselbe Prozeß auch im ganzen und großen jeder Form des Idealismus sichtbar, der ja selbst nur die Anerkennung jenes Selbstgesetzes ist, und das neue durch die Anerkennung verdoppelte Leben, welches die geheime Kraft desselben durch die unbeschränkte Fülle neuer Erfindung, durch die allgemeine Mitteilbarkeit und durch die lebendige Wirksamkeit aufs herrlichste offenbart. Natürlich nimmt das Phänomen in jedem Individuum eine andre Gestalt an, wo denn oft der Erfolg hinter unsrer Erwartung zurückbleiben muß. Aber was notwendige Gesetze für den Gang des Ganzen erwarten lassen, darin kann unsre Erwartung nicht getäuscht werden. Der Idealismus in jeder Form muß auf ein oder die andre Art aus sich herausgehn, um in sich zurückkehren zu können, und zu bleiben was er ist. Deswegen muß und wird sich aus seinem Schoß ein neuer ebenso grenzenloser Realismus erheben; und der Idealismus also nicht bloß in seiner Entstehungsart ein Beispiel für die neue My-thologie, sondern selbst auf indirekte Art Quelle derselben werden. Die Spuren einer ähnlichen Tendenz könnt ihr schon jetzt fast überall wahrnehmen; besonders in der Physik, der es an nichts mehr zu fehlen scheint, als an einer mythologischen Ansicht der Natur.

Auch ich trage schon lange das Ideal eines solchen Realismus in mir, und wenn es bisher nicht zur Mitteilung gekommen ist, so war es nur, weil ich das Organ dazu noch suche. Doch weiß ich, daß ichs nur in der Poesie finden kann, denn in Gestalt der Philosophie oder gar eines Systems wird der Realismus nie wieder auftreten können. Und selbst nach einer allgemeinen Tradition ist es zu erwarten, daß dieser neue Realismus, weil er doch idealischen Ursprungs sein, und gleichsam auf idealischem Grund und Boden schweben muß, als Poesie erscheinen wird, die ja auf der Harmonie des Ideellen und Reellen beruhen soll.

Spinosa, scheint mirs, hat ein gleiches Schicksal, wie der gute alte Saturn der Fabel. Die neuen Götter haben den Herrlichen vom hohen Thron der Wissenschaft herabgestürzt. In das heilige Dunkel der Fantasie ist er zurückgewichen, da lebt und haust er nun mit den andern Titanen in ehrwürdiger Verbannung. Haltet ihn hier! Im Gesang der Musen verschmelze seine Erinnrung an die alte Herrschaft in eine leise Sehnsucht. Er entkleide sich vom kriegerischen Schmuck des Systems, und teile dann die Wohnung im Tempel der neuen Poesie mit Homer und Dante und geselle sich zu den Laren und Hausfreunden jedes gottbegeisterten Dichters.

In der Tat, ich begreife kaum, wie man ein Dichter sein kann, ohne den Spinosa zu verehren, zu lieben und ganz der seinige zu werden. In Erfindung des Einzelnen ist Eure eigne Fantasie reich genug; sie anzuregen, zur Tätigkeit zu reizen und ihr Nahrung zu geben, nichts geschickter als die Dichtungen andrer Künstler. Im Spinosa aber findet Ihr den Anfang und das Ende aller Fantasie, den allgemeinen Grund und Boden, auf dem Euer Einzelnes ruht und eben diese Absonderung des Ursprünglichen, Ewigen der Fantasie von allem Einzelnen und Besondern muß Euch sehr willkommen sein. Ergreift die Gelegenheit und schaut hin! Es wird Euch ein tiefer Blick in die innerste Werkstätte der Poesie gegönnt. Von der Art wie die Fantasie des Spinosa, so ist auch sein Gefühl. Nicht Reizbarkeit für dieses und jenes, nicht Leidenschaft die schwillt und wieder sinket; aber ein klarer Duft schwebt unsichtbar sichtbar über dem Ganzen, überall findet die ewige Sehnsucht einen Anklang aus den Tiefen des einfachen Werks, welches in stiller Größe den Geist der ursprünglichen Liebe atmet.

Und ist nicht dieser milde Widerschein der Gottheit im Menschen die eigentliche Seele, der zündende Funken aller Poesie? – Das bloße Darstellen von Menschen, von Leidenschaften und Handlungen macht es wahrlich nicht aus, so wenig wie die künstlichen Formen; und wenn Ihr den alten Kram auch millionenmal durcheinander würfelt und übereinander wälzt. Das ist nur der sichtbare äußere Leib, und wenn die Seele erloschen ist, gar nur der tote Leichnam der Poesie. Wenn aber jener Funken des Enthusiasmus in Werke ausbricht, so steht eine neue Erscheinung vor uns, lebendig und in schöner Glorie von Licht und Liebe.

Und was ist jede schöne Mythologie anders als ein hieroglyphischer Ausdruck der umgebenden Natur in dieser Verklärung von Fantasie und Liebe?

Einen großen Vorzug hat die Mythologie. Was sonst das Bewußtsein ewig flieht, ist hier dennoch sinnlich geistig zu schauen, und festgehalten, wie die Seele in dem umgebenden Leibe, durch den sie in unser Auge schimmert, zu unserm Ohre spricht.

Das ist der, daß wir uns wegen des Höchsten nicht so ganz allein auf unser Gemüt verlassen. Freilich, wem es da trocken ist, dem wird es nirgends quillen; und das ist eine bekannte Wahrheit, gegen die ich am wenigsten gesonnen bin mich aufzulehnen. Aber wir sollen uns überall an das Gebildete anschließen und auch das Höchste durch die Berührung des Gleichartigen, Ähnlichen, oder bei gleicher Würde Feindlichen entwickeln, entzünden, nähren, mit einem Worte bilden. Ist das Höchste aber wirklich keiner absichtlichen Bildung fähig; so laßt uns nur gleich jeden Anspruch auf irgendeine freie Ideenkunst aufgeben, die alsdann ein leerer Name sein würde.

Die Mythologie ist ein solches Kunstwerk der Natur. In ihrem Gewebe ist das Höchste wirklich gebildet; alles ist Beziehung und Verwandlung, angebildet und umgebildet, und dieses Anbilden und Umbilden eben ihr eigentümliches Verfahren, ihr innres Leben, ihre Methode, wenn ich so sagen darf.

Da finde ich nun eine große Ähnlichkeit mit jenem großen Witz der romantischen Poesie, der nicht in einzelnen Einfällen, sondern in der Konstruktion des Ganzen sich zeigt, und den unser Freund uns schon so oft an den Werken des Cervantes und des Shakespeare entwickelt hat. Ja diese künstlich geordnete Verwirrung, diese reizende Symmetrie von Widersprüchen, dieser wunderbare ewige Wechsel von Enthusiasmus und Ironie, der selbst in den kleinsten Gliedern des Ganzen lebt, scheinen mir schon selbst eine indirekte Mythologie zu sein. Die Organisation ist dieselbe und gewiß ist die Arabeske die älteste und ursprüngliche Form der menschlichen Fantasie. Weder dieser Witz noch eine Mythologie können bestehn ohne ein erstes Ursprüngliches und Unnachahmliches, was schlechthin unauflöslich ist, was nach allen Umbildungen noch die alte Natur und Kraft durchschimmern läßt, wo der naive Tiefsinn den Schein des Verkehrten und Verrückten, oder des Einfältigen und Dummen durchschimmern läßt. Denn das ist der Anfang aller Poesie, den Gang und die Gesetze der vernünftig denkenden Vernunft aufzuheben und uns wieder in die schöne Verwirrung der Fantasie, in das ursprüngliche Chaos der menschlichen Natur zu versetzen, für das ich kein schöneres Symbol bis jetzt kenne, als das bunte Gewimmel der alten Götter.

Warum wollt Ihr Euch nicht erheben, diese herrlichen Gestalten des großen Altertums neu zu beleben? – Versucht es nur einmal die alte Mythologie voll vom Spinosa und von jenen Ansichten, welche die jetzige Physik in jedem Nachdenkenden erregen muß, zu betrachten, wie Euch alles in neuem Glanz und Leben erscheinen wird.

Aber auch die andern Mythologien müssen wieder erweckt werden nach dem Maß ihres Tiefsinns, ihrer Schönheit und ihrer Bildung, um die Entstehung der neuen Mythologie zu beschleunigen. Wären uns nur die Schätze des Orients so zugänglich wie die des Altertums! Welche neue Quelle von Poesie könnte uns aus Indien fließen, wenn einige deutsche Künstler mit der Universalität und Tiefe des Sinns, mit dem Genie der Übersetzung, das ihnen eigen ist, die Gelegenheit besäßen, welche eine Nation, die immer stumpfer und brutaler wird, wenig zu brauchen versteht. Im Orient müssen wir das höchste Romantische suchen, und wenn wir erst aus der Quelle schöpfen können, so wird uns vielleicht der Anschein von südlicher Glut, der uns jetzt in der spanischen Poesie so reizend ist, wieder nur abendländisch und sparsam erscheinen.

Überhaupt muß man auf mehr als einem Wege zum Ziel dringen können. Jeder gehe ganz den seinigen, mit froher Zuversicht, auf die individuellste Weise, denn nirgends gelten die Rechte der Individualität – wenn sie nur das ist, was das Wort bezeichnet, unteilbare Einheit, innrer lebendiger Zusammenhang – mehr als hier, wo vom Höchsten die Rede ist; ein Standpunkt, auf welchem ich nicht anstehen würde zu sagen, der eigentliche Wert ja die Tugend des Menschen sei seine Originalität. –

Und wenn ich einen so großen Akzent auf den Spinosa lege, so geschieht es wahrlich nicht aus einer subjektiven Vorliebe (deren Gegenstände ich vielmehr ausdrücklich entfernt gehalten habe) oder um ihn als Meister einer neuen Alleinherrschaft zu erheben; sondern weil ich an diesem Beispiel am auffallendsten und einleuchtendsten meine Gedanken vom Wert und der Würde der Mystik und ihrem Verhältnis zur Poesie zeigen konnte. Ich wählte ihn wegen seiner Objektivität in dieser Rücksicht als Repräsentanten aller übrigen. Ich denke darüber so. Wie die Wissenschaftslehre nach der Ansicht derer, welche die Unendlichkeit und die unvergängliche Fülle des Idealismus nicht bemerkt haben, wenigstens eine vollendete Form bleibt, ein allgemeines Schema für alle Wissenschaft: so ist auch Spinosa auf ähnliche Weise der allgemeine Grund und Halt für jede individuelle Art von Mystizismus; und dieses denke ich werden auch die bereitwillig anerkennen, die weder vom Mystizismus noch vom Spinosa sonderlich viel verstehn.

Ich kann nicht schließen, ohne noch einmal zum Studium der Physik aufzufodern, aus deren dynamischen Paradoxien jetzt die heiligsten Offenbarungen der Natur von allen Seiten ausbrechen.

Und so laßt uns denn, beim Licht und Leben! nicht länger zögern, sondern jeder nach seinem Sinn die große Entwickelung beschleunigen, zu der wir berufen sind. Seid der Größe des Zeitalters würdig, und der Nebel wird von Euren Augen sinken; es wird helle vor Euch werden. Alles Denken ist ein Divinieren, aber der Mensch fängt erst eben an, sich seiner divinatorischen Kraft bewußt zu werden. Welche unermeßliche Erweiterungen wird sie noch erfahren; und eben jetzt. Mich däucht wer das Zeitalter, das heißt jenen großen Prozeß allgemeiner Verjüngung, jene Prinzipien der ewigen Revolution verstünde, dem müßte es gelingen können, die Pole der Menschheit zu ergreifen und das Tun der ersten Menschen, wie den Charakter der goldnen Zeit die noch kommen wird, zu erkennen und zu wissen. Dann würde das Geschwätz aufhören, und der Mensch inne werden, was er ist, und würde die Erde verstehn und die Sonne.

Dieses ist es, was ich mit der neuen Mythologie meine.

Antonio. Ich erinnerte mich während Ihrer Vorlesung an zwei Bemerkungen, die ich oft habe hören müssen, und die mir nun weit klarer geworden sind als zuvor. Die Idealisten versicherten mich aller Orten, Spinosa sei wohl gut, nur sei er durch und durch unverständlich. In den kritischen Schriften fand ich dagegen, jedes Werk des Genies sei zwar dem Auge klar, dem Verstande aber ewig geheim. Nach Ihrer Ansicht gehören diese Aussprüche zusammen, und ich ergötze mich aufrichtig an ihrer absichtslosen Symmetrie.

Lothario. Ich möchte unsern Freund darüber zur Rede stellen, daß er die Physik so einzig zu nennen schien, da er sich doch stillschweigends überall auf die Historie gründete, die wohl der eigentliche Quell seiner Mythologie sein dürfte, ebensosehr als die Physik; wenn es anders erlaubt ist, einen alten Namen für etwas zu brauchen, was eben auch noch nicht existiert. Ihre Ansicht des Zeitalters indessen scheint mir so etwas, was den Namen einer historischen Ansicht in meinem Sinne verdient.

Ludoviko. Man knüpft da zunächst an, wo man die ersten Spuren des Lebens wahrnimmt. Das ist jetzt in der Physik.

Marcus. Ihr Gang war etwas rasch. Im einzelnen würde ich Sie oft bitten müssen, mir mit Erläuterungen Stand zu halten. Im ganzen aber hat Ihre Theorie mir eine neue Aussicht über die didaktische, oder wie unser Philologe sie nennt, über die didaskalische Gattung gegeben. Ich sehe nun ein, wie dieses Kreuz aller bisherigen Einteilungen notwendig zur Poesie gehört. Denn unstreitig ist das Wesen der Poesie eben diese höhere idealische Ansicht der Dinge, sowohl des Menschen als der äußern Natur. Es ist begreiflich, daß es vorteilhaft sein kann, auch diesen wesentlichen Teil des Ganzen in der Ausbildung zu isolieren.

Antonio. Ich kann die didaktische Poesie nicht für eine eigentliche Gattung gelten lassen, so wenig wie die romantische. Jedes Gedicht soll eigentlich romantisch und jedes soll didaktisch sein in jenem weitern Sinne des Wortes, wo es die Tendenz nach einem tiefen unendlichen Sinn bezeichnet. Auch machen wir diese Foderung überall, ohne eben den Namen zu gebrauchen. Selbst in ganz populären Arten wie z.B. im Schauspiel, fodern wir Ironie; wir fodern, daß die Begebenheiten, die Menschen, kurz das ganze Spiel des Lebens wirklich auch als Spiel genommen und dargestellt sei. Dieses scheint uns das Wesentlichste, und was liegt nicht alles darin? – Wir halten uns also nur an die Bedeutung des Ganzen; was den Sinn, das Herz, den Verstand, die Einbildung einzeln reizt, rührt, beschäftigt und ergötzt, scheint uns nur Zeichen, Mittel zur Anschauung des Ganzen, in dem Augenblick, wo wir uns zu diesem erheben.

Lothario. Alle heiligen Spiele der Kunst sind nur ferne Nachbildungen von dem unendlichen Spiele der Welt, dem ewig sich selbst bildenden Kunstwerk.

Ludoviko. Mit andern Worten: alle Schönheit ist Allegorie. Das Höchste kann man eben weil es unaussprechlich ist, nur allegorisch sagen.

Lothario. Darum sind die innersten Mysterien aller Künste und Wissenschaften ein Eigentum der Poesie. Von da ist alles ausgegangen, und dahin muß alles zurückfließen. In einem idealischen Zustande der Menschheit würde es nur Poesie geben; nämlich die Künste und Wissenschaften sind alsdann noch eins. In unserm Zustande würde nur der wahre Dichter ein idealischer Mensch sein und ein universeller Künstler.

Antonio. Oder die Mitteilung und Darstellung aller Künste und aller Wissenschaften kann nicht ohne einen poetischen Bestandteil sein.

Ludoviko. Ich bin Lotharios Meinung, daß die Kraft aller Künste und Wissenschaften sich in einem Zentralpunkt begegnet, und hoffe zu den Göttern, Euch sogar aus der Mathematik Nahrung für Euren Enthusiasmus zu schaffen, und Euren Geist durch ihre Wunder zu entflammen. Ich zog die Physik aber auch darum vor, weil hier die Berührung am sichtbarsten ist. Die Physik kann kein Experiment machen ohne Hypothese, jede Hypothese auch die beschränkteste, wenn sie mit Konsequenz gedacht wird, führt zu Hypothesen über das Ganze, ruht eigentlich auf solchen, wenngleich ohne Bewußtsein dessen der sie gebraucht. – Es ist in der Tat wunderbar, wie die Physik, sobald es ihr nicht um technische Zwecke, sondern um allgemeine Resultate zu tun ist, ohne es zu wissen, in Kosmogonie gerät, in Astrologie, Theosophie oder wie Ihrs sonst nennen wollt, kurz in eine mystische Wissenschaft vom Ganzen.

Marcus. Und sollte Plato von dieser nicht ebensoviel gewußt haben als Spinosa, der mir wegen seiner barbarischen Form nun einmal nicht genießbar ist.

Antonio. Gesetzt, Plato wäre auch was er doch nicht ist, ebenso objektiv in dieser Hinsicht als Spinosa: so war es doch besser, daß unser Freund den letzten wählte, um uns den Urquell der Poesie in den Mysterien des Realismus zu zeigen, grade weil bei ihm an keine Poesie der Form zu denken ist. Dem Plato hingegen ist die Darstellung und ihre Vollkommenheit und Schönheit nicht Mittel, sondern Zweck an sich. Darum ist schon seine Form, streng genommen, durchaus poetisch.

Ludoviko. Ich habe in der Rede selbst gesagt, daß ich den Spinosa nur als Repräsentanten anführe. Hätte ich weitläuftiger sein wollen, so würde ich auch vom großen Jakob Böhme geredet haben.

Antonio. An dem Sie zugleich hätten zeigen können, ob sich die Ideen über das Universum in christlicher Gestalt schlechter ausnehmen, als die alten, die Sie wieder einführen wollen.

Andrea. Ich bitte die alten Götter in Ehren zu halten.

Lothario. Und ich bitte sich an die Eleusinischen Mysterien zu erinnern. Ich wünschte, ich hätte meine Gedanken darüber zu Papiere gebracht, um sie Euch in der Ordnung und Ausführlichkeit vorlegen zu können, welche die Würde und Wichtigkeit des Gegenstandes erfodert. Nur durch die Spuren von den Mysterien habe ich den Sinn der alten Götter verstehn lernen. Ich vermute, daß die Ansicht der Natur die da herrschte, den jetzigen Forschern, wenn sie schon reif dazu sind, ein großes Licht anzünden würde. Die kühnste und kräftigste, ja ich möchte fast sagen die wildeste und wütendste Darstellung des Realismus ist die beste. – Erinnern Sie mich wenigstens daran, Ludoviko, daß ich Ihnen bei Gelegenheit das orphische Fragment bekannt mache, welches von dem doppelten Geschlecht des Zeus anfängt.

Marcus. Ich erinnre mich einer Andeutung im Winckelmann, aus der ich vermuten möchte, daß er dieses Fragment ebenso hoch geachtet wie Sie.

Camilla. Wäre es nicht möglich, daß Sie, Ludoviko, den Geist des Spinosa in einer schönen Form darstellen könnten; oder besser noch Ihre eigne Ansicht, das was Sie Realismus nennen?

Marcus. Das letzte würde ich vorziehn.

Ludoviko. Wer etwa dergleichen im Sinne hätte, würde es nur auf die Art können und sein wollen wie Dante. Er müßte, wie er, nur Ein Gedicht im Geist und im Herzen haben, und würde oft verzweifeln müssen ob sichs überhaupt darstellen läßt. Gelänge es aber, so hätte er genug getan.

Andrea. Sie haben ein würdiges Vorbild aufgestellt! Gewiß ist Dante der einzige, der unter einigen begünstigenden und unsäglich vielen erschwerenden Umständen durch eigne Riesenkraft, er selbst ganz allein, eine Art von Mythologie, wie sie damals möglich war, erfunden und gebildet hat.

Lothario. Eigentlich soll jedes Werk eine neue Offenbarung der Natur sein. Nur dadurch, daß es Eins und Alles ist, wird ein Werk zum Werk. Nur dadurch unterscheidet sichs von Studium.

Antonio. Ich wollte Ihnen doch Studien nennen, die dann in Ihrem Sinne zugleich Werke sind.

Marcus. Und unterscheiden sich nicht Gedichte, die darauf berechnet sind, nach außen zu wirken, wie z.B. vortreffliche Schauspiele, ohne so mystisch und allumfassend zu sein, schon durch ihre Objektivität von Studien, die zunächst nur auf die innere Ausbildung des Künstlers gehn, und sein letztes Ziel, jene objektive Wirkung nach außen erst vorbereiten?

Lothario. Sind es bloß gute Schauspiele, so sind es nur Mittel zum Zweck; es fehlt ihnen das Selbständige, Insichvollendete, wofür ich nun eben kein ander Wort finde als das von Werken, und es darum gern für diesen Gebrauch behalten möchte. Das Drama ist im Vergleich mit dem was Ludoviko im Sinne hat, nur eine angewandte Poesie. Doch kann, was in meinem Sinne ein Werk heißt, in einem einzelnen Fall sehr wohl auch objektiv und dramatisch in Ihrem Sinne sein.

Andrea. Auf die Weise würde unter den alten Gattungen nur in der epischen ein Werk in Ihrem großen Sinne möglich sein.

Lothario. Eine Bemerkung, die insofern richtig ist, daß im Epischen das eine Werk auch das einzige zu sein pflegt. Die tragischen und komischen Werke der Alten hingegen, sind nur Variationen, verschiedene Ausdrücke, eines und desselben Ideals. Für den systematischen Gliederbau, die Konstruktion und Organisation bleiben sie die höchsten Muster, und sind, wenn ich so sagen darf, die Werke unter den Werken.

Antonio. Was ich zum Gastmahl beitragen kann, ist eine etwas leichtere Speise. Amalia hat mir schon verziehn und erlaubt, daß ich meine besondern Belehrungen an sie allgemein machen darf.

Brief über den Roman

Ich muß, was ich gestern zu Ihrer Verteidigung zu sagen schien, zurücknehmen, liebe Freundin! und Ihnen so gut als völlig unrecht geben. Sie selbst geben es sich am Ende des Streites darin, daß Sie sich so tief eingelassen, weil es gegen die weibliche Würde sei, aus dem angebornen Element von heiterm Scherz und ewiger Poesie zu dem gründlichen oder schwerfälligen Ernst der Männer sich, wie Sie es richtig nannten, herabzustimmen. Ich stimme Ihnen gegen Sie selbst bei, daß Sie unrecht haben. Ja ich behaupte noch außerdem, daß es nicht genug sei, Unrecht anzuerkennen; man muß es auch büßen, und die wie mirs scheint, ganz zweckmäßige Buße dafür, daß Sie sich mit der Kritik gemein gemacht haben, soll nun sein, daß Sie sich die Geduld abnötigen, diese kritische Epistel über den Gegenstand des gestrigen Gesprächs zu lesen.

Ich hätte es gleich gestern sagen können, was ich sagen will; oder vielmehr ich konnte es nicht, meiner Stimmung und der Umstände wegen. Mit welchem Gegner hatten Sie zu tun, Amalia? Freilich versteht er das, wovon die Rede war, recht wohl und wie sichs für einen tüchtigen Virtuosen nicht anders gebührt. Er würde also darüber sprechen können so gut wie irgend einer, wenn er nur überhaupt sprechen könnte. Dieses haben ihm die Götter versagt; er ist, wie ich schon sagte, ein Virtuose und damit gut; die Grazien sind leider ausgeblieben. Da er nun so gar nicht ahnden konnte, was Sie im innersten Sinne meinten, und das äußerliche Recht so ganz auf seiner Seite war, so hatte ich nichts Angelegeners, als mit ganzer Stärke für Sie zu streiten, damit nur das gesellige Gleichgewicht nicht völlig zerstört würde. Und überdem ists mir natürlicher, wenn es ja sein muß, schriftliche Belehrungen zu geben als mündliche, die nach meinem Gefühl die Heiligkeit des Gesprächs entweihen.

Das unsrige fing damit an, daß Sie behaupteten, Friedrich Richters Romane seien keine Romane, sondern ein buntes Allerlei von kränklichem Witz. Die wenige Geschichte sei zu schlecht dargestellt um für Geschichte zu gelten, man müsse sie nur erraten. Wenn man aber auch alle zusammennehmen und sie rein erzählen wolle, würde das doch höchstens Bekenntnisse geben. Die Individualität des Menschen sei viel zu sichtbar, und noch dazu eine solche!

Das letzte übergehe ich, weil es doch wieder nur Sache der Individualität ist. Das bunte Allerlei von kränklichem Witz gebe ich zu, aber ich nehme es in Schutz und behaupte dreist, daß solche Grotesken und Bekenntnisse noch die einzigen romantischen Erzeugnisse unsers unromantischen Zeitalters sind.

Lassen Sie mich bei dieser Gelegenheit ausschütten, was ich lange auf dem Herzen habe!

Mit Erstaunen und mit innerm Grimm habe ich oft den Diener die Haufen zu Ihnen hereintragen sehn. Wie mögen Sie nur mit Ihren Händen die schmutzigen Bände berühren? – Und wie können Sie den verworrnen, ungebildeten Redensarten den Eingang durch Ihr Auge in das Heiligtum der Seele verstatten? – Stundenlang Ihre Fantasie an Menschen hingeben, mit denen von Angesicht zu Angesicht nur wenige Worte zu wechseln Sie sich schämen würden? – Es frommt wahrlich zu nichts, als nur die Zeit zu töten und die Imagination zu verderben! Fast alle schlechten Bücher haben Sie gelesen von Fielding bis zu Lafontaine. Fragen Sie sich selbst was Sie davon gehabt haben. Ihr Gedächtnis selbst verschmäht das unedle Zeug, was eine fatale Jugendgewohnheit Ihnen zum Bedürfnis macht, und was so emsig herbeigeschafft werden muß, wird sogleich rein vergessen.

Dagegen erinnern Sie sich noch vielleicht, daß es eine Zeit gab, wo Sie den Sterne liebten, sich oft ergötzten, seine Manier anzunehmen, halb nachzuahmen, halb zu verspotten. Ich habe noch einige scherzhafte Briefchen der Art von Ihnen, die ich sorgsam bewahren werde. – Sternes Humor hatte Ihnen also doch einen bestimmten Eindruck gegeben; wenngleich eben keine idealisch schöne, so war es doch eine Form, eine geistreiche Form, die Ihre Fantasie dadurch gewann, und ein Eindruck, der uns so bestimmt bleibt, den wir so zu Scherz und Ernst gebrauchen und gestalten können, ist nicht verloren; und was kann einen gründlichern Wert haben als dasjenige, was das Spiel unsrer innern Bildung auf irgend eine Weise reizt oder nährt.

Sie fühlen es selbst, daß Ihr Ergötzen an Sternes Humor rein war, und von ganz andrer Natur, als die Spannung der Neugier, die uns oft ein durchaus schlechtes Buch, in demselben Augenblick, wo wir es so finden, abnötigen kann. Fragen Sie sich nun selbst, ob Ihr Genuß nicht verwandt mit demjenigen war, den wir oft bei Betrachtung der witzigen Spielgemälde empfanden, die man Arabesken nennt. – Auf den Fall, daß Sie sich selbst nicht von allem Anteil an Sternes Empfindsamkeit freisprechen können, schicke ich Ihnen hier ein Buch, von dem ich Ihnen aber, damit Sie gegen Fremde vorsichtig sind, voraussagen muß, daß es das Unglück oder das Glück hat, ein wenig verschrien zu sein. Es ist Diderots »Fataliste«. Ich denke, es wird Ihnen gefallen, und Sie werden die Fülle des Witzes hier ganz rein finden von sentimentalen Beimischungen. Es ist mit Verstand angelegt, und mit sichrer Hand ausgeführt. Ich darf es ohne Übertreibung ein Kunstwerk nennen. Freilich ist es keine hohe Dichtung, sondern nur eine – Arabeske. Aber eben darum hat es in meinen Augen keine geringen Ansprüche; denn ich halte die Arabeske für eine ganz bestimmte und wesentliche Form oder Äußerungsart der Poesie.

Ich denke mir die Sache so. Die Poesie ist so tief in dem Menschen gewurzelt, daß sie auch unter den ungünstigsten Umständen immer noch zu Zeiten wild wächst. Wie wir nun fast bei jedem Volk Lieder, Geschichten im Umlauf, irgendeine Art wenngleich rohe Schauspiele im Gebrauch finden: so haben selbst in unserm unfantastischen Zeitalter, in den eigentlichen Ständen der Prosa, ich meine die sogenannten Gelehrten und gebildeten Leute, einige einzelne eine seltne Originalität der Fantasie in sich gespürt und geäußert, obgleich sie darum von der eigentlichen Kunst noch sehr entfernt waren. Der Humor eines Swift, eines Sterne, meine ich, sei die Naturpoesie der höhern Stände unsers Zeitalters.

Ich bin weit entfernt, sie neben jene Großen zu stellen; aber Sie werden mir zugeben, daß wer für diese, für den Diderot Sinn hat, schon besser auf dem Wege ist, den göttlichen Witz, die Fantasie eines Ariost, Cervantes, Shakespeare verstehn zu lernen, als ein andrer, der auch noch nicht einmal bis dahin sich erhoben hat. Wir dürfen nun einmal die Foderungen in diesem Stück an die Menschen der jetzigen Zeit nicht zu hoch spannen, und was in so kränklichen Verhältnissen aufgewachsen ist, kann selbst natürlicherweise nicht anders als kränklich sein. Dies halte ich aber, so lange die Arabeske kein Kunstwerk sondern nur ein Naturprodukt ist, eher für einen Vorzug, und stelle Richtern also auch darum über Sterne, weil seine Fantasie weit kränklicher, also weit wunderlicher und fantastischer ist. Lesen Sie nur überhaupt den Sterne einmal wieder. Es ist lange her, daß Sie ihn nicht gelesen haben, und ich denke er wird Ihnen etwas anders vorkommen wie damals. Vergleichen Sie dann immer unsern Deutschen mit ihm. Er hat wirklich mehr Witz, wenigstens für den, der ihn witzig nimmt: denn er selbst könnte sich darin leicht Unrecht tun. Und durch diesen Vorzug erhebt sich selbst seine Sentimentalität in der Erscheinung über die Sphäre der engländischen Empfindsamkeit.

Wir haben noch einen äußern Grund diesen Sinn für das Groteske in uns zu bilden, und uns in dieser Stimmung zu erhalten. Es ist unmöglich, in diesem Zeitalter der Bücher nicht auch viele, sehr viele schlechte Bücher durchblättern, ja sogar lesen zu müssen. Einige unter diesen sind, darauf darf man mit einiger Zuversicht rechnen, glücklicherweise immer von der albernen Art, und da kommt es wirklich nur auf uns an, sie unterhaltend zu finden, indem wir sie nämlich als witzige Naturprodukte betrachten. Laputa ist nirgends oder überall, liebe Freundin; es kommt nur auf einen Akt unsrer Willkür und unsrer Fantasie an, so sind wir mitten darin. Wenn die Dummheit eine gewisse Höhe erreicht, zu der wir sie jetzt, wo sich alles schärfer sondert, meistens gelangen sehn, so gleicht sie auch in der äußern Erscheinung der Narrheit. Und die Narrheit, werden Sie mir zugeben, ist das Lieblichste, was der Mensch imaginieren kann, und das eigentliche letzte Prinzip alles Amüsanten. In dieser Stimmung kann ich oft ganz allein für mich über Bücher, die keinesweges dazu bestimmt scheinen, in ein Gelächter verfallen, was kaum wieder aufhören will. Und es ist billig, daß die Natur mir diesen Ersatz gibt, da ich über so manches, was jetzt Witz und Satire heißt, durchaus nicht mitlachen kann. Dagegen werden mir nun gelehrte Zeitungen z.B. zu Farcen, und diejenige welche sich die allgemeine nennt, halte ich mir ganz ausdrücklich, wie die Wiener den Kasperle. Sie ist aus meinem Standpunkte angesehen, nicht nur die mannigfaltigste von allen, sondern auch in jeder Rücksicht die unvergleichlichste: denn nachdem sie aus der Nullität in eine gewisse Plattheit gesunken, und aus dieser ferner in eine Art von Stumpfheit übergegangen war, ist sie zuletzt auf dem Wege der Stumpfheit endlich in jene närrische Dummheit verfallen.

Dieses ist im ganzen für Sie schon ein zu gelehrter Genuß. Wollen Sie aber, was Sie leider nicht mehr lassen können, in einem neuen Sinn tun, so will ich nicht mehr über den Bedienten schelten, wenn er die Haufen aus der Leihbibliothek bringt. Ja ich erbiete mich selbst für dieses Bedürfnis Ihr Geschäftsträger zu sein, und verspreche Ihnen eine Unzahl der schönsten Komödien aus allen Fächern der Literatur zu senden.

Ich nehme den Faden wieder auf: denn ich bin gesonnen Ihnen nichts zu schenken, sondern Ihren Behauptungen Schritt vor Schritt zu folgen.

Sie tadelten Jean Paul auch, mit einer fast wegwerfenden Art, daß er sentimental sei.

Wollten die Götter, er wäre es in dem Sinne wie ich das Wort nehme, und es seinem Ursprunge und seiner Natur nach glaube nehmen zu müssen. Denn nach meiner Ansicht und nach meinem Sprachgebrauch ist eben das romantisch, was uns einen sentimentalen Stoff in einer fantastischen Form darstellt.

Vergessen Sie auf einen Augenblick die gewöhnliche übel berüchtigte Bedeutung des Sentimentalen, wo man fast alles unter dieser Benennung versteht, was auf eine platte Weise rührend und tränenreich ist, und voll von jenen familiären Edelmutsgefühlen, in deren Bewußtsein Menschen ohne Charakter sich so unaussprechlich glücklich und groß fühlen.

Denken Sie dabei lieber an Petrarca oder an Tasso, dessen Gedicht gegen das mehr fantastische Romanzo des Ariost, wohl das sentimentale heißen könnte; und ich erinnre mich nicht gleich eines Beispiels, wo der Gegensatz so klar und das Übergewicht so entschieden wäre wie hier.

Tasso ist mehr musikalisch und das Pittoreske im Ariost ist gewiß nicht das schlechteste. Die Malerei ist nicht mehr so fantastisch, wie sie es bei vielen Meistern der venezianischen Schule, wenn ich meinem Gefühl trauen darf, auch im Correggio und vielleicht nicht bloß in den Arabesken des Raffael, ehedem in ihrer großen Zeit war. Die moderne Musik hingegen ist, was die in ihr herrschende Kraft des Menschen betrifft, ihrem Charakter im ganzen so treu geblieben, daß ichs ohne Scheu wagen möchte, sie eine sentimentale Kunst zu nennen.

Was ist denn nun dieses Sentimentale? Das was uns anspricht, wo das Gefühl herrscht, und zwar nicht ein sinnliches, sondern das geistige. Die Quelle und Seele aller dieser Regungen ist die Liebe, und der Geist der Liebe muß in der romantischen Poesie überall unsichtbar sichtbar schweben; das soll jene Definition sagen. Die galanten Passionen, denen man in den Dichtungen der Modernen, wie Diderot im »Fatalisten« so lustig klagt, von dem Epigramm bis zur Tragödie nirgends entgehn kann, sind dabei grade das wenigste, oder vielmehr sie sind nicht einmal der äußre Buchstabe jenes Geistes, nach Gelegenheit auch wohl gar nichts oder etwas sehr Unliebliches und Liebloses. Nein, es ist der heilige Hauch, der uns in den Tönen der Musik berührt. Er läßt sich nicht gewaltsam fassen und mechanisch greifen, aber er läßt sich freundlich locken von sterblicher Schönheit und in sie verhüllen; und auch die Zauberworte der Poesie können von seiner Kraft durchdrungen und beseelt werden. Aber in dem Gedicht, wo er nicht überall ist, oder überall sein könnte, ist er gewiß gar nicht. Er ist ein unendliches Wesen und mitnichten haftet und klebt sein Interesse nur an den Personen, den Begebenheiten und Situationen und den individuellen Neigungen: für den wahren Dichter ist alles dieses, so innig es auch seine Seele umschließen mag, nur Hindeutung auf das Höhere, Unendliche, Hieroglyphe der Einen ewigen Liebe und der heiligen Lebensfülle der bildenden Natur.

Nur die Fantasie kann das Rätsel dieser Liebe fassen und als Rätsel darstellen; und dieses Rätselhafte ist die Quelle von dem Fantastischen in der Form aller poetischen Darstellung. Die Fantasie strebt aus allen Kräften sich zu äußern, aber das Göttliche kann sich in der Sphäre der Natur nur indirekt mitteilen und äußern. Daher bleibt von dem, was ursprünglich Fantasie war, in der Welt der Erscheinungen nur das zurück was wir Witz nennen.

Noch eines liegt in der Bedeutung des Sentimentalen, was grade das Eigentümliche der Tendenz der romantischen Poesie im Gegensatz der antiken betrifft. Es ist darin gar keine Rücksicht genommen auf den Unterschied von Schein und Wahrheit, von Spiel und Ernst. Darin liegt der große Unterschied. Die alte Poesie schließt sich durchgängig an die Mythologie an, und vermeidet sogar den eigentlich historischen Stoff. Die alte Tragödie sogar ist ein Spiel, und der Dichter, der eine wahre Begebenheit, die das ganze Volk ernstlich anging, darstellte, ward bestraft. Die romantische Poesie hingegen ruht ganz auf historischem Grunde, weit mehr als man es weiß und glaubt. Das erste beste Schauspiel, das Sie sehn, irgend eine Erzählung die Sie lesen; wenn eine geistreiche Intrigue darin ist, können Sie fast mit Gewißheit darauf rechnen, daß wahre Geschichte zum Grunde liegt, wenngleich vielfach umgebildet.

Boccaz ist fast durchaus wahre Geschichte, ebenso andre Quellen, aus denen alle romantische Erfindung hergeleitet ist.

Ich habe ein bestimmtes Merkmal des Gegensatzes zwischen dem Antiken und dem Romantischen aufgestellt. Indessen bitte ich Sie doch, nun nicht sogleich anzunehmen, daß mir das Romantische und das Moderne völlig gleich gelte. Ich denke es ist etwa ebenso verschieden, wie die Gemälde des Raffael und Correggio von den Kupferstichen die jetzt Mode sind. Wollen Sie sich den Unterschied völlig klar machen, so lesen Sie gefälligst etwa die »Emilia Galotti« die so unaussprechlich modern und doch im geringsten nicht romantisch ist, und erinnern sich dann an Shakespeare, in den ich das eigentliche Zentrum, den Kern der romantischen Fantasie setzen möchte. Da suche und finde ich das Romantische, bei den ältern Modernen, bei Shakespeare, Cervantes, in der italiänischen Poesie, in jenem Zeitalter der Ritter, der Liebe und der Märchen, aus welchem die Sache und das Wort selbst herstammt. Dieses ist bis jetzt das einzige, was einen Gegensatz zu den klassischen Dichtungen des Altertums abgeben kann; nur diese ewig frischen Blüten der Fantasie sind würdig die alten Götterbilder zu umkränzen. Und gewiß ist es, daß alles Vorzüglichste der modernen Poesie dem Geist und selbst der Art nach dahinneigt; es müßte denn eine Rückkehr zum Antiken sein sollen. Wie unsre Dichtkunst mit dem Roman, so fing die der Griechen mit dem Epos an und löste sich wieder darin auf.

Nur mit dem Unterschiede, daß das Romantische nicht sowohl eine Gattung ist als ein Element der Poesie, das mehr oder minder herrschen und zurücktreten, aber nie ganz fehlen darf. Es muß Ihnen nach meiner Ansicht einleuchtend sein, daß und warum ich fodre, alle Poesie solle romantisch sein; den Roman aber, insofern er eine besondre Gattung sein will, verabscheue.

Sie verlangten gestern, da der Streit eben am lebhaftesten wurde, eine Definition, was ein Roman sei; mit einer Art, als wüßten Sie schon, Sie würden keine befriedigende Antwort bekommen. Ich halte dieses Problem eben nicht für unauflöslich. Ein Roman ist ein romantisches Buch. – Sie werden das für eine nichtssagende Tautologie ausgeben. Aber ich will Sie zuerst nur darauf aufmerksam machen, daß man sich bei einem Buche schon ein Werk, ein für sich bestehendes Ganze denkt. Alsdann liegt ein sehr wichtiger Gegensatz gegen das Schauspiel darin, welches bestimmt ist angeschaut zu werden: der Roman hingegen war es von den ältesten Zeiten für die Lektüre, und daraus lassen sich fast alle Verschiedenheiten in der Manier der Darstellung beider Formen herleiten. Das Schauspiel soll auch romantisch sein, wie alle Dichtkunst; aber ein Roman ists nur unter gewissen Einschränkungen, ein angewandter Roman. Der dramatische Zusammenhang der Geschichte macht den Roman im Gegenteil noch keineswegs zum Ganzen, zum Werk, wenn er es nicht durch die Beziehung der ganzen Komposition auf eine höhere Einheit, als jene Einheit des Buchstabens, über die er sich oft wegsetzt und wegsetzen darf, durch das Band der Ideen, durch einen geistigen Zentralpunkt wird.

Dies abgerechnet, findet sonst so wenig ein Gegensatz zwischen dem Drama und dem Roman statt, daß vielmehr das Drama so gründlich und historisch wie es Shakespeare z.B. nimmt und behandelt, die wahre Grundlage des Romans ist. Sie behaupteten zwar, der Roman habe am meisten Verwandtschaft mit der erzählenden ja mit der epischen Gattung. Dagegen erinnre ich nun erstlich, daß ein Lied ebenso gut romantisch sein kann als eine Geschichte. Ja ich kann mir einen Roman kaum anders denken, als gemischt aus Erzählung, Gesang und andern Formen. Anders hat Cervantes nie gedichtet, und selbst der sonst so prosaische Boccaccio schmückt seine Sammlung mit einer Einfassung von Liedern. Gibt es einen Roman, in dem dies nicht stattfindet und nicht stattfinden kann, so liegt es nur in der Individualität des Werks, nicht im Charakter der Gattung; sondern es ist schon eine Ausnahme von diesem. Doch das ist nur vorläufig. Mein eigentlicher Einwurf ist folgender. Es ist dem epischen Stil nichts entgegengesetzter als wenn die Einflüsse der eignen Stimmung im geringsten sichtbar werden; geschweige denn, daß er sich seinem Humor so überlassen, so mit ihm spielen dürfte, wie es in den vortrefflichsten Romanen geschieht.

Nachher vergaßen Sie Ihren Satz wieder oder gaben ihn auf und wollten behaupten: alle diese Einteilungen führten zu nichts; es gebe nur Eine Poesie, und es komme nur darauf an, ob etwas schön sei; nach der Rubrik könne nur ein Pedant fragen. – Sie wissen, was ich von den Klassifikationen, die so im Umlauf sind, halte. Aber doch sehe ich ein, daß es für jeden Virtuosen durchaus notwendig ist, sich selbst auf einen durchaus bestimmten Zweck zu beschränken; und in der historischen Nachforschung komme ich auf mehre ursprüngliche Formen, die sich nicht mehr ineinander auflösen lassen. So scheinen mir im Umkreise der romantischen Poesie selbst Novellen und Märchen z.B., wenn ich so sagen darf, unendlich entgegengesetzt. Und ich wünsche nichts mehr, als daß ein Künstler jede dieser Arten verjüngen möge, indem er sie auf ihren ursprünglichen Charakter zurückführt.

Wenn solche Beispiele ans Licht träten, dann würde ich Mut bekommen zu einer *Theorie des Romans,* die im ursprünglichen Sinne des Wortes eine Theorie wäre: eine geistige Anschauung des Gegenstandes mit ruhigem, heitern ganzen Gemüt, wie es sich ziemt, das bedeutende

Spiel göttlicher Bilder in festlicher Freude zu schauen. Eine solche Theorie des Romans würde selbst ein Roman sein müssen, der jeden ewigen Ton der Fantasie fantastisch wiedergäbe, und das Chaos der Ritterwelt noch einmal verwirrte. Da würden die alten Wesen in neuen Gestalten leben; da würde der heilige Schatten des Dante sich aus seiner Unterwelt erheben, Laura himmlisch vor uns wandeln, und Shakespeare mit Cervantes trauliche Gespräche wechseln; – und da würde Sancho von neuem mit dem Don Quixote scherzen.

Das wären wahre Arabesken und diese nebst Bekenntnissen, seien, behauptete ich im Eingang meines Briefs, die einzigen romantischen Naturprodukte unsers Zeitalters.

Daß ich auch die Bekenntnisse dazu rechnete, wird Ihnen nicht mehr befremdend sein, wenn Sie zugegeben haben, daß wahre Geschichte das Fundament aller romantischen Dichtung sei; und Sie werden sich – wenn Sie darüber reflektieren wollen, leicht erinnern und überzeugen, daß das Beste in den besten Romanen nichts anders ist als ein mehr oder minder verhülltes Selbstbekenntnis des Verfassers, der Ertrag seiner Erfahrung, die Quintessenz seiner Eigentümlichkeit.

Alle sogenannten Romane, auf die meine Idee von romantischer Form freilich gar nicht anwendbar ist, schätze ich dennoch ganz genau nach der Masse von eigner Anschauung und dargestelltem Leben, die sie enthalten; und in dieser Hinsicht mögen denn selbst die Nachfolger des Richardson, so sehr sie auf der falschen Bahn wandeln, willkommen sein. Wir lernen aus einer »Cecilia Beverley« wenigstens, wie man zu der Zeit, da das eben Mode war, sich in London ennuyierte, auch wie eine britische Dame vor Delikatesse endlich zu Boden stürzt und sich blutrünstig fällt; das Fluchen, die Squires und dergleichen sind im Fielding wie aus dem Leben gestohlen, und der »Wakefield« gibt uns einen tiefen Blick in die Weltansicht eines Landpredigers; ja dieser Roman wäre vielleicht, wenn Olivia ihre verlorne Unschuld am Ende wieder fände, der beste unter allen engländischen Romanen.

Aber wie sparsam und tropfenweise wird einem in allen diesen Büchern das wenige Reelle zugezählt! Und welche Reisebeschreibung, welche Briefsammlung, welche Selbstgeschichte wäre nicht für den, der sie in einem romantischen Sinne liest, ein besserer Roman als der beste von jenen? –

Besonders die Confessions geraten meistens auf dem Wege des Naiven von selbst in die Arabeske, wozu sich jene Romane höchstens am Schluß erheben, wenn die bankerotten Kaufleute wieder Geld und Kredit, alle armen Schlucker zu essen bekommen, die liebenswürdigen Spitzbuben ehrlich und die gefallnen Mädchen wieder tugendhaft werden.

Die »Confessions« von Rousseau sind in meinen Augen ein höchst vortrefflicher Roman; die »Heloise« nur ein sehr mittelmäßiger.

Ich schicke Ihnen hier die Selbstgeschichte eines berühmten Mannes, die Sie, so viel ich weiß, noch nicht kennen: die Memoirs von Gibbon.

Es ist ein unendlich gebildetes und ein unendlich drolliges Buch. Es wird Ihnen auf halbem Wege entgegenkommen, und wirklich ist der komische Roman, der darin liegt, fast ganz fertig. Sie werden den Engländer, den Gentleman, den Virtuosen, den Gelehrten, den Hagestolzen, den Elegant vom guten Ton in seiner ganzen zierlichen Lächerlichkeit durch die Würde dieser historischen Perioden so klar vor Augen sehn, wie Sie nur immer wünschen können. Gewiß man kann viel schlechte Bücher und viele unbedeutende Menschen durchsehn, ehe man so viel Lachstoff auf einem Haufen beisammen findet.

Nachdem Antonio diese Epistel vorgelesen hatte, fing Camilla an die Güte und Nachsicht der Frauen zu rühmen: daß Amalia ein solches Maß von Belehrung anzunehmen nicht für zu gering geachtet; und überhaupt wären sie ein Muster von Bescheidenheit, indem sie bei dem Ernst der Männer immer geduldig, und, was noch mehr sagen wolle, ernsthaft blieben, ja sogar einen gewissen Glauben an ihr Kunstwesen hätten. – Wenn Sie unter der Bescheidenheit diesen Glauben verstehn, setzte Lothario hinzu, diese Voraussetzung einer Vortrefflichkeit, die wir noch nicht selbst besitzen, deren Dasein und Würde wir aber zu vermuten anfangen: so dürfte sie wohl die sicherste Grundlage aller edlen Bildung für vorzügliche Frauen sein. – Camilla fragte, ob es für die Männer etwa der Stolz und die Selbstzufriedenheit sei; indem sich jeder meistens um so mehr für einzig hielte, je unfähiger er sei zu verstehen, was der andre wolle. – Antonio unterbrach sie mit der Bemerkung, er hoffe zum Besten der Menschheit, jener Glaube sei nicht so notwendig als Lothario meine; denn er sei wohl sehr selten. Meistens halten die Frauen, sagte er, so viel ich habe bemerken können, die Kunst, das Altertum, die Philosophie und dergleichen für ungegründete Traditionen, für Vorurteile, die sich die Männer untereinander weismachen, um sich die Zeit zu vertreiben.

Marcus kündigte einige Bemerkungen Über Goethe an. »Also schon wieder Charakteristik eines lebenden Dichters?« fragte Antonio. Sie werden die Antwort auf Ihren Tadel in dem Aufsatze selbst finden, erwiderte Marcus, und fing an zu lesen.

Versuch über den verschiedenen Styl in Goethes früheren und späteren Werken

Goethes Universalität ist mir oft von neuem einleuchtend geworden, wenn ich die mannichfaltige Art bemerkte, wie seine Werke auf Dichter und Freunde der Dichtkunst wirken. Der eine strebt dem Idealischen der »Iphigenia« oder des »Tasso« nach, der andre macht sich die leichte und doch einzige Manier der kunstlosen Lieder und reizenden Dramolets zu eigen; dieser ergötzt sich an der schönen und naiven Form des »Hermann«, jener wird ganz entzündet von der Begeistrung des »Faust«. Mir selbst bleibt der »Meister« der faßlichste

Inbegriff, um den ganzen Umfang seiner Vielseitigkeit, wie in einem Mittelpunkte vereinigt, einigermaßen zu überschauen.

Der Dichter mag seinem eigentümlichen Geschmacke folgen, und selbst für den Liebhaber kann das eine Zeitlang hingehn: der Kenner aber, und wer zur Erkenntnis gelangen will, muß das Bestreben fühlen, den Dichter selbst zu verstehen, d.h. die Geschichte seines Geistes, so weit dies möglich ist, zu ergründen. Es kann dieses freilich nur ein Versuch bleiben, weil in der Kunstgeschichte nur eine Masse die andre mehr erklärt und aufhellt. Es ist nicht möglich, einen Teil für sich zu verstehen; d.h. es ist unverständig, ihn nur im einzelnen betrachten zu wollen. Das Ganze aber ist noch nicht abgeschlossen; und also bleibt alle Kenntnis dieser Art nur Annäherung und Stückwerk. Aber ganz aufgeben dürfen und können wir das Bestreben nach ihr dennoch nicht, wenn diese Annäherung, dieses Stückwerk ein wesentlicher Bestandteil zur Ausbildung des Künstlers ist.

Es muß diese notwendige Unvollständigkeit umso mehr eintreten bei der Betrachtung eines Dichters, dessen Laufbahn noch nicht geendigt ist. Doch ist das keineswegs ein Grund gegen das ganze Unternehmen. Wir sollen auch den mitlebenden Künstler als Künstler zu verstehen streben, und dies kann nur auf jene Weise geschehn; und wenn wir es wollen, so müssen wir ihn ebenso beurteilen, als ob er ein Alter wäre; ja er muß es für uns im Augenblick der Beurteilung gewissermaßen werden. Unwürdig aber wäre es, den Ertrag unsers redlichen Forschens etwa deswegen nicht mitteilen zu wollen, weil wir wissen, daß der Unverstand des Pöbels diese Mitteilung nach seiner alten Art auf mannichfache Weise mißdeuten wird. Wir sollen vielmehr voraussetzen, daß es mehre einzelne gibt, die mit dem gleichen Ernst wie wir nach gründlicher Erkenntnis dessen streben, von dem sie wissen, daß es das Rechte sei.

Ihr werdet nicht leicht einen andern Autor finden, dessen früheste und spätere Werke so auffallend verschieden wären, wie es hier der Fall ist. Es ist der ganze Ungestüm der jugendlichen Begeisterung und die Reife der vollendeten Ausbildung im schärfsten Gegensatze. Diese Verschiedenheit zeigt sich aber nicht bloß in den Ansichten und Gesinnungen, sondern auch in der Art der Darstellung und in den Formen, und hat durch diesen künstlerischen Charakter eine Ähnlichkeit teils mit dem was man in der Malerei unter den verschiedenen Manieren eines Meisters versteht, teils mit dem Stufengang der durch Umbildungen und Verwandlungen fortschreitenden Entwicklung, welchen wir in der Geschichte der alten Kunst und Poesie wahrnehmen.

Wer mit den Werken des Dichters einigermaßen vertraut ist, und sie mit Aufmerksamkeit auf jene beiden auffallenden Extreme überdenkt, wird leicht noch eine mittlere Periode zwischen jenen beiden bemerken können. Statt diese drei Epochen im allgemeinen zu charakterisieren, welches doch nur ein unbestimmtes Bild geben würde, will ich lieber die Werke nennen, die mir nach reiflichem Überlegen diejenigen zu sein scheinen, deren jedes den Charakter seiner Periode am besten repräsentiert.

Für die erste Periode nenne ich den »Götz von Berlichingen«; »Tasso« ist es für die zweite und für die dritte »Hermann und Dorothea«. Alles dreies Werke im vollsten Sinne des Worts, mehr und mit einem höhern Maß von Objektivität, als viele andre aus derselben Epoche.

Ich werde sie mit Rücksicht auf den verschiedenen Styl des Künstlers kurz durchgehn, und einige Erläuterungen aus den übrigen Werken für denselben Zweck hinzufügen.

Im »Werther« verkündigt die reine Absonderung von allem Zufälligen in der Darstellung, die gerade und sicher auf ihr Ziel und auf das Wesentliche geht, den künftigen Künstler. Er hat bewundernswürdige Details; aber das Ganze scheint mir tief unter der Kraft, mit der im »Götz« die wackern Ritter der altdeutschen Zeit uns vor Augen gerückt, und mit der auch die Formlosigkeit, die denn doch zum Teil eben dadurch wieder Form wird, bis zum Übermut durchgesetzt ist. Dadurch bekommt selbst das Manierierte in der Darstellung einen gewissen Reiz, und das Ganze ist ungleich weniger veraltet als der »Werther«. Doch eines ist ewig jung auch in diesem, und ragt einzeln aus seiner Umgebung hervor. Dieses ist die große Ansicht der Natur, nicht bloß in den ruhigen sondern in den leidenschaftlichen Stellen. Es sind Andeutungen auf den »Faust«, und es hätte möglich sein müssen, aus diesen Ergießungen des Dichters den Ernst des Naturforschers vorauszusagen.

Es war nicht meine Absicht, alle Produkte des Dichters zu klassifizieren, sondern nur die bedeutendsten Momente im Stufengange seiner Kunst anzugeben. Ich überlasse es daher Eurem eignen Urteil, ob Ihr etwa den »Faust« wegen der altdeutschen Form, welche der naiven Kraft und dem nachdrücklichen Witz einer männlichen Poesie so günstig ist, wegen des Hanges zum Tragischen, und wegen andrer Spuren und Verwandtschaften zu jener ersten Manier zählen wollt. Gewiß aber ist es, daß dieses große Bruchstück nicht bloß wie die benannten drei Werke den Charakter einer Stufe repräsentiert, sondern den ganzen Geist des Dichters offenbart, wie seitdem nicht wieder; außer auf andre Weise im »Meister«, dessen Gegensatz in dieser Hinsicht der »Faust« ist, von dem hier nichts weiter gesagt werden kann, als daß er zu dem Größten gehört, was die Kraft des Menschen je gedichtet hat.

An »Clavigo« und andern minder wichtigen Produkten der ersten Manier ist mir das am merkwürdigsten, daß der Dichter so früh schon einem bestimmten Zwecke, einem einmal gewählten Gegenstande zu Gefallen, sich genau und eng zu beschränken wußte.

Die »Iphigenia« möchte ich mir als Übergang von der ersten Manier zur zweiten denken.

Das Charakteristische im »Tasso« ist der Geist der Reflexion und der Harmonie; nämlich daß alles auf ein Ideal von harmonischem Leben und harmonischer Bildung bezogen und selbst die Disharmonie in harmonischem Ton gehalten wird. Die tiefe Weichlichkeit einer durchaus musikalischen Natur ist noch nie im Modernen mit dieser sinnreichen Gründlichkeit dargestellt. Alles ist hier Antithese und Musik, und das zarteste Lächeln der feinsten Geselligkeit schwebt über dem stillen Gemälde, das sich am Anfange und Ende in seiner eignen Schönheit zu spiegeln scheint. Es mußten und sollten Unarten eines verzärtelten Virtuosen zum Vorschein kommen: aber sie zeigten sich im schönsten Blumenschmuck der Poesie beinah liebenswürdig. Das Ganze schwebt in der Atmosphäre künstlicher Verhältnisse und Mißverhältnisse vornehmer Stände, und das Rätselhafte der Auflösung ist nur auf den Standpunkt berechnet, wo Verstand und Willkür allein herrschen, und das Gefühl beinah schweigt. In allen diesen Eigenschaften finde ich den »Egmont« jenem Werk ähnlich oder auf eine so symmetrische Art unähnlich, daß er auch dadurch ein Pendant desselben wird. Auch Egmonts Geist ist ein Spiegel des Weltalls; die andern nur ein Widerschein dieses Lichts. Auch hier unterliegt eine schöne Natur der ewigen Macht des Verstandes. Nur ist der Verstand im »Egmont« mehr ins Gehässige nüanciert, der Egoismus des Helden hingegen ist weit edler und liebenswürdiger als der des Tasso. Das Mißverhältnis liegt schon ursprünglich in diesem selbst, in seiner Empfindungsweise; die andern sind mit sich selbst eins und werden nur durch den Fremdling aus höhern Sphären gestört. Im »Egmont« hingegen wird alles, was Mißlaut ist, in die Nebenpersonen gelegt. Klärchens Schicksal zerreißt uns, und von Brackenburgs Jammer – dem matten Nachhall einer Dissonanz – möchte man sich beinah wegwenden. Er vergeht wenigstens, Klärchen lebt im Egmont, die andern repräsentieren nur. Egmont allein lebt ein höheres Leben in sich selbst, und in seiner Seele ist alles harmonisch. Selbst der Schmerz verschmilzt in Musik, und die tragische Katastrophe gibt einen milden Eindruck.

Aus den leichtesten, frischesten Blumengestalten hervor atmet derselbe schöne Geist jener beiden Stücke in »Claudine von Villabella«. Durch die merkwürdigste Umbildung ist darin der sinnliche Reiz des »Rugantino«, in dem der Dichter schon früh das romantische Leben eines lustigen Vagabunden mit Liebe dargestellt hatte, in die geistigste Anmut verklärt, und aus der gröberen Atmosphäre in den reinsten Äther emporgehoben.

In diese Epoche fallen die meisten der Skizzen und Studien für die Bühne. Eine lehrreiche Folge von dramaturgischen Experimenten, wo die Methode und die Maxime des künstlerischen Verfahrens oft wichtiger ist, als das einzelne Resultat. Auch der »Egmont« ist nach des Dichters Ideen von Shakespeares römischen Stücken gebildet. Und selbst beim »Tasso« konnte er vielleicht zuerst an das einzige deutsche

Drama gedacht haben, welches durchaus ein Werk des Verstandes ist (obgleich eben nicht des dramatischen), an Lessings »Nathan«. Es wäre dies nicht wunderbarer als daß der »Meister«, an dem alle Künstler ewig zu studieren haben werden, in gewissem Sinne, der materiellen Entstehung nach ein Studium nach Romanen ist, die wohl vor einer strengen Prüfung weder einzeln als Werke, noch zusammen als eine Gattung gelten dürften.

Dies ist der Charakter der wahren Nachbildung, ohne die ein Werk kaum ein Kunstwerk sein kann! Das Vorbild ist dem Künstler nur Reiz und Mittel, den Gedanken von dem was er bilden will, individueller zu gestalten. So wie Goethe dichtet, das heißt nach Ideen dichten; in demselben Sinne, wie Plato fodert, daß man nach Ideen leben soll.

Auch der »Triumph der Empfindsamkeit« geht sehr weit ab vom Gozzi, und in Rücksicht der Ironie weit über ihn hinaus.

Wohin Ihr »Meisters Lehrjahre« stellen wollt, überlasse ich Euch. Bei der künstlichen Geselligkeit, bei der Ausbildung des Verstandes, die in der zweiten Manier den Ton angibt, fehlt es nicht an Reminiszenzen aus der ersten, und im Hintergrunde regt sich überall der klassische Geist, der die dritte Periode charakterisiert.

Dieser klassische Geist liegt nicht bloß im Äußerlichen: denn wo ich nicht irre, so ist sogar im »Reineke Fuchs« das Eigentümliche des Tons, was der Künstler an das Alte angebildet hat, von derselben Tendenz wie die Form.

Metrum, Sprache, Form, Ähnlichkeit der Wendungen und Gleichheit der Ansichten, ferner das meistens südliche Kolorit und Kostüm, der ruhige weiche Ton, der antike Styl, die Ironie der Reflexion, bilden die Elegien, Epigramme, Episteln, Idyllen zu einem Kreise, gleichsam zu einer Familie von Gedichten. Man würde wohl tun, sie als ein Ganzes und in gewissem Sinne wie ein Werk zu nehmen und zu betrachten.

Vieles von dem Zauber und Reiz dieser Gedichte liegt in der schönen Individualität, die sich darin äußert und zur Mitteilung gleichsam gehn läßt. Sie wird durch die klassische Form nur noch pikanter.

In den Erzeugnissen der ersten Manier ist das Subjektive und das Objektive durchaus vermischt. In den Werken der zweiten Epoche ist die Ausführung im höchsten Grade objektiv. Aber das eigentlich Interessante derselben, der Geist der Harmonie und der Reflexion verrät seine Beziehung auf eine bestimmte Individualität. In der dritten Epoche ist beides rein geschieden, und »Hermann und Dorothea« durchaus objektiv. Durch das Wahre, Innige könnte es eine Rückkehr zur geistigen Jugend scheinen, eine Wiedervereinigung der letzten Stufe mit der Kraft und Wärme der ersten. Aber die Natürlichkeit ist hier nicht selbst eine natürliche Ergießung, sondern absichtliche Popularität für die Wirkung nach Außen. In diesem Gedicht finde ich ganz die idealische Haltung, die andre nur in der »Iphigenia« suchen.

Es konnte nicht meine Absicht sein, in einem Schema seines Stufenganges alle Werke des Künstlers zu ordnen. Um dies durch ein Beispiel anschaulicher zu machen, erwähne ich nur, daß *Prometheus* z.B. und die *Zueignung* mir würdig scheinen, neben den größten Werken desselben Meisters zu stehn. In den vermischten Gedichten überhaupt liebt jeder leicht das Interessante. Aber für die würdigen Gesinnungen die hier ausgesprochen sind, lassen sich kaum glücklichere Formen wünschen, und der wahre Kenner müßte im Stande sein, allein aus einem solchen Stück die Höhe auf der alle stehn, zu erraten.

Nur vom »Meister« muß ich noch einige Worte sagen. Drei Eigenschaften scheinen mir daran die wunderbarsten und die größten. Erstlich, daß die Individualität, welche darin erscheint, in verschiedne Strahlen gebrochen, unter mehrere Personen verteilt ist. Dann der antike Geist, den man bei näherer Bekanntschaft unter der modernen Hülle überall wiedererkennt. Diese große Kombination eröffnet eine ganz neue endlose Aussicht auf das, was die höchste Aufgabe aller Dichtkunst zu sein scheint, die Harmonie des Klassischen und des Romantischen. Das dritte ist, daß das eine unteilbare Werk in gewissem Sinn doch zugleich ein zwiefaches, doppeltes ist. Ich drücke vielleicht, was ich meine, am deutlichsten aus, wenn ich sage: das Werk ist zweimal gemacht, in zwei schöpferischen Momenten, aus zwei Ideen. Die erste war bloß die eines Künstlerromans; nun aber ward das Werk, überrascht von der Tendenz seiner Gattung, plötzlich viel größer als seine erste Absicht, und es kam die Bildungslehre der Lebenskunst hinzu, und ward der Genius des Ganzen. Eine ebenso auffallende Duplizität ist sichtbar in den beiden künstlichsten und verstandvollsten Kunstwerken im ganzen Gebiet der romantischen Kunst, im »Hamlet« und im »Don Quixote«. Aber Cervantes und Shakespeare hatten jeder ihren Gipfel, von dem sie zuletzt in der Tat ein wenig sanken. Dadurch zwar, daß jedes ihrer Werke ein neues Individuum ist, eine Gattung für sich bildet, sind sie die einzigen, mit denen Goethes Universalität eine Vergleichung zuläßt. Die Art, wie Shakespeare den Stoff umbildet, ist dem Verfahren nicht unähnlich, wie Goethe das Ideal einer Form behandelt. Cervantes nahm auch individuelle Formen zum Vorbilde. Nur ist Goethes Kunst durchaus progressiv, und wenn auch sonst ihr Zeitalter jenen günstiger, und es ihrer Größe nicht nachteilig war, daß sie von niemanden erkannt, allein blieb: so ist doch das jetzige wenigstens in dieser Hinsicht nicht ohne Mittel und Grundlagen.

Goethe hat sich in seiner langen Laufbahn von solchen Ergießungen des ersten Feuers, wie sie in einer teils noch rohen teils schon verbildeten Zeit, überall von Prosa und von falschen Tendenzen umgeben, nur immer möglich waren, zu einer Höhe der Kunst heraufgearbeitet, welche zum erstenmal die ganze Poesie der Alten und der Modernen umfaßt, und den Keim eines ewigen Fortschreitens enthält.

Der Geist, der jetzt rege ist, muß auch diese Richtung nehmen, und so wird es, dürfen wir hoffen, nicht an Naturen fehlen, die fähig sein werden zu dichten, nach Ideen zu dichten. Wenn sie nach Goethes Vorbilde in Versuchen und Werken jeder Art unermüdet nach dem Bessern trachten; wenn sie sich die universelle Tendenz, die progressiven Maximen dieses Künstlers zu eigen machen, die noch der mannichfaltigsten Anwendung fähig sind; wenn sie wie er das Sichre des Verstandes dem Schimmer des Geistreichen vorziehn: so wird jener Keim nicht verloren gehn, so wird Goethe nicht das Schicksal des Cervantes und des Shakespeare haben können; sondern der Stifter und das Haupt einer neuen Poesie sein, für uns und die Nachwelt, was Dante auf andre Weise im Mittelalter.

Andrea. Es freut mich, daß in dem mitgeteilten Versuch endlich das zur Sprache gekommen ist, was mir gerade die höchste aller Fragen über die Kunst der Poesie zu sein scheint. Nämlich die von der Vereinigung des Antiken und des Modernen; unter welchen Bedingungen sie möglich, inwiefern sie ratsam sei. Laßt uns versuchen, diesem Problem auf den Grund zu kommen!

Ludoviko. Ich würde gegen die Einschränkungen protestieren, und für die unbedingte Vereinigung stimmen. Der Geist der Poesie ist nur einer und überall derselbe.

Lothario. Allerdings der Geist! Ich möchte hier die Einteilung in Geist und Buchstaben anwenden. Was Sie in Ihrer Rede über die Mythologie dargestellt oder doch angedeutet haben, ist, wenn Sie wollen, der Geist der Poesie. Und *Sie* werden gewiß nichts dagegen haben können, wenn ich Metrum und dergleichen ja sogar Charaktere, Handlung, und was dem anhängt, nur für den Buchstaben halte. Im Geist mag Ihre unbedingte Verbindung des Antiken und Modernen stattfinden; und nur auf eine solche machte unser Freund uns aufmerksam. Nicht so im Buchstaben der Poesie. Der alte Rhythmus z.B. und die gereimten Sylbenmaße bleiben ewig entgegengesetzt. Ein drittes Mittleres zwischen beiden gibts nicht.

Andrea. So habe ich oft wahrgenommen, daß die Behandlung der Charaktere und Leidenschaften bei den Alten und den Modernen schlechthin verschieden ist. Bei jenen sind sie idealisch gedacht, und plastisch ausgeführt. Bei diesen ist der Charakter entweder wirklich historisch, oder doch so konstruiert als ob er es wäre; die Ausführung hingegen mehr pittoresk und nach Art des Porträts.

Antonio. So müßt Ihr die Diktion, die doch eigentlich wohl das Zentrum alles Buchstabens sein sollte, wunderlich genug zum Geist der Poesie rechnen. Denn obwohl auch hier in den Extremen jener allgemeine Dualismus sich offenbart, und im ganzen der Charakter der alten sinnlichen Sprache und unsrer abstrakten entschieden entgegengesetzt ist: so finden sich doch gar viele Übergänge aus einem Gebiete in das andre; und ich sehe nicht ein, warum es deren nicht weit mehr geben könnte, wenn gleich keine völlige Vereinigung möglich wäre.

Ludoviko. Und ich sehe nicht ein, warum wir uns nur an das Wort, nur an den Buchstaben des Buchstabens halten, und ihm zu Gefallen nicht anerkennen sollten, daß die Sprache dem Geist der Poesie näher steht, als andre Mittel derselben. Die Sprache, die, ursprünglich gedacht, identisch mit der Allegorie ist, das erste unmittelbare Werkzeug der Magie.

Lothario. Man wird beim Dante, bei Shakespeare und andern Großen Stellen, Ausdrücke finden, die an sich betrachtet schon das ganze Gepräge der höchsten Einzigkeit an sich tragen; sie sind dem Geist des Urhebers näher als andre Organe der Poesie es je sein können.

Antonio. Ich habe nur das an dem Versuch über Goethe auszusetzen, daß die Urteile darin etwas zu imperatorisch ausgedrückt sind. Es könnte doch sein, daß noch Leute hinter dem Berge wohnten, die von einem und dem andern eine durchaus andre Ansicht hätten.

Marcus. Ich bekenne es gern, daß ich nur gesagt habe, wie es mir vorkommt. Nämlich wie es mir vorkommt, nachdem ich aufs redlichste geforscht habe, mit Hinsicht auf jene Maximen der Kunst und der Bildung, über die wir im ganzen einig sind.

Antonio. Diese Einigkeit mag wohl nur sehr relativ sein.

Marcus. Es sei damit wie es sei. Ein wahres Kunsturteil, werden Sie mir eingestehen, eine ausgebildete, durchaus fertige Ansicht eines Werks ist immer ein kritisches Faktum, wenn ich so sagen darf. Aber auch nur ein Faktum, und eben darum ists leere Arbeit, es motivieren zu wollen, es müßte denn das Motiv selbst ein neues Faktum oder eine nähere Bestimmung des ersten enthalten. Oder auch für die Wirkung nach außen, wo eben nichts übrig bleibt, als zu zeigen, daß wir die Wissenschaft besitzen, ohne welche das Kunsturteil nicht möglich wäre, die es aber so wenig schon selbst ist, daß wir sie nur gar zu oft mit dem absoluten Gegenteil aller Kunst und alles Urteils aufs vortrefflichste zusammen bestehn sehn. Unter Freunden bleibt die Probezeigung der Geschicklichkeit besser weg, und es kann doch am Ende in jeder auch noch so künstlich zubereiteten Mitteilung eines Kunsturteils kein anderer Anspruch liegen, als die Einladung, daß jeder seinen eignen Eindruck ebenso rein zu fassen und streng zu bestimmen suche, und dann den mitgeteilten der Mühe wert achte, darüber zu reflektieren, ob er damit übereinstimmen könne, um ihn in diesem Falle frei- und bereitwillig anzuerkennen.

Antonio. Und wenn wir nun nicht übereinstimmen, so heißt es am Ende: Ich liebe das Süße. Nein, sagt der andre, ganz im Gegenteil, mir schmeckt das Bittre besser.

Lothario. Es darf über manches einzelne so heißen und dennoch bleibt ein Wissen in Dingen der Kunst sehr möglich. Und ich denke, wenn jene historische Ansicht vollendeter ausgeführt würde, und wenn es gelänge, die Prinzipien der Poesie auf dem Wege, den unser philosophischer Freund versucht hat, aufzustellen: so würde die

Dichtkunst ein Fundament haben, dem es weder an Festigkeit noch an Umfang fehlte.

Marcus. Vergessen Sie nicht das Vorbild, welches so wesentlich ist, uns in der Gegenwart zu orientieren, und uns zugleich beständig erinnert uns zur Vergangenheit zu erheben, und der bessern Zukunft entgegen zu arbeiten. Laßt wenigstens uns an jener Grundlage halten und dem Vorbilde treu bleiben.

Lothario. Ein würdiger Entschluß, gegen den sich nichts einwenden läßt. Und gewiß werden wir auf diesem Wege immer mehr lernen, uns über das Wesentliche einander zu verstehn.

Antonio. Wir dürfen also nun nichts mehr wünschen, als daß wir Ideen zu Gedichten in uns finden mögen, und dann das gerühmte Vermögen, nach Ideen zu dichten.

Ludoviko. Halten Sie es etwa für unmöglich, zukünftige Gedichte *a priori* zu konstruieren?

Antonio. Geben Sie mir Ideen zu Gedichten, und ich getraue mir, Ihnen jenes Vermögen zu geben.

Lothario. Sie mögen in Ihrem Sinne recht haben, das für unmöglich zu halten, was Sie meinen. – Doch weiß ich selbst aus eigner Erfahrung das Gegenteil. Ich darf sagen, daß einigemal der Erfolg meinen Erwartungen von einem bestimmten Gedicht entsprochen hat, was auf diesem oder jenem Felde der Kunst nun eben zunächst notwendig oder doch möglich sein möchte.

Andrea. Wenn Sie dieses Talent besitzen, so werden Sie mir also auch sagen können, ob wir hoffen dürfen, jemals wieder antike Tragödien zu bekommen.

Lothario. Es ist mir im Scherz und auch im Ernst willkommen, daß Sie diese Aufforderung an mich richten, damit ich doch nicht bloß über die Meinung der andern meine, sondern wenigstens eins aus eigner Ansicht zum Gastmahl beitrage. – Wenn erst die Mysterien und die Mythologie durch den Geist der Physik verjüngt sein werden, so kann es möglich sein, Tragödien zu dichten, in denen alles antik, und die dennoch gewiß wären durch die Bedeutung den Sinn des Zeitalters zu fesseln. Es wäre dabei ein größerer Umfang und eine größere Mannichfaltigkeit der äußern Formen erlaubt ja sogar ratsam, ungefähr so wie sie in manchen Nebenarten und Abarten der alten Tragödie wirklich stattgefunden hat.

Marcus. Trimeter lassen sich in unsrer Sprache so vortrefflich bilden wie Hexameter. Aber die chorischen Sylbenmaße sind, fürchte ich, eine unauflösliche Schwierigkeit.

Camilla. Warum sollte der Inhalt durchaus mythologisch und nicht auch historisch sein?

Lothario. Weil wir bei einem historischen Süjet nun einmal die moderne Behandlungsart der Charaktere verlangen, welche dem Geist des Altertums schlechthin widerspricht. Der Künstler würde da auf eine oder die andre Art gegen die antike Tragödie oder gegen die romantische den kürzern ziehen müssen.

Camilla. So hoffe ich, daß Sie die Niobe zu den mythologischen Süjets rechnen werden.

Marcus. Ich möchte noch lieber um einen Prometheus bitten.

Antonio. Und ich würde unmaßgeblich die alte Fabel vom Apollo und Marsyas vorschlagen. Sie scheint mir sehr an der Zeit zu sein. Oder eigentlicher zu reden ist sie wohl immer an der Zeit in jeder wohl verfaßten Literatur.

Über die Unverständlichkeit

Einige Gegenstände des menschlichen Nachdenkens reizen, weil es so in ihnen liegt oder in uns, zu immer tieferem Nachdenken, und je mehr wir diesem Reize folgen und uns in sie verlieren, je mehr werden sie alle zu Einem Gegenstande, den wir, je nachdem wir ihn in uns oder außer uns suchen und finden, als Natur der Dinge oder als Bestimmung des Menschen charakterisieren. Andre Gegenstände würden niemals vielleicht unsre Aufmerksamkeit erregen können, wenn wir in heiliger Abgeschiedenheit jenem Gegenstand aller Gegenstände ausschließlich und einseitig unsre Betrachtung widmeten; wenn wir nicht mit Menschen im Verkehr ständen, aus deren gegenseitiger Mitteilung sich erst solche Verhältnisse und Verhältnisbegriffe erzeugen, die sich als Gegenstände des Nachdenkens bei genauerer Reflexion immer mehr vervielfältigen und verwickeln, also auch hierin den entgegengesetzten Gang befolgen.

Was kann wohl von allem, was sich auf die Mitteilung der Ideen bezieht, anziehender sein, als die Frage, ob sie überhaupt möglich sei; und wo hätte man nähere Gelegenheit über die Möglichkeit oder Unmöglichkeit dieser Sache mancherlei Versuche anzustellen, als wenn man ein Journal wie das »Athenaeum« entweder selbst schreibt, oder doch als Leser an demselben teilnimmt?

Der gesunde Menschenverstand, der sich so gern am Leitfaden der Etymologien, wenn sie sehr nahe liegen, orientieren mag, dürfte leicht auf die Vermutung geraten können, der Grund des Unverständlichen liege im Unverstand. Nun ist es ganz eigen an mir, daß ich den Unverstand durchaus nicht leiden kann, auch den Unverstand der Unverständigen, noch weniger aber den Unverstand der Verständigen. Daher hatte ich schon vor langer Zeit den Entschluß gefaßt, mich mit dem Leser in ein Gespräch über diese Materie zu versetzen, und vor seinen eignen Augen, gleichsam ihm ins Gesicht, einen andern neuen Leser nach meinem Sinne zu konstruieren, ja, wenn ich es nötig finden sollte, denselben sogar zu deduzieren. Ich meinte es ernstlich genug und nicht ohne den alten Hang zum Mystizismus. Ich wollte es einmal recht genau nehmen, wollte die ganze Kette meiner Versuche durchgehn, den oft schlechten Erfolg mit rücksichtsloser Offenheit bekennen, und so den Leser zu einer gleichen Offenheit und Redlichkeit gegen sich selbst allmählich hinleiten; ich wollte beweisen, daß alle Unverständlichkeit relativ, und darstellen, wie unverständlich mir zum Beispiel Garve sei; ich wollte zeigen, daß die Worte sich selbst oft besser verstehen, als diejenigen von denen sie gebraucht werden, wollte aufmerksam darauf machen, daß es unter den philosophischen Worten, die oft in ihren Schriften wie eine Schar zu früh entsprungener Geister alles verwirren und die unsichtbare Gewalt des Weltgeistes auch an dem ausüben, der sie nicht anerkennen will, geheime Ordensverbindungen geben muß; ich wollte zeigen, daß man die reinste und gediegenste Unverständlichkeit gerade aus der Wissenschaft und aus der Kunst erhält, die ganz eigentlich aufs Verständigen und Verständlichmachen ausgehn, aus der Philosophie und Philologie; und damit das ganze Geschäft sich nicht in einem gar zu handgreiflichen Zirkel herumdrehen möchte, so hatte ich mir fest vorgenommen, dieses eine Mal wenigstens gewiß verständlich zu sein. Ich wollte auf das hindeuten was die größten Denker jeder Zeit (freilich nur sehr dunkel) geahndet haben, bis Kant die Tafel der Kategorien entdeckte und es Licht wurde im Geiste des Menschen; ich meine eine reelle Sprache, daß wir aufhören möchten mit Worten zu kramen, und schauen alles Wirkens Kraft und Samen. Die große Raserei einer solchen Kabbala, wo gelehrt werden sollte, wie des Menschen Geist sich selbst verwandeln und dadurch den wandelbaren ewig verwandelten Gegner endlich fesseln möge, ein dergleichen Mysterium durfte ich nun nicht so naiv und nackt darstellen, wie ich aus jugendlicher Unbesonnenheit die Natur der Liebe in der »Lucinde« zur ewigen Hieroglyphe dargestellt habe. Ich mußte demnach auf ein populäres Medium denken, um den heiligen, zarten, flüchtigen, luftigen, duftigen gleichsam imponderablen Gedanken chemisch zu binden. Wie sehr hätte er sonst mißverstanden werden können, da ja erst durch seinen wohlverstandnen Gebrauch allen verständlichen Mißverständnissen endlich ein Ende gemacht werden sollte? Zugleich hatte ich mit innigem Vergnügen die Progressen unsrer Nation bemerkt; und was soll ich erst von dem Zeitalter sagen? Dasselbe Zeitalter, in welchem auch wir zu leben die Ehre haben; das Zeitalter, welches, um alles mit einem Worte zu sagen, den bescheidnen aber vielsagenden Namen des kritischen Zeitalters verdient, so daß nun bald alles kritisiert sein wird, außer das Zeitalter selbst, und daß alles immer kritischer und kritischer wird, und die Künstler schon die gerechte Hoffnung hegen dürfen, die Menschheit werde sich endlich in Masse erheben und lesen lernen.

Nur ganz kürzlich wurde dieser Gedanke einer reellen Sprache mir von neuem erregt, und eine glorreiche Aussicht öffnete sich dem innern Auge. Im neunzehnten Jahrhundert, versichert uns Girtanner, im neunzehnten Jahrhundert wird man Gold machen können; und ist es nicht schon mehr als Vermutung, daß das neunzehnte Jahrhundert nun bald seinen Anfang nehmen wird? Mit löblicher Sicherheit und mit einer interessanten Erhebung sagt der würdige Mann: »Jeder Chemiker, jeder Künstler wird Gold machen: das Küchengeschirr wird von Silber, von Gold sein.« – Wie gern werden nun alle Künstler sich entschließen den kleinen unbedeutenden Überrest vom achtzehnten Jahrhundert noch zu hungern, und diese große Pflicht künftig nicht mehr mit betrübtem Herzen erfüllen; denn sie wissen, daß teils noch sie selbst in eigner Person, teils aber auch und desto gewisser ihre Nachkommen in kurzem werden Gold machen können. Daß gerade das Küchengeschirr erwähnt wird, hat zur Ursache, weil jener scharfsinnige Geist gerade das vorzüglich schön und groß an dieser Katastrophe findet, daß wir nun nicht mehr so viele verruchte Halbsäuren von gemeinen unedlen niederträchtigen Metallen wie Blei, Kupfer, Eisen und dergl. werden verschlucken dürfen. Ich sah die Sache aus einem andern Gesichtspunkte. Schon oft hatte ich die Objektivität des Goldes im stillen bewundert, ja ich darf wohl sagen angebetet. Bei den Chinesen, dachte ich, bei den Engländern, bei den Russen, auf der Insel Japan, bei den Einwohnern von Fetz und Marokko, ja sogar bei den Kosaken, Tscheremissen, Baschkiren und Mulatten, kurz überall wo es nur einige Bildung und Aufklärung gibt, ist das Silber, das Gold verständlich und durch das Gold alles übrige. Wenn nun erst jeder Künstler diese Materien in hinreichender Quantität besitzt, so darf er ja nur seine Werke in Basrelief schreiben, mit goldnen Lettern auf silbernen Tafeln. Wer würde eine so schön gedruckte Schrift, mit der groben Äußerung, sie sei unverständlich, zurückweisen wollen?

Aber alles das sind nur Hirngespinste oder Ideale: denn Girtanner ist gestorben, und ist demnach für jetzt so weit davon entfernt Gold machen zu können, daß man vielmehr mit aller Kunst nur so viel Eisen aus ihm wird machen können, als nötig wäre, sein Andenken durch eine kleine Schaumünze zu verewigen.

Überdem haben sich die Klagen über die Unverständlichkeit so ausschließlich gegen das »Athenaeum« gerichtet, es ist so oft und so vielseitig geschehen, daß die Deduktion am besten eben da ihren Anfang wird nehmen können, wo uns eigentlich der Schuh drückt.

Schon hat ein scharfsinniger Kunstrichter im »Berliner Archiv der Zeit« das »Athenaeum« gegen diese Vorwürfe freundschaftlich verteidigt, und dabei das berüchtigte Fragment von den drei Tendenzen zum Beispiel gewählt. Ein überaus glücklicher Gedanke! Gerade so muß man die Sache angreifen. Ich werde denselben Weg einschlagen, und damit der Leser umso leichter einsehen kann, daß ich das Fragment wirklich für gut halte, so mag es hier noch einmal stehen:

»Die Französische Revolution, Fichtes Wissenschaftslehre und Goethes Meister sind die größten Tendenzen des Zeitalters. Wer an dieser Zusammenstellung Anstoß nimmt, wem keine Revolution wichtig scheinen kann, die nicht laut und materiell ist, der hat sich noch nicht auf den hohen weiten Standpunkt der Geschichte der Menschheit erhoben. Selbst in unsern dürftigen Kulturgeschichten, die meistens einer mit fortlaufendem Kommentar begleiteten Variantensammlung, wozu der klassische Text verloren ging, gleichen, spielt manches kleine Buch, von dem die lärmende Menge zu seiner Zeit nicht viel Notiz nahm, eine größere Rolle als alles, was diese trieb.«

Dieses Fragment schrieb ich in der redlichsten Absicht und fast ohne alle Ironie. Die Art, wie es mißverstanden worden, hat mich unaussprechlich überrascht, weil ich das Mißverständnis von einer ganz andern Seite erwartet hatte. Daß ich die Kunst für den Kern der Menschheit, und die Französische Revolution für eine vortreffliche Allegorie auf das System des transzendentalen Idealismus halte, ist al-

lerdings nur eine von meinen äußerst sujektiven Ansichten. Ich habe
es ja aber schon so oft und in so verschiednen Manieren zu erkennen
gegeben, daß ich wohl hätte hoffen dürfen, der Leser würde sich endlich
daran gewöhnt haben. Alles übrige ist nur Chiffernsprache. Wer Goethes ganzen Geist nicht auch im »Meister« finden kann, wird ihn wohl
überall vergeblich suchen. Die Poesie und der Idealismus sind die
Centra der deutschen Kunst und Bildung; das weiß ja ein jeder. Aber
wer es weiß, kann nicht oft genug daran erinnert werden, daß er es
weiß. Alle höchsten Wahrheiten jeder Art sind durchaus trivial und
eben darum ist nichts notwendiger als sie immer neu, und wo möglich
immer paradoxer auszudrücken, damit es nicht vergessen wird, daß
sie noch da sind, und daß sie nie eigentlich ganz ausgesprochen werden
können.

Bis hierher ist nun alles ohne alle Ironie, und durfte von Rechts
wegen nicht mißverstanden werden; und doch ist es so sehr geschehen,
daß ein bekannter Jakobiner, der Magister Dyk in Leipzig, sogar demokratische Gesinnungen darin hat finden wollen.

Etwas andres freilich ist noch in dem Fragment, welches allerdings
mißverstanden werden konnte. Es liegt in dem Wort *Tendenzen,* und
da fängt nun auch schon die Ironie an. Es kann dieses nemlich so
verstanden werden, als hielte ich die Wissenschaftslehre zum Beispiel
auch nur für eine Tendenz, für einen vorläufigen Versuch wie Kants
»Kritik der reinen Vernunft«, den ich selbst etwa besser auszuführen
und endlich zu beendigen gesonnen sei, oder als wollte ich, um es in
der Kunstsprache, welche für diese Vorstellungsart die gewöhnliche
und auch die schicklichste ist, zu sagen, mich auf Fichtes Schultern
stellen, wie dieser auf Reinholds Schultern, Reinhold auf Kants Schultern, dieser auf Leibnizens Schultern steht, und so ins Unendliche fort
bis zur ursprünglichen Schulter. – Ich wußte das recht gut, aber ich
dachte, ich wollte es doch einmal versuchen, ob mir wohl jemand einen
solchen schlechten Gedanken andichten werde. Niemand scheint es
bemerkt zu haben. Warum soll ich Mißverständnisse darbieten, wenn
niemand sie ergreifen will? Ich lasse demnach die Ironie fahren und
erkläre gerade heraus, das Wort bedeute in dem Dialekt der »Fragmente«, alles sei nur noch Tendenz, das Zeitalter sei das Zeitalter der
Tendenzen. Ob ich nun der Meinung sei, alle diese Tendenzen würden
durch mich selbst in Richtigkeit und zum Beschluß gebracht werden,
oder vielleicht durch meinen Bruder oder durch Tieck, oder durch
sonst einen von unsrer Faktion, oder erst durch einen Sohn von uns,
durch einen Enkel, einen Urenkel, einen Enkel im siebenundzwanzig-
sten Gliede, oder erst am jüngsten Tage, oder niemals; das bleibt der
Weisheit des Lesers, für welche diese Frage recht eigentlich gehört,
anheim gestellt.

Goethe und Fichte, das bleibt die leichteste und schicklichste Formel
für allen Anstoß, den das »Athenaeum« gegeben, und für alles Unver-
ständnis, welches das »Athenaeum« erregt hat. Das Beste dürfte wohl

auch hier sein, es immer ärger zu machen; wenn das Ärgernis die größte Höhe erreicht hat, so reißt es und verschwindet, und kann das Verstehen dann sogleich seinen Anfang nehmen. Noch sind wir nicht weit genug mit dem Anstoßgeben gekommen: aber was nicht ist kann noch werden. Ja auch jene Namen werden noch mehr als einmal wieder genannt werden müssen, und nur noch heute hat mein Bruder ein Sonett gemacht, welches ich mich nicht enthalten kann, dem Leser mitzuteilen, wegen der reizenden Wortspiele, die er (der Leser) fast noch mehr liebt als die Ironie:

> Bewundert nur die feingeschnitzten Götzen,
> Und laßt als Meister, Führer, Freund uns Goethen:
> Euch wird nach seines Geistes Morgenröten
> Apollos goldner Tag nicht mit ergötzen.
>
> Der lockt kein frisches Grün aus dürren Klötzen,
> Man haut sie um, wo Feurung ist vonnöten.
> Einst wird die Nachwelt all die Unpoeten
> Korrekt versteinert sehn zu ganzen Flötzen.
>
> Die Goethen nicht erkennen, sind nur Goten,
> Die Blöden blendet jede neue Blüte,
> Und, Tote selbst, begraben sie die Toten.
>
> Uns sandte, Goethe, dich der Götter Güte,
> Befreundet mit der Welt durch solchen Boten,
> Göttlich von Namen, Blick, Gestalt, Gemüte.

Ein großer Teil von der Unverständlichkeit des »Athenaeums« liegt unstreitig in der *Ironie,* die sich mehr oder minder überall darin äußert. Ich fange auch hier mit einem Texte an aus den Fragmenten im »Lyceum«:

»Die sokratische Ironie ist die einzige durchaus unwillkürliche und durchaus besonnene Verstellung. Es ist gleich unmöglich sie zu erkünsteln und sie zu verraten. Wer sie nicht hat, dem bleibt sie auch nach dem offensten Geständnis ein Rätsel. Sie soll niemand täuschen, als die, welche sie für Täuschung halten, und entweder ihre Freude haben an der herrlichen Schalkheit, alle Welt zum besten zu haben, oder böse werden, wenn sie ahnden, sie wären auch wohl mit gemeint. In ihr soll alles Scherz und alles Ernst sein, alles treuherzig offen und alles tief versteckt. Sie entspringt aus der Vereinigung von Lebenskunstsinn und wissenschaftlichem Geist, aus dem Zusammentreffen vollendeter Naturphilosophie und vollendeter Kunstphilosophie. Sie enthält und erregt ein Gefühl von dem unauflöslichen Widerstreit des Unbedingten und des Bedingten, der Unmöglichkeit und Notwendigkeit einer vollständigen

Mitteilung. Sie ist die freieste aller Lizenzen, denn durch sie setzt man sich über sich selbst weg; und doch auch die gesetzlichste, denn sie ist unbedingt notwendig. Es ist ein sehr gutes Zeichen, wenn die harmonisch Platten gar nicht wissen, wie sie diese stete Selbstparodie zu nehmen haben, den Scherz gerade für Ernst und den Ernst für Scherz halten.«

Ein andres von jenen Fragmenten empfiehlt sich noch mehr durch seine Kürze:

»Ironie ist die Form des Paradoxen. Paradox ist alles was zugleich gut und groß ist.«

Muß nicht jeder Leser, welcher an die Fragmente im »Athenaeum« gewöhnt ist, alles dieses äußerst leicht ja trivial finden? Und doch schien es damals manchem unverständlich, weil es noch eher neu war. Denn erst seitdem ist die Ironie an die Tagesordnung gekommen, nachdem in der Morgendämmerung des neuen Jahrhunderts diese Menge großer und kleiner Ironien jeder Art aufgeschossen ist, so daß ich bald werde sagen können, wie Boufflers von den verschiedenen Gattungen des menschlichen Herzens:

J'ai vu des coeurs de toutes formes,
Grands, petits, minces, gros, mediocres, énormes.

Um die Übersicht vom ganzen System der Ironie zu erleichtern, wollen wir einige der vorzüglichsten Arten anführen. Die erste und vornehmste von allen ist die grobe Ironie; findet sich am meisten in der wirklichen Natur der Dinge und ist einer ihrer allgemein verbreitetsten Stoffe; in der Geschichte der Menschheit ist sie recht eigentlich zu Hause. Dann kommt die feine oder die delikate Ironie; dann die extrafeine; in dieser Manier arbeitet Skaramuz, wenn er sich freundlich und ernsthaft mit jemand zu besprechen scheint, indem er nur den Augenblick erwartet, wo er wird mit einer guten Art einen Tritt in den Hintern geben können. Diese Sorte wird auch wohl bei Dichtern gefunden, wie ebenfalls die redliche Ironie, welche am reinsten und ursprünglichsten in alten Gärten angebracht ist, wo wunderbar liebliche Grotten den gefühlvollen Freund der Natur in ihren kühlen Schoß locken, um ihn dann von allen Seiten mit Wasser reichlich zu besprützen und ihm so die Zartheit zu vertreiben. Ferner die dramatische Ironie, wenn der Dichter drei Akte geschrieben hat, dann wider Vermuten ein andrer Mensch wird, und nun die beiden letzten Akte schreiben muß. Die doppelte Ironie, wenn zwei Linien von Ironie parallel nebeneinander laufen ohne sich zu stören, eine fürs Parterre, die andre für die Logen, wobei noch kleine Funken in die Coulissen fahren können. Endlich die Ironie der Ironie. Im allgemeinen ist das wohl die gründlichste Ironie der Ironie, daß man sie doch eben auch überdrüssig wird, wenn sie uns überall und immer wieder geboten wird. Was wir aber hier zunächst unter Ironie der Ironie verstanden wissen wollen, das entsteht auf mehr als einem Wege. Wenn man ohne Ironie von der Ironie redet, wie es soeben der Fall war; wenn man mit Ironie von einer Ironie redet, ohne zu merken, daß man sich zu eben der Zeit in einer andren viel auffallenderen Ironie befindet; wenn man nicht wieder aus der Ironie herauskommen kann, wie es in diesem Versuch über die Unverständlichkeit zu sein scheint; wenn die Ironie Manier wird, und so den Dichter gleichsam wieder ironiert; wenn man Ironie zu einem überflüssigen Taschenbuche versprochen hat, ohne seinen Vorrat vorher zu überschlagen und nun wider Willen Ironie machen muß, wie ein Schauspielkünstler der Leibschmerzen hat; wenn die Ironie wild wird, und sich gar nicht mehr regieren läßt.

Welche Götter werden uns von allen diesen Ironien erretten können? das einzige wäre, wenn sich eine Ironie fände, welche die Eigenschaft hätte, alle jene großen und kleinen Ironien zu verschlucken und zu verschlingen, daß nichts mehr davon zu sehen wäre, und ich muß gestehen, daß ich eben dazu in der meinigen eine merkliche Disposition fühle. Aber auch das würde nur auf kurze Zeit helfen können. Ich fürchte, wenn ich anders, was das Schicksal in Winken zu sagen scheint, richtig verstehe, es würde bald eine neue Generation von kleinen Ironien entstehn: denn wahrlich die Gestirne deuten auf fantastisch. Und gesetzt es blieb auch während eines langen Zeitraums alles ruhig, so wäre doch nicht zu trauen. Mit der Ironie ist durchaus nicht zu scherzen. Sie kann unglaublich lange nachwirken. Einige der absichtlichsten Künstler der vorigen Zeit habe ich in Verdacht, daß sie noch Jahrhunderte nach ihrem Tode mit ihren gläubigsten Verehrern und Anhängern Ironie treiben. Shakespeare hat so unendlich viele Tiefen, Tücken, und Absichten; sollte er nicht auch die Absicht gehabt haben, verfängliche Schlingen in seine Werke für die geistreichsten Künstler der Nachwelt zu verbergen, um sie zu täuschen, daß sie ehe sie sichs versehen, glauben müssen, sie seien auch ungefähr so wie Shakespeare? Gewiß, er dürfte auch wohl in dieser Rücksicht weit absichtlicher sein als man vermutet.

Ich habe es schon indirekt eingestehen müssen, daß das »Athenaeum« unverständlich sei, und weil es mitten im Feuer der Ironie geschehen ist, darf ich es schwerlich zurücknehmen, denn sonst müßte ich ja diese selbst verletzen.

Aber ist denn die Unverständlichkeit etwas so durchaus Verwerfliches und Schlechtes? – Mich dünkt das Heil der Familien und der Nationen beruhet auf ihr; wenn mich nicht alles trügt, Staaten und Systeme, die künstlichsten Werke der Menschen, oft so künstlich, daß man die Weisheit des Schöpfers nicht genug darin bewundern kann. Eine unglaublich kleine Portion ist zureichend, wenn sie nur unverbrüchlich treu und rein bewahrt wird, und kein frevelnder Verstand es wagen darf, sich der heiligen Grenze zu nähern. Ja das Köstlichste was der Mensch hat, die innere Zufriedenheit selbst hängt, wie jeder leicht wissen kann, irgendwo zuletzt an einem solchen Punkte, der im Dunkeln gelassen werden muß, dafür aber auch das Ganze trägt und hält, und diese Kraft in demselben Augenblicke verlieren würde, wo man ihn in Verstand auflösen wollte. Wahrlich, es würde euch bange werden, wenn die ganze Welt, wie ihr es fodert, einmal im Ernst durchaus verständlich würde. Und ist sie selbst diese unendliche Welt nicht durch den Verstand aus der Unverständlichkeit oder dem Chaos gebildet?

Ein andrer Trostgrund gegen die anerkannte Unverständlichkeit des »Athenaeums« liegt schon in der Anerkennung selbst, weil uns eben diese auch belehrte, das Übel werde vorübergehend sein. Die neue Zeit kündigt sich an als eine schnellfüßige, sohlenbeflügelte; die Morgenröte hat Siebenmeilenstiefel angezogen. – Lange hat es gewetterleuchtet am Horizont der Poesie; in eine mächtige Wolke war alle Gewitterkraft des Himmels zusammengedrängt; jetzt donnerte sie mächtig, jetzt schien sie sich zu verziehen und blitzte nur aus der Ferne, um bald desto schrecklicher wiederzukehren: bald aber wird nicht mehr von einem einzelnen Gewitter die Rede sein, sondern es wird der ganze Himmel in einer Flamme brennen und dann werden euch alle eure kleinen Blitzableiter nicht mehr helfen. Dann nimmt das neunzehnte Jahrhundert in der Tat seinen Anfang, und dann wird auch jenes kleine Rätsel von der Unverständlichkeit des »Athenaeums« gelöst sein. Welche Katastrophe! Dann wird es Leser geben die lesen können. Im neunzehnten Jahrhundert wird jeder die »Fragmente« mit vielem Behagen und Vergnügen in den Verdauungsstunden genießen können, und auch zu den härtesten unverdaulichsten keinen Nußknacker bedürfen. Im neunzehnten Jahrhundert wird jeder Mensch, jeder Leser die »Lucinde« unschuldig, die »Genoveva« protestantisch und die didaktischen »Elegien« von A.W. Schlegel fast gar zu leicht und durchsichtig finden. Es wird sich auch hier bewähren was ich in prophetischem Geiste in den ersten »Fragmenten« als Maxime aufgestellt habe:

»*Eine klassische Schrift muß nie ganz verstanden werden können. Aber die welche gebildet sind und sich bilden, müssen immer mehr draus lernen wollen.*«

Die große Scheidung des Verstandes und des Unverstandes wird immer allgemeiner, heftiger und klarer werden. Noch viel verborgne Unverständlichkeit wird ausbrechen müssen. Aber auch der Verstand wird seine Allmacht zeigen; er der das Gemüt zum Charakter, das Talent zum Genie adelt, das Gefühl und die Anschauung zur Kunst läutert; er selbst wird verstanden werden, und man wird es endlich einsehen und eingestehen müssen, daß jeder das Höchste erwerben kann und daß die Menschheit bis jetzt weder boshaft noch dumm, sondern nur ungeschickt und neu war. Ich tue mir Einhalt um die Verehrung der höchsten Gottheit nicht vor der Zeit zu entweihen. Aber die großen Grundsätze, die Gesinnungen, worauf es dabei ankommt, dürfen ohne Entweihung mitgeteilt werden; und ich habe versucht das Wesentliche davon auszudrücken, indem ich mich an einen ebenso tiefsinnigen als liebenswürdigen Vers des Dichters anschloß, in derjenigen Form der Dichtung, welche die Spanier Glosse nennen; und es bleibt nun nichts zu wünschen übrig, als daß einer unsrer vortrefflichen Komponisten die meinige würdig finden mag, ihr eine musikalische Begleitung zu geben. Schöneres gibt es nichts auf der Erde, als wenn Poesie und Musik in holder Eintracht zur Veredlung der Menschheit wirken.

Eines schickt sich nicht für alle,
Sehe jeder wie er's treibe,
Sehe jeder wo er bleibe,
Und wer steht daß er nicht falle.

Dieser weiß sich sehr bescheiden
Jener bläst die Backen voll;
Dieser ist im Ernste toll,
Jener muß ihn noch beneiden.
Alle Narrheit kann ich leiden,
Ob sie genialisch knalle,
Oder blumenlieblich walle;
Denn ich werd' es nie vergessen,
Was des Meisters Kraft ermessen:
Eines schickt sich nicht für alle.

Um das Feuer zu ernähren,
Sind viel zarte Geister nötig,
Die zu allem Dienst erbötig,
Um die Heiden zu bekehren.
Mag der Lärm sich nun vermehren,
Suche jeder wen er reibe,
Wisse jeder was er schreibe,
Und wenn schrecklich alle Dummen
Aus den dunkeln Löchern brummen,
Sehe jeder wie er's treibe.

Ein'ge haben wir entzündet,
Die nun schon alleine flammen;
Doch die Menge hält zusammen,
Viel Gesindel treu verbündet.
Wer den Unverstand ergründet,
Hält sich alle gern vom Leibe,
Die geboren sind vom Weibe.

Ist der Bienenschwarm erregt,
Den das neu'ste Wort bewegt,
Sehe jeder wo er bleibe.

Mögen sie geläufig schwatzen,
Was sie dennoch nie begreifen.
Manche müssen irre schweifen,
Viele Künstler werden platzen.
Jeden Sommer fliegen Spatzen,
Freuen sich am eignen Schalle:
Reizte dies dir je die Galle?
Laß sie alle selig spielen,
Sorge du nur gut zu zielen,
Und wer steht daß er nicht falle.

Versuch über den Begriff des Republikanismus

veranlaßt durch die Kantische Schrift zum ewigen Frieden

[1796]

Der Geist den die *Kantische Schrift zum ewigen Frieden* atmet, muß jedem Freunde der Gerechtigkeit wohltun, und noch die späteste Nachwelt wird auch in diesem Denkmale die erhabene Gesinnung des ehrwürdigen Weisen bewundern. Der kühne und würdige Vortrag ist unbefangen und treuherzig, und wird durch treffenden Witz und geistreiche Laune angenehm gewürzt. Sie enthält eine reichliche Fülle fruchtbarer Gedanken und neuer Ansichten für die Politik, Moral und Geschichte der Menschheit. Mir war die Meinung des Verfassers über die Natur des *Republikanismus* und dessen Verhältnis zu andern Arten und Zuständen des Staats, vorzüglich interessant. Die Prüfung derselben veranlaßte mich, diesen Gegenstand von neuem zu durchdenken. So entstanden folgende Bemerkungen.

»*Die bürgerliche Verfassung*« sagt Kant S. 20, » *in jedem Staate soll republikanisch sein.* – Die erstlich nach Prinzipien der *Freiheit* der Glieder einer Gesellschaft (als Menschen); zweitens nach Grundsätzen der *Abhängigkeit* aller von einer einzigen gemeinsamen Gesetzgebung (als Untertanen); drittens, die nach dem Gesetz der *Gleichheit* derselben (als Staatsbürger) gestiftete Verfassung ist die *republikanische.*« Diese Erklärung scheint mir nicht befriedigend. Wenn die rechtliche Abhängigkeit schon im Begriffe der Staatsverfassung überhaupt liegt (S. 21, Anm.), so kann sie kein Merkmal des spezifischen Charakters der republikanischen Verfassung sein. Da kein Prinzip der Einteilung der Staatsverfassung überhaupt in ihre Arten angegeben ist, so fragt sichs, ob durch die Merkmale der Freiheit und Gleichheit der vollständige Begriff der republikanischen Verfassung erschöpft sei. Beide sind nichts Positives, sondern Negationen. Da nun jede Negation eine Position, jede Bedingung etwas Bedingtes voraussetzt, so muß ein Merkmal (und zwar das wichtigste, welches den Grund der beiden andern enthält) in der Definition fehlen. Die despotische Verfassung weiß von jenen negativen Merkmalen (Freiheit und Gleichheit) nichts: sie wird also auch durch ein positives Merkmal von der republikanischen Verfassung verschieden sein. Daß der Republikanismus und Despotismus nicht Arten des Staats, sondern der Staatsverfassung seien, wird ohne Beweis vorausgesetzt, und was Staatsverfassung sei, nicht erklärt. – Die angedeutete Deduktion des so definierten Republikanismus ist ebensowenig befriedigend, als die Definition. Es scheint wenigstens, als würde S. 20 behauptet: die republikanische Verfassung sei darum praktisch notwendig, weil sie die einzige ist, welche aus der Idee des ursprünglichen Vertrags hervorgeht. Aber worauf gründet sich denn diese Idee, als auf das Prinzip der Freiheit und Gleichheit? Ist das nicht ein Zirkel? – Alle Negationen sind die Schranken einer Position, und die Deduktion ihrer Gültigkeit ist der Beweis, daß die höhere Position, von welcher die durch sie limitierte Position abgeleitet ist, ohne diese Bedingung sich selbst aufheben würde. Die praktische Notwendigkeit der politischen Freiheit und Gleichheit muß also aus der höhern praktischen Position, von welcher das positive Merkmal des Republikanismus abgeleitet ist, deduziert werden.

Die Erklärung der rechtlichen Freiheit: Sie sei die Befugnis, alles zu tun, was man will, wenn man nur keinem Unrecht tut; erklärt der Verfasser für leere Tautologie, und erklärt sie dagegen als »die Befugnis, keinen äußern Gesetzen zu gehorchen, als zu denen das Individuum seine Beistimmung habe geben können.« – Mir scheinen beide Erklärungen richtig, aber nur bedingt richtig zu sein. Die bürgerliche Freiheit ist eine *Idee*, welche nur durch eine ins Unendliche fortschreitende Annäherung wirklich gemacht werden kann. So wie es nun in jeder Progression ein erstes, letztes und mittlere Glieder gibt, so gibt es auch in der unendlichen Progression zu jener Idee ein Minimum, ein Medium und ein Maximum. Das *Minimum der bürgerlichen Freiheit* enthält die Kantische Erklärung. Das *Medium* der bürgerlichen Freiheit ist die Befugnis, keinen äußern Gesetzen zu gehorchen als solchen, welche die (repräsentierte) Mehrheit des Volks wirklich gewollt hat, und die (gedachte) Allgemeinheit des Volks wollen könnte. Das (unerreichbare) *Maximum* der bürgerlichen Freiheit ist die getadelte Erklärung, welche nur dann eine Tautologie sein würde, wenn sie von der moralischen und nicht von der politischen Freiheit redete. Die höchste politische Freiheit würde der moralischen adäquat sein, welche von allen äußern Zwangsgesetzen ganz unabhängig, nur durch das Sittengesetz beschränkt wird. Ebenso ist, was Kant für äußere rechtliche Gleichheit überhaupt erklärt, nur das Minimum in der unendlichen Progression zur unerreichbaren Idee *der politischen Gleichheit*. Das *Medium* besteht darin, daß keine andre Verschiedenheit der Rechte und Verbindlichkeiten der Bürger stattfinde, als eine solche, welche die Volksmehrheit wirklich gewollt hat, und die Allheit des Volks wollen könnte. Das Maximum würde eine absolute Gleichheit der Rechte und Verbindlichkeiten der Staatsbürger sein, und also aller Herrschaft und Abhängigkeit ein Ende machen. – Aber sind diese Wechselbegriffe nicht wesentliche Merkmale des Staats überhaupt? – Die Voraussetzung, daß der Wille nicht aller einzelnen Staatsbürger mit dem allgemeinen Willen stets übereinstimmen werde, ist der einzige Grund der *politischen Herrschaft* und *Abhängigkeit*. So allgemein sie aber auch gelten mag, so ist ihr Gegenteil wenigstens denkbar. Sie ist überdem nur eine empirische Bedingung, welche den reinen Begriff des Staats zwar näher bestimmen, aber eben darum selbst kein Merkmal des reinen Begriffs sein kann. Der empirische Begriff setzt einen reinen, der bestimmtere einen unbestimmteren voraus, aus dem er erst abgeleitet wurde. Also nicht ein *jeder* Staat (S. 30) enthält das Verhältnis eines Oberen zu einem Unteren, sondern nur der durch jenes faktische Datum empirisch bedingte. Es läßt sich allerdings ein *Völkerstaat* ohne dies Verhältnis denken, und ohne daß die verschiedenen Staaten in einen einzigen zusammenschmelzen müßten: eine nicht zu einer besondern Absicht bestimmte, sondern nach einem unbestimmten Ziel strebende (nicht hypothetisch, sondern thetisch zweckmäßige) Gesellschaft im Verhältnis der Freiheit der Einzelnen und der Gleichheit Aller, unter einer Mehrheit oder Masse von politisch selbständigen Völkern. Die Idee einer *Weltrepublik* hat praktische Gültigkeit und charakteristische Wichtigkeit.

Das *Personale* der Staatsgewalt (S. 25), die Zahl der Herrscher kann nur dann ein Prinzip der Einteilung sein, wenn nicht der allgemeine, sondern ein einzelner Wille der Grund der bürgerlichen Gesetze ist (im Despotismus). – Wie stimmt die Behauptung: »der Republikanismus sei das Staatsprinzip der Absonderung der ausführenden Gewalt von der gesetzgebenden,« mit der zuerst gegebnen Definition, und mit dem Satz, »daß der Republikanismus nur durch Repräsentation möglich sei« (S. 29) zusammen? – Wäre die gesamte Staatsgewalt nicht in den Händen von Volksrepräsentanten, aber zwischen einem erblichen Regenten und einem erblichen Adel so geteilt, daß der erste die ausübende, der letzte die gesetzgebende Macht besäße; so würde der Trennung ungeachtet, die Verfassung nicht repräsentativ, also (nach des Verfassers eigner Erklärung) despotisch sein, da ohnehin die Erblichkeit der Staatsämter (S. 22, 23, Anm.) mit dem Republikanismus unvereinbar ist. – Der Gesetzgeber, Vollzieher (und Richter) sind zwar durchaus verschiedene *politische* Personen (S. 26), aber es ist physisch möglich, daß eine *physische* Person diese verschiedenen politischen Personen in sich vereinigen könne. Es ist auch *politisch möglich,* d.h. es ist nicht widersprechend, daß der allgemeine Volkswille beschlösse, auf eine bestimmte Zeit Einem alle Staatsgewalt zu übertragen (nicht abzutreten). Unstreitig ist die Trennung der Gewalten die Regel des republikanischen Staats; aber die Ausnahme von der Regel, die *Diktatur,* scheint mir wenigstens möglich. (Ihre treffliche Brauchbarkeit wird vorzüglich aus der alten Geschichte offenbar. Das menschliche Geschlecht verdankt dieser scharfsinnigen griechischen Erfindung viele der herrlichsten Produkte, welche das politische Genie je hervorgebracht hat). Die Diktatur ist aber notwendig ein *transitorischer Zustand:* denn wenn alle Gewalt auf unbestimmte Zeit übertragen würde, so wäre das keine Repräsentation, sondern eine Zession der politischen Macht. Eine *Zession der Souveränität* ist aber politisch unmöglich: denn der allgemeine Wille kann sich nicht durch einen Akt des allgemeinen Willens selbst vernichten. Der Begriff einer dictatura perpetua ist daher so widersprechend, wie der eines viereckigen Zirkels. – Die transitorische Diktatur aber ist eine *politisch mögliche Repräsentation* – also eine *republikanische,* vom Despotismus wesentlich verschiedne *Form.*

Überhaupt ist vom Verfasser kein *Prinzip* seiner Einteilung der Arten und Bestandteile des Staats auch nur angedeutet. – Folgender provisorische Versuch einer *Deduktion des Republikanismus* und einer *politischen Klassifikation* a priori, scheint mir der Prüfung des Lesers nicht ganz unwürdig zu sein.

Durch die Verknüpfung der höchsten praktischen Thesis (welche das Objekt der praktischen Grundwissenschaft ist) mit dem theoretischen Datum des Umfangs und der Arten des menschlichen Vermögens, erhält der reine praktische Imperativ so viel spezifisch verschiedene Modifikationen, als das gesamte menschliche Vermögen spezifisch verschiedne Vermögen in sich enthält; und jede dieser Modifikationen ist das Fundament und das Objekt einer besonderen praktischen Wissenschaft. Durch das theoretische Datum, daß dem Menschen, außer den Vermögen, die das rein isolierte Individuum als solches besitzt, auch noch im Verhältnis zu andern Individuen seiner Gattung, das *Vermögen der Mitteilung* (der Tätigkeiten aller übrigen Vermögen) zukomme; daß die menschlichen Individuen durchgängig im *Verhältnis* des gegenseitigen *natürlichen Einflusses* wirklich stehen, oder doch stehen können, – erhält der reine praktische Imperativ eine *neue spezifisch verschiedne Modifikation*, welche das Fundament und Objekt einer neuen Wissenschaft wird. Der Satz: das Ich soll sein; lautet in dieser besondern Bestimmung: *Gemeinschaft der Menschheit soll sein, oder das Ich soll mitgeteilt werden.* Diese abgeleitete praktische Thesis ist das Fundament und Objekt der *Politik,* worunter ich nicht die Kunst verstehe, den Mechanismus der Natur zur Regierung der Menschen zu nutzen (S. 71), sondern (wie die griechischen Philosophen) eine *praktische Wissenschaft, im Kantischen Sinne* dieses Worts, deren Objekt die *Relation* der praktischen Individuen und Arten ist. Eine jede menschliche Gesellschaft, deren Zweck Gemeinschaft der Menschheit ist (die Zweck an sich, oder deren Zweck menschliche Gesellschaft ist) heißt Staat. Da aber das Ich nicht bloß im Verhältnis aller Individuen, sondern auch in jedem einzelnen Individuo sein soll, und nur unter der Bedingung absoluter Unabhängigkeit des Willens sein kann; so ist *politische Freiheit* eine notwendige Bedingung des *politischen Imperativs,* und ein wesentliches Merkmal zum Begriff des Staats: denn sonst würde der reine praktische Imperativ aus dem sowohl der ethische als der politische abgeleitet ist, sich selbst aufheben. Der ethische und der politische Imperativ gelten nicht bloß für dies und jenes Individuum, sondern für *jedes;* daher ist auch *politische Gleichheit* eine notwendige Bedingung des politischen Imperativs, und ein wesentliches Merkmal zum Begriff des Staats. Der politische Imperativ gilt für *alle* Individuen; daher umfaßt der Staat eine ununterbrochne *Masse,* ein koexistentes und sukzessives *Kontinuum* von Menschen, die *Totalität* derer, die im Verhältnis des physischen Einflusses stehn, z.B. aller Bewohner eines Landes, oder Abkömmlinge eines Stammes. Dies Merkmal ist das *äußere Kriterium,* wodurch der Staat sich von politischen Orden und Assoziationen, welche *besondre* Zwecke haben, also auch nur gewisse besonders modifizierte Individuen angehn, unterscheidet. Alle diese

Gesellschaften umfassen keine Masse, kein totales Kontinuum, sondern verknüpfen nur einzelne zerstreute Mitglieder. – Die Gleichheit und Freiheit erfordert, daß der *allgemeine Wille* der Grund aller besondern politischen Tätigkeiten sei (nicht bloß der Gesetze, sondern auch der anwendenden Urteile und der Vollziehung.) Dies ist aber eben der Charakter des *Republikanismus.* Der ihm entgegengesetzte *Despotismus,* wo der Privatwille den Grund der politischen Tätigkeit enthält, würde also eigentlich gar kein wahrer Staat sein? So ist es auch in der Tat, im strengsten Sinne des Worts. Da aber alle politische Bildung von einem besondern Zwecke, von Gewalt (vergl. die treffliche Entwicklung S. 69), und von einem Privatwillen – von Despotismus – ihren Anfang nehmen, und also *jede provisorische Regierung notwendig despotisch sein muß;* da der Despotismus den Schein des allgemeinen Willens usurpiert, und wenigstens für einige ihm interessante Zivil- und Kriminalfälle die Gerechtigkeit toleriert; da er sich von allen andern Gesellschaften durch das dem Staat eigne Merkmal der Kontinuität der Mitglieder unterscheidet; da er neben seinem besondern Zwecke das heilige Interesse der Gemeinschaft wenigstens nebenbei befördert, und wider sein Wissen und Wollen den Keim eines echten Staats in sich trägt, und den Republikanismus allmählich zur Reife bringt: so könnte man ihn als einen *Quasistaat,* nicht als eine echte Art, aber doch als eine *Abart des Staats* gelten lassen.

Aber wie ist der Republikanismus möglich, da der allgemeine Wille seine notwendige Bedingung ist, der absolut allgemeine (und also auch absolut beharrliche) Wille aber im Gebiete der Erfahrung nicht vorkommen kann, und nur in der Welt der reinen Gedanken existiert. Das Einzelne und das Allgemeine ist überhaupt durch eine unendliche Kluft voneinander geschieden, über welche man nur durch einen Salto mortale hinüber gelangen kann. Es bleibt hier nichts übrig, als durch eine *Fiktion* einen empirischen Willen als *Surrogat* des a priori gedachten absolut allgemeinen Willens gelten zu lassen; und da die reine Auflösung des politischen Problems unmöglich ist, sich mit der *Approximation* dieses praktischen x zu begnügen. Da nun der politische Imperativ kategorisch ist, und nur auf diese Weise (in einer endlosen Annäherung) wirklich gemacht werden kann: so ist diese höchste fictio juris nicht nur gerechtfertigt, sondern auch praktisch notwendig; jedoch nur in dem Fall gültig, wenn sie dem politischen Imperativ (der das Fundament ihrer Ansprüche ist) und dessen wesentlichen Bedingungen nicht widerspricht. – Da jeder empirische Wille (nach Heraklits Ausdrucke) *in stetem Flusse* ist, absolute Allgemeinheit in *keinem* angetroffen wird; so ist die despotische Arroganz, seinen (väterlichen oder göttlichen) Privatwillen zum allgemeinen Willen selbst, als demselben völlig adäquat zu sanktionieren, nicht nur ein wahres Maximum der Ungerechtigkeit, sondern auch barer Unsinn. Aber auch die Fiktion, daß der individuelle Privatwille z.B. einer gewissen Familie für alle künftige Generationen als Surrogat des allgemeinen Willens gelten solle, ist widersprechend und ungültig: denn sie würde den politischen Imperativ (dessen wesentliche Bedingung die Gleichheit ist), ihr eignes Fundament, und also sich selbst aufheben. Die einzig gültige politische Fiktion ist die auf das Gesetz der Gleichheit gegründete: Der *Wille der Mehrheit* soll als Surrogat des allgemeinen Willens gelten. *Der Republikanismus ist also notwendig demokratisch,* und das unerwiesene Paradoxon (S. 26), daß der Demokratismus notwendig despotisch sei, kann nicht richtig sein. Zwar gibt es einen *rechtmäßigen Aristokratismus,* ein echtes und von dem abgeschmackten Erbadel, dessen absolute Unrechtmäßigkeit Kant (S. 22, 23, Anmerk.) so befriedigend dargetan hat, völlig verschiednes *Patriziat:* sie sind aber nur in einer demokratischen Republik möglich. Das Prinzip nämlich, die Geltung der Stimmen nicht nach der Zahl, sondern auch nach dem *Gewicht* (nach dem Grade der Approximation jedes Individuums zur absoluten Allgemeinheit des Willens) zu bestimmen, ist mit dem Gesetz der Gleichheit recht wohl vereinbar. Es darf aber nicht *vorausgesetzt,* sondern es muß authentisch bewiesen werden, daß ein Individuum gar keinen freien Willen, oder sein Wille gar keine Allgemeinheit habe; wie der Mangel der Freiheit durch Kindheit und Raserei, der Mangel der Allgemeinheit durch ein *Verbrechen* oder einen direkten Widerspruch wider den allgemeinen Willen. (Armut und *vermutliche* Bestechbarkeit, Weiblichkeit und *vermutliche* Schwäche sind wohl keine rechtmäßigen Gründe, um vom Stimmrecht ganz auszuschließen.) Wenn die politische Fiktion ein Individuum für eine *politische Null,* eine Person für eine *Sache* gelten ließe, so würde sie eben dadurch das Gegenteil der willkürlichen Voraussetzung hindern, und also mit dem ethischen Imperativ streiten; welches unmöglich ist, weil sich beide auf den reinen praktischen Imperativ gründen. Der allgemeine Volkswille kann auch nie beschließen, daß die Individuen über den Grad der Allgemeinheit ihres eigenen Privatwillens selbst kompetente Richter sein, und das Recht haben sollen, sich selbst eigenmächtig zu Patriziern zu konstituieren. Die Volksmehrheit muß das Patriziat gewollt, die Vorrechte desselben und die Personen bestimmt haben, welche als *politische Edle* (solche, deren Privatwille sich dem präsumtiven allgemeinen Willen vorzüglich nähert) gelten sollen. Sie könnte vielleicht den gewählten Edlen einigen Anteil an der Wahl der künftigen überlassen, doch mit dem Vorbehalt in der letzten Instanz darüber zu entscheiden: denn die Souveränität kann nicht zediert werden.

Daß aber die Volksmehrheit *in Person* politisch wirke, ist in vielen Fällen unmöglich, und fast in allen äußerst nachteilig. Es kann auch sehr füglich durch Deputierte und Kommissarien geschehen. Daher ist die *politische Repräsentation* allerdings ein unentbehrliches Organ des Republikanismus. – Wenn man die Repräsentation von der politischen Fiktion trennt, so kann es auch ohne Repräsentation einen (wenngleich technisch äußerst unvollkommnen) Republikanismus geben; wenn man unter der Repräsentation auch die Fiktion begreift, so tut man Unrecht, sie den alten Republiken abzusprechen. Ihre technische Unvollkommenheit ist notorisch. Desto verworrener sind die allgemeinherrschenden Begriffe von ihrem innern Prinzip unvermeidlicher Korruption; desto schiefer die Urteile über den politischen Wert dieser bewundernswürdigen, nicht bloß sogenannten, sondern echten, auf die gültige Fiktion der Allheit durch die Mehrheit des Willens gegründeten Republiken. An *Gemeinschaft der Sitten* ist die politische Kultur der Modernen noch im Stande der Kindheit gegen die der Alten, und kein Staat hat noch ein größeres Quantum von Freiheit und Gleichheit erreicht, als der *britische*. Die Unkenntnis der politischen Bildung der Griechen und Römer ist die Quelle unsäglicher Verwirrung in der Geschichte der Menschheit, und auch der politischen Philosophie der Modernen sehr nachteilig, welche von den Alten in diesem Stücke noch viel zu lernen haben. – Auch ist der behauptete Mangel der Repräsentation nicht uneingeschränkt wahr. Die exekutive Macht konnte auch das attische Volk nicht in Person ausüben: zu Rom ward sogar wenigstens ein Teil der gesetzgebenden und richterlichen Macht durch Volksrepräsentanten (Prätoren, Tribunen, Zensoren, Konsuln) gehandhabt.

Die Kraft der Volksmehrheit, als Proximum der Allheit und Surrogat des allgemeinen Willens, ist die *politische Macht*. Die höchste Klassifikation der politischen Erscheinungen (aller Kraftäußerungen dieser Macht) wie aller Erscheinungen, ist die nach dem Unterschiede des *Beharrlichen* und des *Veränderlichen*. Die *Konstitution* ist der Inbegriff der permanenten Verhältnisse der politischen Macht, und ihrer wesentlichen Bestandteile. Die Regierung hingegen ist der Inbegriff aller transitorischen Kraftäußerungen der politischen Macht. Die *Bestandteile* der politischen Macht verhalten sich untereinander und zu ihrem Ganzen, wie die verschiedenen Bestandteile des Erkenntnisvermögens untereinander und zu ihrem Ganzen. Die *konstitutive* Macht entspricht der Vernunft, die *legislative* dem Verstande, die *richterliche* der Urteilskraft und die *exekutive* der Sinnlichkeit, dem Vermögen der Anschauung. *Die konstitutive Macht ist notwendig diktatorisch:* denn es wäre widersprechend, das Vermögen der politischen Prinzipien, welche erst die Grundlage aller übrigen politischen Bestimmungen und Vermögen enthalten sollen, dennoch von diesen abhängig machen zu wollen; und eben deswegen nur *transitorisch*. Ohne den *Akt der Akzeptation* würde nämlich die politische Macht nicht repräsentiert, sondern zediert werden, welches unmöglich ist. – Die Konstitution betrifft die *Form der Fiktion* und die *Form der Repräsentation*. Im Republikanismus gibt es zwar nur Ein Prinzip der politischen Fiktion, aber *zwei* verschiedene *Direktionen* des einen Prinzips, und in ihrer größten möglichen Divergenz nicht sowohl zwei reine Arten, als zwei entgegengesetzte *Extreme* der republikanischen Konstitution: die *aristokratische,* und die *demokratische.* Es gibt unendlich viele verschiedene Formen der Repräsentation (wie Mischungen des Demokratismus und Aristokratismus), aber keine reine Arten, und kein Prinzip der Einteilung a priori. Die Konstitution ist der Inbegriff alles politisch Permanenten; da man nun ein Phänomen nach seinen permanenten Attributen, nicht nach seinen transitorischen Modifikationen klassifiziert: so würde es widersinnig sein, den echten (republikanischen) Staat nach der Form der Regierung einzuteilen. – Im Despotismus kann es eigentlich keine politische, sondern nur eine *physische* Konstitution geben: nicht Verhältnisse der politischen Macht und ihrer wesentlichen Bestandteile, welche absolut beharrlich sein sollen, aber wohl solche, die relativ beharrlich sind. Wo es keine politische Konstitution gibt, kann man nur die Form der Regierung dynamisch klassifizieren: denn die physischen Modifikationen geben keine reine Klassen. Die einzige reine Klassifikation gewährt das *mathematische Prinzip der numerischen Quantität des despotischen Personalen.*

Die einzige (physisch) permanente Qualität des Despotismus bestimmt die *dynamische* (nicht politische) *Form der despotischen Regierung.* Sie ist entweder *tyrannisch, oligarchisch* oder *ochlokratisch,* je nachdem ein *Individuum,* ein *Stand* (Orden, Korps, Kaste), oder eine *Masse* herrscht. Wenn *alle* herrschen (S. *25, 26),* wer wird dann beherrscht? – Im übrigen scheint der von Kant gegebne Begriff der Demokratie der Ochlokratie angemessen zu sein. Die *Ochlokratie* ist der Despotismus der Mehrheit über die Minorität. Ihr *Kriterium* ist ein offenbarer Widerspruch der Mehrheit in der Funktion des politischen Fingenten mit dem allgemeinen Willen, dessen Surrogat sie sein soll. Sie ist – jedoch nebst der Tyrannei: denn die *Neronen* können dem *Sansculottismus* den Preis recht wohl streitig machen – unter allen politischen Unformen das größte physische Übel (S. 29). Die *Oligarchie* hingegen – der orientalische Kastendespotismus, das europäische Feudalsystem – ist der Humanität ungleich gefährlicher: denn eben die Schwerfälligkeit des künstlichen Mechanismus, welche ihre physische Schädlichkeit lähmt, gibt ihr eine kolossale Solidität. Die Konzentration der durch gleiches Interesse Zusammengebundnen isoliert die Kaste vom übrigen menschlichen Geschlecht, und erzeugt einen hartnäckigen esprit de corps. Die geistige Friktion der Menge bringt die höllische Kunst, die Veredlung der Menschheit unmöglich zu machen, zu einer frühen Reife.

Mit argwöhnischem Blicke wittert die Oligarchie jede aufstrebende Regung der Menschheit, und zerknickt sie schon im Keime. Die *Tyrannei* hingegen ist ein sorgloses Ungeheuer, welches im Einzelnen oft die höchste Freiheit, ja sogar vollkommene Gerechtigkeit übersieht. Die ganze lockre Maschine *hängt an einem einzigen Ressort;* und wenn dieser schwach ist, zerfällt sie bei dem ersten kräftigen Stoß. – Wenn die *Form der Regierung despotisch,* der *Geist* aber repräsentativ oder *republikanisch* ist (s. die treffliche Bemerkung S. 26), so entsteht die *Monarchie.* (In der Ochlokratie kann der Geist der Regierung nicht republikanisch sein, sonst würde es notwendig auch die Form des

Staats sein. In der reinen Oligarchie muß der Geist des Standes despotisch sein, wenn die Form nicht in einen rechtmäßigen demokratischen
Aristokratismus übergehn soll; der republikanische Geist einzelner
Glieder hilft nichts, denn der *Stand,* als solcher, herrscht.) Der Zufall
kann einem gerechten Monarchen despotische Gewalt überliefern. Er
kann republikanisch regieren, und doch die despotische Staatsform
beibehalten, wenn nämlich die Stufe der politischen Kultur oder die
politische Lage eines Staats eine provisorische (also despotische) Regierung durchaus notwendig macht, und der allgemeine Wille selbst sie
billigen könnte. Das *Kriterium der Monarchie* (wodurch sie sich vom
Despotismus unterscheidet) ist die größtmöglichste Beförderung des
Republikanismus. Der Grad der Approximation des Privatwillens des
Monarchen zur absoluten Allgemeinheit des Willens bestimmt den
Grad ihrer Vollkommenheit. Die monarchische Form ist einigen Stufen
der politischen Kultur, da das republikanische Prinzip entweder noch
in der Kindheit (wie in der heroischen Vorzeit) oder wieder gänzlich
erstorben ist (wie zur Zeit der römischen Cäsare) so völlig angemessen;
sie gewährt in dem seltnen, aber doch vorhandnen Fall der *Friedriche*
und *Mark-Aurele* so offenbare und große Vorteile; daß es sich begreifen
läßt, warum sie der Liebling so vieler politischen Philosophen gewesen,
und noch ist. – Aber nach Kants trefflicher Erinnerung (S. 28, Anm.)
muß man den Geist der Regierung der schlechten (und unrechtmäßigen
S. 22, 23, Anm.) Staatsform nicht zurechnen.

Heilig ist, was nur unendlich verletzt werden kann, wie die Freiheit
und Gleichheit: der allgemeine Wille. Wie Kant also den Begriff der
Volksmajestät ungereimt finden kann, begreife ich nicht. Die *Volksmehrheit,* als das einzige gültige Surrogat des allgemeinen Willens, ist
in dieser Funktion des politischen Fingenten ebenfalls heilig, und jede
andre politische Würde und Majestät ist nur ein Ausfluß der *Volkshei-
ligkeit.* Der hochheilige *Tribun, zum* Beispiel, war es nur im Namen
des Volks, nicht in seinem eignen; er stellt die heilige Idee der Freiheit
nur mittelbar dar; er ist kein Surrogat, sondern nur ein Repräsentant
des heiligen allgemeinen Willens. –

Der Staat soll sein, und soll republikanisch sein. Republikanische
Staaten haben schon um deswillen einen absoluten Wert, weil sie nach
dem rechten und schlechthin gebotenen Zwecke streben. In dieser
Rücksicht ist ihr Wert gleich. Sehr verschieden aber kann er nach den
Graden der Annäherung *zum* unerreichbaren Zwecke sein. In dieser
Rücksicht kann ihr Wert auf zwiefache Weise bestimmt werden.

Die *technische Vollkommenheit* des republikanischen Staats teilt sich
in die Vollkommenheit der Konstitution, und der Regierung. Die
technische Vollkommenheit der Konstitution wird bestimmt durch
den Grad der Approximation ihrer individuellen Form der Fiktion
und der Repräsentation zur absoluten (aber unmöglichen) Adäquatheit
des Fingenten und Fingierten, des Repräsentanten und Repräsentierten.
(Damit stimmt die scharfsinnige Bemerkung S. 27 überein, wenn der

Verfasser unter der Repräsentation auch die Fiktion begreift. Möchte doch ein pragmatischer Politiker durch eine Theorie der Mittel, die Fiktion und Repräsentation sowohl extensiv als intensiv zu vergrößern, eine wichtige Lücke der Wissenschaft ausfüllen! – Die Kantische Bemerkung über das Personale der Staatsgewalt (S. 27) dürfte wohl nur für die exekutive, und unter gewissen Umständen vielleicht auch für die konstitutive Macht gelten: für die legislative und richterliche Macht hingegen scheint die Erfahrung die Form der Kollegien und Jurys als die beste bewährt zu haben.) Die negative technische Vollkommenheit der Regierung wird bestimmt durch den Grad der Harmonie mit der Konstitution; die positive durch den Grad der positiven Kraft, mit der die Konstitution wirklich ausgeführt wird.

Der *politische Wert* eines republikanischen Staats wird bestimmt durch das extensive und intensive Quantum der wirklich erreichten Gemeinschaft, Freiheit und Gleichheit. Zwar ist die gute moralische Bildung des Volks nicht möglich, ehe der Staat nicht republikanisch organisiert ist, und wenigstens einen gewissen Grad technischer Vollkommenheit erreicht hat (S. 61): aber auf der andern Seite ist *herrschende Moralität* die notwendige Bedingung der *absoluten Vollkommenheit* (des Maximums der Gemeinschaft, Freiheit und Gleichheit) des Staats, ja sogar jeder höhern Stufe politischer Trefflichkeit.

Bisher war nur vom *partiellen* Republikanismus eines einzelnen Staats und Volks die Rede. Aber nur durch einen *universellen* Republikanismus kann der politische Imperativ vollendet werden. Dieser Begriff ist also kein Hirngespinst träumender Schwärmer, sondern praktisch notwendig, wie der politische Imperativ selbst. Seine Bestandteile sind:

1) Polizierung aller Nationen;
2) Republikanismus aller Polizierten;
3) Fraternität aller Republikaner;
4) Die Autonomie jedes einzelnen Staats, und die Isonomie aller.

Nur universeller und vollkommener Republikanismus würde ein gültiger, aber auch allein hinlänglicher *Definitivartikel zum ewigen Frieden* sein. – Solange die Konstitution und Regierung nicht durchaus vollkommen wäre, würde, selbst in republikanischen Staaten, deren friedliche Tendenz Kant so treffend gezeigt hat, sogar ein ungerechter und überflüssiger Krieg wenigstens *möglich* bleiben. Der erste Kantische Definitivartikel zum ewigen Frieden verlangt zwar Republikanismus *aller* Staaten: allein der *Föderalismus,* dessen Ausführbarkeit S. 35 so bündig bewiesen wird, kann schon seinem *Begriffe* nach *nicht alle* Staaten umfassen; sonst würde er gegen Kants Meinung (S. 36 – 38) ein universeller Völkerstaat sein. Die Absicht des Friedensbundes, die Freiheit der republikanischen Staaten zu sichern (S. 35), setzt eine Gefahr derselben, also Staaten von kriegerischer Tendenz, d.h. *despotische Staaten* voraus. Die kosmopolitische Hospitalität, deren Ursprung und Veranlassung durch den Handelsgeist Kant (S. 64) so geistreich entwickelt, scheint aber sogar *unpolizierte Nationen* vorauszusetzen. Solange es aber noch despotische Staaten und unpolizierte Nationen gäbe, würde auch noch *Kriegsstoff* übrig bleiben.

1) Der Republikanismus der kultivierten Nationen;
2) Der Föderalismus der republikanischen Staaten;
3) Die kosmopolitische Hospitalität der Föderierten;

würden also nur *gültige Definitivartikel zum ersten echten und permanenten,* wenngleich nur partiellen *Frieden,* statt der bisherigen fälschlich sogenannten Friedensschlüsse, eigentlich Waffenstillstände S. 104, sein.

Man kann sie auch als *Präliminarartikel zum ewigen Frieden* ansehn, den sie beabsichtigen, und an den vor dem ersten echten Frieden gar nicht zu denken ist. – Der universelle und vollkommene Republikanismus, und der ewige Friede sind unzertrennliche Wechselbegriffe. Der letzte ist ebenso *politisch notwendig,* wie der erste. Aber wie steht es mit seiner *historischen* Notwendigkeit oder Möglichkeit? Welches ist die *Garantie des ewigen Friedens?*

»Das, was diese Gewähr leistet, ist nichts Geringeres, als die große Künstlerin, *Natur;*« sagt Kant S. 47. So geistreich die Ausführung dieses trefflichen Gedankens ist, so will ich doch freimütig gestehn, was ich daran vermisse. Es ist nicht genug, daß die *Mittel* der Möglichkeit, die *äußern Veranlassungen des Schicksals* zur wirklichen allmählichen Herbeiführung des ewigen Friedens gezeigt werden. Man erwartet eine Antwort auf die Frage: *Ob die innere Entwicklung der Menschheit* dahin führe? Die (gedachte) *Zweckmäßigkeit der Natur* (so schön, ja notwendig diese Ansicht in andrer Beziehung sein mag) ist hier völlig gleichgültig: nur die (wirklichen) *notwendigen Gesetze der Erfahrung* können für einen künftigen Erfolg Gewähr leisten. *Die Gesetze der politischen Geschichte,* und die *Prinzipien der politischen Bildung* sind die einzigen Data, aus denen sich erweisen läßt, »daß der ewige Friede keine leere Idee sei, sondern eine Aufgabe, die nach und nach aufgelöst, ihrem Ziel beständig näher kommt;« (S. 104) nach denen sich die künftige Wirklichkeit desselben, und sogar die Art der Annäherung, zwar nicht *weissagen (S. 65)* – thetisch und nach allen Umständen der Zeit und des Orts – aber doch vielleicht theoretisch (wenngleich nur hypothetisch) mit Sicherheit vorher bestimmen lassen würde. – Kant macht zwar hier sonst (wie sich erwarten läßt) keinen transzendenten Gebrauch von dem teleologischen Prinzip in der Geschichte der Menschheit (welches sogar kritische Philosophen sich erlaubt haben): jedoch in einem Stücke scheint mir der praktische Begriff der unbedingten Willensfreiheit mit Unrecht in das theoretische Gebiet der Geschichte der Menschheit herübergezogen zu sein. – Wenn die Moraltheologie die Frage aufwerfen kann und muß: welches der intelligible Grund der Immoralität sei? – ob sie es kann und muß, lasse ich hier an seinen Ort gestellt sein – so weiß ich auch keine andre Antwort, als die Erbsünde im Kantischen Sinne. Aber die Geschichte der Menschheit hat es nur mit den *empirischen Ursachen des Phänomens* der Immoralität zu tun; der intelligible Begriff der ursprünglichen Bösartigkeit ist im Gebiete der Erfahrung leer und ohne allen Sinn. – Das behauptete Faktum (S. 80, Anm.), daß es durchaus keinen Glauben an menschliche Tugend gebe, ist unerwiesen; und wie kann die offenbare Bösartigkeit im äußern Verhältnis der Staaten (S. 79, Anm.) – die Immoralität einer kleinen Menschenklasse, welche aus leichtbegreiflichen Ursachen im Durchschnitt aus dem Abschaum des menschlichen Geschlechts besteht, – ein Argument wider die menschliche Natur überhaupt sein? –

Es ist ein hier unfruchtbarer Gesichtspunkt, die vollkommene Verfassung nicht als ein Phänomen der politischen Erfahrung, sondern als ein Problem der politischen Kunst zu betrachten (S. 60); da wir nicht über ihre Möglichkeit, sondern über ihre künftige Wirklichkeit, und über die Gesetze der Progression der politischen Bildung zu diesem Ziele belehrt sein wollen.

Nur aus *den historischen Prinzipien der politischen Bildung,* aus der *Theorie der politischen Geschichte,* läßt sich ein befriedigendes *Resultat über das Verhältnis der politischen Vernunft und der politischen Erfahrung* finden. Statt dessen hat Kant den nicht wesentlichen, sondern nur durch Ungeschicklichkeit zufällig entstandenen Grenzstreitigkeiten der Moral und der Politik nun einen eignen Anhang gewidmet. Er versteht nämlich unter *Politik* nicht die praktische Wissenschaft, deren Fundament und Objekt der politische Imperativ ist, auch nicht die eigentliche politische Kunst, d.h. die Fertigkeit, jenen Imperativ wirklich zu machen; sondern die despotische Geschicklichkeit, welche keine wahre Kunst, sondern eine *politische Pfuscherei* ist. Die beiden reinen Arten aller denkbaren politisch notwendigen oder möglichen Formen sind der Republikanismus und der Despotismus. Außerdem gibt es aber auch noch zwei, dem ersten Anscheine nach sehr analoge, dem Wesen nach aber durchaus verschiedene *formlose politische Zustände,* deren Begriff als ein *Grenzbegriff* bei der Zergliederung des Republikanismus nicht übergangen werden darf. Nur der eine ist politisch, der andre bloß historisch möglich.

Die *Insurrektion* ist nicht politisch unmöglich oder absolut unrechtmäßig (wie S. 94–97 behauptet wird): denn sie ist mit der Publizität nicht absolut unvereinbar. Von dem (vielleicht unrechtmäßigen) Herrscher (S. 96) gilt, was Kant S. 101 sagt: »Wer die entschiedene Obermacht hat, darf seiner Maximen nicht heel haben.« – Eine Konstitution, welche jedem Individuum, *wenn es ihm selbst rechtmäßig schiene,* zu insurgieren erlaubte, würde allerdings sich selbst aufheben. Eine Konstitution hingegen, welche einen Artikel enthielte, der *in gewissen vorkommenden Fällen* die Insurrektion *peremtorisch geböte,* würde sich zwar nicht selbst aufheben; aber dieser einzige Artikel würde *null* sein: denn die Konstitution kann nichts gebieten, wenn sie gar nicht mehr existiert; die Insurrektion aber kann nur dann rechtmäßig sein, wenn die Konstitution vernichtet worden ist. Es läßt sich aber sehr wohl denken, daß ein Artikel in der Konstitution die Fälle bestimmt, in welchen die konstituierte Macht für de facto *annulliert* geachtet werden, und die Insurrektion also jedem Individuum *erlaubt* sein soll. Solche Fälle sind z.B. wenn der Diktator seine Macht über die bestimmte Zeit behält; wenn die konstituierte Macht die Konstitution, das Fundament ihrer rechtlichen Existenz, und also sich selbst vernichtet u.s.w. Da der allgemeine Wille eine solche Vernichtung des Republikanismus durch Usurpation nicht wollen kann, und den Republikanismus notwendig will, so muß er auch die einzigen Mittel, die Usurpation zu vernichten (Insurrektion), und den Republikanismus von neuem zu organisieren (provisorische Regierung), zulassen können. Diejenige Insurrektion ist also *rechtmäßig,* deren Motiv die Vernichtung der Konstitution, deren Regierung bloß provisorisches Organ, und deren Zweck die Organisation des Republikanismus ist. – Das zweite gültige Motiv der rechtmäßigen Insurrektion ist *absoluter* Despotismus, d.h. ein solcher, welcher nicht provisorisch ist, und also bedingterweise erlaubt sein kann, sondern ein solcher, welcher das republikanische Bildungsprinzip (durch dessen freie Entwicklung allein der politische Imperativ allmählich wirklich gemacht werden kann) und dessen Tendenz selbst zu vernichten und zu zerstören strebt, und also absolut unerlaubt ist, d.h. vom allgemeinen Willen nie zugelassen werden kann. Der absolute Despotismus ist nicht einmal ein Quasistaat, sondern vielmehr ein *Antistaat,* und (wenn auch vielleicht physisch erträglicher) doch ein ungleich größeres politisches Übel, als selbst *Anarchie.* Diese ist bloß eine Negation des politisch Positiven; jener eine Position des politisch Negativen. Die Anarchie ist entweder ein *fließender Despotismus,* in dem sowohl das Personale der herrschenden Macht, als die Grenzen der beherrschten Masse stets wechseln; oder eine unechte und *permanente Insurrektion:* denn die echte und politisch mögliche ist notwendig transitorisch.

Biographie

1772   *10. März:* Karl Wilhelm Friedrich Schlegel wird als jüngstes von sieben Kindern des Generalsuperintendenten Johann Adolf Schlegel und seiner Frau Johanna Christiane Erdmute, geb. Hübsch, in Hannover geboren.

1788   Beginn einer Kaufmannslehre im Bankhaus Schlemm in Leipzig.
Unter Anleitung des älteren Bruders August Wilhelm (geb. 1767) bereitet sich Schlegel, der kein Gymnasium besucht hat, auf das Studium vor.

1790   Immatrikulation zum Studium der Rechtswissenschaft in Göttingen, wo August Wilhelm klassische Philologie studiert.

1791   Schlegel setzt sein Studium in Leipzig fort (bis 1793). Neben juristischen Vorlesungen interessiert er sich mehr und mehr für Philosophie, Kunsttheorie und Geschichte.

1792   Beginn der Freundschaft mit Novalis.
Bekanntschaft mit Schiller.

1793   Bekanntschaft mit Caroline Böhmer, der späteren Frau August Wilhelms.

1794   *Januar:* Aus finanziellen Gründen muß Schlegel sein Studium abbrechen.
Übersiedlung nach Dresden und privates Studium der antiken Klassiker.
Häufiger Kontakt zu Christian Gottfried Körner, dem Vater des späteren Schriftstellers Karl Theodor Körner (geb. 1791).
In der »Berlinischen Monatsschrift« erscheint als erste wichtigere Publikation Schlegels seine Abhandlung »Von den Schulen der griechischen Poesie«.

1795   Schlegel lernt den Musiker und Schriftsteller Johann Friedrich Reichardt kennen.

1796   Beginn der Mitarbeit an Reichardts Zeitschrift »Deutschland«, in der u.a. Schlegels politischer Aufsatz »Versuch über den Begriff des Republikanismus« erscheint.
Schlegel zieht nach Jena, wo August Wilhelm inzwischen wohnt.
Enger Umgang mit Novalis.
Bekanntschaft mit Goethe, Herder, Wieland und Fichte.

1797   Wegen eines 1796 erschienenen kritischen Artikels von Schlegel über Schillers »Musenalmanach auf das Jahr 1796« und einer verletzenden Replik Schillers überwirft er sich mit Schiller.
Juli: Umzug nach Berlin.
Schlegel verkehrt in den Salons von Rahel Levin, Henriette Herz und Dorothea Veit.

Umgang mit Ludwig Tieck und Friedrich Schleiermacher.
Beginn der Mitarbeit an Reichardts Zeitschrift »Lyceum der schönen Künste«, in der u.a. Schlegels Würdigungen »Georg Forster« und »Über Lessing« sowie die »Kritischen Fragmente« (die sogenannten Lyceums-Fragmente) erscheinen.
Der Band »Die Griechen und Römer, historische und kritische Versuche über das klassische Altertum« erscheint. Er enthält u.a. die kunsttheoretische Schrift »Über das Studium der grichischen Poesie«, die Schlegels Programm einer romantischen Ästhetik vorstellt, sowie den kulturgeschichtlichen Aufsatz »Über die Diotima«, in dem er die Bedeutung des Weiblichen in der griechischen Poesie hervorhebt.

1798   Zusammen mit August Wilhelm gibt Schlegel in Berlin die Zeitschrift »Athenäum« heraus, die zum wichtigsten Publikationsorgan der frühen Romantik wird (bis 1800).
Sommeraufenthalt in Dresden mit August Wilhelm, dessen Frau Caroline und Novalis.
»Geschichte der Poesie der Griechen und Römer«.

1799   Schlegels Roman »Lucinde« kommt heraus. Mit ihm versucht Schlegel die Umsetzung seiner Romantheorie, die eine offene Form fordert. »Lucinde« durchbricht alle Konventionen der Romanform, vor allem indem auf eine geschlossene Handlung verzichtet wird.
Herbst: Schlegel zieht von Berlin nach Jena um.
Dorothea Veit folgt ihm.
Tieck siedelt ebenfalls über.
Im »Athenäum« erscheint Schlegels »Gespräch über die Poesie«, ein wichtiger Beitrag zur romantischen Kunsttheorie.

1800   *Sommer:* Habilitation an der Universität Jena.
Wintersemester: Schlegel hält eine Vorlesung an der Universität Jena über Transzendentalphilosophie.

1801   Zusammen mit Dorothea siedelt Schlegel nach Berlin über.
März: Schlegel fährt nach Weißenfels zu seinem todkranken Freund Novalis und bleibt dort bis zu dessen Tod am 25. März.
Die Aufsatzsammlung »Charakteristiken und Kritiken« mit Schriften August Wilhelm und Friedrich Schlegels kommt heraus.

1802   »Alarcos« (Trauerspiel).
Januar: Umzug nach Dresden.
Mai – Juli: Reise mit Dorothea über Leipzig, Weimar und Frankfurt nach Paris, wo sie sich eine Wohnung nehmen.

1803   Schlegel gründet in Paris die Zeitschrift »Europa« (bis 1805). Beginn des Sanskritstudiums.
An der Pariser Universität hält Schlegel Vorlesungen in Philosophie und Literaturgeschichte.

1804	Heirat mit Dorothea Veit.

1804 Heirat mit Dorothea Veit.
Zusammen mit Dorothea begleitet Schlegel die Brüder Bois-serée auf einer Reise nach Belgien und Köln.
In Köln hält Schlegel literaturwissenschaftliche und philosophische Vorlesungen (bis 1808).
Besuch bei Madame de Staël und dem Bruder August Wilhelm, der ihr literarischer Berater ist, in Coppet am Genfer See.

1806 Besuch bei Madame de Staël auf ihrem Schloß Acosta in der Normandie.

1808 *April:* Schlegel konvertiert gemeinsam mit Dorothea zum Katholizismus.
»Ueber die Sprache und Weisheit der Indier«.
Juni: Umzug nach Wien.

1809 Schlegel wird Sekretär bei der Hof- und Staatskanzlei in Wien.
»An Napoleon«.
Schlegel gibt die »Österreichische Zeitung« heraus.
»Gedichte«.

1810 Schlegel hält in Wien eine Vorlesung »Ueber die neuere Geschichte« (gedruckt 1811).

1812 Schlegel hält Vorlesungen über die »Geschichte der alten und neuen Literatur«, in denen er vor allem die antike und mittelalterliche Literatur sowie Einflüsse der persischen, indischen und hebräischen Kultur untersucht (veröffentlicht 1815 in 2 Bänden).
Schlegel gründet die kulturkonservative Zeitschrift »Deutsches Museum« (1812–13).

1814 Teilnahme Schlegels am Wiener Kongress.

1815 Schlegel wird von Metternich, für den er Denkschriften verfaßt hatte, zum k. k. Legationsrat ernannt.
Beginn der Mitarbeit als Legationsrat an der österreichischen Gesandtschaft am Frankfurter Bundestag.
Schlegel wird in den Adelsstand erhoben.
Der Papst verleiht Schlegel den Christusorden.

1818 Rheinreise zusammen mit August Wilhelm.
Aufenthalt in München, wo er die Philosophen Friedrich Wilhelm Joseph von Schelling und Friedrich Heinrich Jacobi trifft.

1819 Als Kunstsachverständiger begleitet Schlegel Metternich und Kaiser Franz nach Rom.
Rückkehr nach Wien.

1820 Schlegel gibt die Zeitschrift »Concordia« (bis 1823) heraus, die von seinem Bruder August Wilhelm wegen ihrer radikal konservativen Tendenz abgelehnt wird. Von Schlegel erscheinen in seiner Zeitschrift u.a. die Aufsätze »Von der Seele« und »Signatur des Zeitalters«.
In den »Wiener Jahrbüchern« wird seine Schrift »Über die

deutsche Kunstausstellung in Rom« gedruckt.
Aufenthalt auf Schloß Feistritz in der Steiermark.

1821 Beginn des Briefwechsels mit der stigmatisierten Christine von
Stransky.

1822 »Sämmtliche Werke« (10 Bände, 1822–25).
Reise nach Schloß Feistritz.

1824 Aufenthalt in Dresden.

1825 Reisen nach München und Schloß Feistritz.

1827 Schlegel reist nach Augsburg und München.
Vorlesung über die »Philosophie des Lebens« (gedruckt 1828).

1828 Schlegel hält eine Vorlesung über die »Philosophie der Geschichte« (gedruckt 1829 in 2 Bänden).
Dezember: Aufenthalt Schlegels in Dresden (bis Anfang 1829),
wo er »Philosophische Vorlesungen, insbesondere über Philosophie der Sprache und des Wortes« hält (gedruckt 1830).

1829 *12. Januar:* Schlegel stirbt in Dresden.

Große Erzählungen der Frühromantik

1799 schreibt Novalis seinen Heinrich von Ofterdingen und schafft mit der blauen Blume, nach der der Jüngling sich sehnt, das Symbol einer der wirkungsmächtigsten Epochen unseres Kulturkreises. Ricarda Huch wird dazu viel später bemerken: »Die blaue Blume ist aber das, was jeder sucht, ohne es selbst zu wissen, nenne man es nun Gott, Ewigkeit oder Liebe.«

Tieck Peter Lebrecht **Günderrode** Geschichte eines Braminen **Novalis** Heinrich von Ofterdingen **Schlegel** Lucinde **Jean Paul** Des Luftschiffers Giannozzo Seebuch **Novalis** Die Lehrlinge zu Sais
ISBN 978-1489587244, 400 Seiten, 19,80 €

Große Erzählungen der Hochromantik

Zwischen 1804 und 1815 ist Heidelberg das intellektuelle Zentrum einer Bewegung, die sich von dort aus in der Welt verbreitet. Individuelles Erleben von Idylle und Harmonie, die Innerlichkeit der Seele sind die zentralen Themen der Hochromantik als Gegenbewegung zur von der Antike inspirierten Klassik und der vernunftgetriebenen Aufklärung.

Chamisso Adelberts Fabel **Jean Paul** Des Feldpredigers Schmelzle Reise nach Flätz **Brentano** Aus der Chronika eines fahrenden Schülers **Motte Fouqué** Undine **Arnim** Isabella von Ägypten **Chamisso** Peter Schlemihls wundersame Geschichte **Hoffmann** Der Sandmann; Der goldne Topf
ISBN 978-1489587268, 392 Seiten, 19,80 €

Große Erzählungen der Spätromantik

Im nach dem Wiener Kongress neugeordneten Europa entsteht seit 1815 große Literatur der Sehnsucht und der Melancholie. Die Schattenseiten der menschlichen Seele, Leidenschaft und die Hinwendung zum Religiösen sind die Themen der Spätromantik.

Brentano Die drei Nüsse; Geschichte vom braven Kasperl und dem schönen Annerl **Hoffmann** Das steinerne Herz **Eichendorff** Das Marmorbild **Arnim** Die Majoratsherren **Hoffmann** Das Fräulein von Scuderi **Tieck** Die Gemälde **Hauff** Phantasien im Bremer Ratskeller; Jud Süss **Eichendorff** Viel Lärmen um Nichts; Die Glücksritter
ISBN 978-1489587299, 432 Seiten, 19,80 €

Made in the USA
Las Vegas, NV
07 June 2021